SIMBOLOGÍA SAGRADA

Jesús Ávila Granados

SIMBOLOGÍA SAGRADA

diversa

© 2017, Jesús Ávila Granados
www.jesusavilagranados.es
jesusavilagranados@hotmail.com
© 2017, Diversa Ediciones
Edipro, S.C.P.
Carretera de Rocafort 113
43427 Conesa
diversa@diversaediciones.com
www.diversaediciones.com

Primera edición: mayo de 2017

ISBN: 978-84-946081-8-6
ISBN Ebook: 978-84-946081-9-3
Depósito legal: T 409-2017

Diseño y maquetación: DONDESEA, servicios editoriales
Foto del autor: Lola Artero
Imágenes de portada:
 Templo egipcio de Ramsés III, en Medinet Habu, © EastVillage Images – Shutterstock
 Stonehenge, © Marafona – Shutterstock
 Orante de Pedret, conservado en el Museu Diocesà i Comarcal de Solsona
 Machu Picchu, © OCPHOTO – Shutterstock
 Símbolo celta en la necrópolis de Glasgow. © Gajtalbot – Imagen usada bajo licencia CC BY 2.0
 (https://creativecommons.org/licenses/by/2.0/)

Todos los derechos reservados. Queda prohibida la reproducción
total o parcial de cualquier parte de este libro, incluido el diseño de
la cubierta, así como su almacenamiento, transmisión o tratamiento
por ningún medio, sin el permiso previo por escrito de la editorial.

Impreso en España – *Printed in Spain*

*A mi esposa Loli;
a mis hijos, David y Alejandro,
y a mis nietos, Ricard, Cristina y Sofía,
con todo cariño.*

Índice

PRÓLOGO 13

INTRODUCCIÓN 19
Arqueología, historia y ciencia 19
El astro rey 24
Las líneas ley 29
Montañas sagradas 33
Ríos de piedra 34

LA HUMANIDAD PREHISTÓRICA 41
El Paleolítico 42
La gran revolución neolítica 45
La larga aventura de la escritura 48
Los ritos de muerte 57
La simbología pétrea del Valle de las Maravillas 58

LAS CULTURAS DE LA ANTIGÜEDAD 69
La palmera, como símbolo 69
Egipto 74
Los grandes imperios 75
Divinidades egipcias 76
La piedra de Rosetta 78
El obelisco 80
La columna, unión entre el cielo y la tierra 81
Hititas 85
El olimpo hitita 87
Los «dioses del mal» 88
Asombrosas analogías 89
Animales sagrados 89
Sorprendente arquitectura 90
Innovaciones 90
Urartu 92

Un arte desconocido 94
El alfabeto cuneiforme 95
Hurrita 96
Celtas 98
Los druidas 99
Plantas que curan y plantas que matan 100
El *triskel* 105
La Grecia clásica 113
Creta 113
Atenas 115
Esparta 116
La vara de Asclepio 118
Los misterios de Eleusis 123
Pegaso 125
Roma 131
Las guerras púnicas 132
Urbanismo e higiene en el mundo romano 136
La cultura de las termas 137

LAS CULTURAS DE ORIENTE 143
La génesis del laberinto 143
La rueda 145
Budismo 148
Tailandia 149
Los *chakras* 150
El tercer ojo 151
El Palacio Imperial de Bangkok 151
Hinduismo 159
El *Ayurveda* 160
El poder de la palabra 161
Angkor, el laberinto de Oriente 163

EL MUNDO MEDIEVAL 171
Vikingos 171
Runas 175
Knörr 177
El tapiz de Bayeux 179
Judaísmo 184
El Decálogo 184

La cábala	185
Islamismo	191
Sema	191
La geometría sagrada de Arcos de la Frontera	192
La Alhambra de Granada	194
La alquimia	204
El simbolismo de la alquimia	204
Tras la piedra filosofal	210
La salamandra	211
Cristianismo	216
La cruz	217
La santa misa	219
La danza de la muerte	224
La Inquisición	232
Linterna de los muertos	233
Los señores del Mal	238
Mal de ojo	240
La Navidad	248
Psicostasis	251
Santoral cristiano	252
Esconjuraderos	254
La histeria colectiva del año 1000	260
Templarios	266
Tempus fugit/Carpe diem	270
Cruces templarias	270
El juego de la oca	272
El fresno	277
Octógono radiante	280
La partitura del Diablo	281
Santos del altar templario	284
Vírgenes negras	292
Catarismo	298
De Zaratustra a Bélibaste	298
La religión cátara	300
La dualidad	302
Los símbolos del catarismo	303
La iglesia ortodoxa	310
La cruz de los símbolos	311
La Virgen del Perpetuo Socorro	312

IBEROAMÉRICA ... 315
Mayas ... 315
Las etapas de una cultura ... 315
La epopeya de las excavaciones ... 318
El calendario maya ... 320
Incas ... 320
Siguiendo las huellas de la simbología inca ... 323

LAS FUERZAS DEL ESPÍRITU ... 329
La superstición ... 329
Maldición ... 331
Magia y brujería ... 333
El misterio de los números ... 338
Los números y su simbología ... 344
Cuadrados mágicos ... 353
El *I Ching* ... 355

GLOSARIO GENERAL DE TÉRMINOS ... 361

BIBLIOGRAFÍA ... 379

AGRADECIMIENTOS ... 383

PRÓLOGO

«Quien siembra dioses recoge religiones»…

Sí, parece una *boutade,* pero examinando la evolución del pensamiento, la imaginación y el comportamiento de la humanidad desde la más remota antigüedad hasta nuestros días, podemos observar como el ser humano ha ido generando y modelando un sinfín de divinidades que, a su vez, han provocado el surgimiento y adecuación de otro sinfín de religiones. Todo grupo humano, toda sociedad o cultura ha tenido y tiene su propia cosmovisión, su propia manera de imaginar sus dioses y su propia idiosincrasia a la hora de relacionarse con ellos, es decir, cómo, cuándo y dónde es posible establecer contacto y comunicarse con estas divinidades, o sea, su religión. Dioses y religiones imprimen carácter e identidad a toda sociedad, etnia o grupo cultural y lo que por un lado proporciona cohesión y sociabilidad al grupo, por otro lo diferencia y lo aleja de los demás colectivos culturales. Siendo las religiones, originariamente, mecanismos o métodos de cognición del cosmos y de la propia existencia humana, no deberían comportar divergencias ni hostilidades entre las diversas colectividades humanas, más bien todo lo contrario si se diera el caso de que se sumaran y aunaran los conocimientos adquiridos a través de ellas para establecer una gnosis suprema compartida y aceptada por el conjunto de las diversas sociedades culturales humanas. Pero la realidad que podemos observar, a lo largo de los siglos y hasta nuestros días, es otra.

Desde que el hombre tomó conciencia de sí mismo, de su existencia y la de todo lo que le rodea, empezó a cuestionarse el sentido de la vida, su finitud y obsolescencia y su pequeñez e impotencia ante el dolor y ante la magnitud e imprevisibilidad de la naturaleza y el cosmos. Esta toma de conciencia ha originado en el espíritu humano, a lo largo de los milenios, la angustia existencial que lo ha inducido a imaginar o «crear» un sinfín de entidades superiores al hombre, omniscientes, omnipotentes y eternas, llamadas dioses o divinidades. Al mismo tiempo, la intuición de la existencia de estos entes sobrenaturales ha sugerido al hombre no solo la posibilidad sino la necesidad de una «vida» post mortem, un más allá donde, junto a estas divinidades, la nueva existencia sea apacible, inteligible, duradera y feliz.

A fin de pasar de la intuición al «conocimiento» de estas divinidades y, a la vez, de cautivar sus favores, protección y esperanza de una vida de ultratumba, los seres humanos han practicado, en todos los tiempos, actos de cognición espirituales y ceremonias ritualizadas con los que entrar en contacto y relacionarse con ellas. A esta relación, junto con el conjunto de prácticas rituales que la acompaña y pone de manifiesto, es lo que llamamos religión. En origen, pues, las religiones constituían el método más eficaz y seguro de procurarse un saber, de trascender el angustioso caos aparente del cosmos y de intentar comprender tanto el aquí como el más allá. La religión, como mecanismo para explicarse la vida, la naturaleza y el devenir, constituía un bloque compacto de todo el saber, del conocimiento y, en consecuencia, de la «verdad». Es lo que podríamos llamar ciencia-religión o religión-sabiduría primitivas.

Con el surgimiento y evolución del conocimiento racional y empírico, basado en la lógica, la experimentación y la demostración, la mayoría de las religiones, sobre todo las más difundidas, dejaron de tener el carácter «científico», en el sentido actual del término, que podían haber tenido para centrarse en el mundo de las ideas, de la metafísica, de la especulación teológica y del conocimiento espiritual. Con ello se materializa, especialmente en las culturas occidentales y a lo largo de los últimos quinientos años, la separación y divergencia entre conocimiento o saber científico y conocimiento intuitivo, espiritual o simplemente religioso. Al mismo tiempo que estas religiones fueron especializándose y expandiéndose a un número cada vez mayor de adeptos, también fueron jerarquizándose y organizándose en instituciones orgánicas (iglesias, congregaciones, sectas, etc…), divergiendo cada vez más unas de otras y pretendiendo poseer cada una de ellas las verdades fundamentales y el verdadero camino de salvación humana. Un variopinto plantel de autoridades, profetas, iluminados, gurús, chamanes, pontífices y sacerdotes emerge de cada una de estas instituciones religiosas, con la pretensión todos de ostentar la potestad de ser los intermediarios verdaderos y necesarios entre el individuo y la divinidad. Con su expansión territorial, las grandes religiones compiten entre ellas, se alían con el poder civil a conveniencia el cual las utiliza como signos de identidad y de diferenciación social, se materializan, se llenan de dogmas, de normas y de preceptos morales, sus cleros son cada vez más comerciantes fundamentalistas de moralismos y de sentimentalismos que verdaderos guías iniciados y finalmente, ya pervertidas y desviadas de su causa inicial, intolerantes con la libertad de pensamiento, tanto de los individuos como de los grupos sociales, intentan imponerse por la fuerza con claros y explícitos abusos de poder.

Ya no se pretende que el individuo o el colectivo social progrese en el conocimiento espiritual o metafísico, sino que lo que más importa es que las personas sean debidamente ortodoxas. Así vemos que lo único que han conseguido es sembrar la discordia en el mundo, la violencia, el fanatismo y el derramamiento de sangre. Unas religiones que no han sabido evitar la violencia y las guerras, sino que más bien las han fomentado, junto con unos poderes civiles y una ciencia oficial que las han hecho más sangrientas y crueles con sus inventos, se ponen en evidencia y se juzgan por sí mismas...

Pero la ciencia oficial, analítica y racionalista no puede responder a las grandes preguntas del espíritu humano, que se ve impotente ante los enigmas que agitan el alma humana desde el origen: no solo «por qué» sino también «para qué» existimos y nos encontramos aquí tal cual somos en este mundo tal cual es. El lenguaje científico es analítico y discursivo como la razón humana, y en consecuencia incapaz de expresar todo aquello que deriva de la intuición y del espíritu humano. Y es aquí donde actúa y se hace casi indispensable el lenguaje simbólico. Todas las religiones antiguas han expresado y transmitido su conocimiento-saber espiritual, sus «misterios» mediante el lenguaje de los símbolos. Las más altas verdades en modo alguno son comunicables o transmisibles por ningún otro medio que no sea incorporadas en símbolos, aunque estos, al mismo tiempo, velan y disimulan el contenido esencial de estas verdades, de las cuales no son más que el soporte externo o visible. A través de relatos bíblicos, libros sagrados, dramaturgias míticas y «revelaciones divinas», con contenidos muchas veces históricos, las grandes religiones antiguas han expresado y divulgado sus doctrinas, sus teogonías, las proezas de héroes y demiurgos, sus cosmogonías y sus génesis, siempre con un sintético lenguaje simbólico, que va mucho más allá de su sentido literal y cuya lectura solo es plenamente inteligible para las almas sensibles que tengan ojos para «ver» y oídos para «escuchar». Ya en el siglo XIII Ramon Llull escribía: «Cuanto más difícil de entender mejor se entiende, cuando se entiende...».

La ciencia sagrada solo se puede manifestar y transmitir con la simbología sagrada. La «epifanía simbólica» o percepción de un símbolo traslada al perceptor a un universo espiritual. Ahora bien, los símbolos más sagrados para unos pueden no ser más que objetos profanos para otros, lo que revela la diversidad de percepción y concepción de un símbolo, según el entorno espacio-temporal y existencial del receptor. El símbolo no es nunca unívoco ni universal, solo adquiere sentido a medida que se «individua»; su percepción es eminentemente personal, ya que tiene la propiedad excepcional de sintetizar en una expresión sensible el contenido del consciente, del inconsciente y de las fuerzas en lucha o en armonía del interior de cada persona.

Si la metafísica es el conocimiento de lo inexpresable, el símbolo o el lenguaje simbólico es el único recurso posible para comunicar este conocimiento. No es posible recurrir al lenguaje de las palabras o al lenguaje filosófico, dado que estos son lenguajes analíticos y conceptuales propios del raciocinio, mientras que el conocimiento metafísico no es conceptual, es sintético y se sitúa en el plano espiritual de las ideas y de la intuición. Existe una cierta relación de analogía entre la idea y la imagen (símbolo) que pretende representarla o comunicarla. El símbolo hace de puente o mediador para aprehender una realidad que solo puede expresarse de una forma velada, es la cara visible de lo invisible. En la interpretación de un símbolo se parte del «uno» sintético hacia la diversidad del «todo», para regresar a la unicidad críptica de ese «todo». El símbolo no «expresa» ni «explica», solo «sugiere» o «induce», de aquí que sea utilizado como «soporte» de comunicación de los conocimientos metafísicos. La ambigüedad del símbolo «revela» al mismo tiempo que «vela» una realidad y su carácter polisémico posibilita su interpretación en diversos planos u órdenes de la realidad. Por eso cada ser humano «penetra» en la intimidad del símbolo según sus aptitudes y experiencia. Los símbolos no pueden ni deben ser «explicados», hay que meditar sobre ellos para ser «comprendidos», para intuir espiritualmente el orden de realidad a la que aluden indirectamente. La percepción de un símbolo excluye toda actitud de simple espectador, exige una participación activa del individuo y una cierta predisposición para pasar de un plano conceptual a introducirse en otro nuevo y superior de múltiples dimensiones.

La finalidad del símbolo es tomar conciencia de sí mismo, del ser en todas las dimensiones del tiempo y del espacio y de su proyección en el más allá. Cada símbolo es un microcosmos, un mundo total que requiere, para su comprensión, una contemplación sinóptica. Un solo significante nos induce al conocimiento de varios significados, significados que nos llevan a percibir el mundo tal cual lo siente o vive cada sujeto, y esta revelación existencial del hombre para sí mismo, a través de una experiencia cosmológica, es precisamente la función original de los símbolos.

Hecha esta «arenga parasimbólica» sobre las religiones y sus símbolos sagrados, solo nos queda, para terminar, hacer una precisión terminológica sobre la palabra «símbolo» (del griego *sum-bolon*). Cabe distinguir plenamente la imagen simbólica de todas las demás con las que con frecuencia es confundida, tales como metáforas, alegorías, analogías, parábolas, emblemas, atributos, etc…, las cuales podemos agrupar bajo el término de «signos». Todas estas figuras de expresión y comunicación se encuentran sobre un mismo plano del conocimiento imaginativo intelectual, significante y significado juegan el papel de un espejo, mientras que el símbolo es la clave de un misterio e implica un rango superior al de la conciencia racional, exige el paso a un nuevo plano del ser, a una nueva profundidad de conciencia.

Debo agradecer al amigo Jesús Ávila que me haya permitido aportar mi granito de arena a esta extensa y brillante playa que constituye su obra *Simbología sagrada*, pero agradecerle aún más el que haya propuesto que se incorpore en la portada la figura del Orant de Pedret que conservamos en nuestro Museu D. i C. de Solsona. Él sabe bien que es uno de nuestros símbolos sagrados más potentes y enigmáticos de la religión altomedieval de Occidente.

Cuando repasé el índice o contenido de este libro me di cuenta que más que un libro es un manual o enciclopedia de las creencias y religiones habidas y por haber en el transcurso de la historia humana. Tamaña empresa solo es posible para alguien con muchas horas de vuelo como periodista de investigación y como historiador, y además con muchas tablas como escritor y comunicador. Sus más de cien libros publicados y vendiéndose con éxito son una garantía.

¡Enhorabuena, Jesús!

Jaume Bernades i Postils
Director Técnico del Museu D. i C. de Solsona
Solsona, diciembre de 2016

INTRODUCCIÓN

> «El simbolismo es un dato inmediato de la conciencia total, es decir, del hombre que se descubre como tal, del hombre que adquiere conciencia de su posición en el universo».
> GÉRARD DE CHAMPEAUX

Esta obra es fruto de un largo trayecto, primero como periodista científico y luego como escritor profesional, a lo largo de cuarenta y cuatro años dedicado a escribir, desde la dimensión de independencia. Durante este tiempo, tengo la satisfacción de decir que he participado en el descubrimiento de Hattussas, la legendaria capital del imperio hittita, de haber formado parte del equipo de arqueólogos que descubrieron el segundo nivel de la antiquísima ciudad de Jericó, de haber sido de los primeros periodistas en admirar la grandiosidad espacial de *Nemrut Dagi*, de entrar en los niveles más profundos de las ciudades subterráneas de Capadocia colaborando en la limpieza de galerías, de descubrir una tumba griega del siglo IV a.C. en las proximidades de Çorum, en Anatolia, o de descender a los niveles más profundos de la Alhambra oculta antes de que el más importante de los monumentos nazaríes se abriese al público. Todo ello ha ido cimentando en mí el deseo y la necesidad para la sociedad de escribir este libro, que espero disfruten al hacerlo, como yo lo he hecho al escribirlo.

Arqueología, historia y ciencia

Dionisio de Halicarnaso, historiador griego de la época de Augusto, tituló *Arqueología romana* a su historia de Roma en veinte tomos, de los que han llegado hasta nosotros tan solo los once primeros, desde los orígenes hasta la primera guerra púnica. Un siglo más tarde, Flavio Josefo, escritor hebreo de Jerusalén, narró en su *Arqueología judaica* la historia de un pueblo desde la creación del mundo hasta la época de Nerón. Como vemos, en todos estos autores «arqueología» es sinónimo de «historia», con especial referencia a los tiempos más antiguos de un pueblo o de una nación.

El concepto de arqueología como estudio de los monumentos pasa, en el siglo XVIII, de Inglaterra a Alemania, donde Johann August Ernesti publicó *Archaeologia Literaria* (Leipzig, 1768), y Johnnes Siebenkess *Manual de arqueología* (Nüremberg, 1790).

El campo de acción de la arqueología fue definido con mayor exactitud por el también alemán Gerhard en 1833 en su obra *Fundamentos de arqueología*, del siguiente modo: «Aquella mitad de la ciencia universal de la antigüedad clásica que se funda en los monumentos, entiende edificios, templos, necrópolis, estatuas, pintura y todo lo que, en suma, no tiene carácter literario». La otra mitad, aunque él no lo menciona explícitamente, es, por lógica, la que se funda en los monumentos literarios, de los que se ocupa otra ciencia.

Pero la consagración oficial y definitiva del término arqueología, como el que designa el estudio de los monumentos antiguos, tiene lugar en Italia en 1821, al fundarse la Academia Pontificia Romana de Arqueología, cuya misión consistía en la búsqueda, examen, conservación y estudio de los testimonios monumentales, con exclusión absoluta de cualquier otra actividad.

Arqueología e historia del arte

Muy frecuentemente, la arqueología se identifica —o tal vez se confunde— con la historia del arte. Para demostrar lo que tales vocablos expresan, podemos definirlos separadamente. Se entiende por arte toda manifestación de un estado de ánimo y de un sentimiento propio de autor, expresados de tal manera que sean capaces de suscitar las mismas sensaciones y emociones en quienes perciben el producto de esta manifestación. Es arte, en resumen, todo lo que trasciende del mero criterio de la utilidad para rozar la esfera del goce espiritual y estético. La historia del arte es, por consiguiente, la ciencia que estudia la sucesión cronológica y la evolución creativa de las manifestaciones artísticas. Sin embargo, resulta evidente que, al menos por lo que respecta a las manifestaciones artísticas de los tiempos más antiguos, el campo de acción de la historia del arte es idéntico al de la arqueología, pues también la primera se ocupa de los monumentos de la naturaleza no literaria y estudia las civilizaciones valiéndose de una documentación monumental.

Los arqueólogos en el siglo XVIII realizaron las primeras investigaciones en Italia, Grecia y Oriente, eran también investigadores de la historia del arte, y precisamente un arqueólogo, J. J. Winckelmann, fue quien, en 1763, obtuvo el nombramiento de primer superintendente de las antigüedades de Roma y el Lacio y está considerado unánimemente como el fundador de la historia del arte.

A través de las investigaciones y de las excavaciones arqueológicas llevadas a cabo por los arqueólogos mediante las técnicas propias de esta ciencia, han llegado hasta nosotros las obras de arte que hoy admiramos. Todos los monumentos arqueológicos constituyen, en realidad, colecciones de arte, ya que la mayor parte de los objetos que conservan son estatuas, pinturas, yesos, decorados, altorrelieves, bajorrelieves y todo cuanto, en definitiva, lleva la impronta del genio y la sensibilidad de un autor, conocido o anónimo. La arqueología y la historia del arte no tienen entre sí unas delimitaciones tangibles, pues ambas ciencias abarcan por igual los monumentos no literarios de cualquier país en cualquier lugar del mundo.

La diferencia sustancial entre la arqueología y la historia del arte radica precisamente en la finalidad primordial de cada una de estas disciplinas. La primera estudia las civilizaciones antiguas a través de la documentación monumental de cualquier naturaleza; la segunda, en cambio, se basa únicamente en la documentación que contiene valores artísticos.

El campo de acción de la arqueología comienza precisamente en la prehistoria, cuando se pueden individualizar y hallar formas y manifestaciones primordiales de actividad humana. Aquí es donde la arqueología investiga en estrecha relación con las ciencias naturales, ya que para estudiar problemas tan complejos como los referidos a las edades más remotas no se puede separar el examen de los objetos manufacturados del de los restos óseos de hombres y animales.

La arqueología prehistórica está estrechamente relacionada con la paleontología. La arqueología prehistórica está muy vinculada también con la antropología, que estudia al hombre en su estructura física y su evolución somática. No deja de ser importante la vinculación directa con la historia del arte, cuando por encima de las consideraciones de carácter etnológico y antropológico es posible abrir una rendija para que por ella penetre la luz en el elemento espiritual y sentimental de aquellos remotísimos hombres.

Cuando el hombre consigue comunicar sus pensamientos mediante signos grabados en la piedra o trazados sobre una hoja de papiro, es decir, cuando nace la escritura, termina la prehistoria y comienza la historia. En ese momento la arqueología prehistórica pierde su atributo y se convierte en arqueología sin más.

El espacio geográfico de la arqueología es muy extenso, nos atrevemos a decir que tanto como el mundo, pues en el radio de acción de la arqueología entra el estudio y la reconstrucción, mediante los testimonios monumentales, de una civilización que en cualquier parte del mundo haya dejado huellas incuestionables de su paso y hayan influido de modo notable en las civilizaciones que la sucedieron.

Entre los objetos que las excavaciones arqueológicas devuelven a la luz suelen abundar las monedas. De estas se ocupan dos ciencias distintas: la metrología y la numismática. La primera tiene por objeto el estudio de toda clase de medidas (de valor, tiempo, longitud, capacidad, peso, superficie y volumen) a través de los siglos. Esta ciencia estudia por lo tanto las monedas desde el punto de vista matemático y económico o, lo que es lo mismo, en su conocida función comercial de medidas de valor, y asimismo como piezas de trueque de productos y mercancías. La numismática es, en cambio, la ciencia específica de las monedas, a las que estudia en todos sus aspectos no matemáticos, es decir, desde el punto de vista histórico, geográfico, topográfico, artístico y documental, por lo que resulta de gran utilidad para otras disciplinas.

Cuando en las monedas, según una costumbre muy difundida en el mundo antiguo, se reproducen famosas obras artísticas, la numismática se convierte en valioso auxiliar de la historia del arte. La metrología y la numismática se ocupan de las monedas de todos los pueblos y de todas las épocas hasta nuestros días, pero naturalmente para el estudio de aquellos de los tiempos más antiguos ambas ciencias operan en estrecha conjunción con la arqueología, y son muchos los que consideran la metrología y la numismática antiguas como especializaciones de la ciencia.

La arqueología no sería una ciencia fácil. Lo sería si todo cuanto constituye su razón de ser y su finalidad, es decir, el estudio de las antiguas civilizaciones, tuvieran a su alcance todos los elementos necesarios y solo hubiera de ordenarlos histórica y cronológicamente para reconstruir en los más mínimos detalles la vida de los hombres que nos precedieron.

Pero la arqueología no cuenta con estos elementos, debe buscarlos uno por uno. Trabaja sobre un mundo del que solo existen pistas, fragmentos y, en muchos de las casos, solo ruinas. Sin embargo, la arqueología debe seguir estos indicios para saber dónde conducen, recoger los fragmentos para recomponer con ellos el pasado, hacer que las ruinas hablen, interpretar su lenguaje y descubrir a través de él todo aquello que el tiempo y los hombres borraron.

La arqueología es, pues, la ciencia de la antigüedad, pero, al mismo tiempo, es una ciencia moderna. No se limita al estudio de las cosas muertas y superadas, sino que es una mirada atenta e interesada sobre los monumentos fundamentales de esa realidad que es el hombre.

La arqueología, por lo tanto, es una ciencia muy actual, incluso nos aventuramos a decir que está de moda. Prueba de ello es la gran cantidad de libros de carácter científico o de divulgación que se publican sobre el tema. Sin embargo, la arqueología, además de no ser una ciencia fácil, tampoco es de las que ofrecen resultados brillantes ni sensacionales. Sus investigaciones se centran en muros derruidos, en trozos de cerámica y vasos, así como ánforas, en las piedras por las que nadie daría un céntimo. De todo esto emana una fascinación de la que carece la mayor parte de las otras ciencias. ¿Por qué? No hay más que una respuesta: el interés y la fascinación de la arqueología se deben a su modernidad. Esto puede parecer una paradoja en la ciencia que estudia precisamente los monumentos antiguos, pero no lo es en absoluto.

En realidad, la arqueología se ocupa de un período de tiempo que abarca millares de años; un período muy limitado si lo comparamos a los millones y millones de años de nuestro planeta. Leonard Wooley, famoso arqueólogo inglés que dirigió numerosas expediciones arqueológicas en el Oriente Medio y que se hizo famoso por las excavaciones efectuadas entre 1922 y 1934 en la zona de Ur, en Mesopotamia, escribió a este respecto: «Nosotros escribimos y hablamos de vasos, platos, collares y armas cuya antigüedad se remonta a tres o cuatro mil años antes de nuestra era, y el profano se maravilla de la edad de estos objetos y los admira por el solo hecho que son antiguos. Pero, en realidad, su verdadero interés radica precisamente en que son nuevos. Si la unidad de medida fuera simplemente la antigüedad, todo lo que se halla en las excavaciones sería insignificante con respecto a un nuevo fósil de dinosaurio. ¿Qué son, pues, seis mil años de vida de la raza humana si debemos tomar como unidades de medida los períodos geológicos? La importancia de nuestro material arqueológico reside en que este proyecta luz sobre la historia de unos hombres semejantes a nosotros y sobre unas civilizaciones que tienen mucho en común con las que estamos viviendo».

La justificación de la arqueología radica en el hecho de que esta, en definitiva, nos concierne a todos y a cada uno de nosotros. Y el interés inmediato que suscita se debe a su mayor accesibilidad con respecto a las demás ciencias. Su objeto es el hombre mismo, no un universo que se resuelve cada vez más en una abstracción individual, y el material sobre el que trabaja es obra de la mano del hombre. Cuando vemos los complicados sistemas de alcantarillado de Cnosos, en la isla de Creta, nos sentimos como en nuestra propia casa. Los cosméticos descubiertos en una antigua tumba nos sorprenden por su conmovedora modernidad. La sorpresa del visitante de un museo al conocer la antigüedad de un objeto que contempla es directamente proporcional a la modernidad que reconoce en tal objeto: es la sorpresa de quien ve que su horizonte se ensancha de repente, y la ventaja de la arqueología consiste en ofrecer cumbres sublimes, pero fáciles de escalar.

Una vez dicho todo esto, tras sumergirnos en el fascinante mundo de la arqueología y el concepto de arte, nos será más fácil explicar al lector la razón de esta obra que tiene en sus manos, porque en sus páginas tendrá las claves que necesita para comprender la belleza inmaterial que encierra y transmite toda obra de arte, desde la prehistoria hasta nuestros días, es decir, lo que el artista quiso transmitir al realizar el objeto. Y qué mejor forma de explicarlo que siguiendo, de algún modo, la cronología de las diferentes culturas. Por ello, en cada capítulo hemos englobado las culturas que se corresponden en el tiempo y el espacio, y al final del mismo hemos destacado y explicado las palabras que están relacionadas con las correspondientes civilizaciones, con sus tradiciones, sus cultos, sus religiones… Con ello será mucho más fácil comprender la historia, el arte, la arqueología y las claves ocultas que conforman lo que podríamos llamar el esoterismo de esos pueblos.

Conocidas ya estas incógnitas que transmite el espíritu de esta obra, el turista se convertirá en viajero cuando acceda a una zona arqueológica, visite un museo o admire un templo antiguo o medieval.

El astro rey

Desde los albores de la humanidad, pueblos de todas las culturas, filosofías y religiones han rendido culto y admiración al astro rey. El Sol creador de vida, luz, calor y energía positiva es también símbolo de fuerza, riqueza, belleza y claridad.

En el arte prehistórico del norte de África aparecen imágenes de toros y carneros que llevan sobre la cabeza un disco solar. En este sentido, no resulta extraño que algunas imágenes rupestres prehistóricas de ámbito asiático presenten figuras humanas con una «rueda solar» como cabeza, rodeada de puntas y dividida en forma de cruz, conteniendo puntos cada uno de los sectores. Pero el hombre prehistórico fue todavía más lejos en cuanto a su concepción valorativa del Sol, relacionada esta con el crepúsculo; su muerte implica necesariamente la idea de su resurrección y llega incluso a no ser concebida como muerte verdadera. Por eso, también el culto a los antepasados se liga al solar, para asegurarles una protección y, al mismo tiempo, un símbolo salvador. Los monumentos megalíticos dependen de las asociaciones de ambos cultos, y no es una casualidad que, la mayoría de las construcciones megalíticas (dólmenes, túmulos, crómlechs...), tengan sus puertas de acceso orientadas a mediodía. Y lo mismo sucede con las entradas a los castillos cátaros.

El Sol en el horizonte era ya definido por los egipcios del Imperio Antiguo como «brillo esplendor». Durante la XVIII dinastía, su faraón, Amenhotep IV (1365-1348 a.C.), convirtió el culto solar del dios egipcio Amón-Ra en todo un sistema («Tan bello apareces en el lugar luminoso del cielo, oh, sol viviente, que por primera vez comenzó a vivir»). En el Museo de Antigüedades Egipcias del Cairo se conserva una excelente estela de piedra caliza en la que están grabadas las figuras del faraón Akenatón y su esposa Nefertiti, adorando al sol Atón, en el templo de Amón, ubicado en Tell el-Amarna.

Una fuerza heroica y generosa, creadora y dirigente, este es el núcleo del simbolismo solar, que puede llegar a constituir una religión completa por sí misma, como lo prueba la «herejía» de Ikhunatón, en la XVIII dinastía egipcia, y cuyos himnos al Sol son, aparte de su valor lírico profundo, teorías de su actividad benefactora.

El Sol, el astro rey, es sin duda, uno de los símbolos más representados en la historia de las civilizaciones, desde la prehistoria hasta nuestros días, el objeto celeste que más devoción ha recibido a lo largo de los tiempos y, también es preciso decirlo, del que más leyendas y supersticiones se han creado. Está relacionado con la muerte de Osiris, a quien en numerosos grabados del Antiguo Egipto se le representa sobre un círculo con los brazos abiertos, en clara relación con los cuatro elementos.

Tradición oriental

La admiración de las civilizaciones orientales hacia el Sol se pone de manifiesto cuando vemos que todos los templos y pagodas se abren hacia el Este, origen del ciclo cotidiano.

El «Sol Naciente» no solo es el emblema del Japón, sino su propio nombre (*Nihon*). El Sol sería el yang, porque irradia luz, energía, fuerza, claridad, calor; es el principio activo, representando el conocimiento intuitivo, inmediato; también es el corazón, la esencia, la forma; es el ojo derecho de los héroes primordiales de las tradiciones orientales (Vaishvanara, Shiva, P'an-ku, Lao-Kiun), así como el ojo del pasado, la intelección...

Los textos hindúes presentan al Sol como origen de todo cuanto existe, el principio y el fin de toda manifestación. Asimismo es el emblema de Visnú y de Buddha («El hombre de oro»).

En la antigua Babilonia se decía: «El que ilumina la oscuridad, brilla en el cielo, el que arriba como abajo destruye el mal... Todos los príncipes se alegran de contemplarte, todos los dioses te aclaman...».

Pueblos precolombinos

El ámbito cultural antiguo más importante relacionado con la adoración del Sol como deidad fue sin duda el Perú de los incas. El escritor e historiador Inca Garcilaso de la Vega (1539-1616) describía de este modo el Templo del Sol de Cuzco, la capital imperial: «Las cuatro paredes estaban de arriba revestidas de planchas y travesaños de oro. En la parte anterior, lo que nosotros llamamos altar mayor, se erguía la figura del Sol, consistente en una plancha de oro de un grosor doble del de las otras planchas que cubrían las paredes. La figura, con su cara redonda y sus rayos y llamas de fuego, estaba hecha de una sola pieza. Era tan grande que ocupaba toda la parte anterior del templo de una pared a otra. [...] A ambos lados de la estatua del Sol se hallaban, como hijos de este Sol, los cuerpos de los reyes muertos, embalsamados, no se sabe de qué manera, que parecían estar vivos. Estaban sentados en sus sillas puestas sobre doradas vigas, en las que solían sentarse. [...] Las puertas del templo eran parecidas a portales revestidos de oro. A los lados exteriores del templo se encontraba un entablamiento de oro consistente en planchas de anchura mayor de una vara que rodeaba el templo entero como una corona». Al contemplar la impresionante Puerta del Sol de Tiahuanaco, muy cerca del lago Titicaca, es fácil comprender las palabras del historiador y prosista peruano, publicadas en *Comentarios reales de los incas*.

El culto solar solo alcanzó desarrollo, en el Nuevo Mundo, en México y Perú, que precisamente fueron los dos focos culturales más avanzados.

En las culturas occidentales

En la mitología griega, el Sol era el dios Helios Apolo, que, al mismo tiempo, representaba el ojo de Zeus. Platón, en *La República*, describe al Sol como imagen del bien.

En lo que a la Biblia se refiere, solo en el Antiguo Testamento —en oposición al culto solar de los paganos— se considera que el Sol es una de las dos «luminarias» que Dios puso en el firmamento. En la iconografía cristiana, el Sol, que surge una y otra vez por Oriente, es símbolo de la inmortalidad y la resurrección. En un mosaico paleocristiano del siglo IV, Cristo se equipara a Helios con una corona de rayos luminosos y montado en el carro solar. Dado que Cristo es también *cronocrator* (soberano del tiempo), se le ha relacionado a menudo, particularmente en el arte románico, con el astro que marca la duración de los días.

El Sol también fue objeto de admiración por parte de los pueblos prerromanos. En todos los textos irlandeses y galeses, donde se utiliza al astro rey para comparaciones o metáforas, el Sol sirve para caracterizar no solamente lo brillante o luminoso, sino también lo bello, lo amable y lo espléndido. Los textos galeses designan con frecuencia al Sol con la metáfora «ojo del día» y el nombre del ojo en gaélico (*sul*), que es el equivalente del nombre británico del Sol, subraya el simbolismo del ojo.

El Sol es el arcano decimonónico del tarot. La imagen alegórica muestra el disco con rayos alternativamente rectos o llameantes, dorados y rojos, que simbolizan la doble acción calórica y luminosa del astro rey. Además de iluminar y dar calor, el Sol es el distribuidor de las supremas riquezas, simbolizadas en la alegoría por las gotas de oro que se precipitan sobre las cabezas de las personas afortunadas.

En el tarot egipcio, el Sol sigue siendo la carta número 19. Su significado simbólico en la parte superior está representado por el astro rey, como fuente permanente de vida, padre de la existencia en la Tierra. En la zona intermedia del citado naipe aparecen un hombre, una mujer y un joven como símbolos de la vida del ser en la Tierra, haciendo especial referencia al dios Geb (o Kep, uno de los dioses de la Enéada heliopolitana, considerado señor de la Tierra). Y en la parte inferior, en ocasiones, un hipopótamo, animal relacionado con la fecundidad y la continuidad. El significado adivinatorio de esta carta es fácil de explicar: la felicidad que se comparte, amigos que nos quieren, personas que nos admiran, la vida en un lugar hermoso.

Las fuerzas del Más Allá

Iconográficamente, el Sol suele representarse como un dios solar con corona de rayos sobre la cabeza o como un disco coronado de rayos con rostro humano.

Astrológicamente hablando, se corresponde con la constelación de Leo (el León). En la astrología se considera al Sol, como en la antigüedad, uno de los «planetas», a causa de la aparente órbita que da alrededor de la Tierra, la cual determina la duración del año. La posición del Sol en un signo del Zodíaco indica en qué signo ha nacido una persona: el Sol tiene en el signo de Leo su «casa diurna», mientras que en el de Aries está «exaltado»; en el de Acuario, en cambio, está «humillado».

El naranja se considera un color solar y las piedras preciosas que se le atribuyen al Sol son el diamante, el rubí, el crisólido y el Jacinto. En cuanto a la valoración psíquica, Carl Gustav Jung indicó que el Sol es, en realidad, un símbolo de la fuente de la vida y, al mismo tiempo, de la definitiva totalidad del hombre.

Los maestros de la «piedra filosofal» tampoco se olvidaron de analizar al astro rey. En lenguaje alquímico, le corresponde el reluciente oro («sol de la tierra, rey de los metales»). La alquimia lo considera «oro preparado para la Obra», o «azufre filosófico».

En el *Rig Veda*, el Sol es ambivalente. Por un lado, es «resplandeciente» y por otro «negro», como el caballo y la serpiente. La alquimia recogió esta imagen del sol Níger para simbolizar la «primera materia», el inconsciente en su estado inferior y no elaborado.

En cuanto al mundo onírico, soñar con el Sol es frecuente. Por ello, queremos analizar algunas de sus valoraciones. Es energía, luz, calor, vida, irradiación, brillo, es decir, todo lo bueno. A ello se referirán los sueños en que aparezca el Sol, aunque considerándolos según su posición o aspecto. Soñar con un Sol naciente, por ejemplo, es presagio de felicidad y prosperidad. Si está claro y esplendoroso, anuncia abundancia, éxito y riqueza, así como que nos hallamos pletóricos de salud y de energía interior, además de capacidad física y mental. Si está oscurecido, sin brillo, representa un grave peligro; oculto por las nubes, revela tristeza, preocupación y miedo.

Pero también es importante tener en cuenta que, a causa de las perturbaciones producidas por otros planetas, la inclinación del eje de la Tierra disminuye 46,84 segundos cada cien años, lo que da lugar a una reducción de los ángulos de los puntos solsticiales con la línea equinoccial de 1,16 minutos por siglo, es decir, que cada verano el Sol sale un poco más hacia el Este y se pone ligeramente más hacia el oeste, siendo estas disminuciones de igual sentido en invierno. Teniendo estos conceptos matemáticos asumidos, nos será mucho más fácil comprender los desvíos producidos en las rocas que fueron utilizadas por los magos prehistóricos para la determinación de los conocimientos acerca de los ciclos estelares, los solsticios, equinoccios e, incluso, de los eclipses.

Las líneas ley

Las líneas ley —una herencia que, sin duda, debemos a los celtas— eran conocidas por los druidas como *Wyerri* o *Wouibres*, en clara referencia a las serpientes que se mueven por el subsuelo como oscuras fuerzas que trazan las líneas energéticas y telúricas de la Tierra. No es una casualidad, por tanto, que estos sacerdotes se consideraran a sí mismos como «hijos de la serpiente», quienes, en sus creencias, se dirigían a estas zonas de poder para recibir los beneficios físicos y espirituales en estos espacios. Era aquí donde el pueblo celta rendía culto a la diosa Gea (la Madre Tierra), y demás entidades divinas que albergan las fuentes, lagos, ríos o manantiales.

Hace ahora ochenta y cinco años del descubrimiento, por parte del antropólogo francés Alfred Métraux, de las líneas ley. En 1931, estando en la alta meseta boliviana, concretamente en el antiguo país de los aimaras, Métraux advirtió con el mayor asombro que una red de líneas, partiendo del Templo del Sol, a orillas del lago Titicaca (Perú), enlazaban filas de altares elevados en las colinas y otros enclaves sagrados. John Michell, uno de los grandes especialistas en la materia, describió la hazaña de Métraux, a quien podríamos calificar como pionero en esta interesante rama de la ciencia, del siguiente modo: «Los caminos rectos que cubren una amplia zona de los Andes, particularmente en Bolivia, partiendo de puntos situados, sobre todo en la cima de las colinas, recorren treinta y dos kilómetros o más sin desviarse, sin importarles los obstáculos naturales, destacando del entorno como tiras de terreno limpias de hierba y arbustos». Muchos de estos senderos aún son utilizados actualmente por los indios aimaras de la zona, quienes transitan sobre ellos en determinados días del año, especialmente durante los solsticios y equinoccios. Se trata de caminos de peregrinación, marcados por enclaves sagrados, donde residen espíritus nobles, quienes reciben de los romeros simbólicas ofrendas, para obtener a cambio salud, suerte y la gracia de un clima bondadoso para todos los miembros de la familia; también se trata de pequeños altares, fuentes y manantiales sagrados o modestos montones de piedras que se cubren con exvotos de los peregrinos que allí se postran de rodillas para pedir a las divinidades, aunque nunca bienes materiales. Desde tiempos ancestrales, estas líneas ley forman parte de la cultura inmaterial de la historia de la humanidad.

Sacralidad ancestral

La comarca aragonesa del Matarraña, al noreste de la provincia de Teruel, destaca por las corrientes de energía telúrica que la recorren y hacen de ella un lugar verdaderamente mágico. Por ella pasan un total de diez líneas ley, algo único en cualquier parte del mundo.

El Matarraña es una de las comarcas más enigmáticas y esotéricas de la geografía hispana. Desde remotos tiempos prehistóricos, cuando se produjeron las últimas glaciaciones, el hombre de Cromañón se asentó en estos paradisíacos valles. Ya con la condición de sedentaria, una vez cubiertas sus necesidades de subsistencia, esta gente dio rienda suelta a su instinto creativo, que se desarrolló a partir de unas creencias mágico-religiosas estrechamente relacionadas con los astros. A ellos elevaron sus rezos para calmar la sed de las tierras en forma de lluvias, practicar la curación de enfermedades, establecer los ortos (puntos de nacimiento del astro rey durante los solsticios y equinoccios), predecir eclipses… Todo ello, y mucho más, fue capaz de desarrollar el hombre prehistórico que colonizó esta comarca, como hemos podido determinar a través de los restos arqueológicos encontrados que salpican la geografía del Matarraña y que se conservan grabados en la roca, formando parte de enclaves sagrados.

Y toda esta cosmogonía, que paralelamente registra el paso de la sociedad matriarcal a la patriarcal, gira en torno a la colina de Santa Bárbara, situada en la población de La Fresneda —auténtico ombligo cultural del Matarraña—, un lugar cargado de energía del que parten, en forma de rayos solares, diez líneas ley.

La geografía del Matarraña está cargada de fuerzas energéticas porque gran parte de su suelo está sujeto a la influencia de una corriente telúrica que comunica capas de terrenos que adquieren distintas cargas energéticas. Estas pueden generar diferencias de potencial que afectan a la percepción. Cuando esto sucede, las personas especialmente sensibles pueden llegar a protagonizar experiencias muy singulares.

Son precisamente estas corrientes de energía, sumadas a la propia naturaleza del lugar, las que lo convierten en un espacio sagrado, que la sociedad seguirá considerando como tal a pesar de los cambios religiosos que se produzcan a lo largo del tiempo. No tendrá que hacer otra cosa que adaptarlo a los sucesivos cultos, alterando sus advocaciones, reinventando su leyenda y adaptando los ritos a las circunstancias culturales vigentes, de tal forma que los atributos mágicos permanezcan inalterados en su esencia.

Este tipo de enclaves, muy abundantes en la geografía del Matarraña, fueron establecidos en la antigüedad por los pueblos del Neolítico y están relacionados con antiguos centros de culto prehistórico y también de las culturas celta y medieval (templarios), enlazados entre sí a través de trazados rectilíneos: las líneas ley.

Líneas que unen enclaves de energía

Gracias a investigadores como Amador Rebullida Conesa, quien durante tres décadas estudió la colina de Santa Bárbara, y más recientemente, Miguel Giribets Martínez, podemos calificar hoy el Matarraña como la reserva sagrada de la geografía hispana.

Sobre esta colina, en La Fresneda, la espiral del laberinto es el punto de partida de las diez líneas ley que atraviesan la geografía de esta comarca. Estas líneas ley se corresponden con antiguas corrientes energéticas que se desplazaban subterráneamente a través de acuíferos o bien aprovechando las grietas tectónicas que entran en fricción.

Para los druidas, tales corrientes de energía no solo eran la manifestación de la vida sobre la Tierra, sino que guardaban las claves de la fertilidad. Pero, además, creían que estas líneas cruzaban el firmamento y llegaban a la Tierra para proseguir por ocultos cauces energéticos que transmitían una condición específicamente benéfica. De este modo, establecían enclaves privilegiados, que los sacerdotes celtas señalaban en forma de menhires, dólmenes, crómlechs y otras construcciones de tradición megalítica.

Estos escenarios no tardaron en convertirse en centros ceremoniales en los que ofrecer a la madre naturaleza, así como a las aguas que fluyen debajo del suelo, simbolizadas por Dana —deidad primigenia, otorgadora de la vida, y la serpiente cósmica—, los rituales de agradecimiento que cerraban el ciclo del «huevo cósmico», repleto de nueva vida y energía. Con ello se establecía el orden espiritual en el mundo tangible.

Las líneas ley del Matarraña

Destacamos a continuación el mapa con la trayectoria de las diez líneas ley existentes en la comarca del Matarraña, siguiendo un movimiento de rotación como el de las agujas del reloj. Llama poderosamente la atención que la mayoría de estas corrientes de fuerza se proyecten hacia el mediodía, confirmando la importancia que para los pueblos de la antigüedad tenía el Sur como referencia de centro energético. Todas salen de la ermita de Santa Bárbara:

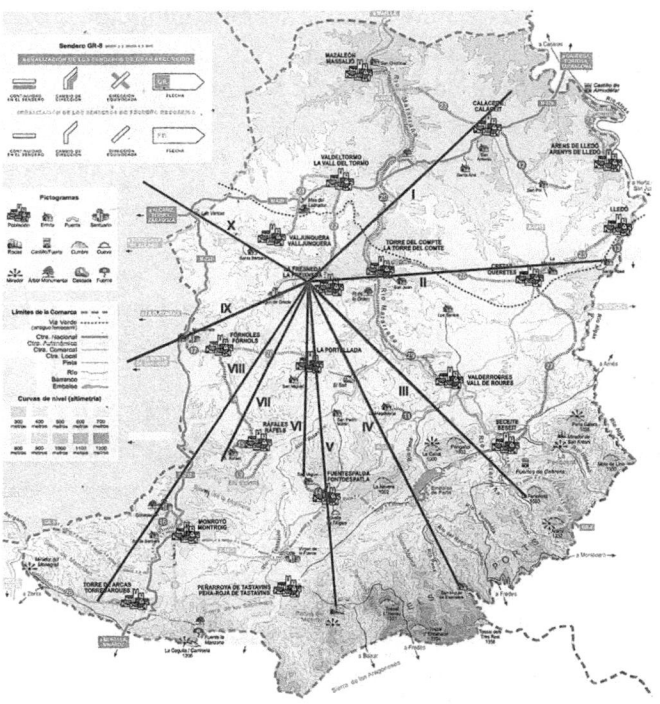

Línea I: A la Roca Caballera (Calaceite), pasando por el olmo del Moliner d'en Vidre, el yacimiento íbero de San Antonio y los santuarios de San Cristóbal y La Misericordia (ambos en Calaceite). Recorrido total de 15 km.

Línea II: Al santuario de Santa Rosa de Viterbo (Lledó), pasando por la ermita de San Juan (Torre del Compte) y el santuario de La Misericordia (Cretas). Recorrido de 16 km.

Línea III: Al yacimiento arqueológico de La Fenellosa (Beceite), pasando por la peña de Aznar la Gaya —conocida como La Caja—, la montaña sagrada por excelencia del Matarraña. Recorrido de 17 km.

Línea IV: Al santuario aéreo de San Miguel de Espinalbá (en el extremo sureste de la comarca, frente a la cima del Tossal dels Tres Reis, de 1356 m, techo natural del Matarraña), pasando por la ermita rupestre de Santa Magdalena (Valderrobres). Recorrido de 18 km.

Línea V: Al conjunto geológico de las rocas del Masmut (Peñarroya de Tastavins), pasando por el peirón de Santa Bárbara, a 859 m de altitud, la ermita de San Pedro Mártir y la Coveta de l'Aigua, situada en la Penya del Corb (Fuentespalda). Recorrido de 18 km.

Línea VI: Al santuario de San Miguel (Fuentespalda). Recorrido de 10 km.

Línea VII: Al santuario de San Rafael (Ráfales), pasando por la ermita de San Miguel (La Portellada). Recorrido de 8 km.

Línea VIII: A la ermita de San Bernardo de Claraval (Torre de Arcas), pasando por el santuario de La Consolación (Monroyo). Recorrido de 19 km.

Línea IX: A la ermita de San José (Belmonte de San José), pasando por el santuario de la Virgen de Monserrate (Fórnoles). Recorrido de 9 km.

Línea X: A la ermita de Santa Bárbara (Valdealgorfa), pasando por el santuario de la Virgen de Gracia (La Fresneda) y la ermita de Santa Bárbara (Valjunquera). Recorrido de 9 km.

Montañas sagradas

Desde la noche de los tiempos, el ser humano ha establecido en determinadas cumbres montañosas el lugar ideal para conversar o elevar a las divinidades celestiales un contacto mágico con el mundo sagrado astral, alcanzando seguidamente el estado o sensación de trascendencia. Con ascender al monte, el iniciado, el druida, el chamán, el mago, se ha aproximado a la dimensión sobrenatural o mística. Juan García Atienza lo supo explicar muy bien: «El monte forma parte de la tierra; y en la religión natural, la primera que la humanidad aceptó como intento de comunicación con lo desconocido, el monte vino a ser como la antena tendida por la Diosa Madre para establecer contacto con el sol fecundador que le permitiría general la vida en su seno y conservarla». Cuando un monte, un claro, un bosque o un prado portan uno o varios lugares de poder, convierten a esa zona en un espacio sagrado; así fueron considerados estos enclaves por culturas y civilizaciones anteriores a la nuestra.

No es una casualidad, por lo tanto, que estos enclaves de poder, que destacan en el horizonte por sus plataformas planas —incentivando la sensación de gigantesca mesa, o *ara*, de piedra—, estén estrechamente relacionados con ancestrales ritos de culturas paganas pre y protohistóricas, a cuyas cimas se llega después de un notable esfuerzo físico, pero que, al alcanzar la cumbre, una sensación de paz, armonía y felicidad hacen que nos liberemos de inmediato del cansancio, al sentirnos amparados por la Diosa Madre.

Los druidas, que supieron recoger los sabios conocimientos de los pueblos de la Edad del Bronce, alzaron en estas plataformas, más aéreas que terrestres, sus altares a las divinidades masculinas, testimoniándose con un menhir, como órgano varonil que fertiliza la Madre Tierra. Sin embargo, las grutas de las laderas de la montaña eran enclaves de fuerza para rendir culto a las diosas, por ello muchas de estas entradas recuerdan el acceso a la vagina de la mujer. En torno a estas montañas, vemos un rico patrimonio arqueológico y antropológico, que reta a un viajero con las claves del conocimiento aprendidas, a descubrirlo: apariciones milagrosas, batallas legendarias, bosques sagrados, brujas, caminos iniciáticos, castillos encantados, cátaros, templarios, ermitas de peregrinaje, fenómenos paranormales, grutas de iniciación, leyendas, monasterios, construcciones megalíticas, rocas monumentales, el Santo Grial o vírgenes negras… son algunos de los elementos que abundan en torno a estas montañas.

Ríos de piedra

El Matarraña, a caballo entre el sistema ibérico y el macizo de los Puertos, es el territorio con mayor riqueza esotérica de la geografía hispana, y las líneas ley no es lo único que confirmaría esta definición. Son infinidad los enclaves cargados de energía que salpican un territorio de profundos valles y colinas llenas de testimonios arqueológicos y legendarios que confirman la fuerza de este territorio como lugar de acogida, donde muchos de los pueblos desde la antigüedad prehistórica han ido dejando su impronta, como tierra mágica. Incluso su principal corriente fluvial, el río Matarraña, que traza un curso que recuerda al Nilo (de sur a norte), ha servido de referencia para las gentes más sabias de estas civilizaciones, como hemos ido logrando descifrar a través de los testimonios grabados en la roca.

Líneas por encima del tiempo y el espacio

El Matarraña tuvo el privilegio de ver en su suelo la convivencia de las dos grandes culturas de la España protohistórica: celtas e íberos. Fueron unos pueblos hermanos que establecieron un equilibrio intercultural y que, en ningún momento, desnudaron sus espadas para luchar entre sí. Al contrario, aunaron esfuerzos en pro del bienestar de sus gentes; asentados los primeros en castros y los segundos en poblados, y unidos para resistir las posteriores invasiones de cartagineses y romanos. Pero es a la espiritualidad de los celtas a quienes les debemos el haberse mantenido en el fervor generacional de las gentes unas tradiciones que podemos reconstruir estudiando estos enclaves de poder, que esta comarca aragonesa ofrece en abundancia, como podemos apreciar en el mapa anterior.

Analizando también la proyección sobre el mapa de estas diez líneas ley, nos ha llamado la atención otra circunstancia que consideramos igualmente de interés para nuestros lectores. Se trata de la proporción áurea (tema que tratamos ampliamente en otro capítulo).

Desde siempre se ha sabido que durante la noche de San Juan, coincidente con el solsticio de verano, en tres poblaciones de la zona (Calaceite y La Fresneda, del Matarraña, y Horta de Sant Joan, de Terra Alta), hasta hace pocos años era tradicional encender grandes hogueras simultáneamente, para iluminar la noche más corta del calendario. Si examinamos la situación de estas tres poblaciones en el mapa veremos con cierto asombro que estos pueblos, enlazados a través de las líneas ley

I y II (prolongación), dibujan un triángulo isósceles con bastante exactitud. Fruto de ello hemos llegado a asombrosas conclusiones. Por una parte, el triángulo isósceles es la representación áurea por excelencia. Además, la relación entre cualquiera de los lados y la base se aproxima extraordinariamente al número áureo. Si dividimos el lado correspondiente a La Fresneda-Calaceite entre la base formada por la línea La Fresneda-Horta de Sant Joan, obtenemos un valor redondeado a dos decimales de 1,72. Y si dividimos el lado Calaceite-Horta de Sant Joan entre la base La Fresneda-Horta de Sant Joan, conseguimos un valor aproximado a dos decimales de 1,61. ¿Es una casualidad que el número redondeado a dos decimales sea 1,62, cifra que se acerca a la proporción áurea? ¿Y es también una casualidad que el sinuoso curso del río Matarraña atraviese ese triángulo isósceles?

El santuario de Valjunquera

La línea ley número X, que enlaza La Fresneda con Valjunquera y se prolonga hacia Valdealgorfa (Bajo Aragón), ofrece al viajero uno de los enclaves más sorprendentes. Se trata del santuario de Santa Bárbara, en Valjunquera, donde el hombre de la Edad del Bronce (hace tres mil años) demostró sus conocimientos de la cartografía y, a escala milimétrica, supo reproducir sobre la superficie desnuda de un bloque de roca calcárea el trazado fluvial del Matarraña, el río más sagrado para los pueblos y gentes de la antigüedad en esta comarca.

Sabemos que las principales civilizaciones de la historia de la humanidad tuvieron su río sagrado: los egipcios, el Nilo; los asirios e hititas, el Tigris y Éufrates; los hindúes, el Ganges…El Matarraña no podía ser una excepción. Su trazado es señalado con todo lujo de detalles en sus curvas y meandros y en su curso sur-norte; precisamente el mediodía era la referencia sagrada para las civilizaciones del Neolítico. Este sensacional descubrimiento se lo debemos a Miguel Giribets, investigador que, desde hace tiempo, viene estudiando los enclaves sagrados de esta comarca. Nos dice a este respecto: «Hay muy pocos mapas prehistóricos en España, se conoce alguno en Asturias, pero la referencia tan exacta que nos ofrece este grabado rupestre sobre el trazado del río Matarraña convierte a este de Valjunquera en uno de los valiosos del mundo». En su exhaustivo trabajo podemos apreciar cómo el hombre prehistórico fue capaz de representar su entorno, un cosmos natural que gira alrededor del río, la fuente de vida, el Matarraña, en donde no faltan ni los diferentes afluentes que lo alimentan a lo largo de su curso, desde los puertos de

Beceite, hasta entregar sus frescas y transparentes aguas al padre Ebro. Precisamente, junto a su nacimiento, en la zona llamada El Parrisal, unas pinturas rupestres de esa época confirman que el río brota junto a un enclave sagrado para los pueblos de la antigüedad.

El grabado de Valjunquera se encuentra a pocos metros de la ermita de Santa Bárbara, dominando una colina sagrada para los pueblos de la antigüedad, como lo confirma la extraordinaria riqueza de cazoletas, grabados alusivos a constelaciones astrales, representaciones divinas y construcciones megalíticas. Estas riquezas han pasado inadvertidas hasta no hace mucho y hoy, poco a poco, están siendo visitadas por viajeros motivados por el conocimiento de la historia oculta.

El río de la Val del Pi

La línea ley número V, que se proyecta hacia el sur, desde el santuario de Santa Bárbara, de La Fresneda, hasta las colosales rocas de Peñas del Masmut, en el municipio de Peñarroya de Tastavins, antes de alcanzar el pueblo de La Portellada, atraviesa un enclave de gran energía telúrica: la Val del Pi, todavía dentro del municipio de La Fresneda.

Val del Pi es una zona apartada, olvidada, conocida en nuestros días por el camping La Fresneda; establecimiento acurrucado sobre la ladera meridional de una colina sagrada, en donde brota un manantial: la Font del Pi. Dentro de un territorio no superior a cinco áreas, son innumerables los testimonios que el viajero puede encontrar, relacionados con los bienes inmateriales de la historia de la humanidad: un estanque prehistórico, un molino de harina prerromano, infinidad de cazoletas, barracas de agricultor, y, lo más importante, sin duda, la reproducción a escala de la yarda megalítica del río Matarraña, similar al grabado antes citado de Valjunquera, pero con la salvedad de una mejor conservación, gracias al haber estado cubierta la roca por medio metro de tierra. Este fascinante descubrimiento también se lo debemos a Miguel Giribets, quien nos invitó a visitar el lugar, pocos días después del feliz hallazgo. Ahora, tras una pormenorizada limpieza de la superficie superior de la roca, podemos apreciar con todo lujo de detalles el trazado del río, así como los diferentes afluentes que recibe, antes de morir en brazos del Ebro.

También en Val del Pi, la representación del río Matarraña fue creada por los pueblos más cultos de la Edad del Bronce, quienes utilizaron la yarda megalítica; medida de longitud equivalente a 82,9 cm, con la cual se llevaron a cabo las grandes construcciones de los tiempos megalíticos en las islas británicas (Stonehenge), en Bretaña (Carnac), y numerosos otros monumentos prehistóricos de la Península Ibérica. Esta medida de superficie fue establecida por Alexander Thom. Ambos grabados —el del santuario de la ermita de Santa Bárbara, de Valjunquera, y el de la roca de Val del Pi— tienen de longitud exactamente 165,80 cm; o lo que es lo mismo: dos yardas megalíticas.

Quiero recordar que Alexander Thom (1894-1985), fue un ingeniero escocés y arqueólogo aficionado, interesado de pequeño por los círculos de piedra de Castlerigg y por otros crómlechs de Inglaterra y Bretaña, efectuando estudios arqueológicos y sus relaciones astronómicas. En 1955, graduado por la universidad de Oxford, fruto de unas investigaciones, estableció el concepto de la yarda megalítica, creando un calendario prehistórico de ocho meses, dividido en verano, invierno y los dos equinoccios y después subdividido por los cuartos escoceses. Sus tres principales trabajos fueron publicados en Oxford: *Los sitios megalíticos en Gran Bretaña* (1967), *Los observatorios lunares megalíticos* (1971) y *Los restos megalíticos en Gran Bretaña y Bretaña* (1978).

Ambos representaciones en la piedra del más sagrado de nuestros ríos hispanos: el Matarraña, constituye todo un documento cartográfico, que confirma el singular hecho de cómo el hombre prehistórico fue capaz de representar su entorno. Hasta ahora se creía que los primeros mapas eran obra de civilizaciones del mundo del Mediterráneo oriental (Egipto, Mesopotamia, Asia, Grecia…), pero aquí vemos que unas humildes y desconocidas tribus que vivieron en el Bronce Final en estas tierras aragonesas lindantes con Cataluña y el País Valenciano, y pertenecientes a la cuenca inferior del Ebro, supieron representar con rigor el trazado rectilíneo de su río sagrado, a escala de la yarda megalítica, para determinar, sobre la roca, los lugares más ricos en caza, los accidentes naturales, los mejores itinerarios para desplazarse, las grutas más seguras y los bosques y tierras de cultivo. Pero tales conocimientos solo estarían al alcance de los sacerdotes, saberes que poco después recogerían los druidas con las primeras oleadas de pueblos celtas que aportaron un metal innovador: el hierro. Es muy probable que hace tres milenios, cuando tuvo aquel gran cambio sociocultural en la historia de la humanidad, el río Matarraña fuera navegable, y entonces sus aguas, en su trazado de sur a norte, se convertirían en una magnífica vía de comunicación para que los pueblos del interior alcanzaran el Mediterráneo a través del Ebro, facilitando una conexión intercultural entre los clanes de la Celtiberia Nuclear y los pueblos íberos próximos al Mare Nostrum; entre los cuales, los ilercavones. No es una casualidad que los primeros vinos que se elaboraban en el Valle del Jalón, a base de la variedad garnacha, enriquecieran las mesas de griegos y fenicios, primero, y de romanos, después.

Ondas de energía

Pero no podemos olvidarnos de otra cuestión, y es que, gracias a trabajos llevados a cabo recientemente por Epifanio Alcañiz y otros miembros de la Asociación Científica Fosfenismo, y rigurosamente analizados por el profesor de técnicas de relajación y control mental Francesc Celma i Girón, sabemos que en la mayor parte de la comarca del Matarraña se alcanzan y superan las 9500 unidades Bovis (UB); es decir, nos encontramos con un territorio especialmente favorable para la salud de todos los seres vivos. Esta unidad de valoración, a modo de ondas de radiación, establecidas por el físico y radiestesista Bovis y perfeccionada por el ingeniero Simoneton, ya es conocida en todo el mundo científico como «biómetro Bovis». Se trata de un sistema que establece las mediciones de frecuencias longitudinales de onda de radiación electromagnéticas de sustancias, plantas, animales, personas y lugares. Sabemos que las valoraciones superiores a 6500 unidades Bovis se consideran favorables para la salud.

Con ello, es fácil comprender la intensidad de fuerza que emanan la veintena de enclaves sagrados destacados en la comarca del Matarraña, enlazados, todos ellos, a través de diez líneas ley, teniendo como protagonista el meandroso curso de un río que diera nombre a este territorio; en torno a sus márgenes y dentro de sus valles, unos pueblos cultos, desde tiempos ancestrales, supieron elevar sus rezos a las divinidades, o estudiar los movimientos de los astros, para determinar las mejores épocas para la siembra de la tierra, las actividades con la ganadería o la celebración de sus ritos, en el seno de un bosque o sobre una piedra sagrada, como es la Roca Caballera, de Calaceite, final de la línea ley I.

Se trata de un santuario rocoso en medio de tierras de secano, que los freires templarios, siguiendo las enseñadas marcadas desde tiempos antiguos, supieron consagrarla como enclave de culto. Encima de la misma, una espiral formada por pequeñas cazoletas determinan los solsticios y los equinoccios, partiendo de una cavidad mayor que recuerda el útero materno, como inicio de la vida.

Glosario

Agua: Las aguas son fuente de todas las cosas y de toda existencia; son siempre germinativas, porque el contacto con el agua implica siempre regeneración, convirtiéndose como símbolo de vida. Por ello, en numerosos enterramientos prehistóricos —especialmente neolíticos, de la Edad del Bronce y megalíticos— vemos sobre la losa superior una cazoleta que recibe canalizaciones para conducir las aguas pluviales, y estas luego llegar al interior del túmulo, garantizándose así el más sagrado líquido para satisfacer la sed, abolir los sufrimientos y regenerar al muerto mediante la disolución total en el agua.

Azimut: Término astronómico que define al ángulo que forma el meridiano con el círculo vertical que pasa por el punto de la esfera celeste o del globo terráqueo.

Balma: Cavidad natural más reducida en profundidad que la gruta, bajo la cual se han encontrado numerosos testimonios de hábitats de pueblos de la antigüedad.

Cazoleta: Nombre aplicado a las pequeñas cavidades que vemos en rocas relacionadas con culturas antiguas, utilizadas para rituales. En el Bajo Aragón y el Matarraña se conocen como «cullas», y en el País Valenciano como «cocos» o «cadollas». Estas cazoletas disponen de regueros o canalillos para conducir a ellos las aguas pluviales.

Cueva sepulcral: Los enterramientos en el interior de cuevas fueron habituales durante la antigüedad prehistórica. Auchos de estos lugares, luego, la tradición popular los convirtió en centros de peregrinación, elevándoles atares de adoración.

Dios Celeste: Con la aparición de las primeras sociedades de cazadores-recolectores, la humanidad prehistórica comenzó a rendir culto a un Ser Supremo, un Dios Celeste que, al tratarse de un hombre mayor, era un ser creador y bueno para todos los seres vivos. Este Ser sobrenatural reguló las normas morales y facilitó las leyes de convivencia. El ídolo hallado en La Fresneda (Matarraña), y que aún permanece en un paradero oculto entre escombros, próximo al lugar de su fortuito hallazgo, mide 85 cm de altura y fue realizado en un bloque de roca arenisca, grabado en su superficie horizontal. Esta representación transmite el sentido antropomorfo y, al mismo tiempo, el simbolismo cosmológico del Dios Celeste. El círculo superior indica el giro de las estrellas circumpolares; el surco vertical equivale al eje del mundo, que atraviesa el firmamento, representado en el círculo abierto inferior; los brazos abiertos en cruz transmiten la revolución del conjunto; en los extremos de las manos están representados los siete astros móviles sobre un fondo de estrellas fijas; en la mano derecha, vemos el primer grupo, de tres elementos: Mercurio, Venus y el Sol, mientras que en la mano izquierda son los elementos Marte, Júpiter, Saturno y Luna, que recorren, cada uno según su velocidad, los distintos signos del Zodíaco. Estos astros errabundos dieron origen al mágico número 7, que encontramos en numerosas representaciones prehistóricas y modernas.

Diosa Madre: Siendo la mujer la dadora de vida y del alimento para el desarrollo y crecimiento, la sociedad prehistórica no tardó en sacralizar este concepto en forma de Diosa Madre o Gran Madre de la humanidad. Para las sociedades cazadoras-recolectoras del mundo, era, por tanto, la Gran Madre la que disponía de las manadas y rebaños en sus etapas y ciclos de trashumancia y emigraciones estacionales. La Venus de Willendorf, así como infinidad de figuras y grabados prehistóricos en los que aparece una mujer con los órganos de la maternidad exagerados, destacando las zonas del cuerpo relacionadas con la concepción y la alimentación, expresan un temprano culto a la fertilidad y a su Diosa, y la preocupación del hombre antiguo por la perpetuidad de su especie, así como la de los animales de que dependía su subsistencia.

Gnomon: Combinación de columna vertical y plano horizontal. Fue el instrumento de observación astral más antiguo, el cual, además de indicar las estaciones, permitía efectuar divisiones del día, medir la altura del Sol o de la Luna sobre el horizonte y obtener determinaciones de la latitud del lugar.

Inscultura: Grabado realizado en una piedra (petroglifo).

Orto: Salida del Sol, o de otro astro, por el horizonte.

Petroglifo: Piedra antigua grabada; pintura o grabado sobre una roca.

Pileta: Recipiente pequeño que en muchas casas suele haber para tomar agua bendita. También, paraje en donde se recogen las aguas.

Tormo: Gran bloque de roca desgajado de la cima de una colina próxima. En ocasiones constituyen espectaculares formaciones geológicas.

1
LA HUMANIDAD PREHISTÓRICA

> «El primitivo nómada-cazador-recolector se vio pronto atraído
> y fascinado por las cambiantes y regulares fases de la Luna, pues,
> con su crecimiento, plenitud, disminución y finalmente desaparición,
> o muerte, de la bóveda celeste, bien pudiera simbolizar su propia vida».
> AMADOR REBULLIDA CONESA

El hombre ha sentido siempre una profunda —y razonable— curiosidad por adentrarse en el misterio de nuestro pasado, de los eslabones incompletos, por ahora, que enlazan el interesante engranaje de nuestro mundo, y, en su mayor grado, del hombre y su entorno socio-cultural. Fue a partir de mediados del siglo XIX cuando se incrementó el número de investigadores de esta ciencia. Se descubrió que el hombre había vivido al mismo tiempo que algunos animales extinguidos en Europa desde hace milenios, y acerca de los cuales la geología y la paleontología, ciencias aún jóvenes, estaban en condiciones de determinar la edad y costumbres.

El descubrimiento de la antigüedad del hombre no fue fácilmente aceptado por todos. Incluso especialistas insignes, condicionados a veces por escrúpulos religiosos, veían en todo aquello una especie de desafío a la narración bíblica, que se interpretaba —contra la tradición más antigua del cristianismo— al pie de la letra, sobre todo en el cómputo relacionado de las generaciones desde Adán, el primer hombre, a Cristo. El tiempo transcurrido entre ambos resultada, por supuesto, mucho más breve que el que proponía la ciencia.

Pese a la oposición y a incredulidad, el estudio de la prehistoria, lejos de detenerse, progresó con un ritmo cada vez más rápido. En 1838, Boucher de Perthes, impugnado y ridiculizado por numerosos representantes de la cultura oficial, señaló los primeros amigdaloides hallados en Abeville como instrumentos de piedra prehistóricos.

En 1858, el naturalista inglés Charles Robert Darwin publicó *El origen de las especies a través de la selección natural*, título al que siguió, en

1871, *El origen del hombre y la selección sexual*. Estos textos pueden considerarse revolucionarios, pues tuvieron una importancia enorme para el desarrollo de las ciencias antropológicas y para la etnología prehistórica.

Dos décadas más tarde, en 1891, el médico militar holandés Eugène Dubois, animado precisamente por la lectura de estas obras, inició la exploración de la isla de Java en busca del «eslabón perdido» entre el hombre y el mono, y halló los primeros restos del *Pithecanthropus erectus*.

Mientras tanto, se sucedían en número creciente los hallazgos tanto de manufacturas líticas, o sea, de piedra (en griego *lithos*), como de restos óseos humanos, que ensanchaban y concretaban los conocimientos acerca de los hombres de las edades más remotas. Si bien los primeros descubrimientos de importancia se efectuaron en Europa, al extenderse las investigaciones a los demás continentes se añadieron nuevas pruebas para delinear mejor el cuadro de la prehistoria. Se llegó a la conclusión de que puede fijarse el inicio de la prehistoria en el momento —por ahora impreciso en cuanto a cronología absoluta— de la aparición del hombre sobre la Tierra, pero al fin de este prolongado período no solo varía de un continente a otro, sino incluso en regiones próximas entre sí.

El prehistoriador, al no contar con ningún dato escrito, debe limitarse a los hallazgos para reconstruir la situación económica y cultural de las primeras formas sociales. Algunas veces, los yacimientos arqueológicos permiten establecer, a grandes rasgos, desplazamientos, migraciones o extinciones de pueblos.

Los prehistoriadores han dividido toda la prehistoria en dos largos períodos: uno muy antiguo, el Paleolítico, y otro más próximo a nosotros, el Neolítico.

El Paleolítico

El primero es la etapa más antigua de la humanidad. Durante ella, el hombre no tuvo residencia fija y su economía fue meramente destructiva, basada en la recolección de frutos naturales y en la caza de animales salvajes. Centraremos su análisis en tres temas: los fósiles humanos, los instrumentos fabricados por el hombre y el arte realizado por el hombre.

En cuanto a lo primero, los fósiles humanos constituyen la primera fuente que se puede utilizar para la vida del hombre, al estar formado por los mismos esqueletos fosilizados. Veamos cuáles son los tipos más importantes de fósiles humanos descubiertos hasta este momento.

Los fósiles humanos más modernos conocidos presentan unos caracteres físicos idénticos a los del hombre actual. Estos fósiles aparecen ya diferenciados en distintas razas, las más conocidas de las cuales son las descubiertas en Europa (tipo de Cromañón, de Grimaldi, de Chancelade, etc.). Todas ellas han sido incluidas dentro del actual grupo humano: el llamado por los naturalistas *Homo sapiens*. Los más antiguos de tales fósiles se remontan a unos 40 000 años atrás. Pero retrocedamos en el tiempo.

El segundo grupo de fósiles humanos tiene una fecha que oscila entre los 30 000 y 100 000 años. Se trata de los restos humanos que presentan diferencias físicas con respecto al tipo humano actual: estatura más baja (promedio de 1,55, frente al 1,69 actual), capacidad del cráneo parecida al del *Homo sapiens* (1450 cm^3) pero diferencias en cuanto a la forma de este (frente hundida, falta de mentón, arcos superciliares más salientes...), etc. Los primeros ejemplos estudiados aparecieron en Europa (*Homo neanderthalensis*), pero más adelante se fueron descubriendo fósiles parecidos en diversos lugares de Eurasia y de África.

El siguiente grupo tiene ya fechas realmente alejadas de nosotros (un millón o más de años para los más antiguos, y medio millón para los más modernos). También aquí se reúnen tipos distintos que han sido reunidos bajo el nombre común de *Homo erectus*. El conjunto más numeroso es el constituido por los restos extraídos a partir de 1923 de la cueva de Chou-ku-tien, cerca de Pekín. Este tipo humano recibió el nombre de *Sinantropus pekinensis*, y presenta estas características: talla parecida a la media humana de nuestros días, capacidad craneana alrededor de 1000 cm^3, grandes arcos superciliares, mandíbula muy robusta, dentición parecida a la del *Homo sapiens*... Caracteres parecidos al *Sinantropus* presentan el *Pithecantropus erectus*, de Java, y el *Atlanthropus mauritanicus*, de Argelia.

Más atrás, la fecha de un millón de años atrás nos introduce en un terreno sumamente difícil de interpretar; una serie de fósiles descubiertos en varias zonas del África Oriental y Austral provocaron, desde su hallazgo en 1925, una serie de fuertes polémicas en torno a esta pregunta: ¿tales fósiles son o no humanos?

El número más numerosos de estos fósiles es conocido bajo el nombre común de *Australopithecus*. Aunque dentro del citado grupo existen numerosas variantes, se puede decir que se trata de seres de aspecto muy primitivo, en los que se da una extraña mezcla de caracteres humanos y simiescos, al mismo tiempo. Por su capacidad craneana (600 cm^3), el *Australopithecus* podría ser un mono superior; sin embargo, la forma de su pelvis induce indiscutiblemente a considerarlo como un ser absolutamente bípedo (a diferencia de los actuales monos superiores, que se sirven habitualmente de alguno de sus brazos para desplazarse). ¿Era esto un hombre? La cuestión no está aún claramente zanjada.

Los caracteres más antiguos de *Australopithecus* —aparecidos en Etiopía— se remontan a cuatro millones de años, y se acepta para los más modernos una fecha de 500 000 años.

Cuando aún se estaba discutiendo el carácter humano de los *Australopithecus*, aparecieron en África Oriental nuevos restos que contribuyeron a confundir aún más un panorama ya de por sí poco claro. Una serie de fósiles aparecidos en el barranco de *Olduway* (Tanzania), donde ya habían surgido restos de *Australopithecus*, presentaban un carácter más humano. Fueron bautizados por sus descubridores —los esposos Leakey— con el nombre de *Homo habilis* (antigüedad de 1,8 millones de años). Su capacidad craneana era en torno a los 700 cm^3, y contaban con una mandíbula y unas manos más parecidas al *Homo sapiens* que a los *Australopithecus*. En 1973, cerca del lago Rodolfo, apareció un cráneo al que se le dio el nombre de *Hombre de Leakey*. Este sensacional hallazgo presentaba unos caracteres aún más humanos que los del *Homo habilis* (por ejemplo, una capacidad craneana de 800 cm^3), a pesar de ser mucho más antiguo que este, tres millones de años.

En cuanto a los instrumentos fabricados por el hombre, en un principio los historiadores han establecido esta equivalencia: hombre (reflexivo) = ser que fabrica instrumentos destinados a realizar una función concreta.

De todo esto se deduce que para que se atribuya a un fósil características humanas es preciso que reúna estas tres condiciones:

1. Que pertenezca a un ser que se sostenía y andaba apoyándose únicamente sobre las dos extremidades inferiores.
2. Que tenía las dos extremidades superiores en forma de mano libre y hábil para fabricar útiles.
3. Que tenía un cerebro suficientemente desarrollado para dirigir y controlar la acción de la mano destinada a construir útiles.

El hombre del Paleolítico superior

La mejor forma de conocer a nuestro antepasado del Paleolítico superior es explicando su relación con el resto de culturas del Paleolítico:

Cultura de guijarros. Aparece hace unos 4 millones de años.
Cultura de «hachas de mano». Aparece hace unos 600 000 años.
Culturas de lascas. Aparecen hace unos 100 000 años.
Cultura Musteriense. Aparece hace unos 40 000 años.
Culturas aurignaciense y solutrense. Aparecen hace unos 18 000 años.
Cultura magdaleniense. Aparece hace unos 12 000 años.

Los prehistoriadores han dividido en tres etapas estas culturas del Paleolítico: Paleolítico inferior, Paleolítico medio y Paleolítico superior.

Correlación entre culturas del Paleolítico y fósiles humanos

Después de analizar los útiles encontrados, debemos hacernos esta pregunta: ¿quiénes fueron los autores de tales instrumentos? Partimos de la base de que sus autores tenían que ser hombres; ¿pero cuáles? Muchas veces estos útiles han sido hallados junto con fósiles humanos, entonces se supone que estos serían los de sus autores; en otros casos, muy frecuentes aparecen solo los útiles sin fósiles. Teniendo en cuenta este fenómeno, veamos qué equivalencias confirmadas por los hallazgos se pueden hacer en cada caso:

Culturas del Paleolítico superior: *Homo sapiens fósil*.
Culturas del Paleolítico medio: *Homo neanderthalensis*.
Culturas del Paleolítico inferior:
1. Culturas de guijarros: *Homo erectus/Homo hábilis* (solo se hallan instrumentos, sin esqueletos fósiles).
2. Culturas de «hachas de mano»: *Homo erectus* (solo se hallan instrumentos, sin esqueletos fósiles).
3. Culturas de lascas: *Homo erectus* (solo se hallan instrumentos, sin esqueletos fósiles).

La gran revolución neolítica

La gran revolución neolítica debió ocurrir en varios lugares de la Tierra al mismo tiempo, unos 6000 años a.C., y en tierras particularmente ricas: valle del Nilo, Mesopotamia, valle del Indo, Valle del Huang-Ho, Centroamérica… El hombre aprendió a cultivar ciertas plantas. Quizá fue la mujer, menos apta para la caza, la que advirtió el valor alimenticio del trigo, el centeno o el maíz, y que sembrando algunos granos nacían nuevas plantas.

Este modo de obtener subsistencias (agricultura), que era más seguro y menos peligroso que la caza, se fue imponiendo paulatinamente. Pero los campos de cultivo exigieron que hubiera que cuidarlos. Se edificaba la casa al lado de los sembrados y, para ayudarse de los trabajos de siembra y cosecha, al hombre le fue necesario vivir junto a otros hombres: aparecieron los primeros poblados que, con el tiempo, se convirtieron en pueblos y ciudades.

También aprendió a domesticar muchos animales (cerdos, caballos, corderos, asnos, bueyes…), y de cazador se convirtió en ganadero. Anexo a la casa, el establo fue un complemento seguro de la alimentación. Pero como, además, a este hombre entre siembra y cosecha le quedaba mucho tiempo libre, la vida en convivencia le ayudó a descubrir múltiples cosas, de las que, si pensamos un poco, nos daremos cuenta que estamos viviendo ahora, claro que mucho más perfeccionada. De este modo descubrió que el barro cocido se endurecía y, como recipiente final, guardaba los líquidos (cerámica); que la lana de la oveja y el tallo del lino se deshacían en hilos, fáciles de entrecruzar, con lo que conseguía ropa para sus vestidos (tejido). Y descubrió la rueda, que revolucionó los transportes y construyó las primeras embarcaciones que se movían a remos o con la ayuda del viento, con velas. Con todo ello, la vida del hombre sufrió un cambio tremendo respecto a las culturas anteriores del Paleolítico; posiblemente el cambio más brutal que haya experimentado el hombre a lo largo de toda su evolución.

La Edad de los Metales

Sobre esta base neolítica, el hombre empezó a trabajar los metales. Debió conocer primero el cobre, que usaba como una piedra. La fundición, que es la base de la metalurgia, debió descubrirla hacia el año 3000 a.C. En algún lugar del Próximo Oriente apareció el bronce, que es una aleación de cobre y de estaño. Pero cuando ocurrió esto, Egipto y Mesopotamia ya contaban con culturas históricas de suma importancia socio-cultural.

En Europa, aún en plena prehistoria, la etapa del predominio de la Edad del Bronce (2000-1000 a.C.) coincide con el perfeccionamiento de la agricultura, la aparición de los poblados lacustres (palafitos, terramaras), la intensificación comercial con los pueblos del Mediterráneo y el desarrollo de la cerámica de carácter utilitaria y también decorativa.

También en Asia Menor (actual Turquía) debió darse la primera metalurgia del hierro hacia el año 1300 a.C. (en plenas luchas entre egipcios e hititas, de las que hablamos más adelante). Entre 1000 y 600 a.C. se extendió por Europa, en un momento en que el comercio mediterráneo era tan intenso en todas sus costas, siendo visitadas estas por griegos y fenicios. Paulatinamente, tenemos ya datos históricos de la mayoría de pueblos europeos. Germanos y celtas aceptaron el hierro en dos etapas sucesivas que los historiadores llaman de Hallstatt y de La Tène, nombres de dos yacimientos fundamentales, situados en Austria y Suiza respectivamente. En sus emigraciones por todo el continente, los celtas lo introdujeron en la Península Ibérica hacia el 600 a.C.

Mesopotamia y su marco geográfico

Mesopotamia es una palabra griega que quiere decir «entre ríos», refiriéndose a las tierras que se encuentran entre los ríos Tigris y Éufrates, que actualmente desembocan juntos cerca de la ciudad de Mosul (Irak), pero que en los momentos históricos que nos ocupan lo hacían por separado.

Desde el Sinaí hasta el golfo Pérsico, entre las montañas del norte y el desierto del sur se extienden unas tierras regables y ricas que fueron bautizadas como el «creciente feliz», porque su forma es como la de la Luna en su cuarto creciente. La costa mediterránea adquiere, además, mayor importancia, porque es zona de paso (caravanas comerciales, invasiones, etc.) entre Mesopotamia y Asia Menor, por una parte, y Egipto y el mar Rojo por otra.

Los hombres que vamos a encontrar en esta delimitación histórico-geográrfica son de razas distintas. En las mesetas del norte, arios o indoeuropeos; en el valle, semitas de larga cabellera y nariz aguileña; en Sumer, un pueblo distinto y difícil de clasificar, los sumerios, de cabeza redonda y afeitada, ojos grandes y nariz arqueada y que, al parecer, no eran originarios del país, sino que habían emigrado hasta allí desde otro lugar, quizá desde el valle del Indo.

La historia empieza en Sumer

Parece que la civilización más antigua que conocemos en la actualidad nació en la desembocadura del Éufrates y el Tigris, el país de los sumerios, siendo su trayectoria histórica de enfoque hacia el norte. Allí surgió, por lo tanto, la primera civilización del mundo, en la Baja Mesopotamia, exactamente entre Babilonia y el extremo del golfo Pérsico, en una fecha que los investigadores coinciden establecer en el 3400 a.C.

Los sumerios no llegaron a formar una unidad política de la tierra de Sumer; eran urbanitas, y la mayoría residían en grandes urbes, gobernadas por una especie de monarca-sacerdote, llamado *patesi*, y en constantes luchas unas contra otras por problemas de límites de tierras, aprovechamiento de aguas de regadío, etc.

El principal estímulo para su desarrollo fue proporcionado posiblemente por la organización que precisaba un pueblo agrícola para hacer frente a las inundaciones fluviales y también a las prolongadas sequías de las cuencas de los dos grandes ríos: Tigris y Éufrates. Esto daría lugar a la aparición de ciudades (como Eridu, Lagash, Uruk, Larsa..., y por encima de todas, Ur, cuna de Abraham), con todas las ventajas de la especialización y división del trabajo que estas agrupaciones implicaban: organización administrativa, grandes progresos en la arquitectura y en la escultura, acumulación de riqueza y, sobre todo, la invención de la escritura.

Cómo pasaron estas innovaciones a otras regiones como Elam, Egipto y la civilización del Indo, o hasta qué punto se desarrollaron o se crearon independientemente en ellas, es algo que todavía no se conoce con exactitud, pero los logros del pueblo de Sumer, incluso si los limitamos a su propio país, fueron enormes.

La unidad política fue la ciudad-estado, en la que el dios patrono, a través de su clero y de la organización del templo, fue el poder director en todos los asuntos. Más adelante se necesitaron soberanos seglares en tiempos de guerra, pero su poder fue limitado. Las diversas ciudades-estado estuvieron unidas por una cultura y religión comunes, es decir, la adoración a las divinidades de Enki, Enlil, Nannar y otros miembros del panteón sumerio. Sin embargo, la unificación política llegó mediante la conquista guerrera por los semitas de Acad, bajo Sargón, hacia el 2370 a.C. A pesar de ello, la cultura sumeria sobrevivió a esta conquista y a otras posteriores y, sorprendentemente, con muy pocos cambios.

La larga aventura de la escritura

Con la invención de la escritura, la humanidad experimentó el más trascendental adelanto socio-cultural de la historia. Algunos de los primeros escritos del hombre se inscribieron, por fortuna, en sustancias duraderas (piedra, hueso, concha, arcilla cocida), y ello les ha permitido sobrevivir varios miles de años de exposición a la intemperie. Por lo tanto, se pueden examinar todavía hoy, de modo que resulta posible describir la evolución de la escritura en términos bastante precisos.

Las antiguas generaciones solían imaginar que las artes plásticas y la literatura eran parámetros con los que valorar el nivel cultural de una época determinada. Durante largo tiempo, la historia de la humanidad se dividió en un período «histórico» y otro «prehistórico», según se pudiera o no escribir. Desde siempre, la escritura no fue únicamente valorada por el hecho de haber posibilitado la grandeza y buena organización de los reinos de la antigüedad, sino que se apreció especialmente el aspecto de haber convertido las civilizaciones en culturas. Por lo tanto, era lógico imaginar que la escritura había sido inventada para escribir y conservar poemas y plegarias. Así, la veracidad de esta hipótesis generalizada parecía garantizada por los textos encontrados y posteriormente descifrados procedentes de Egipto, donde los textos más antiguos son conjuros rituales del culto a los muertos, o de China, cuyos documentos escritos más antiguos contienen sentencias del oráculo.

Sin embargo, también surgieron otros ejemplos. Las tablas escritas pertenecientes a la cultura micénica resultaron ser unas cuentas, mientras que los más antiguos precursores de la escritura cuneiforme babilónica pudieron catalogarse en general como textos sobre economía. Por otra parte, y aun cuando los textos en sí siguieron siendo incomprensibles en su mayor parte, las posibilidades de una diferenciación externa llegaban hasta el extremo de poderse excluir la existencia de textos literarios: no hay texto que no empiece con cifras. Sin embargo, siempre se manifestaron opiniones en el sentido de que lo único que ocurría es que los textos literarios no habían sido encontrados todavía. ¿En qué grado fueron correctas estas opiniones? Nos lo mostrará un breve boceto de la época en que se inventó la escritura: fueron necesidades económicas las que motivaron su invención.

¿Quién inventó la escritura? Nunca sabremos contestar esta pregunta. La escritura es una manifestación relativamente tardía en los sistemas de comunicación inventados por el hombre, que desde hace 100 000 años se comunica con sonidos, gestos o imágenes, mientras que solo escribe hace 5500 años. Un alfabeto es un sistema de símbolos escritos, cada uno de los cuales representa un sonido propio. Los primeros alfabetos fueron inventados en el Mediterráneo oriental hacia el 1500 a.C. Uno de ellos, en Ugarit, utilizó los signos cuneiformes; otro, algo más al sur, creó unos nuevos signos con el mismo propósito. Fueron los fenicios

—en el actual Líbano— quienes desarrollaron y difundieron este último, antepasado de todos los alfabetos modernos. Como sea que sus signos iban destinados a la reproducción de un lenguaje semítico, solamente se representaron las consonantes. Los griegos agregaron las vocales cuando adoptaron el alfabeto, hacia el 800 a.C., utilizando las letras de las consonantes semíticas que no se emplean en el griego; por ejemplo, *alpha* se transformó en *aleph*.

El número total de letras necesario para un alfabeto varía entre veinte o treinta según el idioma que se trate. Un silabario utiliza de setenta a noventa símbolos. Una escritura compleja, como la jeroglífica o la cuneiforme, precisa de varios centenares. La escritura china, en la que cada signo es un ideograma, varios miles.

La escritura en sí fue inventada hacia el año 3100 a.C., en Mesopotamia. Sin embargo, siglos antes existían ya en las regiones vecinas, especialmente en el actual suroeste de Irán, pueblos y ciudades con unas complejas estructuras económicas, sociales y administrativas. No obstante, Babilonia carecía de estas comunidades, ya que sus territorios estaban expuestos a inundaciones periódicas y anuales, cuando no empantanados, de suerte que solo en contados lugares podían sobrevivir poblaciones sedentarias. Esta hipótesis fue confirmada por investigaciones geológicas llevadas a cabo en la región del golfo Pérsico hace tres décadas.

A partir de aproximadamente el año 3300 a.C., Babilonia fue por primera vez objeto de un nutrida colonización. A mediados del cuarto milenio a.C., un ligero cambio de clima ocasionó el descenso del nivel del mar en el golfo Pérsico, así como una recesión de las precipitaciones en las cuencas de los ríos Tigris y Éufrates, con el correspondiente descenso de sus caudales. Efectivamente, solo esta doble retirada de las aguas permitió habitar una extensa área de Babilonia. Este hecho, añadido a la enorme fecundidad del país, actuó como un remolino que en muy poco tiempo atrajo a gran cantidad de personas hacia esta zona. De esta forma, el número de poblaciones existentes en la región en torno a la ciudad de Uruk, territorio que mejor conocemos, pasó de diez a cien en el transcurso de un par de generaciones; de suerte que la densidad de población resultante rebasó todo lo conocido.

Aun cuando, exceptuando lo mencionado, apenas sabemos nada de aquella época, debemos llegar a una conclusión a través de la evolución posterior: durante este tiempo, las unidades económicas debieron alcanzar una envergadura y complejidad hasta entonces desconocidas.

Obviamente, y aunque podemos admitir que la memoria humana se había bastado para controlarlas anteriormente, sus posibilidades no fueron suficientes para administrar debidamente las nuevas unidades. Este extremo se refleja en el aumento de los medios y ayudas que la administración económica utilizó en esta época y en las sucesivas para resolver los problemas.

Como es natural, también otras formas económicas más sencillas conocen ayudas tales como piedras para contar, que todavía hoy se siguen utilizando entre los pastores de ganado como ayuda para contar sus cabezas. Guardando estas piedras en una cestita o en un saquito puede incluso retenerse un determinado número. Efectivamente, estos pequeños utensilios de barro o de piedra se han encontrado en excavaciones arqueológicas realizadas en Oriente Medio, y su antigüedad alcanza los ocho milenios. Hasta hoy se han hallado piedras con diversas formas, que probablemente simbolizan unidades de cálculo distintas.

Después de la colonización de Babilonia, un método para perfeccionar estas ayudas consistió en dar a las piedrecitas de cálculo un aspecto que permitiera incluso saber qué era lo que se había contado. Sin embargo, una administración de unidades económicas de tal importancia debería poder almacenar datos, comparar estos con otros si fuera necesario y revisar determinados procesos al cabo de cierto tiempo. Por lo tanto, la probable práctica de guardar en un determinado envase las piedras correspondientes a un determinado proceso dio paso a la novedad de envolver estas piedrecitas en un trozo de barro y formar con el conjunto una bola cuya superficie se precintara para evitar cualquier manipulación.

El verdadero camino que llevó a la escritura se inició en el momento en que con el barro se formaron unas tablas llanas, en las que se practicaban unas hendiduras con buriles. Estas hendiduras presentaban un aspecto similar a las piedrecitas y debían simbolizar números. La ventaja de estas tablas se hallaba en poder distribuir su superficie en diversos apartados separados por líneas grabadas. Cada uno de estos apartados podía contener el número correspondiente a otro proceso.

Sin embargo, no pasó mucho tiempo hasta que a estos signos numéricos se les añadieron verdaderos signos de escritura. Estos caracterizaban lo contado de forma abstracta, ya muy gráfica, y podían matizar los procesos correspondientes, aportando datos sobre personas, lugares o datos cronológicos. Probablemente, en algunos aspectos se siguió la forma de las primitivas piedrecitas al conformar estos nuevos signos abstractos.

Desde su primera fase, el desarrollo de la escritura ha sido completo. Sin embargo, ello hizo sospechar que lo único destacable era que todavía no se habían encontrado restos más antiguos demostrativos de un lento desarrollo de la escritura. No obstante, una característica se hará evidente al contemplar la escritura dentro del marco señalado, es decir, como la coronación de muchos años de esfuerzo para idear medios de control impersonales de la economía: tras la primera idea innovadora, todo el mundo debió ver claramente que la escritura constituía la respuesta más universal a estos problemas. Ello no permite admitir que la subsiguiente creación de un sistema de escritura supuso un trabajo breve.

Hasta este punto, el camino trazado por la evolución de la escritura ha sido obvio, sin embargo, encontramos grandes dificultades en lo que respecta al contenido de los textos más antiguos. Las cuatro mil trescientas tablas y fragmentos de las excavaciones alemanas realizadas en Uruk utilizan un sistema de escritura que comprende un total de unos mil signos de escritura diferentes. Desde el principio era evidente que se trataba de una etapa previa a la escritura cuneiforme, que más tarde fue ampliamente extendida y actualmente es comprendida por los expertos; sin embargo, no estaban claras las conexiones detalladas. Ello se debe especialmente a una rápida transformación de la escritura, que por su parte obedece a un deseo patente desde el principio: simplificar el manejo de un sistema de escritura complicado por naturaleza. Por otra parte, la forma de los signos se hizo irreconocible al introducirse una nueva técnica de escritura que posibilitaba una rapidez progresivamente mayor. Por lo demás, y en lo referente a los signos que, finalmente, setecientos años después, encontraron su camino hasta la escritura cuneiforme y que podemos leer solo en contadas ocasiones, fue posible establecer una relación en cuanto a su origen.

Un primer intento descifrador, que debió partir de un número de tablas bastante pequeño, no había alcanzado totalmente su objetivo a pesar de haber aportado importantes conocimientos básicos, pero una afortunada circunstancia vino en ayuda del arqueólogo Dr. Hans Nissen, de la universidad de Berlín, en un nuevo intento con un número de tablas sensiblemente mayor. Entre los textos recién descubiertos llamó la atención un numeroso grupo de ellos, cuyo aspecto les diferenciaba de los económicos. Al principio de cada inscripción aparece un «uno», que, tal como se deduce de ejemplos posteriores, representa una clave para las denominadas listas «lexicales». Conocemos diversos ejemplos de estas listas procedentes de la escritura posterior. En ellos, se presentan sucesivamente numerosos conceptos relacionados entre sí y agrupados por temas tales como árboles, pájaros, ganado o incluso nombres de lugares o de oficios.

Con ayuda de pocos ejemplos se advirtió ya en el primer examen de estas listas que una de las posteriores era la copia literal de una recopilación cuyo origen podía seguirse hasta la fase más antigua de la escritura. Lo que al principio parecía tener un interés científico únicamente abstracto, se convirtió entonces en la clave del desciframiento. Desde entonces, más de un 20% de todos los textos puede clasificarse en este gran grupo y reunirse en quince tipos de listas que posteriormente ofrecieron en su mayoría correspondencias exactas. Una vez reconocido este principio, el equipo de arqueólogos de la universidad de Berlín tuvo que comparar entre sí los textos correspondientes, a fin de interrelacionar cada uno de los signos. Este procedimiento y otras observaciones aisladas permitieron identificar cerca de setecientos signos de escritura de entre los mil conocidos. Dado que la mayoría de los otros trescientos apenas aparecen, el problema no era importante.

A pesar de haber dado un paso esencial, se esperaba a lo largo del desciframiento del contenido de los textos otras dificultades de diverso cariz. Así, aún no se ha encontrado una respuesta definitiva a la cuestión de la lengua de los textos o, lo que es lo mismo, el origen étnico de los inventores de la escritura. Ello parece sorprendente, ya que la continuidad comprobada de los textos induce a creer que el lenguaje sumerio era el mismo que en textos posteriores. Sin embargo, una observación aconseja precaución: tanto los sumerios, a mediados del tercer milenio a.C., como los acadios, de épocas siguientes, utilizaron el mismo sistema de escritura para la transcripción de sus idiomas, a pesar de que la lengua de estos últimos era semítica, y tenía una escritura completamente diferente. Esta diferencia no suponía dificultad alguna, pues los signos representaban palabras y, por lo tanto, podían leerse en cualquier idioma. Solo a partir del momento en que cada palabra se escribió según su fonética exacta fue posible determinar con plena seguridad si un texto era de origen sumerio o acadio. Ello es posible si al escribir se utilizan signos únicamente fonéticos, es decir, desprovistos de un significado original como palabras. Sin embargo, este punto presupone que el significado de las palabras se abstraiga hasta resultar símbolos fonéticos, y es obvio que esta evolución solo tocó a su fin mucho después de la época a la que pertenece el ejemplo presentado. A pesar de ello, apenas se aprovechó la posibilidad de escribir palabras según su forma fonética.

En lo que se refiere a la época más antigua, es precisamente con respecto al origen de los textos cuando aparecen las mayores dificultades, dado que apenas podemos suponer que en estos casos las palabras se escribieran según su fonética; por tanto, no podemos clasificar los textos en una determinada lengua, sino que podemos leerlos en cualquiera de ellas. No es necesario, por tanto, que en todos los textos más antiguos se haya utilizado la lengua sumeria. No obstante, esta es la hipótesis más plausible.

A pesar de que no haya fonética, existe un significado fijo para cada signo. Precisamente esta circunstancia del ejemplo anterior nos ofrece un punto de apoyo. Aun cuando las primeras lecturas de los textos nos ofrecen algunas dificultades, podremos descifrar su contenido a partir del significado de los signos.

Además, debemos mencionar otro obstáculo para nuestras posibilidades de identificación. Por una parte, la escritura ofrece una solución universal para la administración que no se da en otro tipo de ayudas: permite que retengamos todos los detalles de un proceso. Por tanto, nos parece lógico pensar que la escritura puede utilizarse para anotar cualquier cosa, dado que no podemos comprender que esto precisamente no es lo lógico. Obviamente, durante mucho tiempo no se sintió otra necesidad que la de escribir textos sobre economía y listas «lexicales», e incluso al apuntar procesos económicos se seguía estrictamente el principio de evitar toda redundancia. Ello motivó que aspectos de estos procesos que fuesen conocidos por todo el mundo, o por lo menos por las personas responsables de ellos, no fueran ya mencionados. Por tanto, las anotaciones que hemos encontrado se limitan a lo estrictamente necesario: número, lo que se ha contado y nombres de personas. Como entonces se sabía ya si una persona recibía o, por el contrario, suministraba lo que se había contado, este extremo no aparecía en un primer plano. La mejor forma de deducir estas informaciones era a través del contexto, pero primero era preciso comprenderlo mejor.

En principio, los textos sobre economía pueden clasificarse en tres grandes grupos: rebaños, tejidos y metales. De los textos sobre el ganado se deduce que grandes rebaños de ganado vacuno, caprino y ovino eran enviados desde la ciudad al campo, donde permanecían largo tiempo. Después de su regreso se hacía una nueva cuenta. A pesar de no haber sido aclarada detalladamente, la existencia de los otros dos grupos nos ofrece valiosas indicaciones. Babilonia, que no disponía de más materias primas que las cañas o el barro, tenía que importar todo lo que tuviera un valor superior, como por ejemplo los metales. Se ha barajado la hipótesis de que, regulando estas importaciones, las instituciones centrales se habían fortalecido. Esto parece aún más plausible si se contemplan los textos que mencionan la distribución de los metales: era el departamento central del que importaba los metales y los distribuía para una siguiente transformación.

Dada su pobreza en lo que se refiere a materia prima, siempre se ha especulado sobre cómo Babilonia financió las considerables importaciones de madera para la construcción, así como piedras y metales. En los países proveedores no se encontraron datos sobre contraprestaciones, y por lo tanto se pensó en artículos de exportaciones perecedores, y con ello se ha pensado en la elaboración de tejidos, que posteriormente conseguiría en Babilonia un alto desarrollo. Al jugar los tejidos un importante papel en textos arcaicos, podría pensarse que la gran cantidad de telas que se fabricaban en el centro de la ciudad quizá no estuviera únicamente destinada a cubrir las propias necesidades. Por lo tanto, es posible que, también en la antigüedad, los tejidos constituyesen uno de los artículos de exportación más importantes.

Por desgracia, y aunque todos los textos se encontraron en la zona central de Uruk, estos no nos permiten asegurar todavía que el sector central de la ciudad asumiera estos procesos económicos. Esta parte de la ciudad, conocida también como área central de los templos, fue probablemente sede de la mayor unidad económica de la ciudad, así como también la sede del poder político. Desgraciadamente, sabemos actualmente bien poco de estos aspectos. Sin embargo, en el palacio babilónico de Tell Leilan, al noroeste de Siria, cerca de Anatolia, el arqueólogo alemán Weiss, especialista en lenguas y arqueología de Oriente Próximo, descubrió más de mil tablillas de arcilla grabadas, y, un poco antes, en la antigua ciudad de Sippar, cerca de Bagdad, una biblioteca con más de ochocientas tablillas en perfecto estado de conservación de los años 1750 y 1680 a.C. El Dr. Pettinato, autor del descubrimiento, subrayó: «Se trata del primer hallazgo completo e *in situ* de un conjunto de textos que evidencian la vitalidad de la escuela del pensamiento babilónico, que se creía perdido en gran parte». Pettinato fue también el principal artífice del hallazgo de las tablillas de Ebla, en Siria, consideradas como el hallazgo arqueológico más importante del siglo XX.

De todas formas, es una de las listas ya mencionadas en otro contexto la que nos puede ofrecer cierta ayuda. Se trata de fragmentos encontrados de una lista en los que se mencionan un total de noventa y un nombres de funcionarios y oficios. Esta lista parece haber sido muy popular, como demuestra el hecho de que poseamos restos de más de ciento cincuenta copias.

Por desgracia, solo podemos ver parte de estas anotaciones, aunque lo poco que conocemos es suficiente para descifrar la estructura de la lista. Comienza con una mención de diez cargos, que, obviamente, son los más altos. A continuación, aparecen, entre otras funciones, varias categorías de religiosos, mientras que los oficios sencillos no aparecen hasta el final. Sin embargo, este severo principio jerárquico no se hace patente únicamente considerando la longitud total de la lista, sino también observando cada uno de los oficios. Dentro de las inscripciones sobre los mismos aparecen otros nombres que dejan entrever una escala de rangos próxima a la de maestro y aprendiz. Con razón podemos deducir de esta lista una rígida estructuración jerárquica de la sociedad de aquel tiempo, lo que también se advierte en otras observaciones.

Desgraciadamente, todavía estamos en los albores de los descubrimientos sobre la economía y sociedad de aquella época. A pesar de todo, la ciencia arqueológica, con los últimos descubrimientos (Ebla, Tell Leilan, Sippar…), ha dado un paso decisivo. Así, los esfuerzos conjuntos de la arqueología y filosofía nos han permitido realizar un boceto algo más preciso de aquella época del Neolítico, de la que no conocíamos mayores detalles a pesar de considerarla una de las más importantes: el principio de la irrupción de la humanidad en culturas urbanas y la transformación social del hombre, de nómada a sedentario, con la invención de la agricultura. Pero este impresionante cambio que vivió la humanidad de entonces solo podremos valorarlo cuando se hayan traducido meticulosamente las bibliotecas de tablillas de arcilla encontradas.

Escribir es, en primer lugar, dibujar, expresar una visión del mundo. Tal es el sesgo que revelan los sistemas ideográficos: en Mesopotamia, cuya escritura cuneiforme nació sobre el 3300 a.C.; en Egipto, con la aparición de la escritura jeroglífica, hacia el 3200 a.C.; en China, cuya escritura, que ha subsistido casi inmutable desde hace cuarenta siglos, es la más longeva del mundo; en la América precolombina, con mayas y aztecas; y en África.

Después se manifestó la necesidad de transcribir una lengua, de «dibujar la palabra». Así se pasó de una escritura concreta, que representaba cosas, a una escritura abstracta, que simbolizaba palabras y sonidos. Empezaba de este modo la historia de los sistemas alfabéticos, que se inició con los primeros pictogramas fenicios y desembocó, con los griegos, en una designación abstracta de los fonemas. El alfabeto fenicio, inventado hace 3000 años, verdadera revolución de la escritura, es el antepasado de casi todas las escrituras silábicas o alfabéticas del mundo: aramea, griega, hebrea, árabe, cirílica, inclusive de las diversas escrituras de la India y del Asia Central.

Pero la escritura es también el arte de lo visible, con una inagotable variedad de trazados y de composiciones del espacio.

Los ritos de muerte

Según los estudios científicos llevados a cabo, hace entre 6500 y 7000 años, en pleno Neolítico, la zona geográfica del litoral barcelonés, entre el mar y la montaña, cerca de la desembocadura del río Llobregat, fue un verdadero paraíso terrenal, donde prosperaba una diversa vegetación arbórea y arbustiva, no faltaba el agua potable y abundaba la fauna. Ante todo ello, es fácil deducir que aquellos pueblos gozaban de una cierta calidad de vida, de tal modo que incluso pudieron distraer parte de su tiempo para la elaboración de artísticas joyas (pendientes, collares y brazaletes), que realizaban con cuentas obtenidas de la variscita, valioso mineral de color verde pálido que afloraba, en forma de longitudinales vetas, a pocos metros de profundidad, lo que facilitó las tareas de extracción. El color verde era la tonalidad relacionada con la vida en la naturaleza y, al mismo tiempo, el mundo esperanzador del Más Allá. Esta circunstancia entra de lleno en la antropología cultural de los pueblos prehistóricos.

Durante casi un milenio, el hombre prehistórico estuvo explotando estas minas, como lo confirman los restos arqueológicos encontrados. Gracias a los valiosos hallazgos, que no cesan de aparecer, se han podido desvelar algunos de los innumerables secretos que desconocíamos sobre las pautas de comportamiento de estos grupos humanos que vivían en grupos o clanes, dentro de cabañas de madera y piedra, que sabían trabajar en equipo y respetaban a los mayores.

Dentro de estas singulares pautas de comportamiento, debemos citar la relacionada con los ritos de enterramientos. Se ha reconstruido una pequeña gruta dedicada a cementerio prehistórico. En ella, según nos comenta el antropólogo Josep María Barrés, antes de introducir al difunto se procedía a una limpieza espiritual del recinto a base de esparcir el humo producido por una rama de acebuche (olivo silvestre) ardiendo; después de un tiempo que consideraba adecuado el chamán del clan, ya estaba el área limpia y se procedía al enterramiento del difunto, que era colocado en posición fetal, sobre una manta y sin cubrir, rodeado por todo el ajuar que le sirvió en vida. La posición fetal significaba un regreso al nacimiento natural, que se incrementaba con el retorno a la Madre Tierra, fecundadora de la existencia. La esperanza de vida estaba en torno a los 30 años, lo cual no significa que no superaran esa edad; debemos pensar que también fallecían muchos niños recién nacidos, por lo tanto, algunas personas mayores superarían fácilmente los 50 y 60 años.

En un enterramiento aparece engalanado el esqueleto con un collar de grandes piezas de variscita, junto con otro formado por 241 cuentas de collar realizadas en coral rojo. Este adorno está considerado el más antiguo del Neolítico europeo, realizado con la técnica del pulido, lo cual es verdaderamente asombroso, porque el coral, que el artista prehistórico pudo muy bien haberse proveído de los fondos marinos de las islas Medas, frente a la Costa Brava catalana, es de gran dureza. Pero lo más sorprendente es que en el ajuar aparezcan algunos útiles realizados en jade, ámbar y obsidiana, que no existen en la zona. Por lo tanto, serían fruto de un intercambio, que los pueblos del Neolítico que habitaban en esta área de la costa barcelonesa debieron conseguir ofreciendo la variscita, no menos valiosa, con la cual las culturas más elevadas de la Edad del Bronce y de la antigüedad se adornaban cuellos, orejas y brazos, tanto mujeres como hombres.

La simbología pétrea del Valle de las Maravillas

En muy pocos lugares del mundo es posible encontrar tanta variedad de símbolos diferentes, en forma de dibujos esquemáticos, realizados durante un período muy concreto de la prehistoria —exactamente entre el 1800 y el 1500 a.C., en plena Edad del Bronce—, cuando las primeras civilizaciones de las culturas mediterráneas rendían culto al toro.

En una zona intermedia de las corrientes centroeuropeas y mediterráneas, por donde Aníbal tuvo que atravesar los Alpes durante las guerras púnicas para alcanzar Italia y luchar contra los romanos, se levanta uno de los parajes más insólitos del viejo continente, el Valle de las Maravillas, una depresión geográfica que se abre en la falda norte del monte Bego (2873 m), la montaña mágica de los Alpes mediterráneos que tiene la propiedad magnética de atraer los rayos y provocar tormentas. Ante estas poderosas fuerzas naturales es lógico suponer que el nombre del Neolítico se vería extasiado y tribus enteras rendirían culto y tributo a aquella impresionante masa granítica en forma de pirámide, que se levanta arrogante en el extremo más sureste del parque nacional más interesante de Francia. Aquel hombre, aquellas tribus, vivieron hace cerca de cuatro milenios, durante la era del Tauro, y su homenaje a la mítica montaña tomó forma en un arte simbolista, de carácter esquemático —que nos recuerda a nuestros grabados rupestres del barranco de la Valltorta, en la comarca castellonense del Maestrat—, donde la creatividad humana supo reflejar aquellos elementos más importantes y trascendentales de su cultura, desde el animal (el toro era entonces objeto de divinización), hasta los objetos más usuales de su vida cotidiana: útiles, herramientas, armas... La mayoría de los especialistas que, a lo largo de los siglos, han estudiado este impresionante patrimonio cultural, coinciden en señalar que los grabados rupestres del Valle de las Maravillas fueron realizados por el hombre de la Edad del Bronce, con el fin de pedirle a aquella mágica montaña que protegiera sus cosechas y, al mismo tiempo, garantizara las lluvias benefactoras. En efecto, aquellos hombres —entre agricultores y pastores— habían protagonizado la revolución agraria en Occidente, además de haber puesto los cimientos en otra gran transformación sociocultural: el paso del nomadismo al sedentarismo del clan.

Los románticos

Fueron los viajeros románticos los que descubrieron este paraíso natural y arqueológico de los Alpes más mediterráneos. La primera referencia histórica se la debemos a un viajero medieval, Pierre de Montfort, quien, en 1460, supo describir su fantástico viaje con frases tan elocuentes como esta: «Se trata de un lugar infernal, con figuras de diablos y miles de demonios tallados en las rocas». No es por lo tanto una casualidad que posteriormente se bautizaran algunas zonas de este parque nacional con nombres como Paso del Diablo, Monte del Diablo, Valle del Infierno, Desfiladero de las Tinieblas... En 1650, un historiador nizardo, Pietro Gioffredo, hizo una especial referencia al Valle de las Maravillas en su voluminosa obra *Storia delle Alpi Maritime*, que no vería la luz hasta 1821, pero gracias a aquella pionera edición el fantástico paraje subalpino comenzaría a ser conocido por los eruditos de todo el mundo. En aquel mismo año, Fodéré, cirujano de Napoleón Bonaparte, durante la campaña de Italia vio en la peculiar forma de los dibujos rupestres las plantas arquitectónicas de edificios de origen cartaginés. Cincuenta años más tarde, el prestigioso geógrafo Elysée Reclus consideró los grabados diseñados en las rocas como «estrías de naturaleza glaciar». Entre 1868 y 1875, el arqueólogo inglés Maggridge llegó al Valle de las Maravillas y solo se le ocurrió respaldar oficialmente la absurda teoría de Fodéré.

No sería hasta la misión arqueológica de Émile Rivière cuando darían comienzo los trabajos serios. En efecto, en 1878, después de haber efectuado más de cuatrocientos calcos, se llegó a la conclusión de que los grabados fueron realizados durante la Edad del Bronce.

Después de una docena de años sin grandes novedades, Clarence Bicknell, un antiguo pastor convertido en botánico autodidacta, observó los grabados un día del mes de junio de 1881. Este hecho supuso el golpe de suerte para la posterior investigación. Con el fin de facilitar sus estudios, se hizo construir una casa en la población de Castérino, y durante doce años llevó a cabo la más ambiciosa labor de investigación científica en un yacimiento arqueológico a cielo abierto. Realizó más de 14000 nuevos grabados, pero nunca se atrevió a manifestar una opinión sobre lo que iba averiguando. Murió en 1918, y su tumba se encuentra en el Valle de las Maravillas, donde él quiso descansar para siempre. Se le considera el pionero que protagonizó el cambio de la simple curiosidad a la verdadera investigación científica.

En los años veinte del siglo pasado, ante el espectacular aumento de los viajeros científicos que llegaban al valle, Piero Barocelli, encargado del departamento de Antigüedades del Piamonte y de la Liguria, mandó construir el refugio de los Sabios, al borde del paisajístico lago Long. En aquella época, el escultor piamontés Carlo Conti pasó quince largos años de su vida estudiando meticulosamente los signos y trazando el primer mapa arqueológico del lugar, donde aparecen veinte zonas de grabados rupestres. Con la ayuda de su hija, Conti realizó cerca de 36000 moldes. Sin embargo, poco después de terminar la Segunda Guerra Mundial, en 1947, toda esta región se convirtió en territorio francés, y los trabajos de los italianos tuvieron que interrumpirse.

Pero la ciencia tenía que estar por encima de los intereses políticos, y no tardó en organizarse una misión franco-italiana, dirigida por uno de los más prestigiosos arqueólogos de todos los tiempos: Nino Lamboglia (1912-1977). Trabajó hasta el año 1967, fecha en la que el profesor Henry de Lumley prosiguió las investigaciones. Dos años más tarde, el Valle de las Maravillas fue, por fin, clasificado como monumento histórico-artístico de interés mundial, y en estos momentos la UNESCO tiene en avanzado curso su inclusión en la lista de bienes monumentales y naturales de la humanidad. Hasta la fecha, y gracias especialmente al profesor Henry de Lumley, el repertorio del Valle de las Maravillas supera los 120 000 grabados rupestres, habiéndose estudiado exhaustivamente 40 000 de ellos, la mayoría de los cuales están debidamente clasificados y expuestos en el Musée de Préhistoire Régionale de Menton. Creado en 1875 por Stanislas Bonfils, es el museo arqueológico más interesante de la Costa Azul, cuya visita consideramos obligatoria para todos los que deseen descubrir el impresionante patrimonio de arte rupestre prehistórico del Valle de las Maravillas.

Una montaña sagrada

El Mont Bégo, con sus 2875 metros de altitud, es la montaña sagrada de la Edad del Bronce. La colosal pirámide de piedra se eleva en el extremo sureste del Parque Nacional de Mercantour, a solo 80 kilómetros al noreste de la ciudad de Niza, dominando los altos valles meridionales de los Alpes marítimos. El monte Bego es un imán magnético telúrico, al que, como hemos comentado, los hombres que vivieron hace unos 4000 años rendían tributo y dieron rienda suelta a las más diversas formas de expresión artística, creando toda clase de grabados rupestres en forma de símbolos.

El paso de cuatro milenios, con los vientos más feroces, glaciares, lluvias y tormentas, no ha podido borrar estos mágicos grabados que hoy nos sorprenden por su impresionante realismo. En algunos de ellos vemos dos cornamentas contrapuestas formando una figura antropomorfa con los brazos elevados al cielo, rogando a los dioses su bendición y clemencia, al tiempo que el agua necesaria para el riego de las tierras de labor. Eran los primeros agricultores de Occidente. La montaña, por tanto, se convirtió en la diosa madre de aquellos hombres que adoraban al toro y sentían el mayor respeto por las fuerzas de la naturaleza. En este paisaje grandioso, cerrado por la nieve la mayor parte del año, los hombres de la Edad del Bronce encontraron el más idóneo altar en donde poder rendir los ritos necesarios al dios del Bego, padre de las tormentas, simbolizado por el toro, que garantizaba el agua del cielo para fecundar la Tierra.

La repartición de los grabados

Los grabados fueron realizados sobre las superficies lisas de las rocas, magistralmente pulidas por la acción directa de los glaciares, generalmente sobre las paredes mismas del macizo y raramente sobre los bloques aislados y desprendidos por la acción de la naturaleza. Las superficies grabadas pueden ser horizontales, a ras de suelo, verticales e inclinadas. Las dimensiones varían hasta el infinito. En algunas zonas se extienden grabados por todos los lados de una superficie fácilmente accesible, lo suficientemente lisa para permitir la ejecución de un dibujo.

Las rocas decoradas con grabados están agrupadas en cañadas bastante bien delimitadas o sobre las orillas de los lagos, pero también se encuentran coronando valles.

En cuanto a los temas iconográficos, cerca de cien mil grabados desarrollados han sido meticulosamente catalogados en las zonas en torno al monte Bego; sin embargo, los temas iconográficos son poco variables y las figuras esquemáticas se desarrollan en cinco categorías: corniformes (46%), armas y útiles (10%), geométricas (5,5%), antropomorfas (0,5%) y no representativas, abstractas (38%). Las proporciones de las cuatro categorías representativas se reparten del siguiente modo: 74,5% de corniformes, 15% de armas y útiles, 9% de geométricas y 0,8% de antropomorfas. Todos estos grabados no presentan en ninguno de los casos dibujos realistas. Las figuras, abstractas, muy simples, estilizadas, están desarrolladas a base de símbolos. En ninguna de estas grandes categorías los tipos gráficos pueden ser distinguidos, porque se trata de dibujos esquemáticos que reducen la totalidad de lo que desean representar en un símbolo.

Las representaciones en honor de la divinidad del toro, como hemos dicho anteriormente, son la mayoría; los grabados estilizados de animales astados dominan en un escenario natural que parece salido de una ópera de Wagner, sobre todo las noches de tormenta. Estas figuras cornudas son, de lejos, las más numerosas.

El esquema básico de estas figuras está constituido por una forma geométrica plana que puede ser un círculo, un cuadrado, un rectángulo o un trapecio. De la parte superior de esta forma surgen dos cuernos en uno o varios segmentos, formando con los cuernos y entre ellos ángulos variados. La proporción entre el cuerpo y los cuernos es muy diversa, así como el espesor del trazo que constituye la cornamenta respecto al resto del cuerpo. A este esquema, muy simple, son a veces añadidos diversos apéndices que recuerdan a las orejas, las patas y el rabo de un animal. La clasificación de los corniformes, por lo tanto, se establece teniendo en cuenta el cuerpo, las astas y los apéndices del animal.

Después de los corniformes, las armas y los útiles son las figuras más numerosas. Podemos dividir a la mayoría de estos dibujos esquemáticos dentro de cuatro grandes grupos: puñales, hoces o alabardas, hachas y útiles diversos.

Los puñales constituyen el 12,5% de las figuras representativas y son de formas y tallas muy diversas. Su clasificación se establece teniendo en cuenta la forma de la hoja, del mango y por la presencia de remaches, de un arco o de una defensa. La mayoría de los puñales del Valle de las Maravillas presenta una hoja triangular alargada, lo que evoca la tradición del armamento del hombre durante la Edad del Bronce. En muchos casos, incluso, los mangos de los puñales cuentan con la señalización de las ranuras necesarias para la fijación del metal en la madera, todo un lujo descriptivo de una civilización que fue capaz de dejar la memoria de su paso a la posteridad.

Además de las armas —puñales y hachas—, los grabados esquemáticos del Valle de las Maravillas evocan la tradición agraria de las gentes que vivieron en estos hermosos parajes de los Alpes más mediterráneos: la abundancia de útiles en forma de hoces recuerda que el hombre ya cultivaba la tierra, sin haber abandonado el ganado, porque seguía siendo también pastor.

Glosario

Acad (Ágade): Lugar no identificado, cercano a Babilonia, fundado por Sargón hacia el 2370 a.C. para establecer su capital. Su dinastía, de lengua semítica, contempló tres importantes avances: el comienzo de la absorción de los sumerios por los semitas, la tendencia de la ciudad-estado hacia una unidad política territorial superior y una expansión imperial. Acad dio su nombre a la zona norte de Sumer, cuyo país fue conocido en lo sucesivo como Sumer de Acad, y también a los dialectos semíticos del acadio antiguo (tercer milenio), asirio y babilónico (segundo milenio y primero). El acadio —que se escribió en caracteres cuneiformes tomados del sumerio— fue la lengua franca del Próximo Oriente civilizado durante la mayor parte del segundo milenio.

Ajuar funerario: Objetos colocados al lado de los restos del difunto en el sepulcro. Puede tratarse de objetos de propiedad personal, ofrendas al espíritu enterrado o provisiones para el viaje del alma al Más Allá.

Aleación: Mezcla de metales, resultando a menudo un producto con propiedades superiores a las de sus ingredientes por separado. El bronce fue la aleación más importante en la antigüedad, que se alcanzó mezclando el cobre con el estaño.

Alineamiento: Hilera, simple o múltiple, de piedras —menhires— hincadas en la tierra, fechadas durante el segundo milenio a.C. (entre el Neolítico y la Edad del Bronce). En Carnac, dentro del departamento de Morbihan, en Bretaña (Francia), se conserva la mayor densidad de menhires en alineamientos del mundo.

***Betilos*:** Piedras de Dios en las rutas sagradas.

Bronce: Cuerpo metálico que resulta de la aleación del cobre con el estaño. La proporción óptima es de nueve partes de cobre por una de estaño. El bronce era el material que se utilizaba principalmente para útiles y armas; las ventajas de este metal sobre el cobre eran tan evidentes que hubo que organizar el tráfico comercial para buscar el escaso y raro estaño. En cuanto a su elaboración, se le da forma mediante tres sistemas: fundido en un molde de una o dos piezas, fundido por el método de la cera perdida, o por la forja, templándolo varias veces para evitar que se vuelva quebradizo. Los objetos de plancha, como escudos, yelmos, vasos, etc., se deben obtener mediante el tercer método, con piezas sueltas unidas por remaches.

Calcolítico: Se corresponde con el período durante el cual el cobre fue el material básico utilizado por el hombre durante la antigüedad para fabricar sus útiles y sus armas. Mientras en Asia este período significó el origen de la civilización, en Europa se daban los primeros grandes movimientos de pueblos y la aparición de la cerámica campaniforme y de cuerdas, al tiempo que nacían las primeras lenguas indoeuropeas.

Dolmen: Mesa de piedra; construcción megalítica relacionada con la primera oleada de pueblos celtas.

Estaño: Metal escaso, pero de gran importancia en la aleación con el cobre para la obtención del bronce. En la península de Cornualles (Reino Unido) eran muy famosas sus minas.

Estatua menhir: Losa, a modo de menhir, en la que se grabaron en ocasiones de forma esquemática los rasgos de una figura humana, incluso los detalles del vestido y de sus armas. Son conocidas las figuras de Filitosa (Córcega) y otras representaciones de estatuas menhir erigidas por los ligures durante del Edad del Hierro.

Fenicia: La escritura fenicia se considera precursora del alfabeto moderno. En lugar de complicadas imágenes y símbolos, los fenicios establecieron un sistema que no superaba los veinte signos, consonantes que ya no expresaban el sentido sino el sonido de la palabra hablada.

Jeroglíficos: Los egipcios usaron la escritura jeroglífica, basada en una combinación de ideogramas, pero introduciendo algunas sílabas y consonantes. La escritura se realizaba sobre una especie de papel que los egipcios fabricaban de tallos de papiro prensados.

Hacha: Herramienta cortante, de corte pesado y paralelo al mango, pala acerada con filo algo curvo y ojo para enastarla, de piedra o metal. Su principal función consistió en el corte de la madera, pero también usada como arma de guerra. Los celtas tenían el hacha de doble hoja.

Hierática: Tipo de escritura desarrollada por los antiguos egipcios a lo largo del III milenio a.C., que evolucionó a partir de la escritura jeroglífica para ser utilizada como escritura cotidiana, quedando los jeroglíficos reservados para fines políticos, gubernamentales y religiosos.

Hierro: El mineral de hierro fue fundido desde los tiempos primitivos, pero su técnica no sería dominada hasta el 1500 a.C. gracias a los hititas. Con la caída de este imperio anatólico, su secreto salió a la luz y el uso del hierro se extendió rápidamente, reemplazando al bronce, siendo los celtas y también los fenicios sus principales difusores por el mundo occidental.

Lugares de poder: Con frecuencia solemos asociar lugares sagrados, o mágicos, con lugares de poder; pero hay algunas diferencias entre ambos conceptos, como veremos a continuación. Un enclave mágico es aquel donde la tradición popular sitúa momentos de leyenda mezclados con acontecimientos que sucedieron en la vida real, otorgándole a este lugar un halo de misterio. Por su parte, un enclave sagrado es aquel que, por tradición, siempre fue destinado a lugar de culto, reservado a las divinidades paganas, primero, y cristianas, después. Casi siempre estos lugares han estado vinculados a un vórtice energético, porque nuestros antepasados sabían muy bien detectar estos lugares, dado que la energía no la tiene el templo, sino la tierra sobre la que se alza. Las construcciones megalíticas, las piedras labradas con cazoletas, las rocas dedicadas a altares de ceremonia, las iglesias templarias, etc., en la inmensa mayoría de los casos se corresponden con lugares sagrados. Y cuando en un lugar, construido o no, se detectan varios vórtices energéticos cercanos entre sí, da igual la índole histórica o cultural a la que correspondan (dólmenes, menhires, crómlechs, ermitas, árboles sagrados, bosques, etc.), se convierte en un enclave de poder, que con su energía transmite en su entorno un campo vibracional cuyo diámetro puede variar desde pocos metros a unos cientos. Son numerosos los ejemplos que lo confirman: la basílica de El Escorial, la ermita de San Bartolomé de Ucero, la iglesia de Villasirga, la cueva de la Luna, la basílica de San Pedro, de Roma, Stonehenge, el valle de los Caídos, Santa María de Eunate, etc.

Menhir: Una forma de megalito formado por una piedra larga clavada verticalmente en el suelo. Los menhires se corresponden cronológicamente con la cultura del vaso campaniforme (mediados o finales de la Edad del Bronce). En Carnac (Francia) se encuentra la mayor densidad de menhires del mundo.

Naveta: Construcción megalítica funeraria de cámara propia de la isla de Menorca (Baleares) que tiene la apariencia de nave con la quilla al aire, con la planta en forma de «U» alargada y una falsa bóveda que la remata. El acceso a la cámara sepulcral se hace a través de la fachada ligeramente cóncava. Puede tener dos pisos, comunicados por un pasillo abierto en el espesor de los muros. En el interior se experimenta una sensación de ahogo, por la energía negativa que gravita en el lugar. Data de comienzos de la Edad del Bronce.

Neolítico: Período de la Edad de Piedra que sigue al Paleolítico. Denominación creada por Lubbock en 1865 para describir una parte del pasado humano en la que el hombre llegó a obtener su alimento mediante el cultivo de las plantas y la domesticación de los animales, aunque aún dependía de la piedra para la fabricación de sus utensilios y armas. La revolución neolítica se inició en el suroeste de Asia entre el 9000 y el 6000 a.C., durante el cual la humanidad descubrió el fuego, la agricultura y el sedentarismo social. Su consecuencia fue la acumulación de propiedades materiales, el estímulo del comercio y la posibilidad de almacenar un excedente de alimentos que permitió una mayor población y la especialización de los oficios, entre otros muchos avances del progreso humano.

***Nuraga* (*nuraghe*):** Así llamadas en la isla de Cerdeña las construcciones de aparejo ciclópeo prehistóricas. Se trata de recintos herméticos, provistos de murallas y sólidas torres angulares, y falsa bóveda en los espacios interiores. Se remontan al segundo milenio a.C. y se utilizaron hasta la conquista de los romanos.

***Oculus*:** Motivo decorativo consistente en un par de círculos o espirales grabados en la cerámica del Calcolítico y comienzos de la Edad del Bronce en diferentes lugares de la geografía hispana, como en Los Millares (Almería). Estos círculos pueden simbolizar la vista o protección del dios o diosa sobre su adorador. Este tema decorativo alcanzó una gran difusión en todo el mundo occidental durante el tercer milenio a.C.

Ortostato: Losa de gran tamaño, colocada en sentido vertical, que forma parte de numerosas construcciones megalíticas.

Palafito: Nombre dado a las construcciones sobre pilotes de madera, o estacas, que se alzan en las orillas de los lagos. Casi todos ellos se remontan al Neolítico.

Portal dolmen: Se trata de una tumba megalítica de cámara, de planta rectangular, que se va estrechando a medida que nos acercamos a la zona posterior. Dos piedras adinteladas constituyen el pórtico. Se remontan a finales del Neolítico (3000 a.C.) y abundan mayoritariamente en Irlanda, aunque sus precedentes hay que buscarlos en Gales y Cornualles.

Semitas: Como ocurre con los indoeuropeos, este término se aplica solamente a quienes hablaron un grupo de idiomas afines. Racialmente no pueden distinguirse, por ejemplo, de los mediterránidos, que, como ellos, no eran altos, tenían la piel oscura y eran dolicocéfalos. Las lenguas semíticas se caracterizan por la importancia de las consonantes, de las que, frecuentemente, tres componen la raíz de una palabra, mientras que las vocales se suprimen en la mayor parte de las inscripciones. En los textos, los semitas aparecen en los bordes de las estepas del desierto arábigo invadiendo a los sumerios para formar el reino de Acad, hacia el 2400 a.C.

Sepulcro de corredor: Uno de los tipos más importantes de las tumbas megalíticas. Sus rasgos más típicos consisten en un túmulo circular que cubre la cámara sepulcral —a veces cubierta con falsa bóveda— a la que se accede a través de un estrecho corredor (*Tholos*). La separación entre el corredor y la cámara es muy marcada (galería cubierta).

Talayot: Monumento de las edades del Bronce y del Hierro que abunda en las islas de Mallorca y Menorca. Se trata de una maciza torre redonda levantada con grandes bloques de piedra pulidos, conteniendo en su interior una cámara cubierta con falsa bóveda. Los *talayots* formaron parte de unos poblados defendidos por murallas de aparejo ciclópeo. Su datación se sitúa entre 1000-300 a.C.

Taula: Estructura de piedra en forma de «T», característica de los yacimientos prehistóricos de la isla de Menorca, situada dentro de los poblados talayóticos. Puede alcanzar los 3,6 m de altura y a menudo se encuentra rodeada por un muro de cierre en forma de «U».

Tholos: Edificación en forma de colmena, cubierta con falsa bóveda, común en las construcciones funerarias de las tumbas de corredor. Plural: *tholoi*.

Trilito: Monolitos de piedras clavadas —a modo de menhires— en los santuarios prehistóricos del Neolítico y la Edad del Bronce, con la particularidad de recibir sobre dos de ellos un tercero, en forma de dintel, creando una puerta o acceso al interior del santuario. En Stonehenge (Inglaterra), numerosos trilitos cierran el círculo sagrado de la más célebre construcción prehistórica.

2
LAS CULTURAS DE LA ANTIGÜEDAD

«Cuando el Rey del universo acabó creando al hombre,
tomó los restos que le habían sobrado y con ellos hizo la palmera».
PROVERBIO ÁRABE

La palmera, como símbolo

Pocos árboles han sido objeto de tantas muestras de admiración y respeto a lo largo de los tiempos como la palmera. Desde los albores de la humanidad ya se convirtió en símbolo de las civilizaciones asiáticas de Oriente Próximo (hititas, asirios, persas, babilonios, fenicios, griegos, lidios, lycios, judíos…), y también por los antiguos egipcios, quienes tampoco se cansaban de representarla en sus misteriosos grabados jeroglíficos, como atributo de la paz, la abundancia, el equilibrio y la victoria.

No vamos a hablar aquí de las 1200 especies de palmeras que existen en el mundo, ni de las diferencias más notables entre ellas (dimensiones, formas, hojas, flores, frutos…), y tampoco de las especies más abundantes en nuestro país (*Chamaerops humilis*, *Phoenix dactylifera*, *Ceocos nucifera*…), sino del árbol de la palmera como objeto de símbolo y atributo sociocultural a lo largo de los tiempos.

La palmera es un árbol muy antiguo; algunos ejemplares, en estado fósil, han aparecido junto a huellas de dinosaurios. En el Cretácico (de 135 a 70 millones de años atrás), las palmeras crecían por todo el mundo, incluso en las áreas árticas. Desde tiempos prehistóricos, la palmera se ha desarrollado a lo largo y ancho de la franja geográfica formada por las áridas regiones del norte de África, el desierto de Arabia y los márgenes del Éufrates y del Tigris. Se sabe, por escritos antiguos, que había verdaderos bosques de palmeras en Babilonia, Mesopotamia, Persia, Egipto, Anatolia y Libia. Incluso el escritor romano Plinio el Viejo (23-79 d.C.) menciona la existencia de palmeras en el archipiélago canario.

La costa libanesa era, en la antigüedad, célebre por sus frondosos bosques de palmeras de la especia *Phoenix* (famosa por sus sabrosos dátiles); la posterior denominación de «Fenicia» a la zona es una derivación del nombre griego de la palmera. El ave fénix, como se sabe, surgió con fuerza de sus propias cenizas. Desde entonces, en los grabados de la Grecia clásica, cuando dos aves (*Phoenix*) se representan junto a una palmera datilera, significa la absoluta inmortalidad. Según los persas, la palmera simboliza la tierra celeste. Y, heredada de Fenicia, su simbología aparece en las monedas de Cartago.

Las palmeras son también machos y hembras, y para producir frutos el polen debe ser transportado de las primeras a las segundas. El secreto de la fertilización de las palmeras era conocido antiguamente en Babilonia; como testimonio, se conservan numerosos relieves de la época de Hammurabi. Los egipcios creyeron que era el árbol macho y no la hembra el que daba los frutos, mientras que los babilonios insistieron en que los árboles machos eran los portadores del polen y las palmeras hembras las productoras del fruto.

Los griegos consideraban que la palmera era uno de los árboles sagrados del legendario Jardín de las Hespérides. En la mitología helénica aparece la palmera como hija de la Noche y del dragón Ladón, habitantes de una lejana isla ubicada en el extremo occidental del Mar Océano, es decir, más allá de las gigantescas columnas de Hércules. La palmera era el símbolo de la prosperidad y, al mismo tiempo, de la fertilidad, en la antigua civilización griega.

Cultura mediterránea

La historia del Mediterráneo oriental puede conocerse gracias al estudio de sus oasis y, sobre todo, a sus legendarias palmeras. Un historiador de la Grecia antigua, Teofrasto (sucesor de Aristóteles; siglo IV a.C.), subrayó: «Solo los dátiles del valle de Siria perduran en el tiempo; lo mismo sucede con los de Egipto. En cambio, los de Chipre deben ser guardados celosamente para que no se deterioren».

Según el escritor griego Plutarco (siglo I) Marco Antonio dio a Cleopatra, su amante, los dátiles de las plantaciones de la región de Jericó; y el emperador Augusto no se cansaba de degustar los dátiles de Judea.

En el Museo Arqueológico Nacional de Madrid se conserva una moneda púnica de plata, acuñada en Sexi (Almuñécar, Granada), que porta la palmera como símbolo central.

El ramo verde de la palmera fue considerado universalmente como símbolo de victoria, de ascensión, de regeneración y de inmortalidad del alma y la resurrección de los muertos.

En la tradición cristiana, las iglesias estaban decoradas con ramas de palmeras, simbolizando la fertilidad, el amor y la honradez. Durante las fiestas religiosas, la gente llevaba un ramillete de palmas mientras entraba en los templos.

La palmera tiene un alto valor simbólico para los hombres. Los antiguos griegos y romanos agitaban una rama de palmera en señal de victoria o de fiesta, y según el Evangelio de San Juan, cuando Jesús, seis días antes de su muerte entró en Jerusalén sobre la grupa de un borriquillo, fue recibido por una multitud que extendía ramos de palmera a su paso. Precisamente, para recordar este episodio, el domingo anterior a la Pascua se llama «Domingo de Ramos».

La literatura hebrea ofrece descripciones exactas de cada una de las partes del árbol de la palmera. Según el Antiguo Testamento: «La honradez floreció como la palmera, y se cultivó al igual que el cedro del Líbano...».

A lo largo de todo Oriente Medio, la palmera es el símbolo incuestionable de la fertilidad; innumerables templos de todas las épocas y religiones están decorados con sus ramas. En la tradición judía se usaron ramas de palmera para cubrir el Tabernáculo. En las monedas acuñadas por los macabeos, las ramas de las palmeras simbolizaban la victoria. Antes de que los romanos conquistaran Israel, acuñaron una moneda especial: *Judeae Capta* (Judea, la conquistada), mostrando a un arrogante legionario romano en pie y a una mujer inclinada y desolada; en medio, una palmera con fruto como símbolo de la liberalización de Judea.

Los antiguos hebreos llegaron a la conclusión de que no todos los pólenes son apropiados para la fecundación de la palmera hembra. En este sentido, destacamos la frase de Bamidbar Rabá: «Antiguamente había una palmera que estaba plantada en un huerto y no producía frutos; a consecuencia de ello, se le implantaron las ramas de otra fértil; pero seguía estéril. Entonces, un cosechador de palmeras dijo: "Esta palmera es del oasis de Jericó; por lo tanto, es aquel su único lugar". Trasladaron de inmediato la palmera a Jericó y enseguida comenzó a dar fruto».

La palmera, como árbol cósmico, es un símbolo del misterio de la vida y, por lo tanto, de lo sagrado. En todas las civilizaciones mereció un lugar destacado a la entrada de los templos, como guardianes de la puerta que señalan la frontera con lo inalcanzable; la fuerza y arrogancia del árbol velan por los poderes sobrenaturales.

En este sentido, el motivo de la palmera como árbol sagrado aparece en la portada de la iglesia románica de Farges (Saona y Loira, Francia), cuyas columnas (fustes) están, además, coronadas por capiteles espigados que incrementan aún más la iconografía simbólica del árbol. Sin olvidarnos del fuste en forma de palmera existente en la portada de mediodía de la iglesia románica francesa de Aulnay-de-Saintonge (Charente-Maritime), es en la portada de la iglesia románica de Santa María de Bell-lloc, en Santa Coloma de Queralt (Tarragona), donde tanto la columna como su capitel evocan más a la legendaria palmera.

Pero la mejor síntesis de la importancia iconográfica de la palmera en el arte medieval cristiano nos la ofrece un capitel de la iglesia románica de Souvigny. En la cara de la derecha, un personaje trepa a la parte alta de la palmera; encima de su cabeza, una mano, vuelta hacia lo alto, levanta un manojo de ramas, dando a entender que alguien, discretamente presente, sostiene el esfuerzo del trepador. La dimensión total aparece allí con los brazos extendidos, como alguien que llega a la cima después de una ascensión, así como su gesto, expresan una efusión del alma, una auténtica realización que prolonga el vuelo del gesto, subrayado por los dos manojos de ramos en forma de alas que enmarcan y componen la copa del árbol. Se trata, evidentemente, de una ascensión espiritual que ha dado paso a un nivel de existencia superior.

Fue la civilización islámica la que, como tantas otras, trajo la palmera y su amplia simbología a Occidente. La primera palmera española la plantó el emir andalusí Abderramán I en el siglo VIII en sus paradisíacos jardines de Córdoba, porque sentía nostalgia de su Siria natal. El primer califa independiente de Damasco, amante de las artes y las letras, dedicó este estremecedor verso a la palmera: «Oh, palmera; tú eres como yo, extranjera en Occidente, alejada de tu patria. En el destierro y en el anhelo te me pareces, y en mi larga separación de mis hijos y de mi sangre».

En el *Tratado de agricultura* del granadino Ibn Luyun (siglo XIV) hace hincapié en la importancia de la palmera dentro del cosmos del jardín: «... la cabeza del árbol deberá estar en el fuego (aire caliente), y las raíces en el agua...».

Jumarawayh (siglo IX), príncipe omeya gobernador de Egipto, mandó levantar en Fustat, cerca de El Cairo, el más famoso jardín de su época. Para ello, transformó el antiguo palacio de su padre Tulun en espléndidos jardines, plantó arrayanes y toda clase de árboles y brotes de palmera, de los que podía coger su fruto tanto el que estuviese de pie como sentado. Cubrió sus troncos con bello cobre dorado y puso entre estas capas de cobre y sus troncos de las palmeras tuberías de plomo por las que corría agua que brotaba desde lo alto de las palmeras a unas piletas donde se desbordaba para regar el resto del jardín.

Tampoco faltan referencias en la iconografía, arquitectura y escultura mozárabes sobre la palmera. Este oriental árbol se constituye en el eje de fuerza y equilibrio de vida cuando lo vemos soportar el peso de toda la bóveda de nervios (ramas) en la iglesia mozárabe del siglo X de San Baudelio, a pocos kilómetros de Berlanga de Duero (Soria). El silencio espacial de la nave está inmersa en el simbolismo cósmico de la palmera. También en Soria, concretamente en el claustro del monasterio de San Juan de Duero, las arcadas están formadas por ramas de palmera, en piedra, que se entrecruzan magistralmente en el aire. En la cripta de la iglesia de los cruzados de San Juan de Acre (Acco, Israel), obra impresionante del siglo XIII, grandes y gruesos troncos de palmera a modo de columnas se abren en el cielo de la bóveda para crear ramas (nervios), dando lugar a un espectáculo arquitectónico de impresionante belleza. Y en el torreón principal (*donjon*) del castillo de Queribús (Languedoc, Francia), la última fortaleza cátara en caer en manos de los cruzados en 1255, otro enorme tronco de palmera de piedra sostiene como pilar central el peso de la bóveda de ramas-nervios, en un alarde escultórico-arquitectónico de singular belleza.

Interior de la bóveda del torreón del castillo de Queribús,
con el pilar central, que se abre en el cielo en forma de palmera.

EGIPTO

Paralelamente a Mesopotamia y Asia Menor, Egipto desarrolla su historia, relacionada estrechamente con la de los otros pueblos vecinos.

Antes de iniciar un corto recorrido por la historia de este legendario país, es preciso explicar la naturaleza de este paraíso verde. La riqueza de este valle se debe a las inundaciones periódicas del río Nilo, el más caudaloso de África, que desde tiempos ancestrales se producen durante los meses de estío. Los egipcios se adaptaron pronto a estas inundaciones, no violentas, que regaban las tierras y, lo que es más importante, las enriquecían continuamente, al dejarlas cubiertas, tras la retirada del agua, de un limo negro, húmedo y muy fértil. Los antiguos llamaban a Egipto país de *Kemi*, que significa «tierra negra». Durante muchos siglos, este país fue el granero del Próximo Oriente, y también de Europa más tarde.

Los primeros habitantes neolíticos debieron unir sus poblados en pequeñas federaciones (*nomos*), para defender sus tierras de labor. De las luchas entre ellos surgió una primera unidad: los reinos del Alto y Bajo Egipto. Hacia el año 3000 a.C., y después de una serie de luchas, un faraón conocido con el nombre de Nemes unificó los dos reinos y fundó una nueva capital, Menfis, en el lugar donde el Nilo se abre en los brazos que forma el delta.

Gracias al descubrimiento de Champollion, los egiptólogos pudieron estudiar la vida de los primitivos egipcios. Y se encontraron con una sociedad muy jerarquizada, presidida por la figura del faraón. Este era un monarca absoluto, dueño de todas las tierras de Egipto, jefe de los ejércitos, hijo del dios Ra, y él mismo dios viviente. Le rodeaba una corte de funcionarios y parientes. Se mostraba poco en público y los demás debían arrodillarse cuando se acercaban a él. Cada acto suyo se rodeaba de ceremonias de carácter religioso. A su muerte, junto a su tumba, se levantaba un templo.

Inmediatamente por debajo, sacerdotes y funcionarios formaban una clase privilegiada que dirigía la vida de Egipto. Los primeros eran muy numerosos; gracias a las donaciones en tierras y otros bienes llegaron a acaparar gran parte de la riqueza del país. Entre los segundos destacaban los escribas; dada la dificultad de los escritos jeroglíficos, eran muy solicitados, puesto que solo ellos sabían leer, escribir y llevar una contabilidad.

El ejército, aparte de las levas de mercenarios en los momentos de guerra, estaba formado por soldados de oficio que se sucedían generacionalmente, de padres a hijos. Su entrenamiento era duro, la mayoría eran infantes y, en reconocimiento a su lealtad, el faraón les daba pequeñas tierras para su manutención, exentas totalmente de impuestos.

El pueblo estaba formado por los campesinos, más numerosos, y los artesanos de las ciudades. Los primeros llevaban una vida miserable, mal alimentados —a base de cebolla, tortas de cebada, pescado, cerveza...—, preocupados siempre por el cuidado de los canales de regadío y los impuestos en especie que debían pagar. Sufrían castigos corporales por parte de los señores y de los recaudadores de impuestos en especies que debían pagar. Los artesanos, que pagaban también fuertes impuestos, tenían pequeños talleres en barrios miserables. Los barrios pobres de Tebas eran una sucesión de casas de barro, pequeñas y sucias, en calles malolientes.

Los grandes imperios

Los hechos más destacados de la historia del Antiguo Egipto podemos clasificarlos en tres grandes etapas, cuyos imperios determinan las épocas culminantes de la historia de esta gran civilización, separadas por etapas de decadencia y desorden:

1. Imperio Antiguo. Comprende desde la tercera a la sexta dinastía (hacia el 2700-2200 a.C.). En este período, Egipto conoció un carácter más económico que militar; su riqueza agrícola y comercial obligó a mantener relaciones con Sudán, Fenicia y Asia Menor. A partir de la VI dinastía de faraones, una revolución social de pobres contra ricos arruina el país, dividido otra vez en *nomos* de carácter feudal.
2. Imperio Medio. Comprende de la onceava a la decimotercera dinastía (2100-1650 a.C.). Los príncipes feudales de Tebas, ciudad del Alto Egipto, unificaron de nuevo el país. Ocuparon las dinastías XI, XII y XIII. Senusret III, de la última, representó el momento de mayor apogeo. Se construyeron canales y lagos artificiales para el regadío, se abrieron de nuevo los mercados de Siria, Jordania y Sudán y los faraones intentaron imponer una sociedad de tipo más democrático. Este imperio fue destruido violentamente por la invasión de tribus semitas empujadas y dirigidas desde Siria por un pueblo indoeuropeo, los hicsos, que conocían el carro de combate y las armas de bronce, lo que les dio una superioridad enorme sobre los egipcios.

3. Imperio Nuevo. Comprende de la decimoctava a la vigésima dinastía (1500-1075 a.C.). Pacifistas por naturaleza, los egipcios tuvieron que crear un ejército nuevo, influenciado por el del invasor pero con innovaciones modernas, para expulsar a este de su país. Esta empresa corrió a cargo de los príncipes de Tebas, de las dinastías XVII y XVIII. Unificado el país, los faraones del Imperio Nuevo se lanzaron a una política militarista que les llevó a ampliar las frontera Nilo arriba (hasta la tercera catarata), por la costa mediterránea hasta Libia y, sobre todo, a través de la península del Sinaí, Palestina y Siria, donde crearon una serie de estados vasallos que les sirvieran de escudo en futuras invasiones. Las campañas de Tutmés III, de la dinastía XVIII (hacia el 1450 a.C.), llevaron a las tropas egipcias hasta las orillas del Éufrates. Amenofis IV, sucesor de Tutmés III, había provocado disturbios religiosos; Shubiluliuma, el monarca hitita, aprovechó tal crisis en Egipto para ocupar Siria. Los carros de combate hititas llegaron en sus correrías hasta el Sinaí. El faraón Ramcés II, intentando recuperar lo anteriormente perdido, fue detenido en los llanos de Kadesh. Es la primera batalla de la que se tiene descripción escrita. Ramcés II logró establecer una paz relativamente aceptable, porque los hititas se sentían ya amenazados por los frigios y los pueblos del Mar en el Norte.

Divinidades egipcias

A continuación mostramos una relación de divinidades que aparecen en los jeroglíficos egipcios:

Anubis. Nombre que se traduce como «el del chacal», por ser el *nomo* XVII del Alto Egipto su lugar de origen. El investigador Pirenne, en cambio, sitúa su localidad natal en Behedet. Anubis, que ayudó a Isis a embalsamar el cuerpo sagrado de Osiris, fue la primera divinidad asociada a los muertos. Era el conservador de las tumbas; acogía a los difuntos y presidía su embalsamiento, conduciendo luego su alma ante el tribunal de Osiris, pero fue relegado más tarde por Osiris a un segundo plano, cuando este se estableció como referente divino en el Más Allá. En las paletas predinásticas de Nagada ya figuraba este dios representado; por lo tanto, se trata de uno de los dioses más antiguos del panteón egipcio.

Apis. Era el buey sagrado del Antiguo Egipto. El dios toro; símbolo de la fuerza, la nobleza, la fecundidad y el renacimiento. En Menfis tenía su centro de adoración, en cuya ciudad se le consagró un templo, pero su principal santuario estaba en Sakkara, donde se conserva la pirámide más antigua.

Atón. Así conocido el disco solar, implantado como único dios por el faraón herético Akenaton (XVIII dinastía). Se le representaba como un círculo del que lanzaba unos rayos que terminaban en unas diminutas manos.

Bastet. Junto con Sekhmet eran una sola y única diosa, hija de Ra. Representada por una gata, Bastet simbolizaba los beneficios del Sol, mientras que Sekhmet ostentaba rasgos de leona.

Bes. Divinidad enana, deforme y barbuda, que protegía a las mujeres al dar a luz. Transmitía felicidad en los hogares, ahuyentaba a las bestias peligrosas y a los malos espíritus. Sus atributos más importantes eran el lazo Sa (símbolo de protección), un cuchillo para la defensa e instrumentos musicales cuyos sonidos espantaba a los demonios. A pesar de todo ello, fue considerado en el Antiguo Egipto como un semidios, que aparece representado únicamente en el Imperio Nuevo. En la dinastía XVIII se hicieron populares las imágenes del Bes alado. Más tarde la civilización fenicia lo incorporó en su panteón, por ello vemos representaciones de Bes en Tharros y otras muchas ciudades fenicias.

Hapy. Divinidad de forma humana relacionada con las crecidas del Nilo, a quien se le rezaba para que estas fueran benefactoras. Sobre su cabeza puede verse una corona de papiro o de loto.

Hathor. La diosa vaca del Antiguo Egipto, representada tanto en forma humana como animal. Era la divinidad de las mujeres parturientas.

Horus. Dios del Cielo, el único en las alturas, el elevado. Es uno de los dioses más antiguos y, sin duda, más importantes de la mitología egipcia. Se representó unas veces con forma humana y otras como pájaro; en ambos casos, con cabeza de halcón. Tuvo en Hieraconpolis su capital. El divino hijo de Isis y de Osiris es la encarnación del faraón reinante. Su ojo, en forma de amuleto, era considerado símbolo protector.

Hotep. Se representa en los jeroglíficos en forma de mesa de altar para ofrendas. Significa «estar en paz». Aparece en numerosas representaciones con la palabra *hetepsejemuy* («los dos poderes están en paz»).

Khnum. Divinidad del Antiguo Egipto representada en forma humana con cabeza de carnero. Se le consideraba el moldeador de los hombres en su torno de alfarero. Era venerado como el patrón de los obreros de la tierra y los artesanos de la agricultura, y estaba vinculado con las periódicas crecidas del Nilo y la consiguiente fertilización de la tierra.

Maât. Era la diosa de la Verdad, velaba por la justicia, el orden y la armonía en el universo. Su símbolo, la pluma de avestruz. Por ello solía representarse en los jeroglíficos egipcios como una mujer con una pluma de avestruz vertical en su cabeza, como símbolo del equilibrio.

Osiris. Máxima divinidad del panteón del Antiguo Egipto. Dios de los muertos, representado como una momia. Está relacionado con su esposa Isis y con su hijo Horus, en el mito del ciclo de la vegetación. Fue sacrificado por Seth en otoño, y sus restos fueron recogidos y reunidos de nuevo por Isis y juntados con la nueva vegetación en primavera, volviendo a la vida con la ayuda de Anubis. Todos los egipcios, desde los faraones hasta las clases más humildes, una vez celebrados los ritos correspondientes incorporaban a Osiris después de la muerte. Se le atribuye la invención de los instrumentos de labranza. En Abydos estaba el principal santuario dedicado a Osiris.

Ptah. Dios de Menfis, en cuya ciudad se le consideraba como creador del mundo. Fue el patrono de los artistas y orfebres. Se le representa en forma de momia.

Seth. Hermano celoso de Osiris. Durante la noche ayudaba a Ra en su viaje; de día, reinaba sobre los desiertos. Casado con Sekhet, fue el dios egipcio del Mal, en oposición a la trinidad compuesta por Osiris, Isis y Horus. Se le representa como un hombre con cabeza de animal.

Sobek. Divinidad con cabeza de cocodrilo. Su mandato se centraba sobre los ríos, pantanos y ciénagas. Simbolizaba, al mismo tiempo, la fecundidad y la fertilidad.

Thot. Divinidad del Antiguo Egipto representada con cabeza del ave Ibis, a quien, según la tradición, debemos la invención de la escritura. Por lo tanto, fue la divinidad del saber, el patrono de los escribas, de la enseñanza y conocedor de los misterios de la Luna. En el *Libro de Thot* leemos: «Lo que está arriba es igual a lo que está abajo; la parte es un todo».

Thueris. Divinidad femenina del Antiguo Egipto, representada con rasgos de hipopótamo y patas de león. Su vientre intuía que estaba en cinta, como el de las mujeres embarazadas, sus protegidas.

La piedra de Rosetta

Los primeros egiptólogos que vieron las pirámides con la expedición de Napoleón Bonaparte (finales del siglo XVIII) no lograron entender los signos que encontraban en los papiros, así como los grabados del interior de las paredes de tumbas y templos.

Hallada en 1799 por el soldado francés Pierre-François Bouchard y conservada en el Museo Británico desde 1802, la piedra de Rosetta ha sido el referente esencial para el desciframiento actual de la literatura y la civilización del Antiguo Egipto. Se trata de una antigua estela egipcia de algo más de un metro de alto y más de 700 kilos de peso. En sus frases transmite un decreto, publicado en la ciudad de Menfis, en el año 196 a.C., en nombre del faraón Ptolomeo V, a través de tres bloques de escrituras diferentes: jeroglíficos egipcios, escritura demótica y griego antiguo.

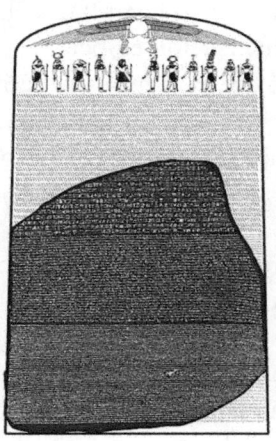

Interpretación del estado original
de la piedra de Rosetta.

Gracias a la piedra de Rosetta, el sabio francés Jean François Champollion (1790-1832), desde muy joven, a pesar de los problemas familiares y de la incertidumbre política en la Francia de su época demostró sumo interés hacia las lenguas y civilizaciones muertas, especializándose al mundo del Antiguo Egipto. En 1807 manifestó: «Yo me consagro completamente al copto. Quiero conocer el egipcio tanto como mi propia lengua materna, porque en esta lengua estará basado mi gran trabajo acerca de los papiros egipcios». Más tarde, en 1821, hizo verdaderos e importantes progresos en sus estudios de los signos jeroglíficos, y logró demostrar que la escritura hierática no era sino una forma más simple y abreviada de la escritura jeroglífica. Además, comprobó que la escritura demótica era una versión posterior y aún más simplificada de la hierática. Por todo ello, pudo llegar a la conclusión de que los antiguos egipcios habían utilizado tres escrituras diferentes para transmitir el mismo tema. Aquel mismo año Champollion logró clasificar y componer una tabla de trescientos signos jeroglíficos, hieráticos y demóticos, lo que le permitió hacer transcripciones entre las tres formas de lenguaje escrito, y, como consecuencia, había logrado descifrar la escritura jeroglífica, que era la que usaban los sacerdotes y escribas.

Gracias a los estudios llevados a cabo por Champollion, el mundo pudo conocer algo de la esencia cultural de la civilización del valle del Nilo, la cual desarrolló un sistema de escritura completamente diferente a la cuneiforme. Se trata de una escritura pictográfica —conocida como jeroglífica—, cuya aparición tuvo lugar hacia el 3000 a.C., con la cual se establece el inicio de la civilización egipcia.

Champollion desveló que, aunque esta escritura se basaba en imágenes, algo más que una forma perfeccionada de escribir mediante dibujos, estableció que cada dibujo/signo desempeñaba tres funciones. Por una parte, representaba la imagen de una cosa o acción. También representaba el sonido de una sílaba. Por último, aclaraba el significado preciso de los signos contiguos. Por todo ello, Champollion dedujo que la escritura de los jeroglíficos requería ciertas dotes artísticas, con lo que se acotaba el número de los elegidos para comprenderla, solo al alcance de los más sabios. Sin embargo, a pesar de su complejidad, los jeroglíficos fueron un sistema de escritura sorprendentemente expresivo, cuyo sentido estético fue también esencial.

El obelisco

Del griego *obeliskos* (que define a algo que tiene forma de asador), la palabra «obelisco» hace referencia a una columna, tallada en piedra, de planta cuadrangular, que evoca un altivo pilar, cuyos extremos superiores van acercándose hasta terminar en un remate superior en forma piramidal.

Estos sillares monolíticos estaban, por lo general, relacionados con el culto al Sol, como ya mostró el geógrafo e historiador Herodoto de Halicarnaso (500-424 a.C.). Los obeliscos estaban generalmente recubiertos de metal (oro, en la mayoría de los casos) para que brillasen más con los rayos del astro rey. El emplazamiento de los obeliscos en el Antiguo Egipto era casi siempre en las avenidas de acceso a los templos, aunque también los vemos individualmente formando parte del atrio de estos.

Los obeliscos, recubiertos por todas sus caras de jeroglíficos, conservaban en sus caracteres algunos de los numerosos misterios del país del Nilo. Se dice que cuando Kanbujiya, rey de los persas, sucesor de Ciro II, conquistó Egipto en el año 525 a.C., exigió a los sacerdotes egipcios que le explicasen los secretos de estas columnas puntiagudas, y estos rehusaron hacerlo. Entonces, conocido por su violencia y desequilibrio, Cambises no dudó en matarles y hacer destruir los obeliscos existentes.

Pero Egipto, como consecuencia de las sucesivas invasiones y etapas colonizadoras, en los tiempos modernos y contemporáneos fue perdiendo buen número de los obeliscos levantados en las dinastías faraónicas. Recordemos, en este sentido, al que hoy decora la plaza de la Concordia, en París, mandado traer a la capital francesa por Napoleón tras la campaña del Nilo. Otras ciudades europeas y norteamericanas también enriquecieron su mobiliario urbano con obeliscos importados de Egipto.

Se da la circunstancia de que el mayor de todos, con un peso superior a las mil toneladas, no llegó a concluirse. El gigantesco pilar de piedra de granito permanece en las canteras de Assuán, lo que nos recuerda también al gigantesco moái de lava negra que los antiguos habitantes de la isla de Pascua (Chile) dejaron sin terminar en las canteras de aquella misteriosa isla del Pacífico.

El obelisco también aparece en el tarot egipcio, concretamente en la carta nº 57, conocida como «La Defensa», en la que un guerrero, andando por el desierto, se protege con su escudo de los rayos del sol que le atacan. El obelisco frente al soldado es el testigo que sabe y observa. El obelisco, por lo tanto, se relaciona con la regeneración de la naturaleza, la divinización con las tres partes (creación, equilibrio y destrucción), la fecundidad, el logos, el triángulo, el dinamismo, la cautela, la soledad y la defensa; y en cuanto a su correlación astrológica: el planeta Júpiter.

La columna, unión entre el cielo y la tierra

En el Antiguo Egipto hubo ocho tipos diferentes de columnas: columna de palmera, columna de haz de papiro, columna de palo de tienda, columna protodórica, columna de haz de lotos, columna compuesta, columna de Hathor y columna de Osiris.

Símbolo general de fortaleza y paciencia, la columna, debido a su verticalidad, puede tener también un sentido meramente estético, ya que marca un impulso ascendente y de autoafirmación, imagen al mismo tiempo de la unión cósmica entre el cielo y la tierra. «La columna de sostén del universo está concebida, al parecer, como el eje alrededor del cual gira la Tierra, el cual da cuenta del cambio de posición de los astros a las diversas horas del día y de la noche», comentó con énfasis el historiador Pierre Grimal. Elemento esencial de la arquitectura, es soporte y garantía de solidez. Cuando está completa —con basa, fuste y capitel—, evoca la figura del ser humano. La columna completa también nos acerca al árbol de la vida. No es una casualidad, por lo tanto, que «capitel» derive de «cabeza».

La columna aislada guarda una clara analogía con la columna vertebral, y esta columna vertebral, al mismo tiempo, es fácil relacionarla con el eje del mundo, como el cráneo (capitel) a la imagen del cielo, y los pies (la basa) al de la tierra firme, en el sentido de una relación macrocosmos-microcosmos. Cuando dos columnas o pilares sostienen un dintel, nos encontramos ante la eterna estabilidad cósmica: el hueco central nos llevaría hacia la entrada a la eternidad. Las columnas indican límites y, generalmente, franquean puertas, estableciendo una especie de pórtico entre dos mundos. La columna, en este caso, simboliza el límite protector que no tendrá que ser traspasado, ante el cual el hombre no deberá aventurarse, pues no dispone de las garantías suficientes de una protección de su Dios.

En Tebas, hacia el año 1400 a.C., fueron levantadas en piedra de arenisca las colosales figuras de los colosos de Memnón, estatuas que, a modo de gigantescas columnas, representaban al faraón Amenofis III. Las columnas colocadas a pares evocan la costumbre egipcia de erigir obeliscos como antesala a la puerta cósmica de un templo.

Glosario

Ankh: Uno de los símbolos más utilizados en la cultura del Antiguo Egipto. Para los antiguos egipcios, la cruz era símbolo de millones de años de vida futura. Entre los mortales, simboliza el deseo de una eternidad feliz junto a Isis y Osiris. También se le conoce como cruz ansada; representa la llave de la vida, la cruz egipcia, o simplemente la cruz de Isis. El símbolo está formado por dos elementos: una T (*tau*) en su base, coronada por un óvalo, lazo o asa. Este símbolo, a modo de amuleto protector, lo llevaban los faraones en la frente, y también en los iniciados para otorgarles la visión de la eternidad y de la protección.

Barco: El barco fue considerado desde los tiempos antiguos como un símbolo de transición al Más Allá; el «viaje de la vida» era un concepto familiar. También para los egipcios era la expresión metafórica del camino, especialmente de la fase intermedia entre la muerte y la resurrección. Formó parte del ajuar funerario hasta el Imperio Medio. El deseo del difunto era ir hacia poniente y al Más Allá en la barca de Re, según leemos en el *Libro de los Muertos* (cap. 136), como expresión simbólica del caminar en la luz.

Canopo: Así llamados en el Antiguo Egipto los recipientes utilizados para guardar las vísceras extraídas del cuerpo de un difunto durante los trabajos preliminares a la momificación. Había cuatro tipos: *Amset*, la vasija con cabeza humana, donde se depositaba el hígado; *Hapy*, el vaso con cubierta de papión, en cuyo interior se guardaban los pulmones; *Kebeshenuef*, la vasija con cabeza de halcón, para albergar los intestinos; y *Duamutef*, el vaso cubierto con tapa en forma de chacal donde se guardaba el estómago del muerto.

Crioesfinge: Escultura con cuerpo de león y cabeza humana, ataviada con tocado de los dioses. Se trata de una palabra mágica. En la mitología del Antiguo Egipto, la esfinge es una estatua masculina con cuerpo de león, el torso de un hombre y, en ocasiones, con alas. Las cabezas humanas eran representaciones reales (faraónicas).

Demótica: Tipo de escritura cursiva del Antiguo Egipto empleada en los jeroglíficos, desde el siglo VII a.C. hasta el V d.C. La vemos utilizada en el texto central de la piedra de Rosetta.

Escarabajo: Símbolo solar y, al mismo tiempo, de resurrección. El escarabajo es uno de los animales sagrados por excelencia en el panteón del Antiguo Egipto, donde se le consideraba como «engendrador de sí mismo». Imagen del movimiento cíclico del Sol, era la perfecta representación —para los egipcios— del «Dios que regresa».

Escarabeo: Representación escultórica del escarabajo pelotero, símbolo de la vida eterna en el Antiguo Egipto. Casi todos los sellos egipcios adoptan la forma de este insecto, a partir del Imperio Nuevo. Estas figuras estaban perforadas longitudinalmente y se llevaban colgadas del cuello o como anillo, sirviendo al mismo tiempo de sello y amuleto.

Esfinge: Animal fabuloso, en representación de una persona, con cabeza, cuello y pecho de mujer y cuerpo y pies de león. Los antiguos egipcios consideraron esta enigmática figura como la guardiana de las Puertas del Ocaso. En la película *La historia interminable* supone la prueba final para alcanzar el destino. La más célebre es la esfinge de Gizeh, junto a las grandes pirámides de Egipto.

Hierático: Así llamada la forma cursiva de los jeroglíficos egipcios, basada en el resultado de su escritura con pincel sobre papiro para asuntos de negocio y otros fines. Gradualmente fue reemplazada por la escritura demótica.

Ka: Designaba las fuerzas vitales creativas y preservadoras. Llegó a representar el poder masculino, y también el intelectual y espiritual. El jeroglífico *ka*, con sus manos levantadas en actitud defensiva, era un gesto mágico, concebido para preservar la vida de portador de las fuerzas malignas. El *ka* era una parte intríseca de la misma persona.

Kenbet: Consejo del tribunal popular.

Khepri: Escarabajo, el animal que se originó como ser primordial; una divinidad que se originó por sí misma. («Me convierto en Khepri, sumergiéndome en la masa primordial; germino por la fuerza universal de la germinación», leemos en el *Libro de los Muertos*, cap. 83).

Mastaba: Construcción funeraria del Antiguo Egipto en forma de pirámide truncada, cuya base superior presenta una abertura que da acceso a un pozo que conduce a la cámara mortuoria. Las mastabas aparecen en la primera dinastía, adoptando paulatinamente formas más elaboradas y con empleo progresivo de la piedra a lo largo del imperio antiguo.

Momia: Cadáver que, de manera natural o por haber sido preparado al efecto, se deseca con el transcurso del tiempo sin entrar en descomposición. En el Antiguo Egipto se embalsamaban a personas o animales de acuerdo con los ritos practicados; después de extraer las entrañas, que se depositaban en los vasos canopos, el cuerpo era tratado con natrón hasta secarlo totalmente, y luego se le envolvía apretadamente con vendas de lino, entre las que se depositaban joyas, textos religiosos y ungüentos de varias clases, así como hebras de azafrán. Las momias humanas se colocaban en el interior de cajas antropomorfas (realizadas con cartón, madera, piedra u oro), antes de ser depositadas en la tumba. Todas las fases de este complejo proceso iban acompañadas de un ritual que culminaba con la ceremonia de la «abertura de la boca», con cuyo aliento se le devolvía al cuerpo simbólicamente las facultades de la vida. Esta práctica, que tuvo su origen probablemente en la conservación accidental de los cuerpos en la arena del desierto, debida a la desecación, creyéndose que esta era del todo necesaria para la supervivencia del alma del difunto, se mantuvo hasta el final de los tiempos faraónicos.

Obelisco: Monumento en forma de pilar muy alto, de planta cuadrada y rematada en punta piramidal achatada. Lo erigían los antiguos egipcios con fines religiosos o simplemente monumentales. Se trata de símbolos solares, en cuyas cuatro y alargadas caras se grababan jeroglifos.

Papyrus: Forma latina de la que deriva «papel». Se trata de una lámina sacada del tallo del papiro, obtenida de un junco que crece en los países mediterráneos, principalmente en Egipto, que empleaban los antiguos egipcios para escribir en ella. Hendiendo sus tallos y pegándolos en dos capas con la fibra orientada cada una de ellas en ángulo recto con la otra se obtenía un material muy económico para escribir. Gracias a la lectura de estos documentos se ha podido conocer gran parte de la historia de Egipto y de otras civilizaciones antiguas.

Pirámide: Construcción maciza en forma de pentaedro, construida por los antiguos egipcios para cubrir o conservar la cámara funeraria de un faraón. Su primer referente fue la mastaba de adobes del período arcaico. Las pirámides escalonadas de Sakkara, Dahshur y Meidum, fueron los primeros testimonios de estas colosales construcciones. Los conjuntos más conocidos son el grupo de Gizeh, perteneciente a los faraones Cheops, Chefren y Micerino, de la IV dinastía. Se da la circunstancia que estas tres pirámides, las más famosas de Egipto, y a corta distancia de la ciudad de El Cairo, fueron construidas siguiendo las coordenadas de la constelación Orión. La gran pirámide —la de Keops— mide 150 m de altura y está compuesta por 2 300 000 bloques de piedra de entre 2,5 y 60 toneladas de peso cada uno.

Semedet: Así llamados en los papiros a unos asistentes de la XIX dinastía que prestaban servicios a las instituciones de la casa real; personas que dependían de los escribas. Los principales trabajos encomendados a los *semedet* eran: la aportación regular de agua a los depósitos del poblado, el yeso para los enlucidos, la tala y transporte de madera combustible para su distribución a los hogares de los artesanos y el suministro de víveres de uso cotidiano (dátiles, carne de toda especie, pescado, tanto fresco como en salazón, etc.).

Shemsu Hor: Estirpe a la que se atribuye los cimientos del Egipto esotérico, a los que mucho debió el hermetismo templario. Por ello, los caballeros del Temple nunca desnudaron sus espadas luchando en tierras egipcias, arremetiendo en cambio contra los musulmanes de Damasco. En algunos templos de la isla de Filé vemos representada la cruz de las ocho beatitudes templaria.

Uadj: Tallo de papiro, en forma de columna. Era un amuleto utilizado por los antiguos egipcios que evocaba el renacimiento, el vigor y la regeneración de la vida surgida de nuevo de las zonas áridas fecundadas por la inundación de las aguas del Nilo.

HITITAS

Los hititas se instalaron en Anatolia (la tierra por donde nace el Sol, según los griegos) hacia el 2000 a.C., procedentes del Cáucaso, creando el mítico reino de Hatti y atraídos por una geografía diversa formada por amplias praderas, conos volcánicos, lagos salados y de agua dulce adormecidos en el interior de cráteres apagados (cuna de los míticos ríos de Mesopotamia, Tigris y Éufrates), manantiales de aguas termales, espesos bosques, ciudades subterráneas, recintos amurallados al borde de profundos barrancos, estrechas gargantas naturales y desfiladeros de vértigo por donde cabalgaron y se asentaron las más importantes culturas y civilizaciones que haya conocido la humanidad. No es una casualidad que en Anatolia se concentre la mayor densidad de arte y monumentos del mundo por kilómetro cuadrado y que aún queden tantos misterios por desvelar.

El mítico reino de Hatti es citado en la Biblia en varias ocasiones (Génesis 15,19-21,23, y Josué 3,10) como una de las tribus que los israelitas encontraron al regresar a la *tierra prometida*.

Los primeros exploradores que descubrieron la existencia de este mítico imperio fueron por una parte el francés Charles Félix Marie Texier (1802-1871), quien, en julio de 1834, buscando el emplazamiento de la mítica Tavium, al cruzar el río Halys (Kizilirmak), alcanzó la altiplanicie en donde se alza la legendaria ciudad de Hattusas (Bogaz Köy, «la aldea de la garganta» en turco). Texier también descubrió el yacimiento de Yazilikaya («roca inscrita» en turco), donde terminó de comprender que el pueblo que había realizado tales grabados en la roca pertenecía a una civilización desconocida. Escribió un libro de sus viajes: *Description de l'Asie Mineure*. Sin embargo, no fue hasta el año 1906 cuando el mundo conoció realmente la existencia de Hattusas. El otro explorador al que nos referimos es el checo Bedřich Hrozný (1879-1952), quien en 1915 supo traducir la desconocida lengua grabada en 13 000 tablillas de caracteres cuneiformes y comprobó que no tenía ninguna relación con el uraloaltaico. Hrozný llegó a la conclusión de que la lengua hablada por los hititas fue el eslabón cultural perdido entre el Próximo Oriente y las civilizaciones del Egeo.

La primera referencia escrita, según la interpretación de los grabados estudiados, se remonta a tiempos de Anittas, primer monarca de Kussara (1730-1700 a.C.), hijo de Pithana, el primero que mandó escribir una tablilla histórica en lengua nesita (de raíz indoeuropea, llamada «hitita cuneiforme» o «lengua kanesita»). Este monarca, tras conquistar las ciudades de Hattus y de Nesa, en la Anatolia Central, estableció su hegemonía en esta estratégica región del Próximo Oriente, germen de la potencia política que conocemos como imperio hitita. Durante ocho siglos, dominó un territorio tan amplio como gran parte de Anatolia, el norte de Siria y el extremo noreste del litoral mediterráneo. Hubo dos períodos bien concretos, el antiguo reino (del siglo XIX al año 1460 a.C.), y el gran imperio hitita (de 1460 a 1180 a.C.). El último monarca de Hatti fue Suppiluliuma II, quien vivió con estupor la caída de su imperio, destruido por los frigios, o señores del mar y otros pueblos trashumantes llegados en tiempos del faraón Ramsés III.

El ejército hitita fue el más temido en todo el Próximo Oriente por sus poderosos carros de guerra, su caballería ligera y ordenada y un ejército provisto de armas invencibles, que hicieron temblar los cimientos de Anatolia. En el año 1600 a.C., los hititas conquistaron Babilonia, en 1380 a.C. doblegaron al influyente reino de Mitanni, al norte de Siria, y en 1280 a.C. vencieron a los ejércitos de Ramsés II en la batalla de Kadesh.

La ciudad de Hattusas fue la gran metrópoli de Anatolia, el mayor mercado conocido y el más influyente centro cultural y artístico de la región, tal como se ha puesto de manifiesto en las campañas de excavación llevadas a cabo por el arqueólogo alemán Peter Neve entre 1980 y 1996.

Las armas de los hititas eran innovadoras para su tiempo, porque estaban realizadas en hierro fundido, o lo que es lo mismo, acero. El secreto es que, una vez fundidas, eran templadas en las frescas y cristalinas aguas del río Halys. Su secreto se mantuvo a salvo durante todo el tiempo que dominó este imperio, hasta el año 1180 a.C. Para los hititas, el hierro fundido era veinte veces más valioso que el oro y cincuenta más que la plata.

Gracias a la lectura de las tablillas hemos sabido que, en tiempos del monarca Tudhalia IV, se vetó el comercio con Asiria. Con ello se evitaba que ese enemigo potencial llegara a descubrir los secretos del hierro hitita. El reino de Hatti fue también la primera cultura que introdujo la doma de caballos; en un relieve hallado por el arqueólogo alemán Hugo Winckler aparece grabado uno de los primeros jinetes de la historia.

También ha llegado hasta nosotros el primer manual de hipología, un texto de mil líneas donde se explican las reglas para la doma de caballos, encontrado en Hattusas. Los hititas también crearon el primer alfabeto de la antigüedad; su lengua hablada era conocida como de Arzawa (lugar del oeste de Cilicia), de raíz indoeuropea. En una de las tablillas encontradas en Tell el-Amarna, escrita en caracteres cuneiformes, aparece el rey hitita Suppiluliuma I felicitando a Akenatón, el faraón hereje, por su ascenso al trono de Egipto.

El olimpo hitita

El panteón hitita tenía mil dioses. Cada monarca contaba con una divinidad propia que le acompañaba durante toda su existencia; también se fueron incorporando los dioses de los pueblos vencidos, que recibían culto en el reino de Hatti, lo que constituye un ejemplo de tolerancia y, al mismo tiempo, de astucia.

Anu. La primera entre todas las divinidades.

Alalu. El dios del Cielo en los antiguos días.

Appu. Padre del bien y del mal.

Arinna. La divinidad protectora en las batallas, que establecía en la tierra las fronteras entre los reinos.

Atramhasis. El salvador de la humanidad.

Dagan. Dios de la Agricultura e inventor del arado.

Inanna. Diosa del Amor y la Fertilidad.

Kamrusepa. Diosa de la Magia, de los Saberes Alquímicos y de la Medicina.

Shala. Esposa de Dagan, tenía como símbolo la espiga de cebada.

Shanskha. Diosa de la Guerra, pero también del amor sexual; asociada con el planeta Venus y divinidad también de la lluvia y las tormentas. Su símbolo era una estrella de seis radios dentro de un círculo que recuerda la rosa sexifolia de los druidas celtas.

Teshub. Dios de la Tempestad, hermano de Isthar y de Tasmisu. Tenía como emblema un hacha, que nos llevaría al Thor, el dios del Trueno de la mitología escandinava.

Upelluri. Divinidad gigante que sostiene sobre sus espaldas el cielo y la Tierra. Asimilado con el Atlas griego.

Los «dioses del mal»

La muerte estuvo bien presente en las creencias sociales del pueblo hitita, como lo demuestra sus «dioses del mal».

Alauwamis. Demonio que traía graves tragedias y enfermedades a los humanos como castigo divino.

Ammeazzadu y Ammunki. Los dioses que regían el mundo subterráneo.

Ereshkigal. Señora del Gran Lugar, o morada de la muerte, según han confirmado la lectura de tablillas conservadas en Hattusas. Esta divinidad reinaba en un palacio, observando a los transgresores y vigilando la fuente de la vida para que ningún fallecido escapara a sus reglas.

Lelwandi o Lelwanis. La diosa infernal, del «mundo inferior», que nació fruto del sacrificio de ovejas para ayudar a eliminar las amenazas de los malos presagios.

Namtar. Hijo y sirviente de Ereshkigal, era el demonio maligno de la muerte, y también portador de las enfermedades y pestilencias entre los mortales, a quien clamaban los sacerdotes para que liberase a las personas poseídas por los malvados seres del Infierno.

Asombrosas analogías

Una gran parte de las ideas sobre la historia del origen de la humanidad y otras muchas creencias fue plagiada por las culturas que las usurparon después, incluyendo el cristianismo. Por ejemplo, Usanabi era el barquero que hacía la travesía sobre las aguas de la muerte, ayudando a los tripulantes fallecidos a alcanzar la orilla opuesta, donde moraba Utnapishtim (dios de la Felicidad y la Vida Eterna). Este mismo concepto lo encontramos en la mitología de la Grecia clásica con la figura de Caronte, el barquero que ayudó a cruzar la laguna de fuego Estigia tras el cobro de unos óbolos.

Hannahanna («abuela-abuela»). Gran Diosa Madre. Era considerada la más antigua deidad de los pueblos de Anatolia, fecundadora de la tierra. Se relaciona con Ana, la «madre de la Madre».

Kubaba. Hija de la anterior, era la gran diosa del Universo, portadora de un niño en su regazo para amamantarlo, mientras sostiene un espejo en forma de disco solar. Esta diosa nos recuerda a la Isis egipcia y a su hijo Horus, cimientos de la posterior figuración de la Virgen María y el Niño Jesús, en una escena que adelanta quince siglos a la Anunciación de la tradición cristiana.

Animales sagrados

Los hititas sintieron especial predilección hacia determinados animales.

Águila. El ave sagrada, intermedia entre los reyes y los dioses. Por ello se la representaba bicéfala.

León. Por su fiereza y poder, defendía en grandes esculturas las jambas de las puertas de entrada a las ciudades, con la cabeza mirando hacia el exterior.

Toro. Símbolo de la fuerza y la nobleza.

Buitre. Intermedio entre los hombres y los poderes del Más Allá, y por ello símbolo de los guerreros caídos en combate, a quienes se colocaba sobre una torreta de madera para que los buitres, al devorar sus entrañas, trasladaran su alma humana a los estadios superiores de ultratumba; creencia que luego adoptó Zaratustra.

Ciervo. Ejemplo de mansedumbre y benignidad, animal longevo, noble y útil para el ser humano al que veneraron en templos y representaron en esculturas en grandes cornamentas, como símbolo de vida y renovación, interpretadas por los sacerdotes de Hatti como los rayos del Sol.

Sorprendente arquitectura

Los hititas crearon un sistema arquitectónico propio que nada tenía que ver ni envidiar a las demás potencias de su época. Sus ciudades se alzaban sobre elevadas llanuras, protegidas por gargantas naturales a las que solo podía accederse a través de estrechos pasos. Estas ciudades estuvieron dentro de formidables recintos amurallados, hechos con ciclópeos bloques de piedra que se alzaban sobre la roca natural y estaban protegidos por elevadas torres de planta cuadrada y almenas lobulares. Todo el conjunto estaba rodeado por una triple muralla. En la zona más interior se hallaban el palacio, los jardines reales y los templos a los dioses. Los templos más célebres se hallaban en Boğazköy, Alaca Hüyük y Yazilikaya; construcciones, todas ellas, concebidas con el número de oro (1,618...).

El primer puente conocido en la historia de la humanidad fue una construcción hitita, que sigue salvando un profundo precipicio en la zona más occidental de Boğazköy y se enlaza con el recinto amurallado. También debemos a los hititas las ciudades subterráneas de Capadocia (Derimkuyu, Ihlara Vadisi, etc.).

Innovaciones

Durante el Gran Imperio (primera mitad del siglo XIV a.C.), los hititas crearon un libro de leyes que aseguraba incluso a los esclavos una protección legal. Los castigos eran más benévolos que los de sus vecinos asirios, puesto que eliminaron los rasgos de crueldad contra los vencidos y esclavos, tan usuales en Babilonia, Asiria y Mitanni... Raras veces se imponía la pena de muerte. En caso de herida corporal, el culpable debía cargar también con los gastos del tratamiento. Los castigos de mutilación fueron muy raros; sin embargo, a un esclavo declarado culpable de robo se le cortaban la nariz y orejas, según la costumbre asiria. También fueron los primeros en imponer el castigo de cárcel y, desde el reinado de Telebino (1500-1475 a.C.) se prohibió la justicia por la mano en caso de crímenes (ley del Talión). Con esta codificación se produjo la primera edición de leyes de la historia del mundo.

Glosario

Amanus: Cadena montañosa próxima a la frontera entre Cilicia y el norte de Siria, paralela a la ribera oriental del golfo de Iskenderun.

Apadana: Sala de audiencias de los monarcas persas aqueménidas, que los hititas utilizan también en sus palacios reales.

Aqueménidas: Dinastía persa, de Ciro a Darío III Codomanno (siglos VI-IV a.C.).

Axylon: Estepa desnuda al oeste del gran lago salado, el Tuz Gölü.

Bibru: Nombre de recipientes zoomorfos utilizados principalmente para el culto.

Bit-hilani: Nombre de un célebre palacio neohitita.

Caístro: Llamado en la actualidad Küçük Menderes, es un río de Anatolia occidental que desemboca en el mar Egeo, cerca de Éfeso.

Cibeles: Diosa frigia. El templo de Pessinus era el centro de su culto.

Dios de la Tormenta del Cielo: Divinidad masculina suprema del panteón hitita.

Eflatun Pinar: Uno de los monumentos hititas originales mejor conservados en Anatolia, realizado a finales del siglo XIII a.C., próximo a la orilla oriental del lago Beysehir, en Pisidia. Formado por dos divinidades sentadas —una masculina y otra femenina—, encima de sus cabezas hay soles alados sostenidos por criaturas híbridas.

Gavur Kalesi: Fortaleza hitita, a 60 km de Ankara, con relieves y cámaras rupestres subterráneas. Fue descubierta en 1862 por el arqueólogo Georges Perrot.

Gordion: Llamada en la actualidad Yassi Hüyük, fue la ciudad principal del reino frigio. Ha conservado su gran necrópolis (tumuli), excavada en 1900 por el Instituto Arqueológico Alemán.

Gurgum: Estado neohitita de los siglos IX y VIII a.C. cuya principal ciudad era Marash.

Halys: Gran río de Anatolia que discurre por la región de Zara y desemboca en el mar Negro.

Hanyeri: Relieve rupestre del gran imperio hitita descubierto en Gezbel (Capadocia) en 1939.

Hattusas: Antiguo nombre de Boğazköy, en el centro-norte de la península de Anatolia (Turquía), capital del imperio hitita.

Istar: Diosa de la Guerra y del Amor, en el panteón hitita.

Karabel: Relieve rupestre hitita, hallado en un puerto próximo a la ciudad de Esmirna.

Kubaba: Diosa cuyo culto estaba muy extendido en los reinos neohititas, como Karkemish, adoptada por los frigios y bautizándola como Cibeles.

Kummuhi: Reino neohitita, limitado por el Éufrates en la región de Samsat.

Megarón: Gran sala de un palacio hitita con vestíbulo y columnas. Los arqueólogos utilizan a menudo esta expresión para designar una casa rectangular independiente, con vestíbulo abierto en la parte delantera.

Mezula: Diosa hitita, hija del dios de la Tormenta y de la diosa solar de Arinna.

Mitanni: Imperio de la Alta Mesopotamia, conquistado por los hititas en tiempos del monarca Supiluliuma I.

Ortostatos: Piedras de talla, puestas de canto en el basamento de muros monumentales, a menudo decoradas con relieves en la arquitectura hitita.

Ritón: Recipiente para beber, realizado en barro o en metal, que representa frecuentemente una cabeza de animal.

Sausga: Diosa hurrita, la Istar babilónica, representada en el templo rupestre hitita de Yazilikaya.

Serri y Hurri: Nombres de los dos toros sagrados del dios de la Tormenta del Cielo, en el panteón hitita.

Supiluliuma I: El más importante de los monarcas hititas (1380-1340 a.C.), el gran fundador del imperio hitita.

Tarhu: Dios de los Elementos, y también de la Vegetación. Está representado en el relieve rupestre de Ivriz (finales del siglo VIII a.C.).

Teshub: Divinidad masculina suprema. Su culto fue introducido en los siglos XIV y XIII a.C. entre los hititas, que lo asimilaron a su dios de las Tormentas.

Yarimlim: Dinastía cuyo palacio de Tell Açana se halla en la región de Amuk (siglo XVII a.C.).

URARTU

También conocida como Ararat, la civilización o reino de Urartu se desarrolló durante los siglos IX y VII a.C. a lo largo de una amplia zona geográfica del interior de la actual Turquía, al este de Anatolia.

Cuenta con un denso patrimonio histórico-artístico y arqueológico propio. Tras haber sufrido una indiferencia científica, desde hace varias décadas está siendo objeto de muy importantes estudios, resultado de los espectaculares descubrimientos que tienen lugar en las ciudadelas urartus, a consecuencia de metódicas campañas de excavación.

Probablemente la zona oriental de Anatolia ha sido la región del mundo donde se ha dado cita el mayor número de civilizaciones conocidas, desde el Paleolítico a los otomanos, pasando por los hurritas, urartus, medos, asirios, frigios, persas, griegos, seldjúcidas, etc., dejando cada una su impronta cultural en forma de testimonio arquitectónico o escultórico. Por lo tanto, resulta difícil a veces separar una civilización de otra y llevar a cabo una campaña de excavación laboriosa y prolongada.

Los primeros pueblos conocidos históricamente que se asentaron en la región de Van fueron los hurritas, a comienzos del II milenio a.C., quienes darían paso a los urartus (900-600 a.C.), descendientes directos de los anteriores según algunos historiadores. Urartu fue un reino floreciente, capaz de detener el avance sirio hacia Asia Menor. Van fue la capital de Urartu durante el primer período, en tiempos del monarca Sardur I, y su ciudadela Tushba, la acrópolis de todo el imperio.

El reino urartu era aliado de los frigios y, conjuntamente, tuvieron que combatir contra asirios, primero, y escitas y cimerios, después. Posteriormente, los persas del Hayastan, y luego, tras la caída de Nínive (612 a.C.), los medos, con la alianza con los persas, ocuparon esta región, que fue gobernada por un sátrapa. Tanto el reino urartu como su aliado el frigio serían arrasados por los bárbaros cimerios. A la muerte de Alejandro Magno, los sátrapas dependieron de los reyes seleúcidas.

Urartu, por lo tanto, surgió en el escenario de la historia en el siglo IX a.C. como telón de fondo de las comunidades hurritas del este de Anatolia. Al principio el reino de Urartu se estableció en torno al lago Van y se extendió progresivamente hacia el norte por los valles del río Araxes y el sur del Cáucaso. En ese momento se constituyó como la mayor potencia de Asia anterior, frente a Asiria, al sur, que ejercía, no obstante, una fuerte influencia cultural. Políticamente debilitada, en el siglo VII a.C. desarrolló una intensa actividad artística, muy brillante sobre todo en el campo de la metalurgia del bronce. Desapareció con el inicio del joven estado medo.

El reino de Urartu desafió la supremacía asiria desde el 900 hasta el 600 a.C., aproximadamente. Dominó las estribaciones montañosas del norte hasta el Orontes por el oeste, desde 780 hasta 750 a.C., coincidiendo con la instauración de la soberanía asiria que protagonizó Tiglatpileser III al norte de Asiria.

Cinco fueron los monarcas más sobresalientes del reino urartu: Sardur I (840-830 a.C.), Menun (810-786 a.C.), Sardur II (764-735 a.C.), Russa I (733-714 a.C.) y Russa II (685-645 a.C.).

Actualmente existen catalogadas un total de once ciudadelas urartu (Ahlat, Anzaf, Çavustepe, Erçek, Harput, Hosap, Kalecik, Kayalidere Kalesi, Samran Kanali, Toprakkale y Van), las cuales están siendo objeto de meticulosas excavaciones arqueológicas por parte de arqueólogos de la universidad de Estambul y el museo arqueológico de la ciudad de Van. Todas ellas tienen algo en común: la espectacularidad espacial de sus emplazamientos, porque son verdaderos nidos de águila, recintos aéreos, coronando acantilados de vértigo, de muy difícil acceso, de altas murallas levantadas con bloques ciclópeos sobre la roca viva; recintos convertidos en centros inexpugnables. En todos ellos, además, vemos grandes bloques de piedra de granito y basalto que desde la lejanía recuerdan pizarras gigantescas grabadas con inscripciones cuneiformes.

Un arte desconocido

No tenemos constancia, hasta el momento, de que los urartus fuesen escultores, aunque se han hallado numerosos bloques de basalto esculpidos con guerreros (impresionantes obras de arte conservadas en el museo arqueológico de Van), pero seguro que fueron excelentes metalistas, aunque su repertorio estuvo estrechamente ligado con la estética del arte asirio. El arqueólogo Henry Frankfort aseguraba que muchos motivos orientalizantes que aparecen en Grecia y Etruria, en el siglo VII a.C., llegaron a Occidente no por la vía de los fenicios, sino desde Armenia, a través de Frigia. En este sentido, se cree que los expertos metalistas de Urartu, huyendo de las invasiones asiria y cimeria, se dirigieron hacia el oeste, alcanzando la isla de Creta, a través de Frigia y Lydia, y de ahí pasaron a ponerse a salvo en Etruria (en los relieves conservados en el Museo de las Civilizaciones de Anatolia, de Ankara, se conserva un grifo que aparece con la boca abierta, y tiene la misma especie de moño y las orejas de caballo que en los bronces griegos y etruscos). Existe, por lo tanto, una notable influencia de Urartu en Frigia.

En cuanto a las artes aplicadas, debemos decir que la cultura material de Urartu estaba bajo la influencia asiria. De hecho, las guarniciones de bronce para muebles nos dan la impresión de ser enteramente asirias, tanto en gustos como en motivos.

También la metalistería urartu guarda una estrecha relación con la asiria, como hemos podido comprobar en los hallazgos que tuvieron lugar en la fortaleza de Karmir Blur, cerca de Ereván. Entre otros objetos de metal hay copas en forma de cabeza de antílope, de bronce, platas, pesas de bronce en forma de animales, bandas de bronce grabadas y figuras del demonio Pazuzu (divinidad del viento del sureste, que trae enfermedades). Los candelabros de bronce con articulación zoomórfica también era —al igual que en el reino asirio— una característica del arte urartu; las patas de los candelabros eran pezuñas de toro que surgen de una boca de león.

Una de las características más notables de las obras artísticas de esta cultura eran las realizaciones de grandes calderos en bronce, sostenidos por trípodes con asas en forma de cabeza de toro, valiosos objetos que fueron piezas de un activo comercio que llegó a la Italia etrusca.

El alfabeto cuneiforme

La escritura que se desarrolló en Mesopotamia y que alcanzó su esplendor desde el tercero hasta el primer milenio a.C. es el alfabeto cuneiforme. La escritura pictográfica del período Uruk —la más antigua que se conoce— se redujo a formas angulares con el fin de hacerla más apropiada para su impresión en la arcilla blanda mediante una caña aguzada, lo que le dio el trazo característico (cuneiforme = perfil de cuña o clavo). La naturaleza de la escritura fue bastante parecida a la de los egipcios, con ideogramas, fonogramas y determinativos (jeroglíficos). Esta escritura se empleó en varios idiomas (sumerio, acadio, urartu, elamita, hitita, persa antiguo, etc.), incluso, adoptado como alfabeto, tuvo su utilidad en Ugarit.

Texto sobre economía, del año 3000 a.C., procedente de las excavaciones en Tell Leilan.

El primer éxito de su desciframiento aconteció en 1802, y se debió al filósofo alemán Grotefeld. En las inscripciones de Persépolis, este investigador pudo reconocer los nombres de Darío y de Jerjes, así como también la palabra del persa antiguo que designaba al rey. Solo hasta los años 1844 y 1847 se obtuvo un nuevo progreso en el desciframiento gracias a la cuidada y difícil transcripción hecha por Rawlison de las inscripciones de Darío en Behistun, quien logró traducir la versión antigua. Westergard, en 1854, pudo hilvanar el texto elemita, y Rawlison, con otros, logró forzar el texto babilónico tres años después. Este último era el más importante de los tres, ya que permitió la traducción de numerosas inscripciones cuneiformes ya conocidas en aquella época, entre otras las de la antigua Sumer.

Hurrita

Los hurritas fueron uno de los pueblos más misteriosos del Próximo Oriente Antiguo. Se instalaron en las regiones del norte de Siria y de Irak, así como en el sureste de Anatolia, al menos después de finales del tercer milenio a.C.

Parecen haber desempeñado un papel importante en las costas semitas e indo-arias y en el legendario imperio Mitanni durante el segundo milenio a.C. Sabemos por los textos que este pueblo ejerció una notable influencia cultural y religiosa sobre sus vecinos los hititas. Las características de su cultura material resultan, sin embargo, difíciles de definir. Respecto a la lengua hurrita, esta no está emparentada con ningún otro grupo lingüístico conocido, pero parece cercano a la urartu. Documentada desde finales del tercer milenio en la Alta Mesopotamia, su dominio se extendió rápidamente desde los montes Zagros hasta el Mediterráneo durante el transcurso del milenio siguiente. Lengua aglutinante, el hurrita añade a los sustantivos o a los verbos una cadena de sufijos que expresan los cambios gramaticales. Parece que desapareció a principios del primer milenio antes de nuestra era.

Glosario

Âshipu: Exorcista en la antigua Babilonia.
Azu: «El que conoce el agua». Así llamaban los sumerios a los médicos, que para esta civilización debían ser siempre sacerdotes.

Ea: Divinidad tutelar del gremio o cofradía de los médicos en la antigua Babilonia. Era también el dios del Mar y la Sabiduría, que previno a Ziusutra sobre el diluvio, aconsejándole que construyese un gran navío.

Eanna: Casa del cielo; edificio mesopotámico construido a ras de suelo.

Gilgamesh: Rey sumerio convertido en leyenda a través de la epopeya en él inspirada más antigua de la historia. Se trata de un poema épico asirio escrito en el 2500 a.C. La tumba de este monarca fue hallada en el año 2003 en Uruk por un equipo de arqueólogos alemanes a pocos metros de la orilla del río Éufrates.

Istar: Divinidad sumeria relacionada con el planeta Venus. Era la diosa del Amor y de la Fertilidad. Su esposo era Tammuz. Tuvo numerosas culturas que la adoraron (acadios, sumerios, babilonios, asirios...), y bajo el nombre de Astarté por los pueblos del Levante.

Namtâru: Divinidad de las epidemias y de los desastres naturales; de sentido temible para la sociedad en la civilización asiria.

Ninurta: Dios de la Fertilidad y de la Fecundidad en la civilización asiria. Su esposa, Gula, solía ser representada en forma de busto o de cuerpo entero, sentada en su trono y acompañada de su fiel perro.

Pazuzu: Demonio babilónico, padre de los vientos.

Puhu: Persona que, temporalmente, se instalaba en el palacio real, sustituyendo al monarca babilónico durante el tiempo que estuviese enfermo, para que el mal abandonase al rey y se trasladara al cuerpo del sustituto.

Tell: Montículo artificial formado por una acumulación de las ruinas de un establecimiento de larga duración. Para los arqueólogos, un *tell* es el mejor documento para estudiar un fondo de ocupación humana a través del estudio de las diferentes capas. Son muy abundantes en el sureste de Turquía. Pueden alcanzar los 40 m de altura.

Zigurat: Construcción de origen sumerio y asiria formada por un edificio en planta cuadrangular sobre el que se levantan concéntricamente otras plantas, igualmente cuadradas, en progresiva disminución de tamaño a medida que ascienden, para formar una pirámide escalonada, con muros inclinados (taludes) y soportados por contrafuertes. Toda la obra estaba revestida de ladrillo cocido (adobe). En la planta superior se levantaba un templo o santuario, al que se accede a través de empinadas rampas y escalinatas. La torre de Babel fue un gran zigurat, pero inconcluso. Uno de los zigurats más célebres de Mesopotamia fue el de la ciudad de Ur, consagrado a la diosa lunar Nannar. Los zigurats eran observatorios astrológicos y, al mismo tiempo, montañas sagradas, desde las cuales poder alcanzar el cielo. Fueron, en definitiva, la casa de dios.

Ziusutra: El Noé babilónico, que aparece en el *Poema del diluvio*, conservado en el Museo Británico. Fue protagonista del relato bíblico de la gran inundación mandada por los dioses para castigar a los hombres. Al séptimo día, tal como relata la Biblia, soltó una paloma, después una golondrina y finalmente un cuervo, que ya no volvió.

CELTAS

Pocos pueblos de la antigüedad occidental han estado tan vinculados con el medio natural circundante como fueron los celtas. Gracias a recientes descubrimientos arqueológicos nos ha sido posible realizar un retrato más fiel de aquella civilización que, iniciada a orillas del lago de Hallstatt, en los Alpes austríacos, hace 3500 años, puso las bases del concepto europeo. Detrás de una imagen de gente sanguinaria y cruel que erróneamente transmitieron los cronistas y geógrafos griegos y romanos —quienes, asimismo, no dudaron en calificarlos despectivamente como «hiperbóreos», gentes llegadas del norte, de lugares más allá de la aurora boreal—, además de valientes guerreros, en sus corazones y mentes latían una profunda sensibilidad y un amor a las bellas artes. Eran diseñadores del paisaje, maestros de la agricultura, hábiles comerciantes, creadores de las cañadas de trashumancia y la doma de caballos salvajes e impulsores de una educación obligatoria y gratuita para todos los niños en edad de escolarización, sin excepción. Tenían un gran respeto a las personas mayores y a la mujer y un sentido de la libertad desconocido hasta entonces... A pesar de toda esta impresionante riqueza, los testimonios de esta cultura hay que reconstruirlos a través de las tradiciones y restos arquitectónicos y escultóricos conservados, música, fiestas, gastronomía, etc., porque no dejaron ningún texto escrito; para ellos, la letra embrutecía a la persona.

Durante muchos siglos, el corazón geográfico de Europa fue celta. Desde los más profundos valles alpinos, esta nueva civilización, que nació con la explotación de las minas de sal de Salzburgo, no tardó en colonizar y gobernar territorios tan lejanos como Anatolia, Irlanda, la Galia, el Piamonte italiano y la Península Ibérica. Y, a medida que estas tribus fueron expandiéndose, el respeto a la mujer como encarnación de la Madre Gea y el conocimiento de los elementos no tardarían en establecerse como formas de vida.

El historiador latino Silo Italico escribió: «Los celtas dan sepultura en el fuego —incineración— a sus miembros muertos de enfermedad…; sin embargo, a los guerreros que pierden la vida en el combate… los arrojan a los buitres —inhumación— para ser devorados por estos animales sagrados».

Los druidas

Desde el corazón de los Alpes austríacos (Hallstatt), hasta el Algarve (sur de Portugal), los celtas fueron colonizando Europa en todas las direcciones, llegando a Anatolia (celtas gálatas), Irlanda, Escocia, las Galias y la Península Ibérica, estableciendo un sistema de comportamiento basado en el respeto y el equilibrio, el trabajo y la cultura, en todos los sentidos.

El druida, la mayor dignidad sacerdotal de la civilización celta, era el máximo responsable de la vida de todos los miembros de un clan. La escala más alta de la espiritualidad celta conocía como nadie los secretos de la ciencia natural, los ciclos del cosmos y los misterios del hombre, tenían la responsabilidad de curar todos los males —desde una enfermedad a una herida ocasionada en un combate—, predecir eclipses, profetizar desastres o decidir por la guerra o la paz en un momento determinado. Todo esto hemos podido saberlo gracias a recientes excavaciones arqueológicas llevadas a cabo en Irlanda, en Inglaterra, en el sur de Alemania, en la Bretaña francesa y también en castros celtas de la geografía hispana. Por ello nos ha sido posible acercarnos a los singulares métodos y ritos de curación de estos magos de la antigüedad, a los cuales el mundo occidental sigue en permanente deuda.

Los druidas fueron, por tanto, los garantes de un código de conducta inédito hasta entonces en la historia antigua de la humanidad, donde estos sacerdotes, ataviados con túnica blanca, hicieron de jueces y parte de un pueblo ávido por conocer y descubrir, el último que podríamos calificar de matriarcado, cuyos testimonios quedaron arrinconados por las legiones romanas, primero, y por el cristianismo, después, como religión oficialmente establecida desde las altas esferas de los poderes fácticos y que, mil años más tarde, los templarios y también los colectivos cátaros pudieron recoger y recuperar…, pero acabaron en las hogueras de la Inquisición.

Los druidas establecieron una estrecha relación entre el Sol, la Luna y las estrellas, lo que les permitió crear un calendario sagrado y lunar de 12 meses, de 28 días cada uno (con un día intercalado fuera de cuentas).

Amdaurs, *vates*, *bardos* y *druidas* fueron las cuatro clases sacerdotales de los celtas. Los primeros, ataviados con túnica de color amarillo, eran los estudiantes, aspirantes a druidas. A los segundos les debemos buena parte de la trascendencia celta, ya que eran los encargados de compilarlos para después transmitirlo al pueblo; practicaban la profecía, estudiaban filosofía, astronomía, medicina, música y oratoria e iban ataviados con túnica de color rojo. Los terceros fueron los poetas y trovadores de la civilización celta; tras una ceremonia de iniciación, podían vestirse con túnica de color azul, que revelaba el haber ascendido a ese nivel. Eran los encargados de amenizar las fiestas y celebraciones, recitando en prosa o en verso las proezas de los guerreros y de cantar las alabanzas a los dioses. Y en el nivel más superior estaban los druidas (palabra que procede de las raíces célticas *derb* y *dru*, «el hombre del roble», o «conocedores del roble», pero también podría derivar del céltico *druwides* («los muy valientes» o «los muy sabios»). Practican sus ritos en las espesuras de los bosques, celebraban sus asambleas sentados en troncos sagrados, desde donde administraban justicia y decidían la paz y la guerra. La antigua costumbre celta de «tocar madera» ante el anuncio de un hecho ingrato es una superstición que tiene una explicación en los robles azotados por los rayos y centellas en las tormentas, que, como resultado, indujeron a creer que estos árboles debían ser la morada de los dioses. Iban ataviados con túnica blanca, símbolo de la luz, conocimiento supremo y clarividencia.

Era pueblo que protegía y amaba la naturaleza en todas sus formas, respetaba a la mujer y promocionaba la cultura, estableciendo las primeras clases, obligatorias y gratuitas en el seno de un bosque, dentro de las «aulas del saber», en forma de nave de piedras (menhires) hincadas en un claro del bosque (*nemeton*). No podía ser salvaje o sanguinario, como así lo calificaron los griegos, cartagineses y romanos, estos últimos para justificar las matanzas que a lo largo de doscientos años estuvieron llevando a cabo con las tribus celtas de Iberia.

Plantas que curan y plantas que matan

Los celtas fueron *dendrólatas* (adoradores de los árboles). Para ellos, el paraíso era el *Walhala*, el Cielo celta, el destino en el Más Allá, como morada final de los héroes, tras haber sido devorado el cuerpo por el sagrado buitre. Pero un adelanto en la tierra de ese Edén era el bosque sagrado, el *Drunemeton*, en el corazón del cual se alzaba el *Mediolanum* (el centro del mundo, el castro sagrado) y las especias arbóreas a las que rendían culto, de las que también se servían para llevar a cabo las curaciones: el roble, la encina, el tejo, el fresno y el acebo. El árbol que presidía este fascinante cosmos vegetal era llamado *laerad*, que solía ser un roble; a la sombra del mismo, junto a un manantial de agua fresca y cristaliza, el druida practicaba sus conjuros de sanación, pidiendo a los elementos allí presentes sus fuerzas para alcanzar con éxito tales ritos.

Pero la mejor forma de conocer de cerca todo este fascinante mundo vegetal, que tan estrechamente estuvo vinculado con la sabiduría celta, en general, y por la clase sacerdotal de los druidas, es visitando Craggaunowen, el fortín celta mejor conservado de Europa.

En el condado de Clare, en Irlanda, en medio de un área lacustre, con bosques de robles, acebos y tejos, y bajo una espesa y permanente bruma, se levanta Craggaunowen, considerado como el más completo enclave de la prehistoria europea relacionado con los celtas. Entrar en él es regresar a las edades del Bronce y del Hierro, a través del túnel del tiempo.

Craggaunowen es un poblado (*crannog*), construido hace más de tres mil años en el interior del lago Dwelling, sobre una acumulación artificial de piedras, arena, tierra y madera, y cerrado el recinto con una empalizada de puntiagudos troncos, con una sola puerta de acceso, protegida por una torre y a la que se llega a través de una puente suspendido sobre estacas de madera. Todo el recinto está completamente rodeado de agua. En él se desarrollaba la vida con plena normalidad, en viviendas de madera cubiertas con bóveda vegetal y en espacios exteriores donde se curtían las pieles, se tejía, se cocía el pan, se soplaba el vidrio, se alimentaba a los animales, se reunía el consejo de los nobles del clan y el druida, como máxima autoridad espiritual, llevaba a cabo sus enseñanzas y ritos y practicaba las sesiones de curación a los enfermos. Los druidas residían en la zona más alta del castro, la acrópolis, en cuya vivienda no faltaba un manantial de agua, con la cual hacía los ritos de limpieza corporal antes de proceder a las curaciones.

El sendero, de cerca de 4300 años y que aún conserva los troncos sobre los cuales transitaban los carros —con ruedas de solo dos ejes— y andaban las personas, nos lleva a la zona donde se hallaban las cocinas de todo el poblado. Ya en el claro del espeso robledal, donde cocían los alimentos, podemos observar que, al no disponer de aguas termales, tuvieron que ingeniarse la forma de calentarlos. El método que seguían era fácil: sobre una hoguera arrojaban las piedras, y estas, una vez calientes, se echaban al agua, para calentar de inmediato el líquido elemento. Todavía se conserva el horno donde se cocía el pan.

Al visitar Craggaunowen es fácil deducir que el pueblo celta estaba más vinculado con la agricultura que con la guerra. No es por tanto una casualidad que fueran los creadores de la guadaña, el arte de la apicultura, la azada y la elaboración del vino (los términos «colmena» y «tonel» son de origen celta). Resultado de una pormenorizada labor de rehabilitación, se ha podido reconstruir la zona que las gentes de este poblado tenían dedicada al cultivo; incluso se han recreado los característicos surcos en zigzag y los curiosos sistemas de plantación donde se aprovecha hasta la última gota del agua que humedece una tierra rica en humus gracias a una constante fertilización que se llevaba a cabo con los excrementos naturales de las aves y de los animales de tiro.

Entre las planta medicinales y aromáticas que nos ha llamado la atención está el nenúfar blanco, de cuyas anchas y flotantes hojas y, sobre todo, de las raíces, se obtenía un tinte natural; se usaba también para curtir, debido al tanino que contiene. Son flores solitarias, blancas y olorosas. También usaban el berro, que abunda en las orillas del lago, otra planta acuática que fue muy utilizada por los druidas, cuyo jugo de sus hojas daban cada mañana a los enfermos del pecho. También se usaba esta planta para fortalecer las encías débiles, excitar la secreción de la saliva y contra ciertas debilidades estomacales. Igualmente estos magos de la antigüedad conocían las propiedades del berro para hacer desaparecer las manchas rojas de la cara.

En este huerto que rodea el recinto lacustre de Craggaunowen se siguen cultivando otras plantas muy apreciadas por los druidas. Entre ellas están el cilandro, con la que los druidas curaban dolencias del estómago y eliminaban las lombrices; el hisopo, con cuyas hojas, debidamente cocidas en caldero, hacían beber a la mujer parturienta para aumentar la cantidad de leche (en forma de cataplasma, los druidas hacían desaparecer las obstrucciones mamarias de las mujeres enfermas, y, en infusión, facilitaban la secreción de orina y la limpieza de los riñones); el hisopo, que los magos celtas daban de beber a los enfermos del pulmón, y también era eficaz para combatir la anemia; la manzanilla que los celtas relacionaban con el Sol, por la forma de su flor, una planta eminentemente tónica, estimulante, que utilizaban contra los estómagos débiles; la menta, uno de los mejores remedios contra los dolores de estómago; el perejil, para calmar el dolor de la vejiga urinaria; la maloliente ruda, para sanar heridas de la piel; la salvia, que ponía en correcto funcionamiento todo el sistema nervioso, activando la circulación de la sangre...

Con el diferente uso de las plantas, los druidas eran capaces de curar los males de toda la tribu, contando con el apoyo del *triskel*, el talismán que portaban colgado del cuello.

El roble (el árbol consagrado al dios Dagda, el creador del mundo, la divinidad principal del olimpo celta) era, por su tronco, sus amplias ramas, su tupido follaje y su propio simbolismo, el emblema de la hospitalidad. Este árbol, para los druidas, simbolizaba las virtudes de fuerza y sabiduría, y también el principio masculino.

El muérdago

Los celtas y, especialmente, sus sumos sacerdotes, conocían muy bien las virtudes de otras plantas, siendo sin duda el muérdago la más utilizada. Símbolo del principio femenino y relacionado con los mensajeros de los dioses, los druidas calificaron al muérdago como la panacea de la mayoría de los males. Creían que tomado como bebida daba fecundidad a los animales estériles y constituía un remedio contra todos los venenos. El poeta latino Virgilio, interesado por la cultura celta, así describió esta planta: «El árbol maravilloso en la verde fronda, del cual brillan chispeantes reflejos dorados. Así como el frío invierno muestra el muérdago su perpetuo verdor y lozanía, huésped del árbol que no lo produjo, y entinta de amarillo con sus bayas el umbroso tronco, así aparecían sobre el follaje del roble las hojas áureas y así susurraban las doradas hojas a la brisa apacible».

El muérdago, muy abundante en Craggaunowen, era para los celtas el símbolo de la inmortalidad y de la regeneración física. Pero únicamente eran los druidas los encargados de recoger esta planta, y lo hacían cortándola de la rama del árbol que habían colonizado, con la ayuda de una hoz de oro, el sexto día de la sexta luna, después del solsticio de invierno, para llevar a cabo todos sus hechizos.

La belladona

Otra de las plantas más emblemáticas del caldero de pócimas de los druidas era la belladona, que abunda en los Pirineos. Su fruto es una baya rojiza contenida en un cáliz estrellado, muy parecida a una cereza. Los celtas conocían bien sus propiedades midriáticas (dilatadoras de la pupila). Esta planta produce inmediatos efectos sobre el cerebro humano, que se alcanza por la maceración en un caldero de bronce con sus hojas. Se trata de una planta de bayas muy venenosas, conocida tradicionalmente como «hierba de las brujas», porque estas mujeres curanderas, desde la antigüedad, al igual que los druidas, la utilizaban para preparar con ella filtros y poderosos venenos. Las personas sometidas a una terapia con este brebaje confesaban lo que jamás hicieron una vez despiertas.

En torno a esta planta ha ido creciendo una oscura leyenda que dice que su sombra y el olor que emana la planta puede matar a un hombre, por lo que pocas personas osarían reposar o adormecerse bajo sus hojas. No es una casualidad, por lo tanto, que en el robledal de Cornudella, al norte del municipio de Aren, en la comarca de La Ribagorza (Huesca), una de las mayores concentraciones de monumentos megalíticos de nuestro país (lamentablemente, buena parte de los mismos aún por excavar), y en cuya espesura, según las gentes del lugar, no se atrevan a entrar rebaños de ganado a pastar, sus suelos estén tamizados de belladona...

La magia del tejo

Árbol sagrado para los celtas, sus templos siempre se construían cerca de donde había tejo. Se trata de un árbol de hoja perenne, crecimiento lento y madera muy dura con corteza del tronco espinosa de color marrón o anaranjado oscuro. La utilidad de su madera, indispensable para hacer arcos y flechas de buena calidad, hacía de este bello árbol un objeto de culto. Sus propiedades venenosas eran bien conocidas para los druidas. Plinio el Viejo decía que el vino fermentado en barriles de tejo ocasiona la muerte inmediata de quienes lo beben; además, las flechas untadas en su punta con su jugo pasan a ser mortales.

El emperador Claudio, interesado por los saberes druídicos, tuvo oportunidad de conocer algunas virtudes medicinales del tejo, y existen registros de la explicación que dio al Senado romano sobre las excelencias de su jugo, que servía como antídoto contra las mordeduras de las serpientes. El tejo es también la quinta pareja de las cartas rúnicas; protege mágicamente de las brujerías y los maleficios.

El tejo se ha relacionado desde tiempos inmemoriales con los rituales de la muerte y de la vida. Por ello, según creencias de origen celta, las raíces del tejo plantado en el interior de los cementerios entran en las gargantas de los difuntos y les arrebatan los secretos que celosamente habían guardado en vida, desvelándolos luego a través de los susurros que sus ramas hacen al ser mecidas por el viento.

Para descubrir los mejores ejemplares de esta longeva especia botánica no es preciso ir a Irlanda, al sur de Inglaterra, o a la Galia. En Cantabria, concretamente en La Braña de los Tejos, al norte de La Liébana, se ha conservado la mayor densidad de tejos de nuestro país. Fue en este lugar, próximo a ricas canteras de blenda, donde las legiones romanas protagonizaron una de las más sangrientas carnicerías de las guerras entre las tribus cántabras y astures contra el invasor romano. A Octavio Augusto, que tenía su cuartel general en Astorga, no le tembló el pulso para ordenar la degollación de medio centenar de druidas, que, hasta aquellas altas mesetas de pastoreo, habían huido buscando refugio contra las legiones romanas.

El *triskel*

Símbolo sagrado de los celtas, portado por los druidas en el pecho, el *triskel* los identificaba como poseedores de la sabiduría y el poder absoluto. Se trata de un objeto en forma de flor abierta de tres pétalos, como símbolo esquemático de la evolución del universo, que es, al mismo tiempo, una forma de crecimiento relacionada con el número de oro (1,618…), debido al movimiento de rotación de la tierra. Blavatsky, en *La doctrina secreta de los símbolos*, así lo establece: «Del seno del abismo insondable surgió un círculo formado por espirales. Enroscada en su interior, siguiendo la forma de las espirales, yace una serpiente, emblema de la sabiduría y de la eternidad».

Fue el más famoso y divino de los símbolos druídicos, amuleto portado por los druidas en el pecho como señal de sabiduría y, al mismo tiempo, de poder absoluto. Junto con la hoz, la vara, la virita, el caldero y el muérdago, el *triskel* formaba parte del equipo de trabajo de estos chamanes de la antigüedad. Permitía a los druidas entrar en estados alterados de conciencia; el giro de los brazos de este amuleto, rematados con esferas, era el detonante capaz de lograr el desapego de lo material, alcanzando así la trascendencia.

Esta figura, en constante movimiento, representó en la primera etapa de la civilización celta el agua, el aire y la piedra, en sus tres pétalos, y en el núcleo central, el ser humano, como centro del universo. Después se pasó al *tetraskele* (flor de cuatro pétalos), al incrementarse el elemento vegetación, luego al *pentakel*, o *pentaklion*, con el quinto pétalo representando al espíritu, y finalmente, en la última etapa celta, se creó la rosa sexifolia (flor de seis pétalos), una estrella de seis puntas inscrita en un símbolo solar, como talismán protector del lugar y, al mismo tiempo, señal de acogida a los extraños que los templarios, mil años después, supieron muy bien recoger en sus elementos esotéricos, tanto de la vida diaria como en la ultratumba.

El *triskel* celta, tras la llegada del cristianismo, inspiraría el símbolo de la Trinidad. Por ello, en el arte gótico vemos a menudo en las vidrieras de ventanales la representación de la Trinidad mediante un rosetón dividido en tres esferas, en forma de trébol en constante movimiento.

Evolución del *triskel*

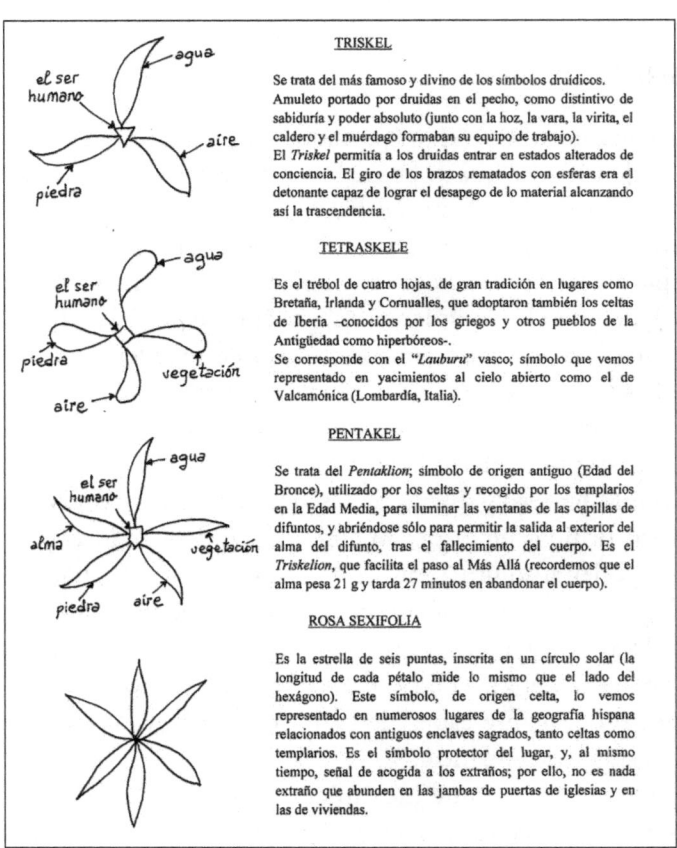

TRISKEL

Se trata del más famoso y divino de los símbolos druídicos. Amuleto portado por druidas en el pecho, como distintivo de sabiduría y poder absoluto (junto con la hoz, la vara, la virita, el caldero y el muérdago formaban su equipo de trabajo).
El *Triskel* permitía a los druidas entrar en estados alterados de conciencia. El giro de los brazos rematados con esferas era el detonante capaz de lograr el desapego de lo material alcanzando así la trascendencia.

TETRASKELE

Es el trébol de cuatro hojas, de gran tradición en lugares como Bretaña, Irlanda y Cornualles, que adoptaron también los celtas de Iberia –conocidos por los griegos y otros pueblos de la Antigüedad como hiperbóreos-.
Se corresponde con el *"Lauburu"* vasco; símbolo que vemos representado en yacimientos al cielo abierto como el de Valcamónica (Lombardía, Italia).

PENTAKEL

Se trata del *Pentaklion*; símbolo de origen antiguo (Edad del Bronce), utilizado por los celtas y recogido por los templarios en la Edad Media, para iluminar las ventanas de las capillas de difuntos, y abriéndose sólo para permitir la salida al exterior del alma del difunto, tras el fallecimiento del cuerpo. Es el *Triskelion*, que facilita el paso al Más Allá (recordemos que el alma pesa 21 g y tarda 27 minutos en abandonar el cuerpo).

ROSA SEXIFOLIA

Es la estrella de seis puntas, inscrita en un círculo solar (la longitud de cada pétalo mide lo mismo que el lado del hexágono). Este símbolo, de origen celta, lo vemos representado en numerosos lugares de la geografía hispana relacionados con antiguos enclaves sagrados, tanto celtas como templarios. Es el símbolo protector del lugar, al mismo tiempo, señal de acogida a los extraños; por ello, no es nada extraño que abunden en las jambas de puertas de iglesias y en las de viviendas.

En su evolución, el siguiente y último ciclo sería la rosa sexifolia múltiple, que gráficamente sería la multiplicación unidimensional de la rosa de seis pétalos (la «Rosa de la Vida»), para representar, en un lugar concreto, que ahí se concentra una poderosa carga energética positiva, y que el péndulo lo confirmará haciendo potentes giros de izquierda a derecha.

Glosario

Aballadoira: Piedra oscilante, de grandes dimensiones, depositada una sobre otra para establecer la ubicación de un enclave de energía. La piedra superior solo podrá moverse sobre su eje si la presiona con el dedo pulgar en un punto muy concreto, el cual solo era conocido por el druida.

Amilladoiro: Montículo artificial de piedras, de origen celta, depositado por los peregrinos a un lugar de energía, y que después los romanos lo elevaron en honor a Mercurio.

Avalon: «Reino de los manzanares», del mítico rey Arturo, un lugar sobrenatural en donde los druidas adiestraban a marginar la ansiedad y superar los temores humanos, además examinar las motivaciones y verdades «internas». Un territorio, en suma, donde el tiempo se aquieta y deja de existir, vieja fortaleza fantasma «donde cien años pueden pasar en una noche». Reino de los prodigios, un suelo encantado frente al mundo real. Isla a la cual fue llevado y sepultado el rey Arturo por el hada Morgana. Según la leyenda, su cuerpo fue enterrado en compañía de su amor, Ginebra, mientras que su alma reside en un castillo de cristal (*Caer Wydr*), que era probablemente una isla sepulcral rodeada de aguas de color turquesa, o como las estrellas-prisiones que forman islas en el cielo nocturno; pero estas, según la leyenda medieval, estaban hechas de cristal.

Beltane: Fiesta asociada a la fertilidad celebrada en la primera semana de mayo bajo el control y señorío de Belenos, el dios del Fuego. En su celebración se hacía pasar el ganado por encima de las ascuas del fuego, como protección, mientras el pueblo bailaba alrededor de la hoguera. Por lo tanto, el fuego adquiría un protagonismo inusitado a la hora de las purificaciones. Esta fiesta se ha mantenido en la villa soriana de San Pedro Manrique, que fue, curiosamente, un enclave templario.

Betilo: Término de origen semítico que significa «casa de Dios» en las rutas sagradas. Se trata de piedras sagradas, abundantes en los países de cultura céltica, y convertidas por los druidas como auténticos hitos (*omphaloi*). El más antiguo betilo de la isla de Irlanda es el de Crom Cruaich («la curva del túmulo»), rodeado por otros doce. San Patricio en persona destruyó su culto y los golpeó con la cruz, haciendo que se hundieran en la tierra.

Bifrost: Puente que tiembla, en la mitología céltica, arco iris que se romperá cuando pretendan trepar por él los genios del mal.

Biga: Carro de dos ruedas tirado por dos caballos que aparece representado en numerosas monedas célticas, inspiradas en las helenas.

Bocado de caballo: Un simple ronzal o brida sirvieron al principio de la domesticación del caballo, cuando estos animales, en la antigüedad, comenzaron al ser utilizados para el servicio del hombre. Fue hacia el 1500 a.C. cuando los bocados de caballo en bronce comenzaron a reemplazar a las piezas anteriores. Los bocados de dos o tres piezas aparecieron ya en la Edad del Hierro, creados por los celtas, a quienes debemos los mejores ejemplares.

Boreas: Territorio en donde, según los antiguos griegos, habitaban los celtas. Por ello, estos fueron llamados por los helenos «hiperbóreos» («más allá de la aurora boreal»).

Brig: Prefijo céltico que se repite en numerosas villas y yacimientos de la Península Ibérica, para designar una ciudad.

Caetra: Así llamado el escudo circular, con umbo central metálico y resto en madera, utilizado por los celtas.

Carnyx: Trompeta de guerra céltica sostenida verticalmente y cuya bocina solía estar representada la cabeza de un jabalí. También es uno de los animales predilectos de los celtas.

Covada: Rito ancestral, de origen céltico, por el cual se atendía al varón, olvidándose de la mujer parturienta, para que los malos espíritus se distrajeran y no pudieran afectar al recién nacido. Este curioso proceder se mantuvo hasta mediados del siglo XX en numerosos lugares de la Península Ibérica.

Cuneas: Orden o posición de batalla triangular, en campo abierto, practicada por las tribus celtas de la meseta castellana en sus luchas contra cartagineses y romanos.

Drunemeton: El bosque sagrado celta. El dulce hogar de la divinidad Nemeton.

Deandrolatría: Culto a los árboles, a los que los celtas profesaban una especial veneración, especialmente a los robles, las encinas, los tejos, los acebos y los fresnos.

Druida: El que encuentra el roble; sacerdote celta propagador de una cultura oral. Los druidas tenían poderes mágicos, eran astrólogos, adivinos, médicos, jueces… Creían en la inmortalidad del alma y basaban sus enseñanzas en que todos los hombres procedían de un antepasado común, Dispater; y que el mundo terminaría con un cataclismo en el que intervendrán el fuego y el agua. Sus ritos se basaban en la recogida del muérdago.

Espelta: Variedad de escanda primitiva del trigo. Con este cereal elaboraban el pan los celtas.

Fanum: Templetes construidos en la campiña de la Galia, en donde se elevaban los rezos a las divinidades celtas; en torno a este modesto edificio se extendía un pórtico corrido, bajo el cual se ofrecían artículos artesanales a los feligreses que acudían al lugar.

Gaélico: Una de las dos lenguas célticas antiguas, que se han conservado en Irlanda, Escocia, Gales y la península de Cornualles. En Gran Bretaña se hablaba el británico, que, al ser llevado a Armórica (Bretaña) en el siglo V, se mezcló con el galo continental, dando lugar al bretón actual.

Hallstatt: Población austríaca, en el Salzkammergut, conocida por sus antiguas minas de sal que dieron nombre a la región y por su necrópolis de 3000 tumbas relacionadas con el origen de la civilización celta.

Ifurin: El Infierno de los celtas. Se trataba de un lugar tremendamente frío, donde los grandes criminales, y también los traidores, eran encadenados dentro de un pantano lleno de fieras y serpientes, mientras caía del techo goteando un veneno que los quemaba para la eternidad. En cambio, los inútiles yacían para siempre en medio de una espesa e irrespirable humareda.

Laerad: El árbol cósmico celta, relacionado con el fresno *Yggdrasil* de los mitos escandinavos.

Lastra: Recipiente realizado en piedra a modo de cazoleta, en cuyo interior los pueblos de la cultura castreña del noroeste peninsular guardaban la orina humana, para usos medicinales e higiénicos.

La Tène: Yacimiento arqueológico situado en el lago de Neuchâtel (Suiza), excavado de 1907 a 1917, descubriéndose una importante riqueza de testimonios antiguos relacionados con la segunda edad de hierro, y la civilización celta, que sigue al período Hallstáttico, que dura desde el siglo V a.C. hasta la romanización.

Lec'h: Nombre que reciben, por algunos arqueólogos, las estelas celtas que se remontan a la Edad del Hierro.

Lugh: Dios celta más universal, divinidad de la Luz, cuyo culto está extendido por toda Europa. El Camino de Santiago hispano se puso bajo la protección astral de la Vía Láctea, conocida por los druidas como «la cadena de Lugh».

Lughnasad: Festividad dedicada al dios Lugh, que se desarrollaba entre mediados de julio y el 1 de agosto. Era la fiesta de la cosecha, que garantizaba la supervivencia hasta el siguiente año. En esta fiesta, gentes de todos los clanes y tribus se congregaban en torno al bosque, alrededor del túmulo del gran druida, depositándole flores y guijarros traídos de sus lugares de origen; se preparaban calderos para asar los manjares o preparar los brebajes y pócimas, y aromas impensables inundaban la atmósfera. Pero lo primero en compartir por todos los allí presentes era el *lammas*, el pan elaborado con la primera harina de espelta conseguida. Esta fiesta se celebraba en acción de gracias por la fertilidad de los animales de granja y, al mismo tiempo, por la abundancia de las reservas alimenticias ante la llegada del invierno.

Mámoas: Así llamadas en Galicia a las construcciones megalíticas de carácter funerario y de utilidad familiar (panteón del clan). Se trata de un túmulo colectivo.

Mayo: Tronco de árbol colocado enhiesto y desprendido de sus ramas, en las plazas de algunas poblaciones hispanas, con el fin de rendir ancestrales cultos a las divinidades célticas relacionadas con las fiestas del solsticio de verano. Se trata de un culto que se ha mantenido —cristianizado— en San Pedro Manrique (Soria), Les (Lérida) y otros lugares de la geografía hispana.

Mediolanum: Centro del mundo, ciudad sagrada para los antiguos pueblos celtas de la España protohistórica.

***Modornas*:** Túmulos protohistóricos en donde se enterraba a los reyezuelos celtas de los territorios astures y cántabros.

Nemeton: Divinidad protectora del bosque sagrado, para los celtas.

Nifheim: El país de las brumas y nieblas, donde habita la serpiente del fondo marino.

***Ogham*:** Así se llama la más antigua escritura céltica conocida. Se trata de un alfabeto formado por un total de 21 letras: 16 consonantes (B, L, F, S, N, H, D, T, C, Q, M, G, NG y Z), y las cinco vocales (A, O, U, E, I). Las letras están representadas por grupos de líneas paralelas o cruzándose con una línea recta de base (frecuentemente el ángulo de una losa). Es más adecuado para escribir sobre piedra o madera que hacerlo con tinta. El origen de esta escritura se sitúa en Irlanda, o en el sur de Gales, como escritura secreta hacia el siglo III, desde donde se extendió por todo el mundo céltico para ser empleada en lápidas conmemorativas.

Ojancanu: Animal mitológico de las antiguas culturas cántabras, de un solo ojo y características humanoides. Es peligroso y resopla como un jabalí.

***Omphaloi*:** Centro del mundo para la mitología celta. Normalmente era el corazón de un bosque.

***Oppidum*:** Fue la transformación de un anterior castro celta en centro administrativo romano, en las Galias, por orden de Julio César. El nombre se aplica en nuestros días en Francia a todos los yacimientos prerromanos, incluso en muchos países que posteriormente formaron parte del Imperio romano. Los *oppida* célticos de los siglos II y I a.C. fueron castros fortificados lo suficientemente desarrollados para ser considerados como las primeras ciudades europeas al norte de los Alpes.

Penedo: Roca grande. En los territorios astures eran centros de rituales celtas. Muy conocido es el *Penedo Avallón*, una piedra aballadoira que se encuentra en el concejo de Boal (Asturias).

Plenilunio: Luna llena. Fase lunar en la que el satélite de la Tierra se muestra pleno, circunstancia que motivó durante la protohistoria hispana la celebración de legendarias fiestas astrales, una de las cuales se llevaba a cabo en Tiermes (Soria).

Quiastolita: Silicato de aluminio, la piedra sagrada de los celtas. En el oeste de Asturias es conocida como «piedra de Pastur».

Serpiente cornuda: Animal fabuloso híbrido, de carácter sagrado para los celtas, con cuerpo de serpiente y cabeza de carnero. En ocasiones aparece con una cabeza cornuda en cada extremo del cuerpo.

Shamain: Fiesta más solemne de la cultura celta que tenía lugar el 1 de noviembre, en la cual se celebraba el fin del mundo y el nacimiento del año nuevo. Se trata de una fecha de comunicación entre lo tangible y lo invisible, entre los vivos y los muertos. Según el antropólogo Julio Caro Baroja, es muy posible que el primitivo calendario vasco se pareciera mucho al celta, es decir, con el ciclo lunar comenzando el año en el solsticio de invierno (21 de diciembre), siendo las celebraciones más importantes las que coincidían con la Luna nueva y la Luna llena.

Soliferreum: Arma arrojadiza de una sola pieza metálica, utilizada por los pueblos de la Iberia celta contra los invasores cartagineses y romanos.

Teitu: Cubierta vegetal de los hórreos más antiguos del noroeste peninsular, de origen celta.

Tetraskele: Símbolo celta que, en forma de trébol de cuatro hojas, aparece representado muy abundantemente en las construcciones tradicionales del noroeste hispano.

Torques: Nombre dado por los romanos al collar de origen celta. De oro o de bronce, tiene como característica esencial el ser metálico, rígido o retorcido en espiral. También los hombres lo llevaban. Decoran el cuello y la mano de divinidades célticas, y también los vemos representados en las monedas.

Trasgo: Duende, diablillo, comedor de los bosques de Cantabria. Los trasgos, a los que se considera seres protectores, verdaderos demonios familiares, son oriundos de la Galicia céltica.

Trastudillo: Duendecillo de las montañas de Cantabria. Se corresponde con el trasgo asturiano y el trasgo gallego.

Trícelo: Motivo formado por tres piernas reunidas en sus extremos superiores colocados en su centro y sugiriendo un motivo giratorio, en cualquier sentido; es el símbolo de la isla de Sicilia. Se llama así, por analogía, el motivo que aparece al final del primer arte céltico. Dinámico como la esvástica, el *trícelo* tenía indudablemente virtud favorable o protectora. El sentido en que parece girar el *trícelo* se determina según su orientación del nacimiento de las ramas, no de su extremidad. En la *falera* de arnés, aparecida en Manerbio sul Mella (Lombardía), realizada en plata en el siglo I a.C. y conservada en el museo cívico romano de Brescia, el *trícelo* decora el espacio central de esta bandeja, mientras que en los lados aparecen rostros humanos, en forma de cabezas cortadas.

Túmulo: Construcción funeraria formada por un habitáculo subterráneo en forma de cámara sepulcral de piedra, cubierto todo ello de un montículo de piedras y tierra, muy característico de la civilización celta, en donde sepultaban a los líderes, héroes y jefes de los clanes, guerreros fallecidos en combate. En cambio, tenían el privilegio de ser devorados por el sagrado buitre, y sus restos eran portados por estas aves al reino de *Walhala*.

Uruz: El Húmedo Vital. Es la parte de lo divino, que hace manifestar la esencia física a fin de alcanzar la realización del mundo.

Uunio: Así definía a la familia, la tribu, el clan celta; a todo el grupo humano unido por vínculos sanguíneos, que recoge el «Gran Espíritu del Abuelo», que transmite a toda su descendencia.

Valhalla (Walhala): Morada del dios Wodan con sus guerreros en el castillo de la montaña sagrada. Era el Más Allá celta, el Cielo celta, a donde iban a descansar las almas de los guerreros que hubieran caído con valentía y honor en combate tras haber sido devorado su cuerpo por el sagrado buitre, y también la de los seres buenos, que reposaban a la sombra de *Laterad*; colectivos, ambos, que hasta este paraíso eran conducidos por Odín.

Venablo: Arma arrojadiza, más corta que la lanza y sin talón, utilizada por los guerreros celtas. La hoja, de hierro, podía estar adornada en el estilo de La Tène.

Xanas: Ninfas, hadas de la mitología celta de Asturias, relacionadas con la cultura del agua. El término deriva de la palabra celta *gan* («blanco»). Tenían la misión, además, de custodiar tesoros ocultos, que la mágica noche de San Juan entregaban al mozo que descubría. Se les atribuía también dotes de encantadoras.

Xanu: Ninfa de los montes en la mitología popular asturiana; herencia celta.

Yggdrasil: Fresno sagrado de los antiguos celtas, morada del águila, cuyas raíces bebían del pozo de Mimi, manantial de todas las aguas potables, pero las roía la serpiente que se enrosca, *ouroboros*.

LA GRECIA CLÁSICA

Grecia es un país pequeño dominado por los tres elementos: la tierra, el clima y el mar. Es un país montañoso, lo que dificulta las comunicaciones entre los pequeños valles que dan nombre a las regiones más importantes (Ática, Peloponeso, Laconia, Calcidica, Épiro, Tesalia, Etolia, Macedonia, Tracia...). Los griegos fueron unos grandes marineros; el comercio marítimo les relacionó muy pronto con otros pueblos del Mediterráneo, aceptaron nuevas ideas y acabaron creando una cultura extraordinaria de la que se sentían orgullosos.

Creta

La isla de Creta, que cierra el mar Egeo por el sur, tuvo pronto (hacia 3000 a.C.) una gran cultura, propia de un pueblo de marinos que comercializaba con los fenicios y los egipcios. Su escuadra fue tan importante que llegaron a ser los dueños del mar Egeo, formando el primer imperio marítimo (talasocracia). Marineros y comerciantes, los cretenses recorrieron el Mediterráneo en todas direcciones vendiendo cerámica, armas y utensilios de bronce o el sobrante de su producción de vino o aceite que guardaban en grandes tinajas, en inmensas galerías de sus palacios. El relato de los viajes de Ulises, que parece ser que llegó hasta Mallorca, recoge quizá los recuerdos de los viajes de los cretenses.

Algunas ciudades de la isla han sido excavadas desde comienzos del siglo XX, cuando el inglés Arthur Evans descubrió Cnosos, la más importante de todas. El palacio del rey Minos nos enseña muchas cosas que, de otro modo, no sabríamos, porque todavía no se han descifrado las escrituras que usaban. El palacio de Cnosos era un gran almacén y Minos debía ser un gran comerciante. Una gran cantidad de escribas debía de llevar la contabilidad de este imperio comercial.

No excesivamente religiosos, los cretenses adoraban a la Gran Diosa, madre de los hombres y de los animales, que hacía fructificar los campos. Medio espectáculo, medio ceremonia religiosa, efectuaban también una serie de corridas de toros, con lo que parecía dedicar un culto a este animal, porque no lo mataban. En algunos actos, Minos se ocultaba tras una máscara de toro, lo que fomentó la leyenda del Minotauro, que, según la mitología, residía en el laberinto y se alimentaba de rehenes de los pueblos sometidos. Teseo, héroe legendario de Atenas, acabó con él, gracias a la ayuda de Ariadna, princesa cretense.

Un toro en el laberinto

Cnosos, la ciudad más querida del legendario rey Minos, se considera el origen del más fascinante de los símbolos que la humanidad ha rendido tributo: el laberinto. Cuenta la leyenda que Minos mandó construir un inmenso palacio llamado *Lerinto*, en el cual, por su gran número de habitaciones, pasillos y terrazas, encontrar la salida resultaba verdaderamente imposible. El genial arquitecto fue Dédalo, quien, una vez terminada la obra, pidió a Minos varias veces permiso para abandonar Creta y regresar a su tierra natal. Pero siempre encontró el no por respuesta. Entonces hizo para sí y para su hijo Ícaro unas alas con plumas de pájaro unidas con cera, y con ellas se elevaron en el aire desde una colina. Sin embargo, Ícaro, lleno de entusiasmo, se acercó demasiado del sol, la cera se fundió y el joven cayó al mar, ahogándose.

En el laberinto, Minos hizo encerrar al Minotauro, un monstruo de cuerpo humano y cabeza de toro —el toro era el símbolo de la civilización cretense—, nacido de la unión de la reina Pasífae con un toro marino. A la voracidad de carne humana del monstruo, los habitantes de Atenas, derrotados en una guerra, estaban obligados a contribuir pagando un tributo anual de siete muchachos y siete muchachas. Pero el héroe ateniense Teseo, hijo del rey Egeo, queriendo liberar a su ciudad de tan horrendo tributo, marchó a Creta. Una vez allí, Teseo fue ayudado por Ariadna, hija de Minos, que se enamoró de él y le regaló un gran ovillo de hilo. El héroe penetró en el intrincado laberinto, desenredando el hilo a medida que avanzaba. Llegó al centro del complejo arquitectónico, mató al Minotauro y, recogiendo el hilo nuevamente, pudo encontrar la salida. El más legendario de los laberintos era conocido como *Absolum*, término que significa «absoluto», y no es una casualidad que de ese modo los alquimistas designaran a la piedra filosofal.

Al contemplar hoy el palacio de Cnosos es fácil comprender la dificultad que entrañaría penetrar en aquel laberinto, y nuestra mente comienza a soñar, confundiendo la historia con la leyenda.

Al recorrer las salas, pasillos y terrazas del palacio del rey Minos quedamos asombrados al contemplar tanta belleza. Ante este mismo escenario no resulta nada extraño que los hombres se convirtieran en artistas y los héroes en dioses.

Convencidos de la fuerza de su escuadra, los cretenses no fortificaban sus ciudades. No sabemos cómo, hacia el año 1400 a.C. los aqueos, procedentes del Peloponeso, asaltaron y destruyeron esta cultura. En Cnosos son visibles los restos del incendio que la destruyó en parte.

Los aqueos descendieron sobre Grecia desde los Balcanes hacia el 2000 a.C. Se impusieron sobre los pueblos indígenas, mal conocidos y a los que los mismos historiadores griegos llamaban «pelasgos». En luchas continuas unos contra otros, los aqueos edificaron sus ciudades en verdaderas fortalezas (Argos, Micenas y Tirinto), donde sus príncipes llevaban una vida perezosa entre la guerra y la caza.

La «polis» no era solamente una ciudad, era un Estado con su ejército, su gobierno y su hacienda propias. Reunía a los habitantes de los pequeños poblados de la comarca, que solía ser muchas veces diminuta. Así, Atenas gobernaba el Ática, Tebas a Beocia y Esparta a Laconia. Grecia estaba repartida entre unas treinta de estas ciudades-estados. Algunas conocieron épocas de esplendor; sin embargo, ninguna tuvo la fuerza suficiente para unirlas a todas. A partir del 776 a.C. confraternizaron en unos juegos que tenían lugar en Olimpia (Peloponeso) y que se convocaban cada cuatro años.

Atenas

El Ática tenía como centro Atenas, ciudad marinera gracias a su puerto, El Pireo. Construida alrededor de una colina, la Acrópolis, donde se levantaban los principales monumentos de la ciudad, estaba unida a su puerto por una larga y doble muralla. Abierta a todas las influencias, Atenas evolucionó mucho más que Esparta y no tardaría en convertirse en el centro comercial e intelectual más importante de Grecia. Evolucionó hacia un gobierno mucho más democrático que el espartano. Su poderosa escuadra la convirtió en el centro comercial de Grecia y de todo el Mediterráneo. Ciudad de sabios y de artistas, Atenas destacó brillantemente sobre las demás ciudades durante el siglo V a.C., creando la civilización griega.

Esparta

Entre los montes Taigeto y Parmón, al sur del Peloponeso y formando el alargado valle del río Eurotas, en Laconia, se hallaba Esparta, ocupando la zona superior del citado valle, y no en la costa como indican algunos historiadores. Era una verdadera fortaleza. De origen dorio, los espartanos habían dominado a los pueblos nativos, a los que les obligaban a trabajar en los campos. Pronto dominaron también a los pueblos vecinos, después de vencer a la ciudad de Argos, convirtiéndose en la principal potencia del Peloponeso. Pero como eran pocos, todos los espartanos eran soldados y recibían, desde pequeños, una educación que los convertía en soldados formidables, armados de un gran escudo redondo (*hoplon*), lanza, espada y cuchillo. Vida en común, entrenamientos continuos, austeridad, sacrificio por la ciudad, eran sus normas de vida que, según la tradición, había establecido un personaje legendario llamado Licurgo.

Guerras Médicas

Heródoto, el historiador griego que narró las luchas, hablaba indistintamente de medios y de persas, de ahí que se las conozca con el nombre de Guerras Médicas. Se desarrollaron durante la primera mitad del siglo V a.C., exactamente del 492 al 448 a.C., y tuvieron lugar según unas fases relacionadas con los emperadores persas.

Los griegos se habían establecido en las costas de Asia Menor, donde habían fundado importantes ciudades. Cuando el emperador persa Ciro venció a Creso, sus tropas llegaron al Egeo y estas ciudades, aunque conservando su personalidad, pasaron a formar parte del imperio persa. Durante el reinado de Darío I, capitaneadas por Mileto, se rebelaron. Ante el peligro de la represión, pidieron ayuda a sus hermanos de Grecia; pero solo Atenas y la isla de Eubea mandaron algunos barcos y tropas consigo. Siendo insuficientes, los persas volvieron a dominarlas, tomando la ofensiva y adueñándose de todos los territorios de Asia Menor.

Darío mandó, seguidamente, mensajeros a las ciudades de Grecia, pidiéndoles la sumisión al imperio persa. Casi todas se negaron. Y Darío no dudó en hacerse obedecer por las armas. El gran Imperio se iba a lanzar contra las pequeñas ciudades, no demasiado unidas por otra parte. La guerra se adivinada como una expansión sin límites de los persas, que ya habían ocupado Tracia (junto a Macedonia) y habían alcanzado el Danubio desde el mar Negro.

¿Qué opusieron aquellos pocos griegos frente a los grandes y poderosos ejércitos persas? En primer lugar una fuerza moral de la que estos no disponían: el amor a su patria y a su libertad, que les obligaba a luchar con desesperación. Pero disponían, al mismo tiempo, de una superioridad técnico-militar considerable. Los ejércitos persas eran mucho más numerosos, pero no siempre estaban bien armados y disciplinados. Los pequeños ejércitos griegos estaban más disciplinados y entrenados para el combate, en todas las condiciones, por muy adversas que fuesen, y el soldado de infantería (*hoplita*) llevaba una armadura de hierro muy superior. La misma superioridad numérica existía en el mar; pero también eran mejores los barcos griegos (*trirremes*), mucho más manejables y rápidos que los fenicios y egipcios, que formaban la mayor parte de la escuadra persa.

Una primera expedición persa había fracasado el año 492 a.C., cuando la escuadra fue destrozada por una tormenta, junto a Macedonia. Dos años después, Darío mandó una segunda expedición directamente contra el centro de Grecia: Eubea y Atenas. Las ciudades de Eubea fueron incendiadas. Desde esta isla desembarcaron en la llanura de Maratón, a espaldas de Atenas, para lanzarse sobre la capital griega. Fue en el 490 a.C. cuando tuvo lugar esta memorable batalla, en la cual, según las descripciones de Heródoto, los griegos vencieron a los persas gracias a Fidípides, que recorrió más de doscientos kilómetros para avisar a los espartanos del desembarco persa en Maratón.

Diez años más tarde, sin embargo, ya en la Segunda Guerra Médica, tuvo lugar la batalla de las Termópilas, en la cual, Leónidas I, rey de Esparta, al frente de 7000 hombres (300 de ellos espartanos) lograron bloquear el paso de las Termópilas (acceso obligado para alcanzar el corazón de Grecia) ante un ejército de 300 000 persas. Sin embargo, a pesar de la valentía de los griegos, a causa de un traidor que no merece ser recordado, los persas sorprendieron a estos por la retaguardia, muriendo Leónidas y gran parte de sus hombres. Los griegos no tardaron en alcanzar Atenas, ciudad que había sido dejado deshabitada, mientras que la armada griega, fondeada en Artemiso, decidió amarrar en Salamina. Después de conquistar Atenas, Jerjes decidió retirarse a Asia con su poderoso ejército, dejando en Grecia al general Mardonio, al frente del ejército restante, para terminar la conquista de Grecia. Pero al año siguiente (479 a.C.), los griegos consiguieron la victoria decisiva en la batalla de Platea, poniendo punto y final a las aspiraciones persas en Europa.

La vara de Asclepio

Existen muy pocos símbolos tan antiguos y conocidos, aunque también sometidos a tan diversas transformaciones e interpretaciones, como el de la medicina y del médico: la vara de Asclepio. Esta vara del dios griego de la Medicina, que ostenta una culebra enroscada en ella, constituye un ejemplar de cómo en la historia de la humanidad un símbolo puede perdurar a lo largo de milenios, ser transformado y renovado y seguir siendo utilizado en el mundo entero. El símbolo del caduceo, con más de 2500 años de antigüedad, ha tenido diversas fuentes de inspiración.

Significado y símbolo de la serpiente

La serpiente tenía o tiene en casi todas las culturas un significado simbólico. Encarna lo malo y lo funesto, aunque también la paz, la fertilidad y la inteligencia. En ella se combinan el miedo y la admiración, el diablo y la diosa. Difícilmente ha existido otro animal capaz de hacer volar la fantasía humana y de acrecentar la superstición de una forma tan reiterada como la serpiente. Su origen como símbolo se remonta alrededor del año 3000 a.C. En aquel entonces nació en Mesopotamia la *Epopeya de Gilgamés*.

En una especie de historia de la creación, la epopeya narra los hechos heroicos del legendario rey sumerio Gilgamés de Uruk (localidad que se encuentra en la desembocadura del Tigris y del Éufrates), así como del temor de los hombres ante la enfermedad y la muerte y su inútil búsqueda de la salud eterna y de la inmortalidad. En el ciclo de las epopeyas grabadas posteriormente por los babilonios sobre las tabletas de arcilla se menciona entre otras cosas el nombre de Erkidu, amigo de Gilgamés, que fue condenado a morir por orden de los dioses. El rey, afligido, fue en busca de una hierba que, en lo sucesivo, habría de preservar a los hombres de la enfermedad y de la muerte, amén de otorgarles la inmortalidad. Halló esta hierba milagrosa en el fondo del mar y decidió llevársela a su pueblo que habitaba en Uruk. Durante el viaje de regreso, los dioses hicieron descender una gran ola de calor sobre el país e invitaron a Gilgamés a tomar un baño refrescante. Entretanto, una serpiente se estaba alimentando de la hierba de la vida que crecía junto a la orilla. De esta manera podía mudar la piel y seguir viviendo rejuvenecida. Al hombre, por el contrario, le había sido prohibido vencer a las enfermedades y a la muerte; los dioses le habían negado a redimirle de su condición de mortal.

De la *Epopeya de Gilgamés*, escrita sobre tablillas de arcilla, que el inglés George Smith halló en Nínive en 1861, existe la versión gráfica en un vaso destinado al culto, que Geda, príncipe de Lagash, al sur de Babilonia, ofreció a Ningischzidu, dios de la Salud, alrededor del año 2000 a.C. (actualmente en el Museo del Louvre, en París). Este vaso de esteatita es la primera representación conocida de las dos serpientes como símbolo de la curación. En el antiguo reino asiriobabilónico la actividad médica era desempeñada por sacerdotes *baru*. Exorcizaban a los enfermos valiéndose, como los *arúspices* (sacerdotes que examinaban las entrañas de las víctimas, tanto seres humanos como animales, para hacer presagios), de distintos presagios y celebraban ceremonias rituales para intentar expulsar a los demonios y curar las enfermedades.

El culto religioso a la serpiente lo encontramos en muchos pueblos civilizados de la antigüedad y todavía en algunos reductos primitivos (Borneo, Camerún, Australia...). La serpiente simboliza el rejuvenecimiento y la inmortalidad, y es asimismo la compañera de distintas divinidades. Los griegos escogieron una serpiente como símbolo para Deméter, diosa de la Tierra, y para su compañero Hécate. Tanto la veloz y alada mensajera de los dioses, Iris, portadora del caduceo del mensajero de los dioses, Hermes, como el dios de la Medicina, Asclepio, tenían como atributo la serpiente sagrada. El arqueólogo Arthur Evans descubrió a finales del siglo XIX en las excavaciones que realizaba en Cnosos una de las más famosas obras de arte de la cultura minoica, del período que oscilaba entre los años 2000 y 1400 a.C.: la estatuilla de fayenza de una diosa, sacerdotisa o bien bailarina, que sostiene en cada mano una serpiente, mientras sus hermosos pechos se exhiben al descubierto con firmeza y elegancia.

Asclepio (Esculapio, para los romanos) es, a la vez, el héroe y el dios de la Medicina. Hijo de Apolo y Coronis, fue confiado por su padre al centauro Quirón, quien le enseñó el arte de curar. Muy pronto, el joven adquirió una gran destreza en esta ciencia, hasta el extremo de descubrir la forma de resucitar a los muertos. Sin embargo, Zeus, padre de todos los dioses, no pudiendo consentir que un simple mortal tuviera tal poder sobre la muerte, le mató con un rayo. Asclepio fue venerado en la Tierra como ningún otro mortal. Tras su muerte, y durante siglos, enfermos, débiles y tullidos afluyeron a sus templos para implorar su curación. Pronto se alzaron los primeros templos en su honor en Scione, Epidauro, Balgano, la Cirenaica, Cos, Cnido, Rodas, Tarento, Pérgamo..., y una parte de la medicina, convertida en medicina sacerdotal, se ejerció en los *asclepiones* o templos de Asclepio, al tiempo que fuera de los santuarios se iban formando escuelas de las que surgiría la medicina científica.

Tuvo dos hijos varones, Macaonte y Podalidario, guerreros y médicos como su padre, y cuatro hijas, Hygea, Jaso, Panacea y Eglé. A Hygea se la erigió diosa de la Salud, o de la Higiene según otros, y fue representada como una bella matrona sosteniendo un cuenco en el que una serpiente enroscada en su brazo parece verter su veneno en él; es preciso recordar que «higiene» proviene etimológicamente de la palabra *hygea*. Sin embargo, con el tiempo la representación en forma humana de la diosa sufrió modificaciones. La más importante fue la desaparición de la figura, lo cual obligó a dotar al cuenco de un soporte y a cambiar la disposición del reptil. Hasta nuestros días ha llegado la forma de cáliz, desde cuyo pie asciende enroscada la serpiente hasta sobrepasarla para asomarse al contenido. La serpiente sagrada es quien infunde a las sustancias la *dynamis*, es decir, la *virtus*, indispensable para transformar la *posis* (bebida) en *pharmacon* (medicamento), que, en esencia, es el arte farmacéutico, el cual con drogas potencialmente activas compone y prepara los medicamentos. Este emblema lo es de la farmacia desde el año 1222, cuando fue grabado en el lábaro o estandarte de la Schola Pharmaciae, corporación de boticarios de Padua, en la República de Venecia. Pero la cruz griega que sustituye iconográficamente a la forma del cáliz y la serpiente como emblema farmacéutico, que es de la misma época, se lo debemos a los templarios, cuyos caballeros tanto velaron por la curación de los enfermos, bien en los hospitales regentados por ellos o en las mismas encomiendas.

Los atributos ordinarios de Asclepio eran serpientes enrolladas en un tosco bastón. En muchas civilizaciones la serpiente es la encarnación de las fuerzas *ctónicas*, es decir, de las fuerzas terrestres y subterráneas.

Significado de la vara

La vara, que en el símbolo de la medicina ostenta la serpiente sagrada enroscada en ella, admite asimismo varias interpretaciones. Puede representar el bastón que Asclepio utilizó durante su peregrinaje antes de instalarse en el olimpo como dios de la Medicina. Las numerosas representaciones tanto griegas como romanas conservadas hasta hoy nos lo presentan muy a menudo apoyado en una vara, símbolo pues de la constante disposición del médico a prestar socorro a un enfermo, aunque el camino para llegar a él sea largo y penoso. También es posible que esta vara representara originariamente una rama del árbol de la vida o incluso el propio árbol. Así, por ejemplo, en monedas romanas del emperador Lucius Aelius (161-192) halladas en Kyzikos, ciudad de la antigua Grecia en el mar de Mármara, vemos grabada una serpiente enroscada en un árbol, mientras que Minerva o Palas Atenea le ofrece alimento. En otras representaciones de Asclepio la vara se asemeja a una rama curvada y algo nudosa, símbolo quizá de los sagrados bosques de cipreses, en los que se adoraba a Asclepio o a su padre, Apolo, venerado asimismo como dios de la Medicina. Las fiestas de las asclepias, llamadas también «la elevación de la vara», favorecen esta hipótesis. En los primeros siglos de la era cristiana, estas fiestas se celebraban anualmente en la isla de Cos, en el archipiélago de las Espóradas. La costumbre ritual exigía una peregrinación al sagrado bosque de cipreses de Apolo.

También se pueden establecer relaciones respecto a la varilla mágica o bien caduceo de Hermes (en griego *kerykenion*; en latín, *caduceus*), cuyo roce invitaba a los hombres a dormir y a soñar. En los santuarios donde se rendía culto a Asclepio, el dormir y el soñar eran importantes métodos de tratamiento de la medicina practicada en aquella época en los templos.

El culto de Asclepio

Según las creencias de aquellos tiempos, los dioses imponían las enfermedades a los hombres y ningún mortal podía liberarlos de ellas. Curar enfermos era privilegio exclusivo de los dioses. De acuerdo con la mentalidad de la Antigua Grecia, Asclepio debía ser incluido por esta razón en el orden de los dioses inmortales y de los héroes, con el objeto de que pudiera ejercer su actividad médica en la Tierra. El hecho de intervenir en el gobierno divino era un delito contra la naturaleza. Y la actividad del médico era asimismo una de estas intervenciones. Para poder ejercer su ciencia tenían que apelar a los dioses o bien ser un dios, al igual que el propio Asclepio.

El culto a Asclepio se extendió por toda Grecia. Había en todas partes santuarios y bosques sagrados, las llamadas *asclepias*, dedicadas a este dios, por ejemplo, en Atenas, Epidauro, Corinto, Cnido, Pérgamo, Trikalia, Titane y en Cos; desde el año 241 a.C. se celebraban allí, cada cuatro años, las fiestas *panhelénicas* dedicadas a Asclepio. El método terapéutico consistía en un sueño curativo en el templo (incubación). Se creía que el mismo dios o bien uno de sus mensajeros aparecía en sueños de todo aquel que buscaba la curación, liberándole o bien mitigando sus sufrimientos. Otros componentes esenciales de esta medicina de templo, religiosa y mística a la vez, eran la sugestión y la hipnosis. Posteriormente, estos parajes sagrados, ubicados generalmente en zonas con abundante agua, se convirtieron merced a los progresos de la medicina empírica en sanatorios y balnearios climáticos, en los que se intentaba combinar las ceremonias religiosas y las mágicas con los métodos curativos naturales, a los que Hipócrates (469-399 a.C.) había dado un notable impulso.

En la Antigua Grecia los médicos habían formado la corporación de los Asclepíades. Bajo la influencia de Hipócrates, se fundó en la isla de Cos la famosa escuela médica que llevaba su nombre. A partir de una promesa, el juramento hipocrático (de los Asclepíades), todos los miembros se comprometían a dedicar su vida y su trabajo al enfermo y a respetar unos determinados preceptos. El juramento empieza con las siguientes palabras: «Juro por Apolo el Médico, por Asclepio, Higieia y Panacea, por todos los dioses y todas las diosas, a cuyo testimonio apelo...».

Con motivo de una grave epidemia de peste que se extendió en el año 291 a.C., Roma adoptó el culto a Asclepio. El dios griego de la Medicina hizo su entrada en el Panteón bajo el nombre de Esculapio. Los romanos veneraban asimismo a la serpiente como símbolo de la actividad médica.

La serpiente y la vara, los dos atributos del dios Asclepio o Esculapio, simbolizan la constante renovación de la vida terrena, un rejuvenecimiento y renacimiento así como la continuidad de la vida, el crecimiento y la fertilidad. La serpiente y el árbol (la vara) juegan un papel importante en los mitos de muchos pueblos que narran la formación y la evolución del mundo. Son alegorías del carácter imperecedero de todas las manifestaciones vitales, pero alegorías, al mismo tiempo, del carácter efímero de la vida humana. Las raíces de la formación y del significado de este símbolo se pierden en la oscuridad de las representaciones místicas. Van ligadas al concepto que el hombre tiene de una era dorada, de un paraíso en el que no existe ni la enfermedad ni la muerte, en el que rige una perfección como solo puede proporcionarla una jerarquía divina. Aunque actualmente haya desaparecido la fuerza mágica y evocadora emanada en otros tiempos por este símbolo, no se ha extinguido sin embargo el significado del mismo: la representación de una profesión cuya misión es curar a los enfermos.

Los misterios de Eleusis

Eleusis, ciudad griega en la región de Ática cerca de Atenas, es famosa por su santuario dedicado a la diosa Deméter y a su hija Perséfone. La fama de esta pequeña población se generalizó a causa de los misterios eleusinos, uno de los mayores centros de culto de la Antigua Grecia. En Eleusis nació el gran poeta trágico Esquilo, en el año 525 a.C., autor de *La Orestíada*, entre otras muchas obras.

Los misterios de Eleusis, que eran ritos de iniciación de celebración anual, se remontan a la época de Triptólemo, hijo de Céleo. Los misterios son de honda tradición agraria respaldados por la diosa griega Deméter, los cuales no tardaron en extenderse por toda Grecia y luego, tras la romanización, por el mundo occidental. Fue a partir del año 300 a.C. cuando el Estado tomó el control de los misterios, lo que provocó un incremento en el número de iniciados. Los únicos requisitos para participar en los misterios era carecer de «culpa de sangre», lo que significaba no haber cometido asesinato alguno, y también no ser un bárbaro. Se permitía iniciar a hombres, mujeres e incluso esclavos.

La génesis de estos misterios se inicia con el mitológico rapto por parte de Hades, rey del mundo de los muertos, de Deméter y su hija Perséfone, como divinidades del mundo subterráneo. Su culto implicaba los «mistes» a los «elegidos» que, gracias a su iniciación, gozarían de una suerte diferente en esta vida y también en el Más Allá. En los misterios de Eleusis se comenzaba con una procesión por la ciudad de Atenas y el recorrido hasta Eleusis. Durante el trayecto se hacían ayunos y purificación en el mar, sumergiéndose con estatuas hasta que pudiesen aguantar la respiración bajo el agua.

A través del lago Estigia

Caronte (*Charon*), genio del mundo infernal, de origen egipcio y relacionado con la muerte para los etruscos, hijo de Erebo (las tinieblas) y de la Noche, es representado con aspecto de anciano, barbudo, de semblante triste y provisto de un remo. Era el barquero de los infiernos, que debía cruzar las ánimas de los difuntos al otro lado de la laguna Estigia —río de los infiernos, cuyas aguas tenían propiedades mágicas y fatales—, siempre y cuando hubiesen recibido sepultura decente y portasen la moneda (el óbolo), previamente colocado en la boca del difunto en el momento de su entierro; también podían llevarla en las manos para entregársela al mítico barquero y que este hiciera la travesía sin dificultad a través del tenebroso mar de fuego. Porque en la mitología de la Grecia clásica, la visión tradicional del Infierno era acuática, y no de fuego. En Caracena (Soria), a la entrada del pórtico de la iglesia de San Pedro, se halló una tumba templaria con dos caballeros allí enterrados bocabajo provistas de óbolos en sus manos.

El guardián del Infierno

Según la leyenda de la Antigua Grecia, a la entrada del reino de los muertos se encontraba Cerbero, o Cancerbero para los mitos del mundo medieval. Se trata del perro que guardaba el acceso al Infierno. Tenía tres cabezas espantosas, mientras que el Cancerbero medieval solo tenía dos. Este cánido recibía amablemente a las sombras (las almas) de los difuntos que descendían al averno. Pero ¡desdichados de aquellos que intentaban volver al reino de los vivos! Hércules, sin embargo, lo venció.

Concepción áurea

La divina proporción es una fórmula matemática de ancestral origen, utilizada por los constructores de las grandes obras de la humanidad (pirámides de Egipto, los templos griegos, los mausoleos regios…) para concebir sus construcciones, y también las esculturas, cuadros y demás obras de arte.

Se trata de un número irracional, representado con la letra griega phi (Φ), y fue un hallazgo de los griegos en su época clásica, según se desprende de la obra *Elementos de geometría*, de Euclides de Alejandría (325 -265 a.C.), escrita a comienzos del siglo IV a.C., uno de los escritos fundamentales de la cultura del mundo occidental. Su autor pretendió con este ensayo dos objetivos: por un lado, recopilar todos los resultados alcanzados por las matemáticas conocidas en su tiempo, consiguiendo una enciclopedia capaz de ser utilizada como obra de texto en la enseñanza; por otra parte, en su afán por presentar un modelo de actuación que demostrase resultados alcanzados en cualquier área del arte (escultura, arquitectura, pintura…), construir, con las reglas de deducción necesarias, una teoría matemática. Gracias a su obra, Euclides se convirtió en un referente obligado en el arte y en el desarrollo de la matemática universal en todos los sentidos.

En sus páginas se hace especial referencia a la concepción áurea, que reduce a una frase: «El todo es a la parte como la parte al resto». Al número que más tarde se conocería como de oro o número áureo, Luca

Pacioli, en 1509, le dedicó todo un tratado: *Divina proporción*. El símbolo (Φ), sin embargo, es mucho más reciente, porque fue a comienzos del siglo XX cuando el matemático norteamericano Mark Barr decidió vincularlo con Fidias (500-431 a.C.), el más famoso de los escultores de la Antigua Grecia, constructor del Partenón de Atenas, que vivió en tiempos de Pericles.

Tenemos noticias de que fue a partir del año 300 a.C. cuando Euclides ya aparece como director del departamento de Matemáticas del célebre museo de la ciudad, en estrecho contacto con la más famosa biblioteca de la antigüedad. Euclides, el más célebre de los científicos de la Grecia clásica en su época, vivió y murió en su querida ciudad, sobre el delta del Nilo. Se cree que se educó en la Escuela de Atenas, siendo considerado en vida uno de los grandes talentos que haya dado la humanidad.

$$\Phi = \frac{1+\sqrt{5}}{2} = 1,618033988749...$$

Como vemos en la fórmula superior, el número Φ es un número irracional, o lo que es lo mismo, nunca podremos alcanzar una expresión decimal exacta, al tiempo que no habrá ningún grupo de sus decimales que se repita de modo periódico. Pero la importancia de este número mágico es más geométrica que numérica, y con sus quince decimales cualquier artífice puede alcanzar la suficiente precisión para conseguir el cálculo que desee afrontar.

Con los preceptos numéricos de la concepción áurea, los nazaríes construyeron el Patio de los Leones y el de los Arrayanes, de la Alhambra de Granada, y los templarios la mayoría de sus iglesias, santuarios y castillos.

Pegaso

El caballo alado de la mitología griega, Pegaso, según la leyenda nació de la sangre de Medusa, cuando Perseo le cortó la cabeza coronada de serpientes. Instantes después, Pegaso se elevó hasta el olimpo de los dioses, donde se le dio la responsabilidad de portar el rayo de Zeus. La leyenda griega cuenta igualmente que en el monte Helicón, morada de las nueve musas, se puso un día a danzar, ensimismado por los cantos y los bailes de las musas; Poseidón, el dios de los Mares, que hacía temblar la tierra, se irritó y envió allí a Pegaso, que de un golpe de casco redujo a la montaña sagrada a la completa inmovilidad. Pero en el lugar donde el casco del caballo alado había pisado la montaña brotó de inmediato una fuente, de cuyas frescas y cristalinas aguas acudían a beber los poetas y los bardos, pues facilitaban la inspiración. De este modo, Pegaso es símbolo de la imaginación poética.

Glosario

Ágora: Así llamada la plaza pública en las ciudades griegas, donde también se hallaba el centro administrativo, religioso y comercial, equivalente al foro de las ciudades romanas.

Alcinoo: Rey de los feacios que protegió a Ulises a lo largo de su *Odisea*.

Aleph: Primera letra del alfabeto griego, imagen de la unión del principio activo y de la luz. Representa también la unidad equilibrada. Tiene forma de pentáculo, utilizado por el conde Alessandro di Cagliostro (1743-1795) como talismán de la antigua magia.

Asia Menor: Así llamada en la antigüedad a la zona de la península de Anatolia (actual Turquía), que limita con el mar Egeo.

Cariátide: Estatua de mujer, en pie, con traje telar y que cumple la misión de columna o pilastra.

Cella: Espacio interior de los templos griegos y romanos comprendido entre el pronaos y el pórtico.

Corintio: El más reciente de los tres órdenes arquitectónicos clásicos, el más recargado y elegante, que debe su origen al escultor griego Callimachus (siglo IV a.C.). El monumento a Lisícrates, en Atenas, fechado en el año 334 a.C., está considerada la obra más representativa de este orden arquitectónico.

Crátera: Vasija grande y ancha en cuyo interior se mezclaba el vino con el agua antes de servirlo en copas durante las comidas. Griegos y romanos raras veces bebían el vino puro. Los tipos de cráteras conocidos son: de columnas, de volutas, de cáliz y de campana. El modelo conocido como *oxybaphon* es un tipo de crátera de pequeñas y altas asas.

Cyathos: Pequeño tazón griego, caracterizado por una larga asa vertical, que facilita su introducción en la crátera para extraer de ella la bebida.

Cymasis: Parte del tejado en una vivienda griega, que, en el borde de la teja, canalizaba el agua de lluvia, evitando que esta cayese sobre la fachada.

Cymbium: Un tipo de vasija grecorromana que recuerda la forma de nave invertida o de campana.

Dadóforo: Escultura griega que representa a un joven portando un hachón (antorcha).

Dédalo: Ateniense perteneciente a la familia real que tiene su origen en Cécrope. Es el prototipo del artista universal, a la vez arquitecto, escultor e inventor de recursos mecánicos. Dédalo construyó para Minos el laberinto, con complicados corredores, donde el rey encerró al Minotauro.

Demo: Pequeño núcleo urbano de población.

Diadema: Corona o cerco de metal precioso.

Diástilo: Término arquitectónico que indica un monumento o edificio cuyos intercolumnios tienen de claro seis módulos.

Diatreta: Así llamado el vaso o copa preciosa de vidrio o metal, artísticamente grabada y con relieves.

Didorón: Tipo de ladrillo utilizado por los griegos y después por los romanos, de cuatro palmos de longitud por dos de anchura.

Dipilon: Así conocido el cementerio de la ciudad de Atenas, por su doble acceso, la cual daría nombre a un tipo de cerámica ática geométrica muy antigua.

Díptero: Edificio rodeado por dos filas de columnas.

Dístilo: Construcción con dos columnas.

Dórico: Se trata del más antiguo de los órdenes arquitectónicos clásicos (siglo VII a.C.), pero su sencillez le convierte en el más usado. Proviene del pueblo dorio. El máximo exponente de este estilo es, sin duda, el Partenón, el templo dedicado a la diosa Partenos, en la Acrópolis de la capital griega. Símbolo de la fuerza y la heroicidad. Es caracterizado por su sensación de solidez.

Eleotesio: Estancia en donde se daban las unciones de aceite a los gimnastas que participaban en las pruebas pugilísticas.

Eros y Psique: Es Hera, esposa de Zeus, quien lleva a cabo la unión del alma a la visión del verdadero amor, al unificar Eros y Psique, y todos los dioses del olimpo se unieron para festejarlo.

Emplenta: Fragmento de tapia en una construcción que se fabrica de una vez, según el tamaño de la obra a realizar.

Epitafio: Inscripción grabada sobre una tumba.

Equidna: En la mitología griega, era un ser mixto mitad mujer y mitad serpiente, y madre, a su vez, de otros monstruos (Cerbero, Quimera, Escila, Esfinge, etc.).

Erinias: En la mitología griega, diosas vengadoras, en particular de los hechos de sangre. Eran tres: Alecto, Megara y Tisifone, en cuyos desagradables rostros simbolizaban los tormentos del remordimiento.

Escritura griega: Los griegos adoptaron el sistema de consonantes fenicio y lo mejoraron incorporando a los «signos fenicios», como los denominaban, los correspondientes a las vocales. De esta forma se consiguió una representación exacta, desde el punto de vista fonético, de la palabra hablada.

Exedra: Elemento arquitectónico semicircular con columnas o porticado, generalmente adosado a otra construcción de planta cuadrangular.

Hades: Dios de los Muertos. Hijo de Crono y Rea y hermano de Zeus, Poseidón, Hera, Hestia y Deméter. Es uno de los tres soberanos que se repartieron el imperio del universo después de su victoria sobre los Titanes. Mientras Zeus obtenía el Cielo, y Poseidón el Mar, a Hades se le atribuyó el mundo subterráneo, los infiernos.

Hedra: Asiento móvil para los griegos.

Helépolis: Máquina militar de asalto, para el asedio, formada por una torre de madera transportable.

Hestia: Primera hija de Crono y Rea. Obtuvo de Zeus, su hermano, la gracia de guardar eternamente su virginidad. Fue la diosa del Hogar.

Hibernáculo: En la casa griega y romana era la zona orientada a levante. También se llamaba así al cuartel de invierno de las legiones romanas.

Hipogeo: Estancia subterránea cubierta de bóveda donde los griegos y otros pueblos de la antigüedad conservaban sus cadáveres sin incinerarlos.

Hipóstilo: Edificio cuya cubierta está sostenida por columnas o pilares.

Hidria: Vasija griega, de tres asas, usada en la época arcaica (siglo IV a.C.), destinada a contener agua.

Ícaro: Hijo de Dédalo y de la esclava Náucrate. Tras dar muerte Teseo al Minotauro, Dédalo e Ícaro fueron encarcelados por orden del rey Minos, dentro del laberinto.

In antis: El templo griego era una estructura construida para albergar la imagen de culto en la religión de la Antigua Grecia; pero estos sagrados lugares no eran almacenes para guardar ofrendas votivas. El templo puede ser considerado la más lograda realización de la arquitectura griega. El templo *in antis* presenta sobre su fachada dos columnas entre dos tramos de muro (*ante*) que prolongan por delante las paredes laterales de la *cella* (*naos*).

Incubatio: Término utilizado por los romanos para designar una práctica mágico-religiosa propia de la Antigua Grecia. En los *asclepeiones* se llevaba a cabo el rito de la *incubatio*, consistente en que el enfermo debía dormir sobre el pavimento del templo, reposando sobre la piel de algún animal ofrendado y sacrificado por él, el número de noches necesario hasta conseguir un sueño significativo, considerando que había sido inspirado por una divinidad, y cuya significación era interpretada por los sacerdotes, quienes no dudaban en aplicar al enfermo las formas de curación adecuadas, que eran tan diversas como ofrendas, baños, ingesta de hierbas, etc.

Jónica: Se trata del segundo, en sentido cronológico, de los órdenes arquitectónicos clásicos, que arranca su origen en el siglo VI a.C. Se trata de la obra más esbelta y airosa.

Konistra: Zona comprendida entre la escena y la cávea en el teatro griego. Era también el espacio destinado a la lucha de gladiadores, en los edificios romanos.

Martyrion: Tipo de construcción de la fe cristiana, relacionado con un acontecimiento de la vida de Cristo, o bien vinculado con el sepulcro de un mártir. Estas construcciones, de reducido tamaño, fueron muy comunes durante los primeros siglos del cristianismo (paleocristianos).

Métopa: Espacio comprendido entre triglifos en el friso dórico.

Micenas: Legendaria ciudad de la llanura de Argos, en el Peloponeso oriental (Grecia), capital de una civilización que tuvo su apogeo durante la Edad del Bronce, exactamente del siglo XVI a.C. al año 1100 a.C., Estaba rodeada de macizos muros ciclópeos, y una monumental puerta de entrada, llamada de Los Leones. Fue descubierta y excavada por el arqueólogo alemán Schliemann en 1874.

Minoicos: Pueblo de la Edad del Bronce, en la isla de Creta. El nombre se lo debemos al arqueólogo inglés sir Arthur Evans, partiendo de Minos, monarca legendario. La civilización minoica irrumpe en la historia a partir del año 2500 a.C, y alcanzó su mayor esplendor entre los siglos XVIII y XV a.C. Se caracteriza por sus suntuosos palacios, como los de Cnosos, Mallia y Faistos. Su escritura aún no ha podido ser traducida en su totalidad; se trata de un idioma semítico o Anatolio, escrito en alfabeto silábico. El sistema de alcantarillado de las ciudades minoicas era revolucionario a su época en todo el mundo. A través de los frescos pictóricos conservados, sabemos que celebraban fiestas de sentido religioso en las que atletas saltaban sobre un toro que embestía; una prueba emocionante y arriesgada, que generaba los aplausos del público asistente. El animal no era sacrificado

Minotauro: Monstruo legendario de la Antigua Grecia, mitad hombre y mitad toro, encerrado en el laberinto de Cnosos, en Creta, donde devoraba un tributo de cien jóvenes y cien doncellas que periódicamente le enviaba la ciudad de Atenas, hasta que lo mató Teseo.

Némesis: Hija, según Pausanias, del Océano; de la Justicia, según Amiono Marcelino; de Júpiter, según Eurípides, y de la Noche, según Hesíodo. Divinidad temible que, subida a los cielos, miraba desde lo alto de una eternidad oculta todo lo que pasaba en la Terra y velaba en este mundo para castigar a los malvados, a quienes atormentaba con castigos severos pero justos.

Necrópólis: Cementerio, lugar de enterramiento. Conjunto de construcciones funerarias anteriores al cristianismo. La necrópolis más famosa de Europa es, sin duda, los Alyscamps, en Arles (Francia), nombre que evoca a los míticos Campos Elíseos; el hogar de los héroes y dioses en el ultramundo.

Oikos: Edificio de la Antigua Grecia de planta rectangular, provisto de ábside y pórtico en el extremo opuesto.

Ortostato: Piedra colocada verticalmente en el suelo en forma de columna o pilar.

Panteón: Templo en el que tenían su albergue y altares de oración todos los dioses. El más célebre es el de Roma, dedicado a todos los dioses del Olimpo.

Pátera: Motivo decorativo circular que adorna las metopas de numerosos edificios dóricos, en el interior de los templos.

Perídomos: Así conocida la galería o pórtico exterior que rodea un templo griego.

Plinto: Parte cuadrada inferior de la basa de una columna.

Podio: Pedestal alargado sobre el que encajan las bases de una hilera de columnas. También se conoce así a las plataformas sobre las que tenían sus asientos los magistrados en los anfiteatros y circos romanos.

Pritáneo: Edificio en donde, en la ciudad griega, se guardaba celosamente el fuego sagrado.

Propileo: Peristilo. Antesala o pórtico de un templo.

Psique: Divinidad griega y protagonista de un mito latino, es la personificación del alma. Apuleyo, en su *Metamorfosis o El asno de oro*, nos narra que Psyque era la menor y más hermosa de tres hermanas, hijas de un rey de Anatolia. La diosa Afrodita, celosa de su belleza, envió a su hijo Eros (Cupido) para que, al lanzarle una flecha, lograra enamorarla del hombre más horrible y despiadado que encontrase en su camino. Sin embargo, Eros, cuando contempló a Psyque quedó eclipsado de inmediato, enamorándose de ella, después de lanzar la fecha al mar. Más tarde, esperó a que

Psyque cayese en brazos de Morfeo, y seguidamente la raptó, llevándosela hasta su palacio. Para evitar la ira de Afrodita, Eros solo se presentaba en la alcoba de Psyque aprovechando la oscuridad de la noche, mientras prohibía a esta cualquier indignación sobre su identidad y sellaban su amor nocturno. Fruto de este amor nació Hedoné (Voluptas, para la mitología romana), la personificación del placer sensual y el deleite.

Pyriaterion: Así llamada en los gimnasios a la estancia destinada a los baños de sudor.

Rhyton: Vaso de formato alargado de una sola asa, utilizado para las libaciones y para las ofrendas de líquidos a las divinidades. Algunos de ellos fueron elaborados con materiales preciosos. Son característicos de las civilizaciones minoica y micénica, durante el período griego clásico.

Rhodiaco: El peristilo orientado a mediodía en la casa griega.

Sekos: Lugar cercado, en los templos grecorromanos, destinado a honrar a la estatua de la divinidad.

Sinon: Espía griego que convenció a los troyanos para que metieran en la ciudad el caballo de madera construido por los griegos y abandonado en la playa.

Telamón: Estatua humana de tamaño colosal que sostiene sobre su cabeza, o sus hombros, los arquitrabes atlantes. Uno de los más célebres se conserva en el valle de los Templos, al sur de la isla de Sicilia.

Teogonía: Así llamada también una obra poética escrita por Hesíodo, donde se narra una de las más antiguas versiones sobre la génesis del cosmos y el linaje de los dioses de la mitología griega, discutiéndose si debemos remontar el nacimiento de la épica grecolatina al siglo VIII o al VI a.C. En 1817, William Blake ilustró la obra *Teogonía*, a partir de la obra de John Flaxman.

Umbráculo: Recinto protegido del sol por un cobertizo vegetal, permitiendo el paso del aire.

ROMA

Roma, la Ciudad Eterna, es famosa por sus siete colinas sagradas: el Esquilino, que es la colina más célebre de todas, donde se levanta la basílica de Santa María la Mayor; el Janículo, popularmente conocido como Janaro, donde se alza la iglesia de San Saba; el Aventino, llamado también el Quirinal, porque allí se hallaban los Quirites y donde se encuentra la iglesia de san Alejo; el Celio, donde se halla la iglesia de San

Esteban al Celio; el Capitolio o Tarpeyo, donde se encontraba el palacio de los senadores, el Palatino, donde se alzaba el palacio mayor; y el Viminal, donde se encuentra la iglesia de Santa Águeda y donde el poeta Virgilio, preso por los romanos, se volvió invisible, salió de la ciudad y se marchó a Nápoles. De ahí viene el dicho: «Va a Nápoles».

En el año 509 a.C. Roma se liberó de los etruscos y luchó por su independencia. Roma se hizo independiente y estableció un régimen republicano. Disponía de un sólido ejército formado por soldados de infantería agrupados en legiones y la ciudad estaba bien amurallada. Sin embargo, los pueblos vecinos no estaban dispuestos a aceptar su dominio.

El armamento del infante romano, base de las legiones, se reducía a un casco, una coraza de piel reforzada con plaquitas de hierro, un escudo alargado (*scutum*) y una espada corta y de hoja ancha (*gladius*). El ejército estaba formado por ciudadanos y no era permanente. No había servicio militar, pero todos los ciudadanos comprendidos entre los 17 y 46 años debían acudir en cuanto se les llamara. Los cónsules escogían en el Capitolio a sus soldados; los ricos servían en caballería y el resto en infantería. Las clases más pobres no formaban parte del ejército. Cada cónsul formaba y tomaba el mando de dos legiones. Aunque con el tiempo evolucionó su distribución y número, cada legión estaba formada por unos 4200 hombres, la mayoría infantes agrupados en centurias, de unos 60 hombres cada una, dos de las cuales formaban un manípulo. Mandaban cada legión seis tribunos militares y cada centuria un centurión; los cónsules o el dictador tenía el mando supremo. El legionario iba armado con una lanza, el *pilum*, que tiraba sobre el enemigo en el momento de comenzar la lucha, y por un *gladius*. Llevaba casco, coraza sobre el pecho y un escudo largo, el *scutum*.

Más tarde, desde el siglo II a.C., cuando las conquistas llevaron a Roma muy lejos de su ciudad, este ejército de ciudadanos acabó convirtiéndose en un ejército de mercenarios, que necesitaba de un general de oficio.

Las guerras púnicas

En la primera guerra púnica, Roma se llevó la mejor parte y, después de vencer a los cartagineses en las batallas navales de Mylae y Égates (241 a.C.), aprovechó para apoderarse de la isla de Sicilia.

Desde el año 241 al 218 a.C. se desarrolló un período de paz, aprovechando también que Cartago pasara malos momentos, debido a la sublevación de sus tropas mercenarias, a las que pudo, finalmente, doblegar Amílcar Barca. Mientras tanto, los romanos se apoderaron de las islas de Córcega y Cerdeña, que pertenecían a Cartago, y lanzaron seguidamente una serie de campañas hacia el valle del Po (Galia Cisalpina), donde Roma implantó las dos primeras colonias entre territorios galos, Plasencia y Cremona, al tiempo que limpiaban el mar Adriático de piratas.

Cartago y, sobre todo, la familia de los Barca, preparaba el desquite. Desde la colonia de Gades (Cádiz), Amílcar desembarcó en la Península Ibérica un cuerpo de ejército y empezó la conquista de España, donde esperaba encontrar oro y plata, y, sobre todo, buenos soldados. Su yerno Asdrúbal continuó la conquista y su hijo Aníbal, al intentar dominar el litoral mediterráneo hasta la desembocadura del Ebro, puso sitio y conquistó la colonia griega de Sagunto, aliada de Roma, con lo que provocó la segunda guerra púnica.

El sitio de Sagunto se prolongó ocho meses de duro asedio, para caer finalmente ante la tenacidad y estrategia del general Aníbal. Luego, el ejército cartaginés, formado por 90 000 soldados, 12 000 jinetes y 21 elefantes, siguiendo los pasos naturales del interior de Cataluña, atravesó los Pirineos y, remontando el Ródano, también los Alpes, y, a través del valle de Aosta, por pasos todavía no conocidos, alcanzó el valle del Po, en el Piamonte, mientras los romanos les esperaban en la costa.

A partir de aquí, Aníbal venció y humilló a las poderosas legiones romanas en tres memorables batallas: Trebia (18/12/218 a.C.), Lago Trasimeno (21/06/217 a.C.) y Cannas (02/08/216 a.C.). Consecuencia de esta última batalla, Roma palideció de horror, pensando que Aníbal iba a dirigirse directamente a la capital del Imperio. Tito Livio narra así el comentario que oyó en el Senado romano, tras la derrota: «Nunca antes, estando la ciudad todavía a salvo, se había producido tal grado de excitación y pánico dentro de sus murallas. No intentaré describirlo, ni debilitaré la realidad entrando en detalles. [...] Pues según los informes dos ejércitos consulares y dos cónsules se habían perdido; no existía ya ningún campamento romano, ningún general, ningún soldado; Apulia, Samnio, casi toda Italia estaba a los pies de Aníbal. Con seguridad no hay otra nación que no hubiera sucumbido bajo el peso de tal calamidad».

Pero sucedió algo inesperado. El joven Publio Cornelio Escipión, *el africano mayor*, que llegó a Roma después de su reciente victoria en Hispania en la batalla de Ilipa (206 a.C.), asegurando el control romano en la Península Ibérica, y tras haber sido elegido cónsul por decisión unánime del Senado, propuso a este, para distraer a los cartagineses, que acampaban a sus anchas en suelo italiano tras la memorable victoria de Cannas, invadir el norte de África y sitiar Cartago. Escipión convenció al Senado de que esta era la mejor opción, y seguidamente preparó las naves. Aníbal, al recibir noticias de esta maniobra militar, no dudó en abandonar Italia y embarcar a su ejército para dirigirse a defender Cartago, su ciudad natal. La batalla tuvo lugar en las llanuras de Zama Regia, cerca de Cartago. Pero, en esta ocasión, la victoria fue para el general romano, que entró en la capital púnica el 19 de octubre de 202 a.C. Aníbal, en medio de la confusión, logró huir. Las condiciones impuestas por Roma para los vencidos no podían ser más humillantes: Cartago fue despojada de todos sus dominios no africanos y obligada a pagar la suma de 200 talentos de plata anuales durante 50 años; además, como parte del tratado de paz, los cartagineses no podían tener flota armada y declarar la guerra a ninguna potencia sin el beneplácito de Roma. Con esto se ponía fin a la segunda guerra púnica.

La tercera guerra púnica finalizó en el año 149 a.C., tras la caída definitiva de Cartago, asediada por el general romano Publio Cornelio Escipión Emiliano. Tras ella, los cartagineses dejaron de ser una amenaza para Roma. Paralelamente, las legiones romanas fueron conquistando gran parte del mundo conocido, desde las columnas de Hércules hasta el Mar Negro, y desde el desierto africano a las islas británicas, con la *Pax Romana*, decratada por el emperador Octavio Augusto (siglo I a.C.). Todo el Mediterráneo era el Mare Nostrum dependiente de Roma.

La conquista de Hispania

Los romanos, que desembarcaron en Ampurias (Gerona) en el año 218 a.C., fueron sometiendo progresivamente la resistencia de los pueblos autóctonos de la Península Ibérica. Entre estos, numerosas tribus se unieron a los invasores en la lucha contra los cartagineses; sin embargo, tras la caída de Cartago, al final de la segunda guerra púnica, al ser expulsados estos, Roma manifestó su intención de permanecer y reducir la Península Ibérica en provincia romana. Y fue entonces cuando diera comienzo la más larga y cruenta guerra de conquista que las legiones romanas tuvieron que sostener; y de no haber estado los pueblos autóctonos españoles divididos en multitud de tribus, estamos seguros que a la poderosa Roma le habría sido imposible someterlos.

La Península Ibérica no formaba entonces un estado o nación. Hispania era un nombre geográfico en el que se comprendían pueblos muy distintos por su raza y grado de cultura. Al sur y en la franja mediterránea se hallaban los íberos, en el extremo suroeste, los tartesios, y en el resto, incluyendo Portugal, infinidad de pueblos de origen celta. Los primeros, que durante mucho tiempo habían recibido la influencia de los colonizadores orientales —griegos y fenicios—, en la mayoría de los casos se sometieron con escasa resistencia a Roma, que les garantizaba la paz, el orden y la conservación de sus privilegios. Estas tribus, localizadas en el litoral levantino y andaluz, también tenían una cultura relativamente elevada, como lo demuestran los restos de poblados, inscripciones, cerámica y otras de arte —tan notables como las damas de Elche, Baza o del Cerro de los Santos— de notable influencia helénica. Sin embargo, las tribus próximas al delta del Ebro y del interior de Cataluña y Aragón (ilergetes, ilercavones, etc.) pusieron una gran resistencia a las legiones romanas, con legendarios líderes como Indíbil y Mandonio. Todo el resto peninsular era una amalgama de pueblos célticos, de condición valiente, guerreros por naturaleza, amantes de la libertad y de sus tradiciones. Roma necesitó dos siglos para doblegarlos; en medio, momentos sobrecogedores protagonizados por Viriato, la resistencia de Numancia, la defensa de Tiermes o las guerras cántabras, donde astures, galaicos y cántabros desafiaron a las poderosas legiones romanas, siendo doblegadas en el año 22 a.C., y el emperador Octavio, que vino personalmente para asegurar estas conquistas, decretó la *Pax Augusta*; a los veteranos les entregó en bandeja la ciudad de Mérida como regalo por su valentía.

Sabemos que en el año 130 a.C. el cónsul Décimus Junios Brutus, al mando de las legiones romanas, alcanzó Finisterre, en el extremo occidental de la costa gallega, contemplando lo que llamaron «el fin del mundo». Pero quedaron extasiados al ver cómo el astro rey era devorado por las frías aguas del «mar de las Tinieblas». Para tranquilizar a sus soldados, Décimus bajó del caballo y miró con firmeza al Sol, convenciéndoles de que era el ciclo natural del día, y que a la mañana siguiente volvería a verse, pero por Oriente. Recordemos que, para la cultura celta, el poniente no se contemplaba como punto cardinal, al estar asociado con el crepúsculo, la muerte del astro solar.

A Augusto le debemos la división de Hispania en tres provincias, Tarraconense, Bética y Lusitania, pero como la primera era mucho mayor que las otras dos, más tarde se formaron a sus expensas la Gallaecia y la Cartaginense, de manera que a comienzos del siglo IV el territorio pensinsular estaba dividido de esta manera: Tarraconense, capital Tarraco (Tarragona); Cartaginense, capital Cartago Nova (Cartagena); Bética, capital Corduba (Córdoba); y Gallaecia, capital Bracara (Braga, en Portugal).

Urbanismo e higiene en el mundo romano

La misma capital, Roma, y también numerosas ciudades del imperio, repartidas por la cuenca del Mare Nostrum, llegaron a ser grandes aglomeraciones urbanas. Queremos destacar que, en tiempos del emperador Octavio Augusto (siglo I a.C.), Roma ocupaba una superficie de 320 hectáreas. Esta masificación urbana animó a los arquitectos a dedicar una especial atención en la mejora de las condiciones higiénicas de estos densos núcleos de población. Y en este sentido, desempeñaron un papel esencial dos aspectos fundamentales: el agua y las instalaciones sanitarias.

En cuanto a lo primero, hemos de señalar dos actividades distintas: la provisión del líquido elemento y la creación de numerosos baños. El suministro de agua quedaba asegurado gracias a la sofisticada construcción de acueductos (aéreos, de superficie y subterráneos), y las fuentes públicas de barrios (*lacus*). En toda ciudad romana, y especialmente las grandes urbes, el servicio de aguas tenía una triple misión: la utilización doméstica, el servicio de salubridad pública y la seguridad (el servicio contra incendios, a cargo de los *vigiles*). Los baños públicos (*balnea*) se conocen en Roma desde el siglo II a.C. Sabemos que en el año 33 a.C. la capital imperial ya contaba con ciento setenta establecimientos de este tipo. Cantidad que no cesaría de ir incrementándose, llegándose a alcanzar en el siglo IV novecientos cuarenta y dos baños públicos solo en la ciudad de Roma. En todo el imperio, las instalaciones balnearias no tardarían en convertirse en lujosos edificios, muy cómodos, en los que se practicaban diferentes ejercicios de gimnasia, se tomaban los baños, se conversaba y se paseaba.

En cuanto a las instalaciones sanitarias, debemos destacar dos aspectos: las alcantarillas y las letrinas. Ya en tiempos de la dinastía Tarquinia (siglo VI a.C.) se construyó en Roma una red de cloacas, destacando la célebre Máxima, un colector que recibía todas las aguas residuales de la gran urbe. A finales de la República (del 509 al 27 a.C.), la capital imperial estaba dotada de una amplia red de alcantarillado, pero el constante crecimiento de la ciudad obligaría de inmediato a los romanos a ampliar y mejorar estas instalaciones. A la red primitiva, en el año 33 a.C. se le añadieron dos nuevos colectores de notables dimensiones a la cloaca Máxima.

Paralelamente, otras ciudades imperiales, las más importantes, también disponían de letrinas públicas (*latrinae publicae*) en las calles y plazas, instalaciones higiénicas que estaban dotadas de agua corriente mediante un ingenioso sistema de pequeñas alcantarillas, las cuales contaban, además, con calefacción, proporcionado mediante un hipocausto para el invierno y asientos de mármol. Se sabe que en el siglo IV había en Roma un total de doscientas sesenta de estas letrinas.

Otro aspecto del urbanismo romano estrechamente relacionado con la higiene pública fue el trazado y amplitud de las vías públicas en forma de mejor ventilación.

Durante la República no hubo en Roma jardines públicos. En cambio, la capital imperial disponía de varios bosques sagrados como en el Capitolio (el *Asylum*) y en el Foro (el *Lucus Vestae*). Eran unas espléndidas zonas verdes que desaparecieron en tiempos de Octavio Augusto (siglo I a.C.), para dar paso al jardín público (*nemus*), idea importada del mundo griego helenístico. Poco después, a lo largo de la época imperial, Roma no dejaría de ir enriqueciéndose con nuevos y cada vez más suntuosos jardines públicos, como los de Julio César y los de Agripa.

Es preciso, por otra parte, recordar otro dato de gran interés como factor que influiría decisivamente en las buenas condiciones higiénicas de Roma y demás grandes del Imperio. Nos referimos a la acertada costumbre de establecer las necrópolis fuera del perímetro urbano, al tiempo que se prohibía absolutamente incinerar o inhumar un cadáver dentro de esta área. A consecuencia de ello, los cementerios se situaban extramuros.

La cultura de las termas

Fue Grecia quien, con sus teorías filosóficas y médicas, convirtió el hecho primario y universal de los simples baños en el mar, el río, el lago o la alberca —comunes a todas las culturas— en una sofisticada técnica que requería hasta edificios especiales. Sin embargo, fue papel de Roma y de su ingeniería el dar forma a esas instalaciones en su versión más completa y definitiva, que legó con variantes a todas las culturas que se le avecindaron o la sustituyeron, desde árabes y turcos hasta rusos y finlandeses.

Para el gran Galeno (129-199), tras los pasos del venerable Hipócrates (469-399 a.C.), no habría nada más purificador que un baño en todos los elementos de la naturaleza, combinando lo frío y lo caliente, lo seco y lo húmedo, y los básicos factores del cosmos: tierra, agua, aire y fuego.

En el esquema galénico, un inicial baño en seco, de vapor, tenía como misión calentar y fundir las materias nocivas del cuerpo, librando también la piel de desigualdades e impurezas, que saldrían con el fuerte sudor provocado. Fue pues conocido de bien antiguo el valor eliminador de toxinas que tiene la transpiración, así como la necesidad de garantizar una expedita respiración cutánea; todo ello venía a ser provocado y multiplicado por el ambiente de vapor, muy superior al limitado estímulo del sudor espontáneo, y también por fricciones y masajes adecuados.

Tras esa fase, esencialmente eliminatoria, un baño en agua muy caliente limpiaría hasta los últimos resquicios de la epidermis, entrando por los poros limpios, y devolviendo una humedad pura a las partes sólidas del cuerpo —carne y huesos— en sustitución del humor sudado. Un baño posterior, de agua muy fría, refrescaría el cuerpo contrayendo la piel y cerrando los poros ya limpios. Este baño frío tenía también como fin devolver al bañista las fuerzas enervadas por el calor. En realidad, la vasoconstricción debería compensar la posible caída de tensión que provocaran las fases cálidas y vasodilatadoras del baño.

Los masajes y fricciones con jabones, perfumes, ungüentos y aceites, cada cual en su debido momento, complementaban el efecto del agua y ayudaban a conseguir los efectos previstos. Naturalmente, cada cual distribuía a su gusto el orden de las operaciones, multiplicándolas o reduciéndolas, por mero gusto o por indicaciones específicas de los médicos para tal o cual dolencia.

Se conocen como termas a los establecimientos que, levantados sobre manantiales de aguas salutíferas por sus propiedades minero-medicinales, disponían de grandiosas criptas bajo tierra, donde en invierno se encendía mucho fuego y en verano, en cambio, se llenaban de agua fría para que la gente reunida en la sala superior disfrutara con ello. Todo esto puede verse en las termas de Diocleciano, que se encuentran enfrente de Santa Susana, así como en las termas de Domiciano, en las Olímpicas, cerca de San Lorenzo in Panisperma, de la ciudad de Roma y en otros muchos lugares del Imperio romano.

Las termas más antiguas de Roma son las que ordenó construir Agripa, en el Campo de Marte (en el año 19 a.C.), rodeadas de amplios jardines con toda clase de frutos silvestres y aromáticos. En el año 62,

Nerón mandó edificar las *Termae Neronianae*, próximas a las de Agripa. Otras termas importantes son las de Tito, construidas en terrenos ocupados en parte anteriormente por la *Domus Aurea*, la casa de Nerón. En el año 109 se inauguraron las termas de Trajano. Pero las más espectaculares son, sin duda, las de Caracalla y las de Diocleciano.

Glosario

Astyanax (Secutor): Nombre derivado de Astianacte, personaje de la mitología griega que estuvo involucrado en la guerra de Troya. Y también, un tipo de gladiador de la antigua Roma, que estaba relacionado con la división de élite de los gladiadores en los juegos circenses. Disponía de espada corta (*gladius*) y poderoso escudo; era toda una fortaleza andante.

Atis: Dios de origen frigio, compañero de Cibeles, madre de los dioses, adoptado por los romanos. En su origen, Atis fue considerado hijo de Agdistis y de la ninfa (o la hija) del río Sangario. Sin embargo, para Ovidio, en los bosques de Frigia vivía un joven tan hermoso que había merecido que Cibeles lo amase con un amor casto. La diosa decidió ligarlo a ella para siempre y hacerlo el guardián de un templo, si bien puso por condición que se mantuviese virgen; pero Atis fue incapaz de resistir a la pasión que por él sintió la ninfa Sagaritis (nombre que recuerda al río Sangario). Cibeles, enojada, derribó un árbol cuya vida estaba ligada a la de la ninfa, y volvió loco a Atis. Este, en una crisis violenta, se castró; pero después de su mutilación, parece que Cibeles lo volvió a aceptar a su servicio. Era representado en el carro de Cibeles, recorriendo con ella las montañas de Frigia. Los romanos vincularon el culto a Atis con el de la inmortalidad, por ello en numerosas tumbas monumentales vemos representaciones a esta divinidad (torre de los Escipiones, en Tarragona, cerca de la Vía Augusta, o en la Villa Fortunatus, en Fraga, Huesca).

Carceres: Se trata de una parte importante del circo romano, donde se situaban los carros (*cuadrigas*), cuyos jinetes (*aurigas*) estaban atentos para salir a la arena y competir tras oír el sonido de las trompetas.

Catacumba: Galerías subterráneas en las cuales los primeros cristianos, especialmente en la ciudad de Roma, recibían sepultura y practicaban los ritos funerarios.

Cávea: Cada una de las dos zonas en que eran divididas las graderías de los antiguos teatros y también de los circos romanos. La cávea estaba formada por el conjunto de hileras concéntricas de gradas, y diferenciada, a su vez, por la categoría de los asistentes al espectáculo, en orden de arriba abajo: senadores en la *ima cavea*; ciudadanos intermedios en la *media cavea*, y en el sector más inferior, la *summa cavea*, donde se hallaba el populacho, la plebe.

Cavedio: Patio de la antigua casa romana, en muchos casos provisto de una pequeña fuente de agua.

Cenáculo: Reunión de un número reducido de artistas.

Cenotafio: Monumento funerario que carece de la presencia del cuerpo del personaje a quien representa.

Ceriolario: Así llamados por los romanos los candelabros para velas de cera.

Cista: Recipiente en forma de vaso metálico con tapa utilizado por los romanos para conservar objetos preciosos.

Clípeo: Medallón que toma la forma de escudo circular y abombado.

Coliseo: Anfiteatro. Recinto destinado a escenificación de representaciones de tragedias o comedias, y también combates entre gladiadores y luchas contra animales salvajes. El más célebre de los coliseos es el Roma, aunque también se conservan otros importantes (Djen, Nimes, Arles, Cartago, etc.).

Compluvio: Abertura en la techumbre de una vivienda romana para dar luz al interior y también recoger las aguas de la lluvia.

Decumana: Calle central —principal vía— que recorría de Este a Oeste la ciudad, cruzándose en ángulo recto con el *kardo*. Paralelamente, a ambos lados, se desarrollaban los *decumanos* menores.

Dictador: Único magistrado capaz de dirigir legalmente un ejército de cuatro o más legiones romanas.

Dromos: Pasillo largo y estrecho que precede a una cella funeraria.

Edículo: Edificio pequeño que, a modo de templete, era utilizado como tabernáculo.

Espina: Muro colocado en medio del circo de los antiguos romanos; llamado así por la similitud que tenía con la espina principal de un pescado.

Estoa: Galería o pórtico, de planta rectangular y cubierto a dos aguas, flanqueado de columnas

Foro: Plaza en donde se trataban en tiempos romanos los negocios públicos, y marco también de la celebración de juicios presididos por el pretor. Era asimismo el centro administrativo y plaza de mercado. Se elevada principalmente en la confluencia entre el *decumanus* y el *cardo* principales.

Heroón: Así llamado el templete consagrado a la memoria de un héroe legendario en la antigua Roma.

Ídolo: Figura de una falsa deidad a la que se le rinde adoración.

Impluvio: Espacio descubierto sobre el centro del atrio de las viviendas romanas a través del cual penetraba el agua de la lluvia, recogida en un depósito existente en el centro.

Kardo: Así llamada la calle central que, en dirección Norte-Sur atravesaba la ciudad, cruzándose con el *Decumano*, para generar la plaza central.

Miliar: Columna de piedra, generalmente de planta circular, utilizada por los romanos para señalar las distancias en las vías cada mil pasos.

Murmillón (Mirmillón): Gladiador que, en la antigua Roma, combatía en los juegos con un escudo grande rectangular y cirvilíneo, una espada corta y la cabeza cubierta con casco y protecciones en el brazo derecho y pierna izquierda.

Ninfeo: Templo dedicado a las ninfas, formado por una fuente monumental.

Perípetro: Espacio abierto entre las columnas y el muro en los templos clásicos.

Postcenium: Así llamada la parte trasera o posterior de un escenario en un teatro.

Pronaos: Pórtico que precede al santuario en los antiguos templos griegos y romanos.

Proscenium: Zona del escenario de un teatro más próxima al espectador.

Psique: El nombre del alma. Asimismo se corresponde con una de las hijas de un rey legendario; las tres eran hermosísimas, pero la belleza de Psique era sobrehumana y objeto de grandes envidias, tanto por parte de Afrodita y Venus como por sus otras dos hermanas. Al final logró contraer matrimonio con Amor, su amado, tras recibir la bendición de Zeus en el olimpo. Finalmente, Psiquie se reconcilió con Afrodita.

Púnico: Nombre dado por los romanos a los cartagineses (*punici* o *poenici*).

Rea Silvia: Madre de los hermanos Rómulo y Remo, fundadores de la ciudad de Roma, los cuales, según la mitología, fueron amamantados por una loba.

Sigillata: Tipo de cerámica romana caracterizada por el barniz rojo que cubre todo el vaso. Aparece en los años 30-25 a.C., en Arezzo (Italia), y se desarrolla hasta el año 20. Este tipo de cerámica perdura hasta el siglo IV.

Solio: Silla real, trono con dosel.

Tablinum: Estancia o sala situada al fondo del atrio, entre las galerías, en la casa romana.

Tholos: Así llamado al edificio de planta circular, cubierto de cúpula, al principio falsa, cónica o troncocónica al exterior, con cella rodeada por columnas. Esta planta fue imitada en la Edad Media para la construcción de algunas iglesias románicas, muchas de ellas relacionadas con los templarios.

Thyades: Hermosas mujeres saltarinas iniciadas, ataviadas de vestidos de fina tela transparente que, en una fecha determinada, celebraban en los lugares altos la orgía nocturna en honor al dios Baco. De ahí viene el término «bacanal».

Venus: Divinidad latina muy antigua que, en sus orígenes, parece haber sido protectora de los huertos. Antes de fundarse Roma, esta divinidad contaba con un santuario cerca de Ardea. Fue a partir del siglo II a.C. cuando Venus fue asimilada por la Afrodita griega. Venus tenía envidia de la belleza de Psique.

Viaducto: Camino elevado, a modo de puente alargado, suspendido sobre pilares, para salvar un desnivel del terreno.

3
LAS CULTURAS DE ORIENTE

> «Ninguna civilización escapa a la historia, del mismo modo que ningún ser humano escapa al cambio. La cuestión es que, en un mundo encantado, habitado por lo sagrado y en el que este aparece según el orden de los mitos y los ritos, la dinámica del cambio es cíclica, mientras que en las religiones monoteístas el cambio está orientado hacia un futuro abierto que encontrará su realización al final de las etapas cíclicas».
>
> VLADIMIR GRIGORIEFF

La génesis del laberinto

La palabra «laberinto» procede del griego *labyrinthos*, en clara referencia a la mitología de la Grecia clásica que cita la gesta de Teseo, logrando salir del legendario palacio del rey Minos gracias al ovillo de hilo que le dio Ariadna, tras matar al Minotauro.

Pero los orígenes del laberinto como concepto que va más allá de lo material e incluso del espíritu son mucho más antiguos. En nuestra búsqueda de sus raíces llegamos a Extremo Oriente, donde existe una viva leyenda de sorprendente emotividad, transmitida a través de las generaciones. En la antigüedad vivía en China un rey llamado Yin, el cual, tras un largo tiempo de espera, tuvo un hijo a los 60 años de edad. La criatura era todo un prodigio porque al nacer ya contaba con veintiocho dientes; los adivinos del reino coincidieron en profetizar que sería un hombre valeroso y un temible conquistador. El príncipe, al que llamaron Yang, tuvo como maestro al arquitecto Lao, un hombre sabio de valiosas palabras. Yang contaba 15 años cuando falleció su padre, el monarca. Su partida a la conquista del mundo no se hizo esperar, porque en el mismo lecho de muerte se despidió del padre. Los éxitos militares fueron espectaculares, y los nuevos territorios se extendían por todos los horizontes.

El resto de esta historia no es menos interesante. Al cabo del tiempo, y sintiéndose fatigado, el arquitecto Lao construyó para el reposo del guerrero una ciudadela tan espléndida como una montaña nevada. En este lugar perfecto, Yang, harto ya de los placeres de la vida mundana, descubrió la melancolía y el aburrimiento. Convocó a su ministro Lao y se quejó de su malestar y sufrir por el hastío. Lao no respondió. Yang dio un puñetazo en la mesa y gritó: «¡Te ordeno construir el más formidable laberinto jamás imaginado! En siete años quiero verlo edificado en este llano, ante mí, y luego marcharé a conquistarlo. Si descubro el centro, serás decapitado. Si me pierdo en él, reinarás sobre mi imperio». Dijo Lao: «Construiré ese laberinto». Sin embargo, el arquitecto reemprendió el curso de sus actividades habituales y pareció olvidar el encargo. El último día del séptimo año, el emperador Yang llamó al anciano y le preguntó dónde estaba aquel laberinto, el más formidable nunca soñado. Entonces Lao le tendió un libro, diciendo: «Helo aquí. Es la historia de tu vida. Cuando hayas encontrado el centro, podrás descargar tu sable sobre mi cuello». Así fue como Lao conquistó el imperio de Yang, pero evidentemente rehusó el poder, pues poseía algo más preciado: la sabiduría.

El laberinto alcanzó su época de mayor esplendor durante los siglos protohistóricos, especialmente a lo largo y ancho de la cuenca mediterránea. Los más antiguos de todos tienen más de cinco mil años, como los correspondientes a la tumba egipcia del rey Perabsen (3400 a.C.). Un laberinto tallado a la entrada de una tumba en Luzzanas (Cerdeña) puede quizá remontarse al 2500 a.C. En ambos casos, como hemos podido deducir, el símbolo del laberinto estaba relacionado con la muerte, y su dibujo parece facilitar el camino al difunto en su viaje hacia el Más Allá.

Ciertos rituales muestran una clara relación del laberinto con la muerte y el renacimiento. Desde un origen oriental, el laberinto pasó al Mediterráneo a través de las legendarias rutas de comunicación; desde el Mare Nostrum, el más complicado de los símbolos herméticos se desplazó al norte de Europa, África y el Nuevo Mundo.

El laberinto puede estar inscrito en su totalidad dentro del círculo, mantenido en la rigurosa geometría del cuadrado, expresado en volumen o dibujado en una superficie plana; el laberinto compete tanto a la arquitectura como a la escultura, el dibujo o la filosofía hermética.

De todos los laberintos que están catalogados, simplemente disponemos de vagas referencias documentales de ellos. Los más famosos de la cuenca mediterránea fueron cinco: los dos cretenses (Cnosos y Gostyra), el egipcio del lago Moeris, el griego de Lemnos y el etrusco de Clasium. Pero el más célebre de todos es medieval, y se encuentra en el pavimento de la catedral de Chartres (Francia). Tiene una longitud de 261 metros de desarrollo para el peregrino que lo realice hasta el alcanzar el centro, que no es otro que el interior de él mismo... Además de Chartres, en Francia, ciudades como Sens, Reims, Auxerre, Saint-Quentin, Potier o Bayeux han conservado intactos sus laberintos. Para Fulcanelli, autor de *El misterio de las catedrales*, los laberintos son un emblema de los dos principales tropezaderos de la gran obra alquímica: el orden o dirección de procedimiento y el método.

Parte central del laberinto de Chartres, punto de llegada del peregrino que realiza el «viaje» al interior de sí mismo.

La rueda

La invención de la rueda en pleno Neolítico significó uno de los más transcendentales descubrimientos de la humanidad prehistórica. Este hecho se pierde en la noche de los tiempos; probablemente constituyó el resultado de largas observaciones e intentos laboriosos de muchas generaciones de hombres que adquirían una conciencia cada vez mayor de su capacidad para construir instrumentos.

La primera rueda que conocemos es la de Ur, la industriosa ciudad de la civilización mesopotámica, entre cuyos ruinosos elementos los arqueólogos hallaron un disco de arcilla perforado en el centro y salpicado, junto a la circunferencia central, de múltiples perforaciones de tamaño reducido; se trata de un objeto modesto, construido hacia el 3250 a.C., y utilizado probablemente por algún artesano.

La invención de la rueda y, por consiguiente, la utilización del carro, precedió al inicio de dos grandes transformaciones. En primer lugar, la domesticación definitiva del caballo, empleado ya anteriormente por algunos pueblos de Asia para arrastrar los trineos, con su difusión correspondiente a partir de las estepas del Asia central hasta el Medio Oriente, de donde llegará más tarde a Europa entre los años 3000 y 2000 a.C. Por otra parte, la creación de vías y calzadas de comunicación.

Es fácil comprender la enorme trascendencia de dichos acontecimientos que, a partir del siglo II a.C., caracterizaron la vida del hombre y contribuyeron en gran manera al desarrollo progresivo de la civilización.

Numerosos investigadores de todas las épocas (desde Nicolás de Cusa hasta Fulcanelli) han coincidido en señalar la importancia cósmica de la rueda en la vida de las civilizaciones. Es un símbolo solar en la mayor parte de las tradiciones: ruedas encendidas desplomándose de las alturas del solsticio de verano, procesiones luminosas desarrollándose sobre las montañas en el solsticio de invierno, ruedas llevadas sobre carros con ocasión de fiestas, ruedas esculpidas sobre las puertas, ruedas de la existencia, etc. Numerosísimas creencias, fórmulas y prácticas asocian la rueda a la estructura de los mitos solares.

Estela discoidal de hierro en forma de rueda, de un enterramiento medieval, en el antiguo cementerio de Góssol (Alt Berguedà, Barcelona).

El simbolismo muy extendido de la rueda resulta a la vez de su disposición radiante y de su movimiento. La rueda se revela como un símbolo del mundo, siendo el cubo el centro inmóvil, el principio, y la llanta la manifestación que emana de él por un efecto de radiación. Los radios indican la relación de la circunferencia con el centro. La rueda más simple tiene cuatro radios: es la expansión según las cuatro direcciones del espacio, pero también el ritmo cuaternario de la luna y de las estaciones. La rueda de seis radios remite de nuevo al simbolismo solar; también evoca el crismón de los primeros siglos del cristianismo, y puede considerarse como la proyección horizontal de la cruza de seis brazos. La rueda más frecuente tiene siempre ocho brazos: son las ocho direcciones del espacio, evocadas igualmente por los ocho pétalos del loto, con el cual la rueda se identifica. Los ocho pétalos u ocho radios simbolizan igualmente la regeneración, la renovación.

Oriente

En la antigua China el detentador de la rueda tiene en su poder el imperio celeste. Los treinta rayos tradicionales de la rueda china (*Tao-te King*) son el signo de un ciclo lunar.

La rueda es la disposición de los ocho trigramas chinos. Si la rueda de la existencia búdica tiene seis radios es porque existen seis clases de seres, seis *loka*. Si la rueda del *dharma* tiene ocho radios, es que la vía comprende ocho senderos. Solo el centro de la rueda cósmica está inmóvil. En este centro está *Chakravarti* («el que hace girar la rueda»). Es el Buda, el hombre universal, el soberano.

La rueda de la noria de los chinos, o la rueda del alfarero de *Chuangtse*, o el ciclo de la creación de la carta de Santiago, expresan igualmente el remolino incesante de la manifestación; liberarse de este solo se puede conseguir por el paso de la circunferencia al centro, es decir, por el retorno al centro del ser.

La rueda que el Buda pone en movimiento es la «rueda de la ley», el *dharmachakra*. Esta ley es la del sentido humano. Y no hay ningún poder que sea capaz de invertir el sentido de rotación de la rueda. La denominación puramente convencional de «rueda de la ley» y también las de «rueda de molino» o «rueda de noria» se da, en la alquimia interna de los taoístas, al movimiento regresivo de la esencia y del aliento, que debe conducirlos a unirse en el crisol. Esto es, expresado de forma emblemática, un regreso de la periferia de la circunferencia al centro.

En la India, el *chakra* es un atributo de Visnú, el cual es un *àditya*, un sol. Sin embargo, este *chakra* es un disco más que una rueda. En los textos y en la iconografía de la India, la rueda tiene a menudo doce rayos, número zodiacal, número del ciclo solar. Las ruedas de carro son un elemento esencial de la figuración del Sol, de la Luna y de los planetas. Se trata, sobre todo, de evocar el viaje de los astros, su movimiento cíclico. La significación cósmica de la rueda se expresa en los textos védicos. Su rotación permanente es renovación. De ella nacen el espacio y todas las divisiones del tiempo.

No hay que olvidar la «rueda de la existencia» del budismo tibetano que, creada una vez más en la noción de las mutaciones incesantes, representa la sucesión de los estados múltiples del ser. El tantrismo da también el calificativo de ruedas (*chakras*) o de lotos a los centros sutiles atravesados por la corriente de la *kundalini*, como la rueda por su eje.

BUDISMO

Sidharta Gautama, Sakiamuni o simplemente Buda fue un sabio, de clase aristocrática, príncipe, en cuyos preceptos se levantó el budismo. Su doctrina tuvo un apogeo inicial en la zona noreste de la India. Nació en Kapilavastu, en la desaparecida república Sakia, al sur del Nepal, en las estribaciones meridionales del Himalaya, en el año 567 a.C., y falleció en Kusinagara en el 484 a.C. a los 80 años de edad. Hijo del monarca Mahapajapati Gotami y de Suddhodana, se casó a los 16 años con Yasodhara, una prima suya de la misma edad, con quien tuvo un hijo: Rajula. Fue en Bodh Gaya (estado de Bihar) donde tuvo lugar su «despertar» (*bodhi*), y en la ciudad santa de Benarés predicó su primer sermón sobre la Cuádruple Verdad y el Óctuple Sendero. El escritor Andrew Skilton, practicante del budismo, dijo lo siguiente: «El Buda nunca fue considerado por las tradiciones budistas como meramente humano».

La palabra «buda» podemos traducirla como «el despierto» o «el iluminado». Se le considera la figura central del budismo, cuyos escritos, relatos, discursos y reglas monásticas se establecieron como creencias budistas, resumidas y memorizadas por sus seguidores tras su muerte. Algunas de ellas fueron atribuidas a Buda y memorizadas por tradición oral y escritas cuatro siglos después de su fallecimiento. Los manuscritos más antiguos sobre la vida de Buda fueron realizados entre el siglo I a.C. y el III d.C. y fueron hallados cerca de Hadda, provincia de Jalalabad, al este de Afganistán. Actualmente se conservan en la Biblioteca Británica, de Londres, en idioma gandjari, en 27 rollos de corteza de abedul.

En sus reflexiones, Buda llegó a dos conclusiones primordiales, que consideró básicas en su filosofía: que el ascetismo extremo no conducía a la liberación total, porque era preciso algo más, y que una vez alcanzado este punto ningún maestro es capaz de enseñar nada más. Fue a partir de entonces cuando comprendió que la sabiduría debería hallarse en el interior de uno mismo.

Tailandia

La mayoría de las esculturas tailandesas tratan el tema de Buda. El modelo que se adoptó fue el Buda *gupta*, que, pese a las modificaciones que sufrió, mantuvo siempre las vestiduras típicas del budismo *Theravada*. Como en todos los países asiáticos, se aplicaron los cánones de la iconografía tradicional elaborados en la India en el siglo II y se observaron los 32 rasgos «mayores» y los 80 «menores» mencionados en los textos. La figura de Buda solo debe ser representada en cuatro posturas: sentado, de pie, andando y acostado. La favorita del arte thai es la del Buda sentado, que transmite diversos significados según la colocación de las piernas y las manos.

La actitud de meditación (*samadhi-mudra*) está representada con las palmas de las manos una encima de la otra reposando sobre las piernas cruzadas. Por su parte, la posición *dharmacakra-mudra* (de la rotación de la rueda de la ley) simboliza el primer sermón de Buda, que transmitió a sus fieles en la ciudad santa de Benarés, y la vemos representada con las manos elevadas a la altura del pecho, designando una de ellas la rotación de la rueda. Sin embargo, la postura más importante es la *bhumisparsha-mudra*, o *maravijava-mudra* (de la floración de la tierra), en la que la mano derecha de Buda reposa sobre la rodilla mientras las yemas de los dedos señalan al cielo.

El desarrollo de la escultura budista fue evolucionando a partir de las diferentes realizaciones de las obras maestras. La evolución del budismo thai se llevó a cabo en varios períodos culturales: el *Dvaravati*, del pueblo Mon (del siglo III al XI); el de *Srivijaya* (siglos VIII-XIII), reino marginal del sur del país, en el que predominaba el budismo *Mahayana*; el estilo *Khmer* (siglos XI-XIV), con su variante de *Lop Buri*, período en el que penetraron las corrientes artísticas y culturales de los *khmers* de Cambodia; el estilo de *Sukhothai* (siglos XIII-XV); el de *Lan Na* (siglos XIII-XV); el de *Ayutthaya* (siglos XV-XVIIII); y el período de *Bangkok*, también conocido como estilo *Dhonburi*, iniciado en el siglo XVIII y que se mantiene actualmente.

Es importante recordar también que, además de Buda, igualmente es habitual la representación de otras figuras en el arte escultórico budista, principalmente en Tailandia. Por ello, el lector no deberá sorprenderse al contemplar a Erawan, el elefante tricéfalo, acompañado de Indra, o a Kinnari, el mitológico hombre-pájaro, así como a demonios, serpientes, etc., personajes, todos ellos, que no pasan de ser meramente elementos decorativos de los edificios.

Arquitectónicamente, el budismo en la India presenta tres escuelas o estilos locales que definen la primera tipología artística: el de *Gandhara* o grecobudista (en el Indo), el de *Mathura* (en la planicie gangética) y el de *Amaravati* o *andhra* tardío (en la costa sudeste de la India).

Los *chakras*

La palabra sánscrita *chakram* se traduce por «círculo» o «disco», y proviene de la raíz *char*, «moverse» y de la raíz *kri*; de ahí derivó la palabra griega *kyklós*, y daría lugar a términos españoles como «ciclo», «circo» o «círculo».

Escrituras sagradas del hinduismo, los *chakras* se encuentran en los cuerpos sutiles del ser humano, llamados *kama-rupa* («forma del deseo») o *linga-sharira* («cuerpo simbólico»). En la India se creía que el aire aspirado (prana) recorría el cuerpo, dándole fuerza. La función de los *chakras* era la de recibir, acumular y distribuir esos aires.

Existen siete *chakras*, los cuales están localizados en el cuerpo humano, y van desde abajo hacia arriba:

Chakra	Localiz.	Color	Elemento	Funciones	Símbolo	Divinidad	El yo
Muladhara	En el perineo, entre los genitales y el ano	rojo	tierra	instinto, supervivencia, seguridad	loto de 4 pétalos	Ganescha	Yo tengo
Sua-adhisthana	En el hueso sacro	naranja	agua	emoción, energía sexual, creatividad	loto de 6 pétalos	Brahmá	Yo deseo
Mani-pura	En el plexo solar	amarillo	fuego	mente, poder, control, libertad propia	loto de 10 pétalos	Vishnú	Yo puedo
Anahata	En el corazón y los pulmones	verde	aire	devoción, amor, compasión, sanación	loto de 12 pétalos	Shiva	Yo amo
Vishudha	En la garganta	azul	éter	habla, autoexpresión, crecimiento	loto de 16 pétalos	Sada Shiva	Yo hablo
Ajñá	Tercer ojo	índigo, añil	luz	intuición, percepción extrasensorial	loto de 2 pétalos	Shambhú	Yo comprendo
Sajasra-ara	En la coronilla	blanco, púrpura	espacio	trascendencia, conexión con la divinidad	loto de mil pétalos	Parama shiva	Yo soy

El tercer ojo

Conocido también como «ojo interno», se trata de un concepto místico y esotérico que hace referencia a un ojo invisible, el cual tiene la virtud de alcanzar una visión mucho más profunda que la de la vista ordinaria. Este ojo etérico estaría relacionado con el sexto *chakra*, *ajñá*.

Para la teosofía (desarrollo de la filosofía y de la ciencia en busca de la sabiduría divina), el concepto del tercer ojo está estrechamente relacionado con la glándula pineal (epífisis; pequeña glándula endocrina situada en el cerebro de los vertebrados, relacionada con los patrones del sueño). El tercer ojo sería, además, el acceso a los mundos internos y, al mismo tiempo, a los estados de conciencia superiores. Desde la dimensión espiritual, simboliza un estado de iluminación, así como a la clarividencia, la capacidad de observar extrasensorialmente los *chakras* y el aura humana, obteniendo finalmente experiencias extracorpóreas, algo que consiguen normalmente aquellas personas que alcanzan el nivel de videncia.

Para el hinduismo, el tercer ojo está ubicado alrededor de la mitad de la zona de la frente, ligeramente por encima de la unión de las cejas.

El Palacio Imperial de Bangkok

Bangkok, la legendaria Krung Thep, capital del mítico reino thai, es una de las ciudades más interesantes del arte oriental. En su interior, más de 400 templos y palacios budistas salpican los curvilíneos tejados de este laberinto urbano de cerca de siete millones de habitantes, pero es el complejo arquitectónico del Wat Phra Kaew, dedicado al Buda Esmeralda, dentro del Gran Palacio de Bangkok, el mejor conservado y elegante del arte oriental y el que contiene el mayor número de maravillosas esculturas y adornos de cualquier templo del mundo.

Si Bolonia (Italia) se caracteriza por sus altos campanarios medievales, Bangkok, la capital tailandesa desde 1768, es la ciudad de los templos budistas de Oriente. Recorrer el complicado laberinto urbano de la populosa ciudad, capital del antiguo y legendario reino de Siam, sobre todo desde el caudaloso río Chao Phraya, que la divide en dos, a bordo de las largas y estrechas embarcaciones con motor en forma de lanza, supone descubrir la grandiosidad de sus más de 400 templos, a cual más grandioso arquitectónicamente. El Wat Arun («templo del amanecer»), por ejemplo, centellea sus luces cuando cae el crepúsculo, y sus gigantescas cúpulas parecen precipitarse al agua, mientras un ordenado grupo de monjes budistas, ataviados con la típica túnica color azafrán, se disponen a elevar sus plegarias.

La arquitectura thai, como muchas otras manifestaciones artísticas, ha conseguido su personalidad, desmarcándose progresivamente de los grandes estilos de Oriente, tan próximos tanto en el tiempo como en el espacio. Los antiguos monumentos *sukhothai*, muchos de los cuales existen todavía, están basados principalmente en el estilo *khmer*, mientras que la influencia china se dejó sentir en la decoración ornamental, particularmente en el uso de pavimentos decorados, la exquisita porcelana, las elegantes estatuas de guerreros en actitud de constante vigilancia y toda clase de adornos que, en la arquitectura thai, adquieren una armoniosa apariencia.

Concepto religioso

Pero el ejemplo más característico de la armonía arquitectónica del arte thai, en cuanto al concepto religioso (budista) se refiere, es el impresionante complejo Wat Phra Kaew, que contiene el más alto número de maravillas escultóricas del mundo oriental, entre ellas el famoso Buda Esmeralda, pequeña estatuilla, realizada en jade de color verde, de apenas 65 cm de altura, hallada en 1434 en Chiang Ra. Después de varios traslados, en 1778 la figura regresó a Tailandia de la mano del monarca Rama I, y en 1784 abandonó la ciudad de Thonburi, para ser instalada en el interior de Ubosot, el templo sagrado que abriga a esta imagen, considerada unánimemente como la más valiosa representación de Buda en el mundo. Sus orígenes se pierden en la nebulosa de la leyenda; lo que sí parece cierto es que procede del legendario reino de Lanna, al norte de Tailandia, en donde comienzan los primeros contrafuertes montañosos del Himalaya, y por donde, a finales del siglo XIII, Marco Polo llegó a Siam como enviado especial del emperador Kublai Khan (1215-1294). Kublai Khan fue el primer gobernante mongol en convertirse formalmente al budismo, específicamente el budismo tibetano, gracias a la predicación del lama Drogön Chögyal Phagpa.

Dentro del Wat Phra Kaew podemos encontrar numerosos elementos del típico arte oriental: las campanas *chedis* (reproducciones en miniatura de las arrogantes construcciones de Borogudur, en la isla de Java, Indonesia); las estatuas chinas de piedra (que nos recuerdan al célebre hallazgo arqueológico de los guerreros de *Xi'an*, en *Shaanxi*, de la antigua dinastía Qin; 221-207 a.C.); hileras de *garudas*, *kinnaras* y espectaculares capillas en donde el perfume del sándalo nos traslada al misticismo oriental embriagándonos los sentidos...

Imágenes budistas, de todos los tamaños y formas, han dominado el arte thai en la escultura durante muchos siglos. Trabajando el bronce, el estuco, la piedra o la madera de teca, los artistas de Siam han sido los que más han contribuido a exaltar el arte budista.

Grandiosidad y esplendor

Al llegar al complejo monumental del Wat Phra Kaew —construido a finales del siglo XVII, en tiempos del monarca thai Rama III—, quedamos asombrados ante la grandiosidad y esplendor de las construcciones que se alinean en primer término; se trata de tres enormes templos budistas (Phra Mond-hob, Phra Sri Ratana Chedi y Prasat Phra Debidorn), pertenecientes a los tres grandes estilos del sudeste asiático: camboyano, birmano y thai (de Kampuchea, Myanmar y Tailandia, respectivamente), como respeto de la cultura de Siam hacia sus dos históricos vecinos.

Al contemplar la obra camboyana, o *khmer*, nos acordamos de inmediato del templo-montaña de Bayon en el conjunto de Angkor Thom. Este edificio sirve de biblioteca para guardar los escritos sagrados del budismo. Se trata de la obra arquitectónica más espectacular de todo el recinto del Wat Phra Kaew, pero su acceso al interior no está permitido.

Al lado tenemos el resplandeciente templo birmano. Se trata de una enorme estupa caracterizada por sus superficies lisas de un brillo dorado que marea, cuerpo central robusto y elevación en tramos segmentados, rematándose la obra en una aguja de piedra igualmente dorada. El edificio fue construido en 1855 por orden del monarca Rama IV. En su interior se conserva un fragmento del esternón de Buda. Esta construcción recuerda los templos de Ayutthaya, antigua capital del reino de Siam.

En el otro extremo se encuentra el templo thai, con planta que se insinúa en forma de cruz griega, en cuyo eje central se eleva la robusta cúpula, que abre paso a sus cuatro lados a tejados cuyos aleros descienden en niveles diferentes. Se trata de un edificio destinado a panteón real, construido en 1855 por orden de Rama IV. Su sucesor, Rama V, mandó albergar en su interior una estupa dorada de Rama IV. La tradición manda que este edificio albergue las estatuas de los miembros de la dinastía Chakri.

La grandiosidad del arte oriental alcanza en el complejo monumental del Wat Phra Kaew su cénit. En ningún otro lugar del mundo podemos encontrar sobre un mismo recinto un mayor número de testimonios arquitectónicos inspirados en la religión budista.

Pero la arquitectura thai cuenta con un interesante detalle escultórico que la define y caracteriza de las demás, siendo del todo significativo; nos referimos a la cola de serpiente que aparece esculpida en piedra o en madera de teca. La cobra era el animal sagrado de Siam, y tenía la virtud de bendecir el lugar con su presencia, al tiempo que favorecía las lluvias benefactoras durante los meses húmedos y, por lo tanto, velaba por la agricultura, la base de la vida y la economía thai. Por ello se representa en su forma más significativa: la cola erguida apuntando hacia arriba, mientras que la cabeza —aunque no se representa— se supone que mira hacia abajo, es decir, a la «madre» (*mae*) tierra.

En las estupas existen otros claros denominadores comunes que caracterizan a la arquitectura thai, como la forma escalonada de sus cúpulas, acabando en pequeñas pirámides, los orificios laterales a modo de alacenas (estanterías abiertas en el grosor de los muros) para albergar imágenes de Buda, y los accesos en descenso en el suelo, mientras un templete da cobijo al juego de campanas de bronce que, en los monasterios budistas, sirven para llamar a la oración y al recogimiento espiritual.

Imperturbable ambiente

Resulta verdaderamente conmovedor asistir a la ofrenda diaria protagonizada por un viejo monje «santón» inclinado frente a una estatua de Buda, en el interior de un templete sin paredes laterales, abierto por sus cuatro lados, ajeno totalmente al ruido del mundo exterior, imperturbable ante el acoso de turistas que no cesan de disparar sus cámaras con flash, intentando recoger imágenes del momento místico de la oración del monje. Pero ni el ruido forastero logra romper la paz espiritual del anciano, vestido con túnica blanca, en señal de aún más pureza.

A diferencia del Wat Phra Kaew, con sus más de dos millones de turistas al año, los templos de Chiang Mai, alojados en la zona antigua de la mítica capital del reino de Lanna y en las montañas, así como los de Chiang Rai, todavía más al norte, se caracterizan por su profundo aislamiento religioso; sus arquitecturas, levantadas en los siglos XIII y XIV, aunque no tan bien conservadas, son tan espectaculares como las del Palacio Imperial de Bangkok.

El Wat Phra Kaew y los parques históricos de Sukhothai y Si Satchanalai forman parte del Patrimonio de la Humanidad de la UNESCO desde 1991.

Glosario

Bodisatvas: Encarnaciones de las cualidades de Buda.

Chaityas: Templos budistas en los que la estupa es el centro de adoración de los fieles.

***Chedis* (*Phra chedi*)**: Estupas budistas del antiguo reino de Siam caracterizadas por su forma campaniforme con una aguja en la parte superior, compuesta por una semiesfera maciza con una torre en su parte más alta. En la arquitectura thai, el *chedi* y el *prang* no poseen la simbología de la montaña cósmica, sino que se limitan a ser relicarios o, en la mayoría de los casos, a tener una función decorativa. Por eso el templo thai necesita del *Bot*, lugar de adoración de los fieles y centro del templo, a diferencia del templo *khmer*, en donde la torre central es un recinto sagrado al cual no deben acceder los fieles, una cella.

Devaraja: Eje de la organización política del estado (según el mito del dios-rey) y su capital es una reducción del universo que tiene en el centro una montaña cósmica (Meru), representada por una pirámide escalonada con un santuario en la cúspide.

Estupa: Monumento funerario. Un tipo de arquitectura budista y yaina, concebida para albergar reliquias, cuyo origen puede relacionarse con los antiguos túmulos funerarios. En algunos lugares se conocen también como *chedi* o *dagoba*. Algunos investigadores remontan sus orígenes a tiempos del emperador Maurya Ashoka (siglo III a.C.), que concibió esta novedosa concepción arquitectónica dentro de un ideal cosmológico budista, aunque es muy probable que tenga raíces megalíticas (II milenio a.C.). Se trata, en definitiva, de un monumento funerario de peregrinación. Se dice que, al tratarse del más importante de la historia de la India, en una estupa se hubiesen contenido las cenizas de Buda. Puede contener reliquias o bien señalar el lugar donde están enterradas las cenizas sagradas. Arquitectónicamente hablando, la estupa es una construcción formada por cinco componentes: una base cuadrada, una bóveda hemisférica, una punta cónica, una luna en cuarto creciente y un disco circular; que se identifican con los cinco elementos del cosmos: tierra, aire, agua, éter y fuego, respectivamente. Las estupas tenían antiguamente la máxima importancia en el templo, debido a que contenían reliquias de Buda. Pero en Tailandia fueron perdiendo importancia paulatinamente, al empezar a albergar los restos de reyes y santos, lo que les convirtió en un memorial que se fue marginando en el templo. Pese a ello, en el Wat Arun, de Bangkok, mantiene su rango, y en Nakhon Pathom, el inmenso estupa de 98 m de diámetro y 118 m de altura se ha convertido él mismo en un templo. La característica esencial de la estupa es la inexistencia de espacio interno o que este sea muy reducido, es decir, un sagrario o una cella. Se trata de construcciones alargadas, debido a su simbología, la unión del cielo y la tierra. La estupa nepalí, antecedente del *chedi*, cumplía también la función de centro del mundo. Su ordenación arquitectónica es axial, todo el templo se articulaba a su alrededor.

Estupa de expansión: Así conocido el tipo de estupa que, en su larga evolución, conectó con las pagodas chino-japonesas, teniendo como punto de inicio la monumental estupa nepalí de Bodnath, que transforma el basamento tierra en cinco plataformas mandálicas y la *karmika* (balaustrada superior) es una pieza maciza que tiene grabados en sus cuatro lados los protectores ojos de Buda.

Garuda: Criatura mitológica en forma de semipájaro.

Higuera: A nivel simbólico, la higuera representa la ciencia religiosa. Para los budistas, la higuera perpetua de *Upanishad* y del *Bhagavad Gîtâ* es el árbol del mundo, que une la tierra con el firmamento estelar. Bajo las ramas de una higuera, Buda recibe la Iluminación. El Árbol de la Bodhi se identifica con el eje del mundo. Simboliza, además, la figura del príncipe Buda en la iconografía primitiva, y Buda se integra al eje en sus diversas formas.

***Kalachakra*:** Tantra conocido como «Rueda del Tiempo», que practican los yoguis adiestrados que en primer lugar deben iniciarse en la visión del «Buda Máquina del Tiempo» entrando en el palacio de esta divinidad Buda, cuya arquitectura está formada por una figura geométrica con cuadrados, círculos, símbolos y elementos arquitectónicos que le proporcionan una especie de diseño para alcanzar la forma tridimensional, lo que podríamos llamar mandala, una esfera de esencia.

***Kinarees*:** Esculturas de animales.

***Kinnaras*:** Esculturas mitad hombre y mitad caballo, que evocan a los centauros de la mitología griega.

Lama: Rama del budismo extendida en el Tíbet influida por las supersticiones locales de carácter eminentemente sacerdotal. Su fundador se cree que fue Pamasambhava, en el siglo VIII, creador de la primera comunidad de lamas y la escuela tibetana de budismo *Nyingma*.

Padmasambhava: También conocido como Guru Rinpoche, de capital importancia dentro del budismo tibetano, importador del tantrismo y fundador del primer monasterio en el Tíbet, de donde arrancó la orden *Nyingma*, que lo considera el «segundo Buda».

Pali: Lengua literaria que se desarrolló en Sri Lanka durante los primeros siglos de nuestra era, basada en la literatura de las escrituras budistas monásticas transmitidas hasta entonces por vía oral, memorizadas sistemáticamente y conservadas desde tiempos de Buda en una lengua parecida a la que se habla en la actualidad en la región de Magadha (provincia de Bihar), en el centro de la India.

Prang (*Phra prang*): Es la torre de los santuarios *khmers*. De la torre central, llamada *prasad*, toma el arte thai el modelo que le servirá para desarrollar el *prang*, del mismo modo que adoptó el naturalismo hierático en que se vio envuelta la escultura *khmer* en su evolución. En el aspecto funcional, el *chedi* y el *prang* se diferencian en que el primero es más pequeño y puede tener diversas funciones en un templo, mientras que el segundo es siempre de grandes magnitudes y solo se encuentra en los templos relacionados con la realeza. La techumbre piramidal, típica de la India, configura el templo con un ritmo ascendente; esta techumbre, formada por la superposición escalonada de basamentos, deriva del zigurat mesopotámico, y supone su misma simbología. Se trata del símbolo más primitivo de la montaña cósmica, de centro del universo.

Songkran: Festival del agua, que se celebra cada 13 de abril en diferentes ciudades de Tailandia para honrar a Buda en el fin de año. Los festejos se prolongan una semana. Es la fiesta del *Wan Sanggkhan Lhong*, que es cuando el Sol se halla a mitad de camino entre las constelaciones de Piscis y Aries. El significado espiritual de esta fiesta, además de la celebración de fin de año, es el proceso de limpieza y purificación, al tiempo que se expulsan todos los males, y poder comenzar el nuevo año con el agua como elemento purificador.

Tantra: Como categoría religiosa se refiere a los métodos de práctica espiritual, las formas de transformar el mundo ordinario en divino, tejiendo un universo iluminado en lugar de un dominio de sufrimiento. Son senderos hacia la realización, variedades tradicionales esotéricas. Es una de las tendencias del hinduismo contemporáneo y constituye, al mismo tiempo, la práctica principal en todas las escuelas del budismo tibetano. En el budismo, el tantrismo se conoce como «la vía rápida» o «el vehículo del resultado». Los textos que recogen las enseñanzas del tantra (llamados *Tantra*) están escritos en clave simbólica, en forma de poemas, lo que dificulta su comprensión sin la ayuda adecuada. En el hinduismo, a menudo son redactados como un diálogo en el que el dios Shiva responde a las preguntas de su esposa Dev.

Theravada: Ideología budista dominante en Tailandia, que no admitió otras corrientes religiosas o filosóficas, incluyendo al sincretismo *khmer*, razón del esplendor artístico del antiguo reino de Siam.

Wat: Templo. La palabra *wat* (o *vat*) se daba antiguamente a cualquier monumento en Indochina. Actualmente, su sentido se restringe a los conventos budistas. El estudio de la arquitectura tradicional tailandesa queda prácticamente restringida a los *wats* por dos razones: porque es la construcción más importante de la arquitectura thai y porque no se conservan apenas muestras de la arquitectura civil.

La planta del *wat* tailandés deriva de la planta *khmer* primitiva. El recinto tiene la ordenación de un microcosmos, pero esta ordenación se hace solo a nivel simbólico, no tiene un rigor espacial como lo tuvo en el período de plenitud del arte *khmer*. Lo sagrado no es el templo, sino la tierra sobre el que se levanta, y, al mismo tiempo, el santuario es la montaña cósmica, nexo de unión entre el cielo, mundo espiritual, y la tierra... Los estanques y las diversas dependencias del recinto simbolizan las montañas, los lagos. La montaña cósmica es el centro del mundo, como en todas las representaciones simbólicas de todos los pueblos, desde el tótem al zigurat, pero normalmente no está en el centro geométrico del monasterio. No existe una lógica simbolista en la ordenación, sino una normativa debida a la tradición.

El recinto *wat* consta de dos muros, el que circunda la llamada «ciudad de los monjes» y otro más amplio que contiene al primero y a los edificios auxiliares del monasterio. El santuario propiamente dicho se llama *bot*. Consta de un espacio único, compuesto por una nave alargada que abre su puerta de acceso en un extremo, y en el opuesto las figuras sagradas. Normalmente es un espacio totalmente cerrado, pero si es muy grande tiene ventanas laterales y columnas a ambos lados. Cuando esto sucede se adosa también un peristilo externo al *bot*.

Wiharn: Es el homólogo del *bot*, pero destinado a los laicos (aunque hoy en día el *bot* ha perdido su carácter de cella y los fieles pueden penetrar en él). El *wiharn* contiene normalmente diversas estatuas de Buda. Su decoración, salvo en casos excepcionales, es menos rica que la del *bot*. Los *wiharnthits* son recintos típicos de los grandes monasterios que sustituyen a las puertas en los muros exteriores y en los claustros en forma de antesala. En el *Wat Po* de Bangkok vemos abundantes muestras de *wiharn*.

Yakshas: Demonios guardianes gigantes.

Zen: Así conocida la rama japonesa del budismo *mahayana*, a través de la cual el adepto puede encontrar la iluminación por la vía más directa, y admitiendo solo bajo tal condición los estudios. La ceremonia del té, la cerámica, el arreglo floral, las artes marciales y, sobre todo, el tiro con arco, son las aplicaciones por excelencia del zen.

HINDUISMO

El término «hinduismo», aunque reciente (siglo XIX), tiene un origen árabe; se creó para unificar lo que antes se percibía más bien como un conjunto de religiones, sistemas religiosos o incluso «puntos de vista» religiosos, y significa, ni más ni menos, «religión india», es decir, religión en la región india. Abarca una gran variedad de formas e instituciones religiosas, entre las que debemos citar el budismo y el jainismo. El término «hinduismo» se utiliza también de una forma más restringida para referirse a las formas de religión india que están de acuerdo con la autoría divina de los antiguos *Vedas*, alejándose de lo que hacen referencia los budistas y jaimistas. Siguiendo esta última acepción, tenemos que referirnos como «hinduistas» a los religiosos indios no budistas y no jaimistas, a pesar de que los distintos grupos de quienes creen en Shiva, Visnú, Indra o Brahma no utilizan dicho término para sí mismos.

Todo se gestó a partir de una «revelación primordial» (*shruti*) que, en cierto modo, ya llevaba el germen de algunos de los desarrollos posteriores. El hinduismo se ha constituido como un conjunto doctrinal vivo y multiforme, ritual y devocional.

En cuanto a las escrituras *Mahayana* («gran vehículo»), debemos decir que surgieron en la India en torno al siglo I a.C., empezando por el texto sobre sabiduría trascendental, aunque no sabemos a ciencia cierta las fechas exactas. Cuando se llevaron a cabo las traducciones a gran escala de estos sagrados libros al chino, a partir del siglo IV, dieron lugar a miles de textos (aproximadamente el equivalente a unas cincuenta Biblias, además de una vasta literatura sánscrita muy parecida a la recopilación pali de las Escrituras).

El punto básico reside en el hecho de que las enseñanzas tibetanas de los «estadios de la senda de la iluminación» no pueden clasificarse simplemente como enseñanzas exotéricas o graduales, lo opuesto a enseñanzas esotéricas o místicas. El género de la «senda de la iluminación» evolucionó hacia el contexto apocalíptico o tántrico, en el cual los estadios de la vía fundacional se hallan condensados y centrados en la preparación de la entrada en el «vehículo tántrico». Del mismo modo, las «prácticas preliminares tántricas» se reducen a postraciones, purificaciones, ofrendas, etc., si bien su especial contexto y las visualizaciones que le acompañan lo convierten en postraciones tántricas, etc.

La perfección se alcanza tras practicar los tres senderos del hinduismo. El *Karma-marga* es el sendero de la acción, el camino para cumplir la ley brahámica y el más antiguo. Consiste en seguir las tradiciones, realizar sacrificios y leer las escrituras sagradas. El *Jnana-marga* es el sendero del conocimiento, el camino reservado a los brahmanes, en el que pretenden separar el alma con el mundo material en donde se encuentra prisionera. Con esta gran experiencia personal se busca un conocimiento metafísico y místico superior. Por último, el *Bhakti-marga* es el sendero de la devoción y del amor.

El *Ayurveda*

El *Ayurveda* o Ciencia de la Vida es el más antiguo y famoso sistema indio de medicina natural. Considerada como un complemento del *Atharvaveda*, la sabiduría del *Ayurveda* nos enseña que cada uno de nosotros posee una constitución específica, que es la que debe guiarnos a la hora de escoger el tipo de alimentación, el ritmo de trabajo, la forma de descansar, etc. El *Ayurveda* considera al ser humano como una totalidad. Por consiguiente, el diagnóstico, la curación y la prevención de enfermedades son contemplados desde el punto de vista holístico.

La medicina oriental se inició hace unos cinco milenios, basándose fundamentalmente en el principio de la naturaleza como fuente primordial de vida, alrededor de la cual los monjes mantienen inalterables las tradicionales formas de tratamiento natural. Los resultados obtenidos son verdaderamente extraordinarios.

Benarés es la meca de los hindúes y de los budistas. Es también la cuna de la ciencia médica *Ayurveda*. El College of Medical Sciences de esta ciudad es uno de los centros en los que, a petición del Ministerio de Sanidad de la India, se trabaja seriamente desde hace treinta años en la aplicación de los conocimientos de las viejas ciencias a la medicina moderna. Ello no es tarea fácil, ya que el *Ayurveda* es una ciencia médica que considera toda la vida, incluso la humana, como un agregado de diversas partes. La profilaxis o la etología son consideradas partes integrantes del mismo valor, dentro de la terapéutica de conjunto.

La finalidad del *Ayurveda* es mantener o restablecer un estado de equilibrio en las células corporales y en el alma. Aquel que quiera estudiar el *Ayurveda* en la India debe haber aprobado previamente un examen médico y dominar el sánscrito. Para todas las disciplinas terapéuticas y consideraciones resulta decisiva la teoría de los tres *doshas*.

El equilibrio del cuerpo

Los *doshas* deben interpretarse como elementos biológicos de los organismos vivos a los que se atribuyen determinadas funciones y características físicas. Si los tres *doshas* se mantienen en equilibrio, el organismo está sano. Las alteraciones de este equilibrio significan enfermedad.

Los nombres de los tres *doshas* son *Vata*, *Pitta* y *Kapha*. Sus funciones y propiedades suenan a nuestros oídos como una serie de adjetivos y sustantivos sin ordenación alguna. Pitta, por ejemplo, tiene características como: ligero, graso, animado, caliente, frívolo, maloliente, fluido, líquido. Cuando *Pitta* disminuye, aparecen trastornos (ardores, sofocaciones, mareos, hemorragias, hemorroides, etc.). Las coloraciones roja y amarilla son asimismo una consecuencia de la deficiencia de *Pitta*. A *Vata* se le atribuye la responsabilidad de todos los movimientos del organismo. *Kapha* brinda al cuerpo fortaleza, resistencia y energía. Se trata de tesis cuyas raíces nacen en la combinación de los cinco elementos (tierra, aire, agua, éter y fuego). El hombre es una unidad compuesta de materia, espíritu y alma. Esta unidad es, a su vez, parte integrante de un universo mucho mayor.

El poder de la palabra

La potencia curativa de la palabra, formulada en encantamientos, aparece en los papiros egipcios, en los rituales de los médicos-sacerdotes caldeos, en los *Vedas* de los hindúes y en el *Avesta* de los iraníes. En un viejo manuscrito azteca anterior a la conquista española, el *Códice Borgia*, se atribuye la enfermedad a distintos demonios, cada uno de los cuales domina un órgano o una zona del cuerpo humano; para vencerlos, están los encantamientos adecuados. Algo similar ocurría en la antigua China y hasta la propia Iglesia medieval admitía el exorcismo para vencer la enfermedad o, por emplear su terminología, la posesión.

De acuerdo con la enseñanza sánscrita, en el tantrismo el sonido externo de la voz nace del centro secreto del hombre en forma de una esencia sonora que pasa por tres fases vibratorias antes de ser audible:

para, *pashyanti* y *madhyama*. Según esta concepción tántrica, emitido en forma sutil, el sonido se convierte en una de las cuarenta y seis letras del alfabeto sánscrito, diferenciándose (en la forma) de una energía de origen inconcreto y de la cual puede percibirse el sonido básico humano, es decir, el gran mantra de los hindúes, el *Pranana*.

Este sonido, según aquellas esotéricas enseñanzas, se transforma por los *nadis*, es decir, las arterias del cuerpo humano. El prana o principio vital, junto con los *nadis*, constituye un sistema circulatorio análogo en su estructura al de la circulación sanguínea, con la sola diferencia de que no es cerrado, sino que establece una comunicación entre el prana de los demás hombres y el prana cósmico, comunicación que precisamente se establece a través de la palabra.

En el yoga, los mantras son combinaciones fonéticas cuya sonoridad produce en el yogui, al despertar del trance, ciertas fuerzas capaces de excitar sus centros vitales o, por el contrario, aletargar dichos centros o sus actividades fisiológicas.

La moderna medicina occidental, a través del psicoanálisis y de la psicosomática, hace tiempo que se viene interesando por estas cuestiones. La periodista francesa de origen argelino Marie Cardinal (1929-2001), a través de su obra *Les mots pour le dire*, incidió magistralmente la cuestión del poder curativo de la palabra. Esta singular novela, con tintes de autobiografía, a modo de viaje interior, relata con verídicos y conmovedores acentos cómo su autora, cansada de visitar tocólogos en busca de solución a sus trastornos, que la sometían a una menstruación constante, visita finalmente a un psicoanalista. Física y moralmente desamparada, al borde la locura, la mujer revive su pasado en una angustiosa búsqueda del equilibrio. La terapia analítica que aparece en las páginas de este libro nada tiene en común con las fórmulas trivializadas que ha popularizado el cine americano. Se trata de algo mucho más profundo, de una implacable densidad humana, en esta confesión entrecortada donde, precisamente, la mayor dificultad de la enferma es encontrar las palabras para decirlo, esas palabras que, cuando finalmente son expresadas, tendrán la mágica virtud de curarla.

«Al principio era el Verbo», dicen las Sagradas Escrituras. En todas las mitologías, de una forma u otra, el mundo aparece creado por la palabra. El caos se interrumpe cuando a cada cosa y a cada ser le es dado su nombre. El hombre, por medio del conjuro en la magia y por medio de la oración en las prácticas religiosas, se pone en contacto con la divinidad, con las fuerzas del cosmos, que diría el tantrismo.

Refiriéndose al papel fisiológico de la palabra en general y de la plegaria en particular, el biólogo, médico, investigador científico, eugenista y escritor francés Alexis Carrel explica: «Según Santo Tomas, Dios solo actúa en el hombre por intermedio de la fisiología, es decir, bajo el aspecto particular que esta revela en la materia viva. ¿Cómo es que la oración de cierta calidad y de ciertos individuos produce milagros? Existe un estado especial del organismo ligado a la oración. Esta oración produce efectos sobre este organismo tales como las curaciones realizadas por los santos, curaciones cuya realidad puede considerarse en nuestros días como cierta. La reconstrucción instantánea de los tejidos no se ve jamás en estado natural. Existen, pues, mecanismos fisiológicos que no se ponen en acción más que bajo la influencia de la oración, y no solamente de la oración del sujeto, sino por la de un sujeto colocado a distancia…».

Angkor, el laberinto de Oriente

En plena jungla de Kampuchea (Camboya) se encuentra el templo hinduista más importante de Asia y, por su magnitud y extraordinario carácter, único en el mundo. Se trata de Angkor, capital del legendario pueblo *khmer*, un centro arqueológico arrebatado a la selva virgen gracias a los trabajos de excavación llevados a cabo en la década de los treinta del siglo pasado por arqueólogos franceses, dirigidos por Henri Marchal (1876-1970), arquitecto y arqueólogo parisino que dedicó toda su vida a este singular yacimiento. Gracias a sus trabajos hemos podido conocer la grandeza de esta cultura, un pueblo enigmático, perdido en la nebulosa de la historia. Los palacios, terrazas, templos, plataformas, arcadas, avenidas interminables flanqueadas de esculturas y jardines con lagos de Angkor son, en cuanto a su magnitud y hermosura, tal vez los monumentos más sobresalientes y artísticamente acabados de la antigüedad oriental. No sin razón se ha apodado a Angkor «la octava maravilla del mundo».

Angkor, considerada como la construcción religiosa más grande hecha por el hombre, ocupa casi 100 km^2 de superficie, y estaba salpicada de templos, santuarios, casas, canales de riego y terrazas. Hay quien piensa que, hacia el año 1000 a.C., debió ser la mayor ciudad del mundo, pues en su trazado urbanístico pudieron haber habitado medio millón de personas.

Antaño se llegaba a esta monzónica región viviendo de Saigón, por medio de una compañía de navegación, las Messageries fluviales de

Cochinchina, que, tras un día y medio de navegación, depositaba a los viajeros en Pnom-Penh. Embarcaban entonces en piraguas que los conducían a Siem Reap, en donde carretas de bueyes los llevaban a Angkor. Actualmente, los visitantes sobrevuelan en avión las impresionantes ruinas semiocultas por la vegetación y llegan no lejos de Angkor Wat, el más imponente de los templos, cuyos santuarios han sido tomados nuevamente por los monjes budistas, cuyas brillantes túnicas anaranjadas contrastan con las milenarias piedras. Angkor es un complejo arquitectónico de piedra de granito y ladrillo que desempeña al mismo tiempo varias funciones: religiosa-administrativa y, en cierto modo, también funeraria.

Los documentos *khmeres*, escritos en pieles de animales, no han resistido el paso del tiempo, y toda la información que hoy disponemos de Angkor procede de relatos chinos, musulmanes o hindúes. Estos datos dan cuenta de que el fundador de Angkor fue Jayavarman II. Era adorador del dios hindú Shiva, e impuso el culto del rey-dios, afirmando estar dotado de la energía creadora de Shiva. Cada uno de los reyes que le sucedió se hizo construir un templo especial para alojar su *lingam*, el símbolo fálico de su autoridad.

Angkor Wat, el más imponente

La cultura *khmer* alcanzó su cénit con el palacio funerario de Angkor Wat, el más importante y primero de los templos que aparecen a los visitantes, pero en realidad el último en cronología de la serie de monumentos. Se trata de un templo funerario de Jayavarman II, el monarca que ordenó su construcción a comienzos del siglo XII. En realidad, es un templo dedicado a Visnú, el dios hindú con cuatro brazos, frecuentemente representado llevando un loto que florece en su ombligo. Brahma sale de él, para proceder a la creación. Visnú se transformará después en el curso de diez metamorfosis. Cuando se produzca la última, Visnú devolverá a los hindúes la pureza de la edad de oro.

El templo propiamente dicho, construido en granito oscuro en la cima de una amplia escalinata, reflejándose en la transparente agua de los estanques, está formado por un conjunto de galerías que se recortan en ángulo recto bajo las torres y que se interponen en su parte central y en los ángulos por vestíbulos. Todas estas galerías están decoradas con esculturas relacionadas con la mitología hindú, escenas extraídas del *Ramayana*.

En el último piso del templo, en la cima de una escalinata de vértigo, se eleva un santuario rodeado de una galería con cuatro torres, cada una en ángulo. El santuario propiamente dicho está vacío. Dedicado al budismo, conserva algunas de sus representaciones. En el siglo XV fue saqueado por gentes del reino de Siam, que buscaban tesoros inútilmente, puesto que allí las únicas riquezas eran inmateriales: el recogimiento y la oración.

Angkor Wat está considerada como una de las obras cumbres de la arquitectura de todos los tiempos, culminación del arte *khmer* e hindú, ya que es el templo más grande, perfecto e imponente de la técnica india, que solo aboveda en voladizo y con las falsas cúpulas piramidal y curvilínea. En sus detalles se adivina un refinamiento extraordinario. Esta combinación de ideas titánicas con una iconografía de la más exquisita calidad resulta fascinante.

Misterios pendientes entre las piedras

Pocos centros arqueológicos han merecido tantas alabanzas por los viajeros de todas las épocas como las impresionantes ruinas de Angkor Wat. «La ciudad es de construcción maravillosa, posee una solidísima muralla de piedra de cuatro leguas de perímetro, tiene cuatro brazadas de espesor y cinco de altura. Las casas son de piedra, muy bellas, distribuidas en calles con mucho orden. Se ven muchas fuentes y canales para la limpieza y, de trozo en trozo, se levantan pagodas gigantescas…». De este modo describieron los misioneros españoles Marcelo de Ribadeneyra y Gabriel de San Antonio cuando, en 1594, descubrieron la ciudad de Angkor entre la espesura de la jungla camboyana.

A finales del siglo XIX, el romanticismo cedió paso a la ciencia en Angkor. En 1880, el alférez de navío francés Louis Delaporte publicó *Voyage au Cambodge*, considerado como el primer manual de arqueología sobre la civilización *khmer*. Pero no sería hasta 1907 que la Escuela Francesa de Extremo Oriente decidió descubrir sistemáticamente las ruinas, liberar a los templos de la vegetación que los oprimía y reconstruir los monumentos, llegando hasta el extremo de marcar con señales los ladrillos o las piezas nuevas que se debían colocar en el lugar, a fin de diferenciarlas de los materiales de origen.

El primer conservador de Angkor, Jean Commaille, publicó en 1910 *La guía de las ruinas de Angkor*, y rescató el templo de Angkor Wat de la selva. A partir de entonces, los arqueólogos franceses —Henri Marchal y sus sucesores— han sido los grandes protagonistas de este espectáculo de piedra que hoy nos enmudece al contemplarlo. Al pasear entre las ruinas, por todas partes se respira el aliento que motivó el espíritu arquitectónico de estas construcciones. En la jungla de Kampuchea se esconde el corazón mismo de los orígenes del brahmanismo, y es en Angkor en donde mejor se comprende la religión de la India. Como se sabe, la élite *khmer* consiguió crear un estado teocrático basado en principios filosófico-religiosos de origen hindú; el rey era la personificación de la divinidad, la ciudad, la del universo, y el orden social, la del orden cósmico. Esta concepción ideológica implicaba un acercamiento muy estrecho entre el mundo religioso y el civil.

Angkor es mucho más que una ciudad legendaria que lucha entre la vida y la muerte contra la selva devoradora; en su interior late la fuerza de una cultura —la *khmer*— que triunfó en el sudeste asiático durante cinco siglos. Los arqueólogos tienen la responsabilidad de desvelar sus inmensos tesoros, todavía ocultos.

Glosario

Ammavaru: Antigua diosa que existió antes del comienzo de los tiempos y puso el huevo cósmico, del que surgieron los *Trimurti*.

Baladiitya (Sol Naciente): Antepasado de las dinastías angkorianas.

Brahma: Literalmente, «evolución», o «desarrollo», en sánscrito. Es el dios del Universo y miembro de la *Trimurti*. Brahma surgió de una flor de loto que flotaba en el océano del ombligo de Visnú durmiente. Casado con Saravasti. Las cuatro cabezas como se le representa simbolizan los cuatro libros *Vedas*.

Brahmanes: Los sacerdotes de la antigua sociedad india, mediadores entre los humanos y los dioses en el mundo védico, que presidían el ritual de sacrificio, que constituía el principal canal de comunicación con lo divino. Los brahmanes advertían a las mujeres que las esposas que desobedecían a sus maridos se reencarnarían en chacales.

Brahmapura: Legendaria ciudad situada en la cima del monte Meru.

Chandrama: Dios de la Luna, fundador de la dinastía Chandella, creador de los extraordinarios templos eróticos de Khajuraho.

Devadasis: Mujeres expertas en las artes amatorias. Tener una experiencia sexual con ellas suponía una ofrenda que se hacía al dios, siempre y cuando se pagara al sacerdote una cantidad estipulada previamente.

Garbhagriha: Capilla del Dios, orientada siempre hacia el Este.

Gupta: Dinastía principesca hindú, que alcanzó un notable impacto y difusión socio-cultural en la India, así como en todo el sudeste asiático. Lo curioso es que, a pesar de ser hinduistas, permitían que el budismo se mantuviera como la religión oficial, creando universidades budistas. Sin embargo, el hinduismo dotará a sus imágenes de un calor humano.

Hanuman: El dios mono.

Indra: Se corresponde con la divinidad babilónica Marduk. Es el dios de la Tormenta y de la Lluvia.

Janaka: Título que recibieron los cincuenta y siete monarcas de la dinastía del reino de Mithila.

Janapadas: Oligarquías gobernados por gremios.

Kamasutra: Antiguo texto hindú que trata sobre el comportamiento sexual humano. Está considerado como el trabajo básico sobre el amor en la literatura sánscrita. Su autor fue Vatsiaiana Mallanaga, que lo escribió en el período Gupta (entre el 240 y el 550). El título completo de la obra es *Vatsyayana Kama Sutra* («los aforismos sobre la sexualidad de Vatsiaiana»). Este singular libro, obra fundamental de la literatura religiosa india, escrito sin pasión, en estado de castidad y concentración espiritual, está compuesto por 36 capítulos que versan sobre 7 temas, escritos por un experto en los diferentes temas. Todas las escenas están artísticamente esculpidas en numerosos templos hindúes, entre ellos el de Virupaksha. Para el hinduismo, y más concretamente para el tantrismo, el acto sexual es el que más nos acerca a la comprensión de la divinidad. Imitando lo divino, repitiendo a la naturaleza, mediante el acto sexual hombre y mujer participan del ciclo de la vida, haciendo del mismo un deber religioso. Los hindúes veneran el *lingam* y el *yoni*, formas escultóricas que representan, respectivamente, la igualdad de las fuerzas generativas masculinas y femeninas.

Karma: De origen sánscrito, el karma es una energía trascendente —de carácter invisible y de amplitud inmensurable— derivada de los actos de las personas. Por ello, nuestros actos en esta vida marcarían nuestras siguientes reencarnaciones. El karma se interpreta como una «ley» de dimensión cósmica de retribución, o de causa y efecto. La creencia en el karma impedía que las mujeres renegasen de su suerte; la doctrina de la transmigración de las almas les prometió la posibilidad de un retorno como hombres. Según esta doctrina, las personas tienen la libertad para elegir entre el bien y el mal, pero también tienen que asumir luego las consecuencias derivadas de una desacertada decisión.

Kchatrya: Casta de los guerreros indoarios, basada en una nobleza que tenía los métodos militares como base sociocultural.

Khajuraho: Población del distrito de Chhatarpur, estado de Madhya Pradesh, en la India central, famosa mundialmente por sus templos sagrados, con figuras de los Nagara, de contenido erótico-tántrico. Los templos fueron construidos por la dinastía Chandella. El más suntuoso de ellos es el templo Kandariya Mahadeo, dedicado a Shiva. Luego es el de Chausath Yogini, dedicado a los sesenta y cuatro criados de la diosa de la Muerte, y el de Chitragupta, donde se venera la imagen del dios Sol. Hay quien dice que estos templos son réplica de las cumbres del Himalaya, donde viven algunos de los dioses de la mitología hindú.

Krishna: Dios.

Mandala: Estructura que transmite estados cíclicos en constante movimiento y rotación en torno a un eje central. Tienen su origen en la India, y su relación con el mundo cristiano la vemos en los rosetones de los templos románicos y góticos.

Mandapa (*Jagamohan*): Sala de oración destinada a los fieles.

Manu: Según la mitología hinduista, Manu es el nombre del primer ser humano, el primer monarca del mundo, salvado del diluvio universal. Llamado Vaisanta, hijo de Vivasuat (o Suria, dios del Sol) y de Saraniu. En sánscrito, *manu* proviene de *manas*, «mente pensante», «inteligente». Manu fue dotado de una gran sabiduría y dedicado a la virtud, y fue progenitor de una dinastía. A él le debemos el *Código de Manu*, realizado en el 300 a.C., donde leemos: «Una esposa fiel ha de servir a su señor como si fuese un dios, y nunca deberá causarle dolor, cualquiera sea su condición, aunque esté desprovisto de virtud alguna».

Meru: La montaña sagrada, el olimpo del hinduismo, situada en medio del universo.

Mithila: Mítico reino hindú, en la frontera con Nepal, con quien comparte el territorio. Mithila se encuentra en Janakpur, en el distrito de Dhanusa, en Nepal. También formó parte de la historia de la India, durante el primer milenio. La referencia literaria más importante acerca de este reino la leemos en el Ramayana. Es mundialmente conocido el arte tradicional de Mithila formado por figuras que recuerdan mucho al arte *naïff*.

Mudra: Tanto para el budismo como el tantrismo, un *mudra* es un gesto considerado sagrado para quienes lo realizan, efectuado tanto con las manos como con los brazos. Hay veinticuatro *mudras* en el hinduismo y también en la meditación budista, así como en el yoga hindú; estos movimientos forman parte, por lo tanto, de tales iconografías.

Nagaras: Templos hindúes del norte de la India.

Nirvana: Filosofía *shramánica*. Es el estado de liberación tanto del sufrimiento (*dukkha*) como del ciclo de reencarnaciones, y suele alcanzarse mediante diferentes prácticas y técnicas espirituales.

Palanquín: Especie de litera sin patas, usada en la India para transportar ídolos, a la nobleza, a la realeza y a las novias.

Rada: El alma individual.

Rama: Es el séptimo avatar (descenso de Dios) de Visnú, que nació en la India para librarla del yugo del demonio Rávana. Actualmente, Rama es la divinidad más popular de la India.

Ramayana: Texto épico atribuido al escritor Valmiki, realizado en el siglo V a.C.; está compuesto por 24 000 versos, divididos en 7 volúmenes. Esta obra ha ejercido una notable influencia en la literatura india.

Sánscrito: Antigua lengua de los brahmanes, que sigue siendo la sagrada del Indostán. Es una lengua indoeuropea relacionada con el griego y el latín.

Saravasti: Diosa del Conocimiento.

Sati: Así llamado al ritual hindú que empuja a la viuda a quitarse la vida para acompañar en el Más Allá a su esposo difunto. En nuestros días, es el marido quien prende el fuego de la hoguera, con el cuerpo de su esposa fallecida, en señal de dolor.

Savriti: La hija del dios del Sol.

Shiva: Dios destructor en la modalidad de la ignorancia, señor de la destrucción y de la fecundidad y miembro de la *Trimurti*.

Smrti: Textos sagrados, no revelados directamente por Dios sino transmitidos de forma empírica.

Soma: El dios de la Luna.

Srirangam: Ciudad santuario del sur de la India, en cuya realización vemos mejor respetado el urbanismo sagrado de los siete recintos concéntricos. El templo principal está dedicado a Visnú.

Taj Mahal: Mausoleo conocido como «Corona de la corte», situado en la ciudad de Agra (estado de Uttar Pradesh), al norte de la India. Fue construido entre 1631 y 1648 por orden del monarca Shah Jahan, en homenaje a la favorita de la corte, la emperatirz Arjumand Banu. La monumental obra, levantada a orillas del tímido curso del Yamuna, fue realizada en arenisca roja y mármol blanco traído de las lejanas canteras de Makrana, en Rajasthan, y necesitó la participación de 20 000 obreros. La planta del jardín respeta el típico urbanismo mogol *chahar bagh*, caracterizado por sus canales, fuentes y parterres, mientras que el edificio en sí recuerda al palacio Hast Bihist. Se trata del más bello ejemplo de la arquitectura mogola, en donde se combinan armoniosamente elementos del arte islámico, persa, hindú y otomano. Esta impresionante conjunto de edificaciones y jardines forma parte del Patrimonio de la Humanidad de la UNESCO desde 1983, además de haber sido nombrado una de las siete maravillas del mundo moderno.

Trimurti: Término sánscrito que hace referencia a las tres divinidades principales de la mitología hindú: Brahma, Visnú y Shiva.

Vedas: Poemas épicos que contienen complejas nociones religiosas y filosóficas. El *Rig-Veda* es el poema épico más antiguo de la India, el cual tiene atisbos de la cultura existente antes de la llegada de los guerreros arios (creadores del alfabeto arameo, una rama del semítico) y de la escritura alfabética. En sus páginas se hace referencia al papel de la mujer en la sociedad hindú: «Durante su infancia, la mujer deberá depender de su padre; durante su juventud, de su marido; si su marido muere, de sus hijos; si no tiene hijos, de los parientes de su marido... Una mujer jamás debe gobernarse a su guisa».

Vimana: El sanctasanctórum de los templos hindúes.

Vishú: Dios preservador en la modalidad de bondad, señor de la conservación y miembro de la *Trimurti*.

Vitras: Era la diosa babilónica Tiamat, representada por una serpiente de agua enroscada, madre primigenia que domina las aguas cósmicas.

Yantras: Expresión india utilizada como recurso para la meditación en el sentido propio, las imágenes contenidas dentro del mandala.

4
EL MUNDO MEDIEVAL

> «Al acercarse el tercer año que sigue al año mil, gran parte de Occidente se puso en marcha para construir y reconstruir sus templos en honor al Altísimo. Se hubiera dicho que el mundo mismo se sacudía para despojarse de su vetustez y se vestía por todas partes de un blanco manto de iglesias y capillas».
>
> RAOUL GLABER

VIKINGOS

Cultura característica de la Alta Edad Media del norte de Europa, los vikingos eran pueblos de gente ruda e indómita, grandes navegantes, en cuyos barcos —*drakkars*— surcaron el Atlántico, el Báltico y remontaron los ríos de toda Europa Occidental, alcanzando incluso Islandia, Groenlandia y América del Norte, y, por el Mediterráneo, la isla de Sicilia, donde construyeron grandes catedrales, monasterios e iglesias.

Pero la historia nos ha legado otra visión del pueblo vikingo distinta a la de su aureola destructiva. Las sagas que recrean el misticismo de estos rudos guerreros nos muestran, a través del patrimonio de obras conservadas, que se trataba de una civilización digna de compararse con las más grandes. «Fue maestra en las técnicas, no solamente aplicadas a los objetos usuales, sino también a la legislación y a la organización material y política», comenta el profesor Régis Boyer.

El 24 de junio (festividad de San Juan Bautista) del año 842, Nantes (Francia) estaba llena de peregrinos y fieles, llegados de la campiña para celebrar esa jornada cristiana, particularmente sentida por Carlos II *el Calvo*. De repente, sesenta y siete navíos se perfilaron en la desembocadura del Loira, y antes de que nadie hubiese tenido tiempo de lanzar la alarma, una bandada de guerreros se lanzó sobre la ciudad, invadió las plazas, recorrió las calles, penetró en las iglesias y en las casas. El obispo fue entre los primeros en ser asesinado, junto a cientos de ciudadanos. El 28 de marzo, tres años después, en París se celebraba la Pascua de Resurrección. Esta vez, el rey Carlos tuvo tiempo de preparar dos ejércitos, colocándolos para preservar ambas orillas del Sena. Los guerrilleros remontaron el río y atacaron el primer contingente, aniquilándolo: ciento once soldados francos fueron ahorcados en una pequeña isla del Sena, bien a la vista, frente al otro contingente, causando el pavor entre sus compatriotas. Los invasores entraron en París y la saquearon sin encontrar demasiada resistencia.

Así fue como Europa conoció a los vikingos y los retuvo en su memoria durante mucho tiempo: un pueblo de corsarios venidos del norte para saquear ciudades, arrasar abadías y conventos y degollar cristianos.

Pero tenemos otro dato que resulta algo sorprendente. Sabemos que el caudillo vikingo Rolf Viandante intentó en 911 apoderarse de la ciudad de Chartres, empleando el acostumbrado sistema de táctica de sorpresa. Falló, pero llegó a establecer un trato con el rey de Francia, Carlos III *el Simple*, haciéndose asignar una importante porción de tierra del canal de la Mancha, ocupándola definitivamente con contingentes de compatriotas, que rápidamente se fusionaron con la gente del lugar. El nuevo Estado no se llamó Vikingia, sino ducado de Normandía y se transformó en la patria de aquellos famosos normandos («hombres del norte») que conquistaron luego Inglaterra —como veremos más adelante— y extendieron su dominio hasta Sicilia.

La mayor parte de los historiadores inician la saga vikinga a comienzos del siglo IX, hacia el año 800, con el ataque de la abadía de Lindisfarne, situada en la costa este de Inglaterra, coetáneamente a la coronación del emperador Carlomagno, y finaliza con la batalla de Hastings en 1066, por la que Guillermo, conde de Normandía —descendiente de vikingos— conquista Inglaterra, venciendo al monarca Harold II.

En la primera etapa (finales del siglo VIII y comienzos del IX) ya habían llegado al archipiélago británico, alcanzando inmediatamente Irlanda. Después de causar el terror en gran parte de Francia, remontando los cursos de agua (Loira y Garona), por el Sena llegaron a París, ciudad que sitiaron entre 885 y 886. También fueron célebres los combates con la España califal, donde fueron frenados —según las sagas— a las mismas puertas de Córdoba, remontando el Guadalquivir. Precisamente en el interior del Parque Nacional de Doñana se hallaron interesantes testimonios de los vikingos. Tampoco nuestras costas gallegas se libraron de esta pesadilla.

Buena parte del esfuerzo aventurero de los vikingos se concentró en los territorios atlánticos, desembarcando en las islas Faeroe, Islandia y

Groenlandia. El aspecto menos conocido de la aventura vikinga son sus viajes hacia Oriente, en los que arribaron a Rusia, cruzaron los países germánicos y llegaron a Bizancio y Bagdad.

A partir del año 900, un puñado de hombres, que nunca sobrepasó las 20 000 personas por expedición, estuvo en todos los rincones del continente europeo. Durante la primera mitad del siglo XI, el fenómeno adquirió un carácter distinto: el viejo continente estaba cambiando y fue capaz de organizarse para hacer frente a estos depredadores, tras las expediciones militares llevadas a cabo por los monarcas daneses Svein y Knutr *el Grande*, que intentaron asegurar su supremacía sobre el conjunto de los países escandinavos e Inglaterra. Recordemos que los cuatro países escandinavos también habían cambiado; estaban amparados por poderes fuertes y las gentes ya no toleraban esos golpes de mano de las partidas de guerreros sin bandera ni país. El cristianismo también había alcanzado el norte, y con ello cesaba el tráfico de esclavos, que era la principal fuente de enriquecimiento de los vikingos, además de los saqueos a pueblos, monasterios e iglesias.

Como artesanos, se caracterizaron por las representaciones de animales entrelazados, esculpidos en madera. También trabajaron el metal, para hacer fuertes espadas, lanzas y escudos redondos. Sobre las visiones provenientes del ámbito temático de la mitología nórdica nos informan las dos piedras de Gotland, con figuras e inscripciones, así como la lograda reproducción de la gran piedra de Jelling, adornada con runas y figuras, que mandó erigir el rey danés Harald Blâtan («diente azul»), a quien debemos la introducción del cristianismo en Dinamarca en el siglo X. También debemos destacar los tesoros arqueológicos hallados en Escandinavia, Inglaterra y Rusia, el tesoro de piezas de oro de Hiddensee y el de monedas de Ralswiek, ambos en la isla alemana de Rügen, en el mar Báltico. Su literatura está contenida en las sagas. Entre las obras más sobresalientes conservadas del arte vikingo debemos destacar el magistral altar de Liseberg, en Suecia y la cruz danesa de Gunhilda. Y entre los testimonios de la cultura literaria, los libros originales de las sagas islandesas, algunas páginas de la famosa crónica *Gesta Danorum*, de Saxo Grammaticus, y el más antiguo documento público conservado en Suecia.

Los vikingos fueron también grandes comerciantes. La mercancía era obtenida mediante compra, trueque o verdaderas expediciones de caza de esclavos, como están documentadas en Irlanda o en Inglaterra.

Condición previa para las osadas empresas de los vikingos eran los barcos *knörr*, comúnmente conocidos como *drakkar*, aptos para navegar en alta mar, veloces y de magnífica elegancia, que condujeron a los noruegos a través del Atlántico hasta Canadá y toda Norteamérica, descubriendo Groenlandia y colonizando Islandia.

Las armas ofensivas más importantes de los vikingos fueron la espada, el hacha, la lanza y el venablo, mientras que las defensivas eran el yelmo, la cota de malla y el escudo redondo. Es importante destacar que los yelmos no llevaban cuernos.

Cuando no estaban ocupados en incursiones y batallas, los vikingos pasaban los días en el entrenamiento de las artes marciales, pero también tenían tiempo para aprender el arte mágico de las runas y los secretos de iniciación que daban el poder de apaciguar las aguas del mar, de curar las enfermedades y de interpretar los signos de los dioses.

Religión y cultura

Las fuentes más antiguas y famosas de la religión nórdica son dos poemas mitológicos, *Voluspá* y *Edda Antigua*, y una obra en prosa, la *Edda*, escrita por Snorri Sturluson alrededor del año 1220. Elemento central del nacimiento del mundo y de los dioses, así como de su destrucción, es la lucha sin fin entre principios opuestos. Al comienzo, érase el vacío; al Norte estaba el «frío oscuro»; al Sur, el «calor abrasador». De su choque nació el gigante Ymir, que engendró una numerosa descendencia, de la cual tomaron vida, en determinados momentos, los primeros dioses: *Odín*, *Vili* y *Ve*. Estos mataron al gigante, cuyo cuerpo sin vida constituye el mundo. Fueron los mismos dioses a sacar del tronco de un árbol el primer hombre, y de otro, la primera mujer. La serie *Juego de tronos* se basa, en gran parte, de la génesis de la civilización vikinga.

También para los vikingos, al igual que para muchos pueblos de la antigüedad, fueron las tumbas las que guardaban los documentos más valiosos de la cultura y del arte. Uno de los cementerios más ricos en hallazgos fue descubierto en la antigua ciudad sueca de Birka, situada en la isla de Björkö, en el lago Mälar, en la región sur-oriental de la península Escandinava.

En esta ciudad mercantil, a la que se accedía a través de un laberinto de islotes y escollos con un recorrido de más de cincuenta kilómetros, se descubrieron más de doscientos túmulos que contenían cámaras mortuorias. En dichos locales subterráneos el difunto era sepultado junto con los objetos personales típicos de su profesión. Se hallaron jefes guerreros junto a sus espadas, hachas, yelmos, estribos de sillas de montar y, en espacios separados, caballos sacrificados para la ocasión. Se encontraron también mujeres sepultadas con magníficos trajes, amuletos, peines, espejos, alfileres, así como mercaderes con los objetos de su condición.

Desde 1993, la ciudad de Birka, Hovgården y la vecina isla de Adelsö están incluidas en la lista del Patrimonio de la Humanidad de la UNESCO.

Runas

Carácter de escritura, completamente distinto al latino y de origen desconocido que empleaban los antiguos escandinavos, las runas son letras angulares para tallar sobre madera o piedra. Las más antiguas se remontan al siglo III, en Dinamarca y Schleswig, difundiéndose rápidamente por todo el norte de Europa. Las posteriores expediciones vikingas, en la Alta Edad Media, terminaron por llevarlas hasta Islandia y Rusia.

Era el alfabeto vikingo, utilizado ya por los antiguos celtas, no solo como signos que representaban letras, sino que además contaban con un significado simbológico. Igualmente eran utilizados como oráculos, que ayudaban a resolver enigmas y dudas. Se trata de veintitrés pequeñas piedras con un símbolo grabado sobre su superficie, guardadas dentro de una bolsa de cuero; se formula una pregunta y el significado la piedrecita que se extrae da la respuesta. Y como cualquier método adivinatorio, las runas pueden responder a toda cuestión que se les plantee.

Se trata, por tanto, de antiguos signos de una escritura que se remonta a los últimos tiempos de la civilización celta, exactamente al siglo II, cuando las legiones romanas ya habían aplastado militarmente a las tribus celtas de toda Europa occidental. Sin embargo, sobre el origen de las runas hay varias hipótesis, y ninguna de ellas es completamente cierta. Tales signos, que transmiten sencillas figuras esquemáticas, y que vemos grabados en las piedras, eran propios de los pueblos nórdicos (germanos, celtas, vikingos...). Misteriosas son también las funciones y los significados de las construcciones megalíticas que suelen contenerlos: enormes piedras dispuestas de manera particular que salpican gran parte del continente europeo. Los ejemplos más notorios de tales construcciones se hallan en la Bretaña francesa, Irlanda, el sur de Inglaterra y el norte de España. Muchas de estas construcciones megalíticas están grabadas con inscripciones rúnicas. El túmulo de Gavrinis, en la bahía de Quiberon, frente a Carnac (Bretaña), constituye uno de los ejemplos más destacados del alfabeto rúnico grabado en la piedra; también el interior del túmulo de Loc-Mariacquer, también en Carnac, próximo al menhir más grande conservado, aunque se halla fragmentado en cuatro trozos y caído en el suelo.

Cosmograma de las runas

Se conocen un total de veinticuatro runas, agrupadas en parejas de dos, para darnos los doce signos del Zodíaco, que, también, a su vez, están divididos en cuatro grupos, relacionados con las estaciones y, a su vez, con los elementos, como podemos ver a continuación:

Primavera: *EXUO* y *DAGAZ* (Géminis, Aire).
ASKIZ y *EXUAZ* (Tauro, Tierra).
URUZ y *HAGALAZ* (Aries, Fuego).
Verano: *UUNIO* y *PURAZ* (Virgo, Tierra).
TIUAZ y *LAGUZ* (Leo, Fuego).
RAIDO y *SUNNA* (Cáncer, Agua).
Otoño: *OPALAZ* y *FEXU* (Sagitario, Fuego).
INGUAZ y *GEBO* (Escorpión, Agua).
KAUNAZ y *ELXAZ* (Libra, Aire).
Invierno: *EXUO* y *DAGAZ* (Piscis, Agua).
NAUDIZ y *ISAN* (Acuario, Aire).
IERAN y *URDIZ* (Capricornio, Tierra).

Destacamos a continuación, por orden alfabético, las 24 runas, con sus símbolos, significados y valores:

Nombre	Símbolo	Significado	Relación	Zodíaco
ASKIZ	ᚠ	El fresno del universo	Es el eje del cosmos, cuya ruina causa la extinción de cualquier forma de existencia	Tauro
BJARKAN	ᛒ	La Madre Tierra	Es la maternidad realizada; la gran matriz fecundada	Piscis
DAGAZ	ᛞ	Los dos caballos. Estrella diurna	Significa la mañana resplandeciente y el atardecer estrellado	Géminis
ELXAZ	ᛦ	El cisne	El cisne es un animal que, con su blancura, evoca la idea de pureza; significa las valkirias. Gráficamente es el ser que tiende hacia arriba, el hombre orante que eleva los brazos al cielo	Libra
EXUAZ	ᛇ	El tejo del mundo	Este longevo árbol protege mágicamente de las brujerías y los maleficios	Tauro
EXUO	ᛗ	Los dos caballos. Estrella de la tarde	Los dos caballos son, en la concepción de los guerreros, parientes de los héroes	Géminis
FEXU	ᚠ	La abundancia	Derivación del latín *pecu*, del que deriva «pecuniaria», que significa posesión de ganado (abundancia)	Sagitario

GEBO	X	La hospitalidad	Significa literalmente «el don» de acoger a extraños	Escorpión
HAGALAZ	N	El primer ser viviente	Es el huevo del mundo, el huevo cósmico. El constructor y carpintero del universo	Aries
IERAN	≷	El tiempo	Representa el concepto de ciclo, la eternidad del tiempo	Capricornio
INGUAZ	◇	La buena tierra	Esta runa es expresión del dios Ing	Escorpión
ISAN	I	La Materia Cósmica Primordial	Es la matriz femenina en su más alta representación	Acuario
KAUNAZ	<	La cremación	Es el humo producido por la pira por la cremación de un cadáver	Libra
LAGUZ	Γ	Sepultura por barco	Es el mar, el agua inmensa que recubre en gran parte el reino inferior, el de los muertos	Leo
MANNUZ	M	El Padre Cielo	El mundo nace de las bodas entre Cielo y Tierra. La runa simboliza el generador	Piscis
NAUDIZ	ᛪ	El fuego	Representa gráficamente el bastoncillo, y el trazo que lo corta, produciendo el fuego	Acuario
OPALAZ	⋈	La posesión del mundo	La tierra es la base sobre la que puede edificarse la familia y la casa	Sagitario
PURAZ	Þ	El trueno	Es la proyección sobre el plano material de Thor	Virgo
RAIDO	R	El carro solar	Es el carro del Sol, pero sin auriga, cuyo puesto será ocupado por el hombre que sepa conquistarlo	Cáncer
SUNNA (SOL)	ϟ	El Sol resplandeciente	Es el Sol en su refulgir completo, tal como es percibido por los hombres y dioses	Cáncer
TIUAZ	↑	El dios del Cielo	La luz fría, la estrella Polar, que está fija y alrededor de ella gira todo en el firmamento	Leo
URDIZ	ᛔ	El hado	Vacío en el espacio y en el tiempo	Capricornio
URUZ	∩	El Húmedo Vital	Es la parte de lo divino que se manifiesta a fin de que se realice el mundo	Aries
UUNIO	Þ	La progenie	Es la familia, el clan, la tribu, las personas unidas por vínculos de sangre. Estandarte del grupo	Virgo

Knörr

Los barcos vikingos se llamaban erróneamente *drakkar*. Su verdadero nombre es *knörr* («los corceles de las olas»), obra de arte de la cultura vikinga, que constituye la columna central de toda la literatura de época. Herramienta principal en la vida y la historia del pueblo vikingo, el *knörr* fue el vehículo de grandeza. En él surcaron los mares y remontaron ríos para convertirse en el pueblo más invencible de la Europa occidental durante más de dos siglos. Se dice que es el *knörr* el que hace al vikingo.

Maravilla de la ingeniería náutica del mundo medieval, con sus casco en punta y en triángulo en la proa, y trapezoidal en la popa, alcanzaba nueve metros de eslora. De corta quilla y remos, cuyos remeros estaban protegidos por los escudos circulares de los flancos de la nave, su gran mástil, colocado sobre una viga en forma de pez, aseguraba la rapidez de la maniobra. Su timón era un remo de ancha pala y corto mango, colocado atrás a estribor con una correa de cuero flexible. Su vela rectangular, hecha de rombos coloreados y de trozos verticales cosidos, es característica.

El *knörr* tenía virtudes elásticas y lograba una gran velocidad para sus medios, unos 14 nudos. Estaba bien adaptado al transporte de mercancías preciosas en pequeñas cantidades (pieles, oro, ámbar, cerámica, etc.), y también algunos esclavos. El barco vikingo no se arriesgaba a grandes batallas organizadas, pues los tripulantes no eran suficientemente numerosos —entre 15 y 20 guerreros—. Su táctica se basaba en la astucia, la sorpresa y un agudo sentido de la estrategia, que desconcertaba a las poblaciones atacadas.

Dibujo de un *knörr* vikingo.

Han sido numerosos los *knörr* que han llegado hasta nosotros. El navío de Tune es el mejor conservado y ha sido totalmente restaurado. Sin embargo, el más interesante, desde el punto de vista técnico, es el de Gokstad. Este *knörr* nos revela el alto nivel de elaboración a que había llegado la ingeniería naval de los vikingos. Con una eslora de 23,5 metros, mástil de unos 15 metros de altura, 16 pares de remos de pino que salían directamente de unos agujeros del casco y un peso a plena carga de 20 toneladas, era un verdadero navío de guerra de extraordinaria potencia y maniobrabilidad. El calado, de tan solo 90 centímetros, le permitía remontar los ríos. Este singular barco estaba construido con madera de roble.

Los *knörr* eran, al mismo tiempo, el altar de ofrendas de los reyes vikingos, como se pudo comprobar en 1903 con el sensacional hallazgo, en el fiordo de Oslo, del *knörr* de Oseberg, del siglo IX, rescatado del fondo del mar.

El tapiz de Bayeux

El tapiz de Bayeux, o de la reina Matilde (destinado a decorar la nave central de la catedral de Bayeux), es el más importante testimonio histórico narrado sobre tela de la Alta Edad Media, y está estrechamente relacionado con el mundo vikingo y normando, de cuya realización ahora se cumple 950 años.

Matilde, esposa de Guillermo, Duque de Normandía (1027-1087), mandó realizar esta sensacional obra de arte, en donde se narran las proezas militares y la justicia de su esposo, la victoria sobre Harold II, en Hastings (1066), el final del linaje sajón y la consecuente proclamación del normando como rey de Inglaterra. Es el relato escenificado de uno de los acontecimientos militares más importantes de la historia de la Europa medieval, relacionada con el mundo vikingo o normando.

Obra maestra del arte medieval

Se trata de un bordado realizado en ocho piezas de tela de lino, ejecutado con lanas de colores vivos —azules, verdes, rojos y amarillos—, que destacan sobre un fondo pálido. El monumental tapiz alcanza los 70 metros de longitud y medio de anchura. ¿Por qué esta obra tan gigantesca?

Aunque se desconoce no solo el autor o autores, sino también el lugar de la realización, existen numerosas sospechas de que fuese Odón de Conteville, obispo de Bayeux, quien participara físicamente en el desembarco y conquista de Inglaterra junto a Guillermo, el principal instigador de la obra; la ejecución, sin embargo, sería de artesanos anglo sajones. Esta última aseveración se deduce de la decoración marginal del friso textil, ya que sus personajes, y, sobre todo, los animales, parecen extraídos de los ricos códices miniados anglos o irlandeses, de indiscutible origen céltico. Los seres fabulosos que decoran los pasillos laterales de la narración (dragones, grifos arrojándose fuego, etc.) son buena prueba de ello. Lo único que se ha podido asegurar es la antigüedad del tapiz, gracias al Carbono 14, que sitúa su realización entre 1067 y 1077.

El tapiz de Bayeux es un poema épico escrito en latín y escenificado con 57 secuencias gráficas, lo que lo convierte en la más singular obra de la historia altomedieval. Se trata de la narración de una proeza histórica, por decirlo de ese modo, pero también podríamos ver en su desarrollo gráfico una clarividente lección de justicia y moral por parte del Duque de Normandía hacia Harold: el castigo de una falta grave, el castigo del perjurio de Harold II, quien había jurado, un año antes, fidelidad y sumisión a Guillermo, en la ciudad de Bayeux, ante un relicario y el altar de los evangelios, máximas reliquias de la religiosidad normanda.

El tapiz de Bayeux pone en escena, con un realismo aplastante y una conmovedora preocupación por reflejar al pueblo y a la sociedad, con el más sencillo y comprensible lenguaje (el grafismo ilustrado), el desarrollo continuado de un importantísimo acontecimiento socio-cultural, de dos años de duración, aunque rebase los límites del tiempo, el espacio y la historia. En el tapiz de Bayeux se dan cita más de 620 personas, adecuadamente representadas, que aparecen enmarcadas debidamente con un artístico borde decorativo. No faltan toda clase de animales y tampoco de seres fantásticos de dudosa procedencia (nórdica, irlandesa u oriental). También se desarrollan en los pasillos laterales, por encima y por debajo de la narración histórica del tapiz, diferentes escenas fabulosas recogidas de Esopo, temas que, en el siglo XVII, fueron adaptados con significativa destreza por el poeta Jean de la Fontaine (1621-1695), precisamente también en escenas de la vida cotidiana.

Odón de Conteville, obispo de Bayeux, tras consumarse la conquista de Inglaterra por Guillermo, fue nombrado duque de Kent por este; probablemente fuese el principal instigador de esta magistral obra, puesto que conocía muy bien todos los detalles de las diferentes escenas que se suceden cronológicamente en el tapiz.

Otro dato significativo de las figuras representadas en el tapiz es, sin duda, la aparición del cometa Halley en el firmamento (escena 31), confirmando la leyenda que sostiene que Guillermo, antes de emprender la campaña contra Inglaterra, envió al Mont Saint-Michel para consultar el oráculo, que no era otro que el mismo abad, un druida celta, que respondió al emisario que le avisaría tan pronto como los astros fueran propicios; lo cual se hizo patente, unas jornadas más tarde, cuando apareció en el firmamento el cometa Halley, y la poderosa flota normanda (vikinga) no tardó en levar anclas poniendo rumbo a Inglaterra, con el *knörr* de Guillermo al frente.

Glosario

Asgard: La morada de los dioses, donde estaban reunidas todas las residencias del olimpo vikingo y se encontraba el *Valhalla*.

Dragón: Animal fabuloso, especie de serpiente con pies y alas, fiero y voraz, que aparece en las leyendas y cuentos medievales exhalando fuego contra quienes desean matarle. San Jorge es representado matando al dragón, y también, en muchas ocasiones, al arcángel san Miguel.

Elfo: Criatura que aparece en la mitología escandinava y germana. Originariamente los elfos eran seres de raza menor de la fertilidad, que aparecen representados en forma humana —tanto hombres como mujeres jóvenes—, con gran belleza, relacionados con la naturaleza (bosques, fuentes, grutas…). Eran considerados inmortales, capaces de curar y transmitir paz y equilibrio a los demás.

Enterramiento en nave: Ritual funerario tradicional del pueblo vikingo hasta que, a partir del siglo XI, los enterramientos se llevaron a cabo en el interior de las iglesias.

Fenrir: El lobo que mordió en una pierna a Odín.

Freyr (Fricco): Dios de la Fecundidad, hermano de Freya, que concede la paz y el placer a los mortales.

Gesta Hammaburgensis: Obra literaria de Adamo de Brema en la que se describe el templo de Upsala (Suecia), el más célebre del mundo vikingo, situado cerca de Sigtuna o Birka, una colosal obra arquitectónica recubierta de oro, donde el pueblo adoraba a las estatuas de tres dioses: Thor, Wodan y Freyr.

Heimdall: La más antigua divinidad escandinava, que tiene una réplica en el Jano bifronte romano y en el griego Pan. Se trata de un anciano con los pies de cabra. A Heimdall se le sacrificaba el carnero, representante de la fálica fuerza viril.

Ing: Divinidad vikinga que preside el sacerdocio.

Kaun: Así llamado a algo que, con el humo de la pira que quema el cadáver, asciende hacia arriba. En la ceremonia vikinga no había pompa ni lujo, únicamente el caballo y la espada acompañaban al difunto en el viaje al *Valhalla*. Las cenizas eran arrojadas al mar o se enterraban en vasos de terracota con forma de casa. Introducida en el ámbito general europeo de las civilizaciones hiperbóreas «de la doble hacha», la cremación fue regularmente practicada por los jefes, y perduró en territorios como Sajonia hasta el año 800.

Laga: La Venus nórdica que preside en el olimpo vikingo los placeres, los deseos, la voluntad; pero dueña de un amor que aprisiona y envuelve.

Loki: Dios del Mal, según la mitología germánica.

Midgard: Esta serpiente, descendiente del malvado demonio nórdico Loki, es el ser más terrorífico que jamás haya creado la imaginación humana. Los Ases, dioses de la mitología escandinava, la arrojaron al mar. Allí empezó a crecer, y llegó a ser tan enorme que podía dar la vuelta al mundo. Donar, el dios del Trueno, la hubiera matado de buen agrado, y ya la tenía cogida en el anzuelo, fulminándola con su mirada, cuando el gigante Himir, sobrecogido de espanto a la vista del monstruo, cortó el sedal, y la serpiente volvió a caer al agua. La leyenda dice que Donar y la serpiente de Midgard se encontrarían de nuevo y que el monstruo moriría bajo los golpes del martillo de Donard, pero este, alcanzado por las emponzoñadas mordeduras de la serpiente, no sobreviviría a la lucha.

Mjöllnir: El martillo de Thor, objeto de gran veneración para los vikingos.

Niflheim: País de los hielos. La segunda de las tres fuentes de cuyas aguas beben las raíces del *Yggdrassil*, el fresno de la mitología germánica.

Odhrarir: La bebida de la inmortalidad, elaborada del néctar del *Yggdrasill*.

Odín (Wodan): Máxima divinidad del olimpo vikingo, el padre de todos los dioses. Se ocupa de la guerra y da al hombre la fuerza contra los enemigos. Es, al mismo tiempo, el padre de toda manifestación artística, ciencia y sabiduría, que se retira a lo alto, llegando a ser en los niveles inferiores el «barquero de muertos».

Ragnarök: El día de la gran batalla final, durante el cual monstruos y dragones llevarán la destrucción al mundo de los dioses; lugar al que eran conducidos, por Odín, los guerreros caídos en combate, y cuyas almas aguardaban el momento de la regeneración del mundo.

Rigspula: El *Canto de Rig*. Poema del siglo X en el que se recoge el origen mítico del sistema social del pueblo vikingo.

Sciamático: Arte muy difundido en los países nórdicos, que entre los vikingos estaba unido a la capacidad guerrera. En la cumbre de esta pirámide social estaba el rey, propietario de grandes territorios, en virtud de la descendencia divina que le era reconocida.

Sigurd: Héroe de la mitología escandinava que se corresponde con el Sigfrido del mito germánico del *Cantar de los Nibelungos*, inmortalizado en la *Tetralogía* de Richard Wagner.

Thor (Donar-Thor): Dios de la Guerra, hijo de Odín, armado de un pesado martillo. Domina el aire y gobierna el trueno y el rayo, los vientos y las lluvias, el buen tiempo y las cosechas. Thor, el señor de la fuerza, el más fuerte entre los fuertes, aquel que combate a los gigantes, es amigo de los hombres, y su martillo no se dirige jamás contra ellos. Su martillo produce el ruido y las chispas que quiebran las piedras, volviéndolas aptas para las necesidades humanas. Las actuales hogueras de San Juan son una herencia de su culto, que se remontan a la antigüedad celta.

Thule: Mítica isla narrada en las sagas de las gestas vikingas, y vinculada con un lugar de excepcional belleza, en medio de la bruma del Atlántico Norte, en clara referencia a Islandia.

***Valhalla*:** Sala de los Muertos, donde llegaban todos los valientes guerreros fallecidos en el campo de batalla. Cada día, las tropas de los valientes fallecidos en combate luchaban entre sí, en las praderas cercanas a la Sala. Después, al anochecer, los muertos se levantaban y vencedores y vencidos entraban en esta sala para cenar con carne de jabalí y beber hidromiel de Odín, recibiendo las copas de brillante bebida de manos de las valkirias.

Valkirias: Doncellas que elegían a los caídos que anteriormente las hubieran invocado, desde los campos de batalla, en la tierra. Son, además, aquellas divinidades femeninas que cumplen el papel de guía para quienes lo han merecido: les asisten en su inclinación hacia lo alto y les enseñan el arte de las runas.

Vikingos: Aunque el término «vikingo» es bastante oscuro, para algunos investigadores escandinavos significa «piratería». Vikingo era el que se quedaba agazapado o escondido, o asomaba desde una hondonada, un fiordo, un curso de agua. Una conexión con el verbo antiguo norteño *vikía* significaba un hombre que se desplazaba rápidamente o se daba la vuelta, se retiraba en la lejanía, efectuaba una desviación o daba una vuelta lejos de su patria. También el vikingo era el hombre que tomaba parte en una expedición guerrera por el mar.

***Yggdrasill*:** El fresno sagrado de los antiguos celtas, morada del águila, cuyas raíces beben del pozo de Mimi, manantial de todas las aguas potables, pero las roe la serpiente que se enrosca y muerde su cola *ouroboros*. Cuentan las sagas vikingas que cuando el *Yggdrasill* se seca comienza la decadencia del mundo; la lanza de Odín pierde potencia (la runa arcana se pierde) y el Logo de los Gigantes (la materialidad) devora al Sol, a la Luna y al mismo Odín.

JUDAÍSMO

Los hebreos tuvieron una historia muy agitada, desde que el patriarca Abrahám iniciara desde las tierras lindantes con Mesopotamia, la gran emigración hacia la *tierra prometida*. Al llegar a Palestina debieron coincidir con la avalancha de los hicsos, con quienes entraron en Egipto, y con el nombre de *habiru* se establecieron en el delta del Nilo. Moisés dirigió más tarde, en fecha desconocida, el Éxodo; pero los hebreos no pudieron establecerse en Canaán, hasta que la decadencia egipcia hiciera posible las campañas de Josué. Las luchas contra los cananeos y los recién llegados filisteos debieron ser muy sangrientas, lo que obligó a las tribus a aceptar una monarquía centralizadora. Saúl, hacia el 1025 a.C., fue el primer monarca. Su sucesor, David, inició el apogeo militar hebreo con la conquista de Jerusalén y de las ciudades costeras, creando un reino que se extendió desde Siria hasta el Mar Rojo. Salomón, el rey justo, mantuvo este imperio y estableció, gracias a su amistad con Hiram de Tiro, un monopolio comercial en el Próximo Oriente (bronce, telas y esclavos).

El judaísmo proviene de la alianza concluida entre Yahvé y su pueblo, empezando por Abraham. La fe en este Dios único obliga a los judíos a leer y estudiar la *Torah* (el Pentateuco bíblico) o ley divina revelada a Moisés. La constante práctica del Libro desemboca en la esperanza en el Mesías, enviado de Dios, quien hará reinar en la Tierra la paz, la justicia y la fraternidad.

El Decálogo

Es uno de los pasajes más conocidos y célebres de la Torá, que Occidente lo contempla como su carta de civilización. De él extraemos los versículos, del 1 al 17, tal como figura en la Torá (Éxodo, cap. XX), y según la traducción ecuménica de la Biblia:

    1. Y Dios pronunció todas sus palabras.
I 2. Yo soy el Señor, tu Dios, que te ha hecho salir de la tierra de Egipto, de la casa de la servidumbre.
II 3. No tendrás a otros dioses que a mí.
    4. No te harás ídolos, ni nada que tenga la forma de lo que se encuentra en lo alto del cielo, abajo en la tierra o en las aguas debajo de la tierra.

>   5. No te postrarás ante esos dioses y no los servirás, porque yo soy el Señor, tu Dios, un Dios celoso que castiga las faltas de los padres en los hijos hasta la tercera y cuarta generación, si estos me odian,
>   6. pero premia su fidelidad durante miles de generaciones si me aman y guardan mis mandamientos.
>
> III 7. No pronunciarás en vano el nombre del Señor, tu Dios, pues el Señor no absuelve a aquel que pronuncia su nombre en vano.
> IV 8. Que el día del sabbat se haga un memorial, considerándolo sagrado.
>   9. Trabajarás seis días y harás toda tu obra,
>   10. pero el séptimo día es el sabbat del Señor, tu Dios. No harás ninguna obra, ni tú, ni tu hijo, ni tu hija, ni tampoco tu sirviente, tu sirvienta, tus animales o el emigrado que esté dentro de tus puertas,
>   11. pues en seis días hizo el Señor el cielo y la tierra, el mar y todo cuanto ellos contienen, pero el séptimo día descansó. Por eso bendijo el Señor el día del sabbat y lo consagró.
> V 12. Honra a tu padre y a tu madre, a fin de que tus días se prolonguen en la tierra que te da el Señor, tu Dios.
> VI 13. No cometerás asesinato.
> VII 14. No cometerás adulterio.
> VIII 15. No cometerás rapto.
> IX 16. No testificarás en falso contra tu prójimo.
> X 17. No desearás la casa de tu prójimo.
>   No desearás ni a la mujer de tu prójimo ni a su sirviente, su sirvienta, su buey o su asno, ni nada de cuanto pertenece a tu prójimo.

La cábala

La palabra *Qabbalah, Kabbalah, Qabâlâh*, significa en hebreo «la tradición», o «lo recibido». La cábala se corresponde en la antigua literatura judaica con el cuerpo total de la doctrina religiosa recibida, a excepción del Pentateuco. Ha estado siempre muy asociada con la magia, la astrología, la quiromancia, la numerología y otras artes ocultas.

La cábala nació en el Egipto alejandrino a la vez que la gnosis, el hermetismo y la alquimia, y representa la versión hebraica de la mística pitagórica de los números. La estancia en Babilonia de gran parte de los intelectuales judíos trasladados desde Palestina por los sasánidas influenció poderosamente de magia vulgar y de astrología caldea la evolución de la cábala entre los siglos IV y VIII. La conquista musulmana y la fecunda influencia intelectual de los primeros imperios islámicos injertó la alta especulación neoplatónica sobre este neopitagorismo hebraico que penetró en la Europa occidental a través de Italia, España y Provenza. Porque todo pasaba por un orden establecido por las matemáticas. De ahí el valor que le dieran los templarios a los números sagrados.

No fue hasta el siglo X cuando la cábala entró en el mundo de lo esotérico. A través de ella, como ciencia secreta, se puede explicar la creación emanacioncita del universo por el Ser definido como Uno y Absoluto. Para el místico hispano-hebreo Salomón Ibn Gabirol es la enseñanza que pasa de la boca al oído, la transmisión directa de una sabiduría espiritual e intemporal; como todas las tradiciones espirituales no se pueden transmitir por escrito o con el discurso, sino que realmente hay que experimentarla. Para algunos investigadores, la cábala, en la antigua tradición, deriva de la inspiración que Dios transmitió a todos los que constituyen el círculo místico de los últimos profetas, entre otros, Adán, Abraham, Esdras, Moisés. Este último, según el *Cronicón* de Christiano Adricomio Delfo, en el año 2453 a.C. fue el primero en recibir el mensaje divino de la cumbre del Sinaí, una de las montañas sagradas de Tierra Santa, donde fue receptor de la «ciencia de las ciencias», además de recibir las claves para la construcción del templo, de donde derivan la idea de las divinas proporciones y la concepción áurea del universo (1,618...), utilizadas posteriormente por los griegos y otros pueblos de la antigüedad, así como por los templarios durante la Edad Media en numerosos edificios tanto civiles como religiosos.

La influencia gnóstica y neoplatónica es muy visible: Dios ha creado el mundo con la ayuda de las diez potencias o «Verbos» llamados *Séphiroths* y de las veintidós letras del alfabeto hebreo. La «biblia» de la cábala es el *Libro del Esplendor* (*Séphèr ha-Zohar*), llamado generalmente *Zohar*, compuesto hacia el siglo VI en sirio-caldeo, como el *Talmud*.

A la mística se agrega la cábala práctica: combinaciones de cifras, letras, nombres mágicos de Dios, ángeles, demonios, clavículas geométricas, en fin, los métodos de adivinación por permutación de palabras, cifras, letras: *Gematria, Notarikon* y *Thémourah* (la isopsefia).

Glosario

Abracadabra: Palabra cabalística que se escribía en once renglones, para formar un triángulo con un vértice hacia abajo. El triángulo, formado por 66 letras (30 A; 13 B; 11 R; 7 C y 5 D), que da lugar a la fórmula ABRACADABRA, tiene una clave pentagramática; la A del *pentalfa* se repite 6 x 5 = 30 veces.

```
A B R A C A D A B R A
 A B R A C A D A B R
  A B R A C A D A B
   A B R A C A D A
    A B R A C A D
     A B R A C A
      A B R A C
       A B R A
        A B R
         A B
          A
```

Al pronunciar en su justo momento esta palabra se atribuía la propiedad de curar ciertas enfermedades. Esta mágica palabra ya la vemos citada en un texto del médico romano *Quintus Serenus Sammonicus*, de mediados del siglo III.

Criptojudaismo: De «cripta» y «judaísmo», es como se conoce la forma de comunicarse en lugares secretos a través de símbolos desde finales del siglo XIV de los judíos españoles, para huir de sus perseguidores y ser asesinados.

Hakin y Boaz: Las dos columnas que flanqueaban el acceso a la sala en que se hallaba el sanctasanctórum del templo de Salomón. De sus maderas, según se dice, se labró en el siglo I la cruz en la que fue martirizado Jesucristo, las cuales, a su vez, procedían del árbol del Bien y del Mal del Paraíso.

Hazan: El miembro del coro que dirige y anima con su voz, casi siempre melodiosa, la plegaria pública en la sinagoga.

Judío: Considerada de esta religión toda persona nacida de madre (mujer casada o soltera) judía o convertida según la Ley.

Kaddish: Una de las más antiguas plegarias del judaísmo, recitada en lengua aramea para glorificar y santificar el Nombre de Dios (doxología). No se trata de una oración por el alma del desaparecido, como en ocasiones se cree en la tradición popular, aunque también la entona el hijo del desaparecido a lo largo de los once meses del período de duelo de un año.

Kashrut: Reglas judías que establecen tanto lo permitido como lo prohibido en materia de alimentación. Un ejemplo claro es el cerdo, como también está prohibida la ingesta de los animales de presa, de los crustáceos, etc. Igualmente está prohibido mezclar en una misma comida productos lácteos con alimentos elaborados con carne, o la utilización de la misma vajilla para estas dos clases de productos. Asimismo, está prohibido el consumo de carne de un animal «autorizado» que no haya sido sacrificado siguiendo el ritual.

Kippah (Yarmulka): Así conocido el gorrito pequeño semicircular, o casquete, que los judíos llevan sobre el sincipucio. Llevarlo, aunque no es ninguna obligación (no forma parte de los 613 mandamientos), se ha convertido en fuerza de ley, y signo de fidelidad al Altísimo, de «temor de Dios».

Kol Nidré: Es la plegaria que se entona la víspera del *Yon Kippur*, a través de la cual el feligrés anula todas las promesas irreflexivas que le ha hecho a Dios.

Kosher: Todo lo que se adapta a las reglas de la *kashrut*.

Menoràh: Candelabro de siete brazos, uno de los objetos sagrados relacionados con el Templo de Salomón, vinculado con la estancia de los nueve primeros caballeros templarios en su estancia de diez años en Jerusalén. Se trata del candelabro cultural judío, símbolo del ancestral monoteísmo paleolítico.

Mezuzah: Recipiente en forma de estuche vertical, abierto en la jamba derecha de las puertas de entrada a las viviendas judías, a la altura de la cabeza, conteniendo los dos primeros capítulos del *Shma Israel* para alojar los salmos del Antiguo Testamento.

Midrash: Término dado a un género de la literatura rabínica que contiene antologías y compilaciones de homilías. Asimismo, designa un método de exégesis de un texto bíblico dirigido al estudio o investigación que facilite la comprensión de la *Torá*.

Minyan: Hace referencia al quorum de diez hombres, mayores de trece años, necesarios para la celebración de la plegaria pública, y también para algunas ceremonias religiosas en las que la plegaria siempre es de carácter colectivo y público.

Mikve: Donde deberá bañarse, en inmersión, la mujer, para poder ser aceptada como esposa por su marido, tras el cumplimiento de los doce días, tras la menstruación. Base de la vida conyugal de los esposos ortopraxos.

Momzer: Judío o judía ilegítimos, consecuencia de haber nacidos de madre judía adúltera.

Muro de las Lamentaciones: Así conocido el fragmento del muro que se conserva del primer Templo de Salomón, en la ciudad de Jerusalén, que sirve de base a la terraza superior, y en cuyas rendijas de los milenarios bloques de piedra arenisca insertan las plegarias los judíos escritas en papel.

Nidá: Precepto de que a una mujer no le está permitida a su marido durante un período de doce días que comienzan después de la menstruación; antes deberá sumergirse en el *Mikve*.

Rabino: Persona que, tras realizar estudios especializados, recibe el título como experto en la Ley. En nuestros días, a pesar de que sus funciones pueden ser diversas, sobre todo si el rabino está contratado por el Estado o una congregación, esencialmente sigue siendo un intérprete con capacidad de decisión en materia de la Ley judía. En cualquier caso, no debemos confundirlo con un sacerdote.

Sabbat: Día de descanso desde el viernes por la noche hasta el sábado por la noche, dedicado a estudio, descanso, comidas festivas, cantos, meditaciones, encuentros de amistad. En contra, no deberá realizarse ninguna clase de trabajo, incluso escribir, fumar o utilizar medios de transporte. Pero en caso de una urgencia o necesidad absoluta, todas estas prohibiciones quedan relegadas o anuladas, porque el Sabbat no puede obstaculizar el deber de salvar una vida en peligro. También tiene otra significación esta palabra hebrea: viaje final de la vida del ser humano.

Sello de Salomón: También conocida como «estrella de David», es uno de los símbolos del judaísmo. Su origen probablemente se remonte a los tiempos babilónicos, y pudo muy bien haber sido adoptado por tratarse, simbólicamente, del mensaje monoteísta del pueblo hebreo; un mensaje de conjunción, conocido como la Alianza. Esta estrella de seis puntas, formada por la conjunción opuesta de dos triángulos equiláteros, constituye un núcleo de luz que ilumina la noche. Es emblema de paz, equilibrio, esperanza y orientación, y símbolo del alma humana como conjunción de la conciencia y del inconsciente, significados por el fuego (triángulo) y el agua (triángulo invertido). Fue a partir del Medioevo, tras la caída de San Juan de Acre (1291), cuando este símbolo comenzó a llamarse *Maguén David* («escudo de David»). Antes era conocido por los filósofos *Azoth* como «Sello de Salomón».

Shekinah: La Presencia de Dios.

Shma Israel: Comienzo de la plegaria diaria que se recita por la mañana y por la noche, un rezo que procede del Pentateuco (Deuteronomio, VI,

4-9) y que expresa la quintaesencia de la fe judaica. Palabras que, con el paso del tiempo, y frente a las persecuciones, fueron adquiriendo un valor simbólico para el pueblo judío.

Schim Koma: Libro sobre la medida de la estatura de Dios (medidas, formas precisas del cuerpo y del rostro de Dios).

Sefer Yétzirah: Libro de la Creación, la obra literaria más notable de la génesis del judaísmo, escrita en hebreo (en Siria, probablemente) entre los siglos VI y VIII. Un texto del siglo XVI sobre *Sefer Yétzirah*, escrito por Saadia Gaon, hace referencia a que Ben Sira creó un hombre (siempre con ayuda de este libro) escribiendo sobre su frente la palabra mágica *EMeT* («verdad»). Esta precisión se repite en diferentes historias de creación de *golems* u hombres artificiales por los rabinos. Para destruir a un *golem* solo es necesario borrar la primera letra de la palabra mágica, que pasa a convertirse en *MeT* («muerte»). Está claro que la verdad cabalística evoca de algún modo el nombre de la diosa egipcia Maât, la Verdad.

Shoá: Término que hace referencia al Holocausto (aniquilación judía en Europa por la Alemania nazi durante la II Guerra Mundial), que generaría la muerte de seis millones de judíos asesinados por el régimen nazi de Adolf Hitler y sus colaboradores. La ONU rinde homenaje a las víctimas del Holocausto desde 2005, fijando la fecha del 27 de enero como Día Internacional de la Memoria de las Víctimas del Holocausto.

Sinagoga: No se trata de ninguna iglesia ni de un templo, sino de un lugar de oración (*bet nesset*), un centro espiritual para llevar a cabo la plegaria colectiva como para el estudio de la Ley.

Succot: Tabernáculo.

Tallit: El chal utilizado por los fieles para la oración, con flecos en las puntas.

Talmud: Obra esencial de la doctrina judaica, escrita en el año 490, y de gran incidencia en la Alta Edad Media.

Tanakh: Antiguo Testamento.

Tefillin: Así llamadas las dos cajitas de cuero oscurecidas unidas con tiras de cuero, en cuyos interiores se guardan unos rollos de pergaminos que tienen inscritos versículos bíblicos, utilizados para la plegaria de la mañana (excepto la jornada del Sabbat y los días festivos). Es importante recordar que uno de los tefillines se sujeta al brazo izquierdo y el otro ciñe la frente.

Tetragrama: Así llamado de forma científica para los judíos el nombre propio de Dios, que consta de cuatro letras (*yhwh*), y cuya falsa pronunciación es «Jehová», de origen cristiano.

Tevá (bimá): Tribuna desde la cual el oficiante dirige la oración y procede a la lectura de la *Torá*.

Torá: Se trata del libro sagrado del judaísmo, el texto que contiene la Ley y el patrimonio de la identidad del pueblo de Israel, base y fundamento de la religión judía.

Triángulo sefirótico: Es una década triangular o escala ascendente que se compone de diez nombres divinos. Esta enigmática figura geométrica reemplaza en la cábala a los abracadabras de la gnosis, como el tetragrama inexpresable IHVH reemplaza al ABRAXAS o ABRASAX. El triángulo sefirótico es una década triangular o escala ascendente compuesta de diez nombres divinos.

Tzitzit: Los flecos del *tallit*.

Yeshiva: Escuela donde se enseña y estudia la *Torá*, especialmente el *Talmud*.

Zohar: Tercer libro canónico del judaísmo, correspondiente a la Ley Oral, en el que se establece el comentario esotérico y místico sobre la *Torá*.

ISLAMISMO

Hacia el año 610, Mahomet recibió del ángel Gabriel la misión de recitar a su pueblo las palabras (Corán) por las cuales se le reveló Allâh. *Islam* quiere decir sumisión a la voluntad divina. El conjunto de fieles forma la *Ummah*, cuya vida religiosa obedece a las cinco grandes obligaciones o «pilares»: profesión de fe, plegaria ritual (cinco veces al día), ayuno del Ramadán, limosna y peregrinación a La Meca.

Sema

La *sema* es la ceremonia que simboliza una ascensión espiritual, un viaje místico del ser humano hacia la perfección. Otro aspecto importante de esta ceremonia, que existe desde hace siete siglos, en la que integra tres factores: la Razón (el saber, el pensamiento), el Amor (el sentimiento, la poesía, la música…) y el Alma (la vida, el movimiento, el Sema). Resulta difícil, por no decir imposible, encontrar en ningún otro sistema espiritual e intelectual esta misma unión de tres factores tan unidos tanto en la teoría como en la práctica. La ceremonia, que sigue celebrándose en la ciudad santa de Konya (Turquía), la legendaria *Iconium*, en el mes de diciembre, por los derviches mágicos, llega a su fin con una oración por el descanso de las almas de todos los profetas y de todos los creyentes.

La geometría sagrada de Arcos de la Frontera

Con más de tres mil años de historia, Arcos de la Frontera, en Cádiz, es uno de los pueblos más antiguos de Europa. Sus orígenes se remontan a la prehistoria; de la Edad del Bronce han aparecido numerosas vasijas y hachas de piedra. La colonia Arcensis —primer núcleo documentado de Arcos— se corresponde con una elegante villa de recreo romana, de la que se conservan mosaicos y tumbas. Los árabes, tras la victoria sobre los visigodos en la batalla de la Janda (711), también conocida como del Guadelete, en la misma vega que se domina desde los miradores de Arcos, la bautizaron como Arkosch, influyente plaza hispano-musulmana dependiente de la cora (provincia) de Sidonia, llegando incluso a formar, aunque efímero, un reino independiente de taifas (siglo XI). La conquista cristiana tuvo lugar en 1264, en tiempos de Alfonso X *el Sabio*, y con ella la introducción en Arcos de la temible Inquisición, cuya sede se fijaría en la plaza del Cananeo. En 1706, la contribución de la ciudad a la causa de Felipe V le valió la concesión de los títulos de Noble y Fidelísima. Y en 1962, su barrio antiguo fue declarado Conjunto Monumental Histórico-Artístico.

La Basílica Menor de Santa María de la Asunción, «Antigua, Insigne y Principal», según consta en los grandes títulos concedidos por el Tribunal de la Rota Romana en 1764, es una inmensa mole de piedra dorada, orientada de Este a Oeste, obra cumbre del gótico mudéjar (siglo XIV) que sustituyó al templo visigótico, posteriormente transformada en mezquita. La fachada principal muestra una gran portada en donde armonizan el gótico final y el naciente plateresco; muy cerca de ella, formando parte del pavimento del atrio, se conserva un círculo mágico, el cual —según la tradición popular— servía para exorcizar al neófito que iba a ser bautizado. Pero los estudios desarrollados recientemente por el antropólogo Eduardo Arboleda Ballén demuestran una estrecha vinculación con la geometría sagrada.

La energía del círculo

El círculo de Arcos de la Frontera transmite la esencia del pensamiento islámico más profundo, encarnado en la filosofía sufí, testimonio del pasado musulmán de esta población gaditana antes de la reconquista cristiana. Precisamente este gran templo ojival fue antes del siglo XIV la Gran Mezquita de la ciudad islámica de Arcos.

Los alarifes quisieron grabar en estas losetas de mármol de Macael (Almería) el diseño de la creación. De hecho, gráficamente nos lleva a contemplar el proceso de la organización y el equilibrio espacial de la naturaleza. Porque el mundo y todos los planetas giran formando un patrón del universo.

Por lo tanto, para comprender el valor espiritual del círculo mágico de Arcos de la Frontera es necesario conocer la esencia del pensamiento sufí, que recuerda la estrecha relación entre la música, el movimiento, las figuras con sus diferentes formas y la geometría, porque la música, que es matemáticas, y la religión, están vinculadas a través la manifestación de la forma y el símbolo, para conseguir una articulación universal.

«Los creadores del círculo mágico de Arcos entendían que el círculo concentraba las cuatro funciones de la conciencia: pensar, sentir, intuir y percibir», recuerda Eduardo Arboleda Ballén. En él se concentran la magia astral (típicamente árabe, de origen persa y griego, que actúa por el poder de los astros y cuya efectividad depende de ciertos signos celestes, la magia natural (lo que los antiguos consideraban la ciencia oculta, referida al uso de sustancias naturales) y la magia diabólica (intervenida por seres del averno).

Los sufíes, creadores de este singular círculo mágico, fueron particularmente sensibles a los encantos sonoros de la música audible. Por ello, debemos calificarles como los creadores de una ciencia basada en el principio abstracto de la armonía, a través de la música. Desde este punto, es fácil comprender su realización en esta histórica y monumental población andaluza. Porque esta música no fue hecha simplemente para ser oída, sino también para bendecir el alma.

Sorprendentes medidas espaciales

Es al llevar a cabo las mediciones del círculo arcense cuando terminamos de comprender, a través de los números resultantes, las singulares notas musicales creadoras de melodías ocultas.

Para ello, es preciso apoyarnos en las frecuencias *Solfeggio*, estrechamente relacionadas con la geometría sagrada. Las medidas del círculo mágico guardan una vinculación matemática con la frecuencia. Por ejemplo, la tercera nota (frecuencia 528) se corresponde con la nota mi de la escala derivada de *mira gestorum* («milagro», en latín). Lo que sorprende es que esta es la frecuencia usada por los biogenetistas para reparar el ADN roto, el programa genético sobre el cual se basa la vida. Por lo tanto, la nota mi la encontramos en la esencia del círculo mágico de Arcos de la Frontera.

Si escuchamos música a 432 hz, que es la frecuencia a la que vibra el universo, es fácil sintonizar con nuestra conciencia más profunda, estimulando nuestro ser mientras recibimos la potente y positiva energía telúrica de 19 500 UB (unidades Bovis) que nos irradia desde los pies hasta la cabeza. «Toda la música que escuchamos es nuestros días genera una frecuencia inarmónica con el planeta y con el organismo humano», subraya Eduardo Arboleda.

La Alhambra de Granada

El último reino musulmán de Occidente, la Alhambra de Granada, es el mejor testimonio arquitectónico civil que se conserva de la civilización islámica. Su bella silueta arquitectónica y la sinfonía estética de sus fuentes representan la cultura y el arte español en todo el mundo.

Al hablar de la arquitectura nazarí —o granadina— tenemos que referirnos de inmediato a la gran variedad de formas, volúmenes, contrastes de diseños y al incomparable valor del agua. Pero la arquitectura de la Alhambra está diseñada de tal manera que, para las personas que admiren los palacios exteriormente, no despertará el menor interés; sin embargo, desde dentro, la grandiosidad de los volúmenes y la quietud de los estanques, armoniosamente realzado por la elegancia de la decoración múltiple (alicatado de azulejos, estucos, juegos geométricos, escalonado de las tejas, celosías, etc.), constituían un conjunto inigualable.

El arte granadino (1232-1492) no solo recoge el fruto de experiencias anteriores, sino que, bajo muchos aspectos, se distingue por presentar soluciones originales tanto en lo arquitectónico como en lo decorativo. Y todo ello bajo múltiples contrastes. La mejor expresión de estos rasgos se encuentra en la Alhambra que, sobre la colina de la Assabika, y frente al barrio del Albayzín, separados ambos por el profundo cauce del río Darro, abriga un perfecto sistema de fortificaciones (la alcazaba), así como una gran parte de los amplios e iluminados palacios que dan origen a la llamada Casa Real Vieja.

A pesar de su aparente fragilidad, las construcciones han podido resistir el paso de los siglos y la violencia de las fuerzas naturales (no olvidemos que Granada es la provincia española con mayor número de movimientos sísmicos). Recios muros se cubren con leves revestimientos ornamentales. Lo funcional y lo decorativo se contrapone y también se funde. Los palacios fueron surgiendo a lo largo de varias etapas y de forma imprevista y convencional, yuxtaponiéndose las masas arquitectónicas dentro de un verdadero alarde de ejes y de formas geométricas. No debemos olvidar la importancia que tenían los patios dentro del proyecto arquitectónico nazarí; a través de las múltiples habitaciones y pabellones que acceden a ellos, se organizan como unidades independientes, a partir de un sistema de intimismo y serenidad extraordinaria.

Desde dentro

A diferencia de la concepción arquitectónica del mundo cristiano, la casa nazarí se concibe desde dentro. A pesar de ello, se goza de una extraordinaria observación total del exterior, sin perder la necesaria intimidad, a base de entrelazadas y decorativas celosías, que cierran balcones o ventanas, realizadas a base de madera o yeso.

El recinto alargado, típicamente musulmán de la Alhambra, se extiende por los jardines del Partal y la Vieja Alcazaba hasta alcanzar los límites del mismo Generalife (palacio de invierno de los sultanes nazaríes), donde podemos ver, además de lo fundamental de su estructura arquitectónica, un abigarrado ornato de columnas. En las yeserías de las techumbres, un complicado juego de concreciones a modo de estalactitas naturales, a veces caladas, transforma el techo de la sala en un verdadero cielo natural inmensamente estrellado y abierto al infinito.

En la realización física de las construcciones no debemos olvidarnos del mundo botánico, tan estrechamente vinculado a la decoración cromática natural de las edificaciones, y la importancia del agua, que, a modo de agradable rumor, origina un acompasado sonido que sirve de melodía celestial que anima al estado de ánimo; agua que se mantiene prácticamente quieta, reposada, logrando reflejar las dimensiones físicas de las grandes masas arquitectónicas, duplicando su tamaño y efecto. El nazarí era, por lo tanto, un verdadero arquitecto naturalista.

La exactitud de los números

Matemáticos andaluces, siguiendo los pasos de la profesora suiza Edith Müller, quien, en 1944, fue la primera persona que efectuó una tesis doctoral sobre la Alhambra, han logrado contabilizar un total de diecisiete grupos cristalográficos que pueden encontrarse en un plano. El interés de estos datos, que rebasa los límites de las matemáticas puras, sin olvidarnos de que nos trasladamos a las ciencias exactas de la Baja Edad Media, queda resumido en el hecho de que para conseguir cerrar cualquier figura geométrica se sabe que la suma de todos los ángulos debe dar 360º. De esta manera, siguiendo la labor metodológica y exhaustiva, aplicando redes trazadas sobre clichés por un grupo de aventajados estudiantes de las universidades de Granada y Sevilla, partiendo las familiares figuras de los mosaicos que embellecen los interiores de este paraíso en la Tierra (así era considerada la Alhambra), y superponiendo las diferentes redes para operar, podemos visualizar y comprender sin dificultad las distintas variantes geométricas que se necesitan para compactar un fragmento cualquier de lo que popularmente se conoce como azulejo, mosaico o estuco.

Pero la geometría de la Alhambra va todavía más allá, como subrayan algunos de los investigadores: «Hay al menos tres aspectos que nos interesan más y ya estamos sobre ellos, como son los mocárabes, los entrelazados y la concepción áurea». Sobre lo primero se está intentando descubrir cómo se forman y cuántas variantes lo constituyen. Según indican los mocárabes, obedecen a unos prismas poliédricos que no son ni irregulares ni cóncavos. Creen que la base de la estructura de cada uno de ellos está formada por siete elementos que, debidamente engarzados, permiten realizar las distintas formas que actualmente tienen. A partir de los entrelazados se puede estudiar trigonometría, esa ciencia exacta que la civilización hispano-musulmana, digna heredera de la árabe, tenía ampliamente asimilada.

Belleza áurea

Sin embargo, no solo existe una asombrosa correlación de referencias geométricas al observar las pequeñas medidas de los azulejos, mosaicos, estucos y demás elementos decorativos; también en las proporciones mayores la Alhambra está comenzando a desvelar sus secretos, evidenciando un conjunto arquitectónico cuyos constructores sabían muy bien las medidas a aplicar. Por ejemplo, se ha comprobado que el célebre Patio de los Leones —centro neurálgico del palacio, construido en tiempos del monarca Muhammad V (1354-1390)— tiene una superficie de igual extensión que un marjal, de unos 570 m². De planta rectangular, queda dividido a modo de *cahar bag* o jardín cuatripartido para simbolizar armoniosamente sus cuatro ríos sagrados.

El estudio matemático sobre la Alhambra nos lleva más lejos cuando descubrimos en ella el célebre número de oro, tan aplicado en las más importantes civilizaciones pasadas a la hora de hacer los cálculos matemáticos de sus obras monumentales, ya que genera un mayor equilibrio estático y, al mismo tiempo, una mayor estética en las proporciones. En este sentido, el fotogénico Patio de los Arrayanes, que se alinea como pórtico de la Torre de Comares —que da cobijo en su planta baja a la Sala del Trono, donde se recibía a los embajadores extranjeros—, podría estar emparentado con la mítica pirámide de Keops, en Guiza (Egipto), una de las Siete Maravillas del Mundo Antiguo, la cual dibuja en su base un cuadrado de 233 metros de largo, lo que representa una superficie de 54 000 m², con una altura de 147 metros, en proporción a través de la concepción áurea.

Pero no debemos olvidarnos de otra cuestión al analizar la belleza artística de la Alhambra, y es la abundancia de grafías que decoran lugares insospechados del interior del recinto, muchas de las cuales han sido recientemente traducidas y catalogadas por el investigador Juan Castilla, arabista e investigador de la Escuela de Estudios Árabes del Consejo Superior de Investigaciones Científicas (CSIC). Son más de 10 000 palabras escritas en árabe clásico. Es a los tres grandes artistas que decoraron la Alhambra, los poetas funcionarios Ibn Yayyab (1261-1348), Ibn al-Jatib (1313-1375) y Ibn Zamrak (1333-1393), a quienes debemos este estilo de escritura llamado cúfica geométrica.

La misteriosa y hermosa Alhambra, joya del reino hispano-musulmán, o nazarí, de Granada, incluida desde 1984 en el Patrimonio de la Humanidad de la UNESCO, aún mantiene veladas muchas maravillas de la ciencia, el arte y la técnica, las cuales poco a poco se irán revelando para un mejor conocimiento del pasado y un mayor logro científico del futuro, pero la Alhambra siempre estará presente en el estudio de las ciencias exactas.

Glosario

Ablución: Purificación ritual de algunas partes del cuerpo, previo a algunos actos religiosos. En el Islam, el agua se utiliza para purificar al creyente mediante abluciones anteriores a la oración.

Aceifa: Campaña militar hispano-musulmana. Solían programarse en la estación seca, durante los meses de primavera y del verano.

Aceña: Molino harinero de agua situado en el cauce de un río, o de un arroyo.

Acetre: Recipiente de bronce fundido, realizado en el siglo XIV, grabado con suras coránicas, con frases como «La felicidad continuada» y «La felicidad y la prosperidad, la bendición y el cumplimiento de los deseos».

Adhan: Llamada a la oración, de viva voz, por boca del muecín o almuédano, a través del minarete, o alminar.

Adiafa: Convite, regalo o refresco que se daba a los marineros o viajeros al regresar después de un viaje.

Aisha: Quinta llamada a la oración de los musulmanes. Se realiza con la aparición de las primeras estrellas en el firmamento, entre una y dos horas después de la anterior.

Bahr al-Muzlim: Así llaman los musulmanes al océano Atlántico.

Alcázar Genil (Qasar al-Sayyid): Es una almunia, convertida en marco de grandes recepciones, construida durante el reinado de Al-Muntasir (siglo XIII), cerca del cauce del Genil, a extramuros del recinto amurallado de Granada.

Alfaquí: Doctor o sabio de la ley entre los árabes.

Alfoz: Arrabal. Terreno equivalente a partido judicial.

Alhama: Establecimiento de baños en al-Ándalus. Se corresponde con las antiguas termas romanas y los *hamman* del Islam oriental.

Alhambra: El castillo, o fortaleza roja.

Alholí: Casa pública o mercado de vecinos.

Alhóndiga: Término relacionado igualmente con *alholí*, un establecimiento en donde se vendía, compraba e incluso se almacenaba grano, destinado especialmente a socorrer a los campesinos en épocas de sequía o escasez, en tiempos andalusíes. Estaban constituidos por amplios y espaciosos almacenes, gestionados por los ayuntamientos.

Aljibe: Cisterna o depósito subterráneo que sirve para recoger el agua de la lluvia a las medinas. En algunas alcazabas islámicas también fueron utilizados aljibes como mazmorras, como fue en la Alhambra, o en la alcazaba de San Miguel, en Almuñécar (Granada).

Alláh: Deriva de *Al-iláh*, el Dios.

Almimbar: Así llamado por los musulmanes el púlpito de las mezquitas, desde el cual el imán se dirige a los fieles en la oración de los viernes.

Alminar: Torre de las mezquitas, por lo común elevada y de poco grosor, y de planta variable (cuadrangular, rectangular, circular...), desde cuyo balcón superior el muecín, o *al-muédano,* convoca a los musulmanes a las cinco llamadas diarias a la oración.

Almostaçaf: Encargado de la *hisba* (gobierno del zoco).

Almunia: Edificio rural, finca de recreo, en tiempos andalusíes. También lugar en donde se recaudaban los impuestos en la España islámica en una casa a extramuros de la ciudad.

Alquibla: Punto del horizonte o lugar de la mezquita hacia el que los musulmanes dirigen sus oraciones cuando elevan sus plegarias. En su eje central se abre el *mihrab* o nicho sagrado.

Anfat: Así llamadas por los musulmanes las piezas de artillería que los nazaríes emplearos en el asedio de algunas plazas cristianas, entre ellas, la de Martos (Jaén). Algunas de estas piezas se conservan en parques públicos de Baza (Granada).

Arabesco: Dibujo de adorno compuesto de tracerías, follajes, cintas y roleos, empleado principalmente en frisos, zócalos y cenefas. Y también, en cuanto a escultura, decoración en la arquitectura árabe consistente en el conjunto de líneas con multiplicidad de curvaturas que entrelazan formas y superficies de color.

Asr: Tercera llamada a la oración, por el *almuédano*. Tiene lugar entre el zénit y el ocaso del astro rey, cuando las sombras del sol doblan el tamaño del objeto.

Atalaya: Fortificación levantada en un lugar prominente y estratégico para controlar militarmente y avisar de lo que se contempla.

Ataurique: Ornamentación árabe de tipo vegetal.

Azulejo: Ladrillo pequeño, vidriado, de varios colores, utilizado principalmente para revestir frisos y zócalos.

Baraka: Bendición. Virtud o don divino que se atribuye a los *jerijes* (morabitos), y que transmiten con su bendición.

Barbacana: Fortificación que precede al baluarte principal de una alcazaba o fortaleza. También llamado así al muro o antepechos de un puente.

Basmala: Fórmula ritual que dice «En el nombre de Dios, el Misericordioso, el Compasivo». Se trata de una garantía de seguridad. La *basmala* no cuenta con versículo, es decir, no está numerada, a excepción de la sura primera (*Al-Fatiha*), que es corta, y cuya recitación constituye la principal oración musulmana.

Benimerines: Guardia africana, o cuerpo de voluntarios de la fe. Eran los custodios de las fronteras del reino y los que participaban en las algaradas o incursiones —*aceifas*— por las fronteras con los reinos cristianos de al-Ándalus.

Cadí: Cargo de antiguo abolengo en el Islam, que gozó de respeto y prestigio en el reino nazarí. Los cadíes fueron, en general, íntegros, independientes, intrépidos e incluso humildes y sencillos, aunque alguno de ellos sostuvo que un cierto bienestar era condición básica para las anteriores cualidades.

Cahar bag: Jardín cuatripartito, alimentado por los cuatro ríos sagrados del Paraíso islámico.

Carcaj: Caja rectangular de cuero abierta por la parte superior y sujeta al cuerpo. Utilizada por el arquero para colocar dentro las saetas.

Celada: Casco para el combate, normalmente de metal (hierro o bronce).

Cimitarra: Especie de sable utilizado en varias zonas del mundo musulmán y también en los soldados del reino nazarí.

Cora: División administrativa de al-Ándalus, equivalente en nuestros días a provincia. En tiempos nazaríes hubo cuatro coras: Tacoronna, Rayya, Elbira y Peyyina, que se corresponden con las provincias de Cádiz, Málaga, Granada y Almería.

Corán: Libro sagrado del Islan, en cuyas páginas, según los musulmanes, contiene la palabra de Dios (o Allâh), que fuera revelada a Mahoma a través del arcángel Gabriel. Al fallecer el profeta, sus seguidores comenzaron a reunir estas revelaciones, que durante el califato de Utman ibn Affan alcanzaron la forma actual, escrita en árabe clásico, y compuesta por 114 capítulos (suras), y cada uno dividido en versículos (aleyas).

Cúfica: Tipo de escritura, originaria de Kufa (Irak), considerada para los musulmanes letra sagrada.

Cúfica geométrica: Tipo de caligrafía, creada por los poetas nazaríes que decoraron los muros interiores de la Alhambra.

Dhuhr: Segunda llamada a la oración. Se produce cuando el Sol está en su zénit.

Diván: Palabra de origen turco que designa también un banco, sin respaldo y con almohadones sueltos.

Elches: Cristianos que reniegan de su fe y se convierten al Islam.

Fajr: Primera llamada a la oración, por el almuédano, desde el minarete de la mezquita. Tiene lugar una hora y media antes de que salga el Sol.

Friso: Faja de diferente anchura que suele pintarse en la parte inferior de las paredes, de distinto color que estas.

Funduq: Albergue o posada destinado al alojamiento de comerciantes foráneos y de sus mercancías. Establecimiento especializado, en ocasiones, en un producto determinado. El Corral del Carbón, en el centro urbano de Granada, ejerció de *funduq*.

Generalife: Palacio de invierno de los monarcas granadinos.

Gibraltar: «Montaña de la Conquista», para los musulmanes, y «Muro de los Árabes», para los cristianos.

Háchib: No fue un cargo de función permanente, pero sí de elevado rango; bisagra entre el sultán y los visires, y superior a estos.

Hanifi: Creyente monoteísta estricto al que le horroriza la idolatría politeísta reinante, pero que duda que la religión monoteísta de los judíos y los cristianos —tergiversada en sus libros, prácticas y creencias— sea la religión de verdad que él busca. Los *hanifis* tenían como «antepasados modelo» comunes a Adán, arrepentido y sometido a Dios tras su pecado y, especialmente a Abrahám (Ibrahim), considerado el *hanifi* ejemplar.

Haran: En la mezquita, la parte cubierta y destinada a la oración, formada por las naves perpendiculares a la *quibla*.

Harén: Área de las casas de los musulmanes en que viven sus mujeres.

Ifranya: Tierra de francos.

Imam: No es un sacerdote, sino un laico como el resto de musulmanes. Su función es la de «director de plegaria» en virtud de su edad o de su piedad, o como funcionario más o menos erudito de la mezquita.

Játib: Predicador que dirige la oración del viernes y pronuncia el sermón.

Kaaba (Ka'ba): Edificio cúbico, llamado la «piedra sagrada», de color negro, de la ciudad de La Meca.

Kubba: Sepulcro de un santón.

Kuvs: Cubos de madera utilizados en las piletas de los baños de los *hamman* para sacar el agua.

Macsura: Recinto reservado en el interior de una mezquita destinado para el califa o el imán en las oraciones públicas. También, espacio que alberga el sepulcro de un personaje considerado santo para el Islam.

Madrasa (Medresa): Centro espiritual islámico, a modo de universidad coránica, donde se impartían todas las ciencias, especialmente la humanística y la teológica.

Maghirb: Cuarta llamada a la oración del mundo islámico; se produce después de la puesta de Sol.

Mahdi: «El bien guiado». Título que adoptan numerosos califas. Sin embargo, este término acaba designando entre los suníes al «mensajero bien guiado» que, al final de los tiempos, hará triunfar la verdadera religión.

Mano de Fátima: A pesar de la estrecha relación que, desde siempre, se le ha dado a la Mano de Fátima con la cultura árabe, se trata de un talismán mucho más anterior al nacimiento de la hija del Profeta, que tuvo lugar en la ciudad de La Meca, en 606. La Mano de Fátima se remonta, sin duda, al Neolítico, con los exvotos de manos mutiladas. Por lo tanto, estamos hablando de una de las revelaciones gráficas más remotas de la humanidad, comparable a la cruz o al círculo. Algunos autores la relacionan con la cultura púnica, y concretamente a los cultos a Tanit (la divinidad fenicia), que llegaron a Granada por mar, después de instalarse en colonias de la importancia de Axi (Almuñécar). Dos milenios más tarde, Tanit fue incluida por los musulmanes entre sus símbolos, ampliando el concepto de protección original. Por ello, no es nada extraño que los nazaríes introdujeran la Mano de Fátima en sus enigmáticas claves ocultas, haciéndola visible en la dovela de la Puerta Judiciaria, uno de los cinco accesos principales a la Alhambra. El investigador Antonio Enrique así lo confirma: «La Mano de la Puerta Judiciaria, abierta al firmamento, impetra al Naciente las influencias benéficas de las estrellas, amparando así al sagrado monumento de las maléficas emanaciones estelares». (Ver capítulo «El mal de ojo»).

Maqsura: Verja de madera o de hierro, que, a modo de espacio místico, separa el reducido lugar ocupado por el imam o el emir del resto de la mezquita.

Mar Sirio: Así llamado por los musulmanes al mar Mediterráneo.

Maristán: Hospital granadino construido entre 1365 y 1367, en tiempos del monarca Muhammad V, como centro hospitalario destinado a atender a enfermos pobres musulmanes. Después se transformó en manicomio y luego en Casa de Moneda. Es una verdadera joya del arte civil nazarí.

Marjal: Medida agraria, utilizada en el reino nazarí, equivalente a 100 estadales granadinos, o a 5 áreas y 25 centiáreas.

Mastaba: Banco de piedra, o mármol, de los *hamman*, entre áreas de baños.

Mevlana: Se corresponde con Yalal ad-Din Muhammad Rumi (1207-1273), maestro sufí, natural de Konya (la ciudad santa del islamismo turco) y creador de la danza de los derviches.

Mezquita: Edificio religioso donde los musulmanes practican sus ceremonias.

Mihna: Prueba o desgracia grave.

Mihrab: Hornacina abierta en el lugar del interior de las mezquitas orientado a La Meca para guiar a los fieles en sus oraciones.

Minbar: Púlpito desde donde el imán dirige las plegarias a los creyentes dentro de la mezquita.

Mocárabe: También es conocido como almocárabe o almocarbe. Se trata de un elemento arquitectónico decorativo, formado por una serie de prismas yuxtapuestos (uno al lado del otro) y colgantes que recuerdan a las estalactitas sueltas o arracimadas. Suelen verse en los revestimientos de cúpulas, en las pechinas y también en el intradós de arcos. El arte nazarí, o granadino, lo usó frecuentemente.

Murus: Impuesto que gravaban la venta ilegal de vino a los musulmanes, cuyo consumo no estaba muy extendido y nunca supuso un problema para el equilibrio de la vida cotidiana.

Muya'hidin: Combatientes por la fe.

Odalisca: Esclava en un harén.

Qibla: Dirección hacia donde se alzan los rezos de las cinco oraciones diarias, que no es otro lugar que la ciudad de La Meca.

Sahn: Patio descubierto y, en ocasiones, porticado de una mezquita.

Salat: Generalmente se refiere a las oraciones de los musulmanes elevadas a Dios (Alláh), referidas a las cinco oraciones diarias.

Samá: Es el adorno del alma que ayuda a esta a descubrir el amor, a experimentar el escalofrío del encuentro, a despejarse de los velos y a sentirse en presencia de Dios. El *samá* tiene como objetivo alcanzar el éxtasis místico (*uaÿd*) en virtud de la danza (*samá*), símbolo del baile de los planetas.

Sebka: Tipo de decoración basado en elementos decorativos con forma de retícula oblícua, a modo de entrelazado geométrico romboidal, que cubre muros, arcos, paredes, zócalos y otros paramentos, muy utilizado en los palacios de la Alhambra y el Generalife.

Shahada: Profesión de fe islámica; declaración de fe en un único Dios (*Alláh*), de acuerdo a la fe islámica y las enseñanzas de Mahoma.

Sunna: Dado que en el Corán no todo está claro ni aparece detallado, enseguida se recurrió para precisarlo a las tradiciones, que exponen las enseñanzas, las sentencias del Profeta, así como a los ejemplos ofrecidos por su vida, sus tomas de posición y su manera de actuar. El conjunto de estos es transmitido en forma de relatos o de informaciones, llamados *hadiz* («sentencias», «relatos»), que constituyen propiamente la Sunna.

Sura: También llamada *azora*. Es el nombre que recibe cada uno de los 114 capítulos en los que se divide el Corán, el libro sagrado del Islam, que comienzan por la invocación: Todas las suras —a excepción de la novena, *At-Tawba* (La Retractación)— están precedidas por la *basmala*.

Taca: Nicho, alhacena, hueco en la pared.

Taha: Uno de los distritos que forma una cora, regido por una autoridad civil (alcaide) y otra religiosa (alfaquí).

Tubá: El más grande los árboles del paraíso, para los musulmanes.

Ummah: Así llamada a toda la comunidad de creyentes del Islam, independientemente de su nacionalidad, origen, sexo o condición social. Toda persona que pronuncie la *shahada*.

Visir: Cargo de primordial importancia en la Granada nazarí, con triple cometido: militar, política y administrativa. Redactor, al mismo tiempo, de los diplomas reales. Era un ministro de Estado elegido por el sultán.

LA ALQUIMIA

La alquimia —del árabe *Al-chymea* («mezcla de líquidos»)— es el arte de la transmutación de los metales para obtener oro. Simboliza la evolución misma del ser humano desde un estado donde predomina la materia a otro espiritual. Y transformar en oro los metales equivale a convertir al hombre en puro espíritu.

El simbolismo de la alquimia

A lo largo de la cultura universal, desde el origen de la vida en el cosmos, tanto oriental como occidental, muy pocos conceptos físicos o psíquicos del conocimiento humano pueden superar en riqueza simbólica a la alquimia. Un estudio sobre todos y cada uno de tales símbolos nos llevaría a una lectura interminable acerca de la que se considera la primera de las ciencias del conocimiento medieval.

Hace cerca de 450 años apareció un libro con el siguiente título en latín: *Artis auriferae quam chemiam vocant* («del arte de hacer oro, lo que se llama química«). Este título circunscribe los afanes de los químicos de siglos pasados, a quienes se llamaba alquimistas: fabricar oro. Pero el oro, cuyo símbolo y color coincide con el del Sol, el astro rey, no es el único de los símbolos estrechamente relacionados con la alquimia.

Sinesio, un alquimista del siglo IV, decía que los verdaderos alquimistas se expresan a través de imágenes, figuras y metáforas, para que puedan entenderlo solo las almas sabias e iluminadas por el saber. Para Franz Hartmann, la verdadera alquimia no exige labor mecánica; consiste en la purificación del alma y en la transmutación del hombre animal en ser divino. A los principios invisibles que constituyen el hombre se les llama «metales», para demostrar que son más durables y resistentes que la carne y la sangre. Los metales formados por sus pensamientos y deseos continúan existiendo aún después de disuelto el elemento perecedero que constituye su cuerpo físico. Los principios animales del hombre representan los metales de inferior calidad, que forman su baja constitución y que deben transmutarse en metales más puros, convirtiéndose en el oro de la pura espiritualidad.

Aceite

El aceite, ese rico producto del fruto del olivo, es naturalmente símbolo de la prosperidad, que la mentalidad hebraica antigua no distinguía apenas de la bendición divina. Es igualmente el símbolo de la alegría, de la fraternidad. Su consistencia lo hace también símbolo de «vínculo intermediario», como dice Saint-Martin, para quien es elemento de la Gran Obra alquímica en la cual el vino y el trigo son el azufre y el mercurio. Por su naturaleza, el aceite fija y detiene las influencias exteriores, lo cual es otro aspecto de su papel purificador y protector.

Antimonio

Símbolo alquímico, «materia de los sabios, lobo gris de los filósofos», según Basilio Valentino. El antimonio correspondería a la penúltima etapa del alquimista en la búsqueda del oro filosofal. Para Fulcanelli, «el antimonio de los sabios... es un caos que sirve de madre a todos los metales». Es «la matriz y la vena del oro y el seminario de su tintura», para Sendivorgius. Se le considera igualmente como el hijo natural de Saturno. Pasionalmente amado por Venus, es la raíz de los metales. Sus lazos con Saturno y Mercurio lo emparenta con la esmeralda.

El antimonio simbolizaría, desde el punto de vista analítico en la evolución de un ser, un estado muy cercano a la perfección, aunque le quedaría por rebasar la etapa más difícil: la transformación última del plomo en oro, etapa en la cual la mayoría fracasa. Expresa la posibilidad de un impulso supremo, o de un revés infinito, que es el gris, y su imagen mitológica, una Diana admirable o monstruosa.

Azafrán

Según Gilberto de Holland (+1172), el azafrán áureo y brillante se refiere a la sabiduría. Es el color de la vestimenta de los monjes budistas del *Theravada*.

Azufre

El azufre es el principio activo de la alquimia, el cual actúa sobre el mercurio inerte y lo fecunda, o lo mata. El azufre corresponde al fuego como el mercurio al agua. Es el principio generador masculino cuya acción sobre el mercurio produce subterráneamente los metales. Manifiesta la voluntad celeste (a lo cual corresponde la lluvia de azufre de Sodoma, por cierto) y la actividad de espíritu. El azufre rojo del esoterismo musulmán designa al hombre universal —que está representado también por un ave fénix— y, por tanto, al producto de la obra al rojo hermética.

La acción del azufre sobre el mercurio lo mata y, transmitiéndolo, produce el cinabrio, que es una droga de inmortalidad. La relación constante del azufre con el fuego a veces lo pone también en conexión con el simbolismo infernal. Según otra tradición esotérica, que se une a la primera, el azufre simboliza el aliento ígneo y designa el esperma mineral. Así pues, está igualmente ligado al principio activo. Trae la luz o el color.

Para los alquimistas, el azufre es en los cuerpos lo que el Sol es en el universo. El oro, la luz, el color amarillo interpretados en sentido infernal denotan el egoísmo orgulloso de quien no busca la sabiduría más que en sí mismo y que se convierte en su propia divinidad, su principio y su fin. He aquí el lado nefasto del simbolismo del Sol y del color amarillo representado por el azafrán satánico en la tradición cristiana. Es un símbolo de culpabilidad y de castigo, motivo por el cual se empleaba en el paganismo para la purificación de los culpables.

Cinabrio

El cinabrio (sulfuro rojo de mercurio) se constituye a consecuencia de la fusión del azufre espiritual con el mercurio líquido, a través de la coagulatio, sexta fase filosofal de la Gran Obra o Magisterio; consecuencia, por tanto, de la boda alquímica (*misterium conjuntionis*). Para Mircea Eliade, el cinabrio es un elemento de importancia capital para todas las alquimias del mundo.

En el sulfuro rojo de mercurio compuesto se reconocen los dos elementos de base de la alquimia universal: el azufre y el mercurio. La forma antigua del carácter *tan*, que lo designa en chino, simboliza por otra parte el cinabrio en el interior del hornillo del alquimista. Otra forma arcaica evoca la transformación del hombre mediante el uso del cinabrio. Es por excelencia la droga de inmortalidad, por ser rojo (color Fausto y color de la sangre), y volver el cuerpo rojo, es decir, que a la vez rejuvenece la tez y le da la luminosidad del Sol.

Es preciso señalar que el simbolismo del cinabrio no resulta de su cualidad de sal, combinando el yin y el yang y neutralizando sus efectos recíprocos (la alquimia china no hace caso del azufre). Lo que se busca obtener es el yang en estado puro, oro o cinabrio. Este resultado se logra por calcinaciones sucesivas, que tienen como efecto liberar el mercurio. La alternancia cinabrio-mercurio es el símbolo de la muerte y el renacimiento, de la regeneración perpetua, a la manera del fénix, que renace tras la combustión. El simbolismo del cinabrio se establece, pues, sobre dos planos: la operación alquímica, que realiza simbólicamente la regeneración, y el consumo del producto, que se considera que confiere la inmortalidad física.

Cobre

El cobre rojo representa fundamentalmente el elemento agua, principio vital de todas las cosas, pero también la luz irradiante de la helicoide de cobre arrollada alrededor del Sol; la palabra, también fecundante; el esperma, que se enrosca alrededor de la matriz femenina. Siendo el símbolo del agua, el cobre rojo lo es también de la vegetación.

Día

La primera analogía astrológica del día es la de una sucesión regular: nacimiento, crecimiento, plenitud y declinación de la vida. Si se toma como referencia un punto cualquiera del cielo local (por ejemplo el horizonte oriental, que es el factor más importante de un horóscopo, llamado en astrología el Ascendente), este punto ve pasar en 24 horas todos los grados de Zodíaco, mientras que la Luna da la vuelta al cielo en unos 28 días (27,32 días, para ser más exacto), y el Sol en un año.

En el pensamiento judío, la duración de la creación se representa por seis días. El séptimo día tiene por significación el representar la vida eterna. El tema de la creación en seis días expuesto en el Génesis ha sido objeto de numerosos comentarios judíos y cristianos. El día simboliza una etapa de la ascensión espiritual.

Espíritu

El aliento tiene universalmente el sentido de un principio de vida; solo la extensión del símbolo varía de una tradición a otra. *Ruah*, el espíritu de Dios que incuba sobre las aguas primordiales del Génesis, es el aliento. Ese es también el sentido primero de *Er-Ruth* («espíritu»). El espacio intermedio entre el cielo y la tierra está lleno de un aliento (*k'i*), en el cual vive el hombre como un pez en el agua. Este mismo dominio intermedio o sutil es en la India el de *Vayu*, el viento y el aliento vital.

El término hebreo *ruah* se equipara habitualmente a *spiritus* y corresponde a la palabra *pneuma*. *Ruah*, *pneuma* y *spiritus* significan el aliento que sale de las narices o de la boca. Este hálito posee una acción misteriosa: se le compara al viento. El soplo o espíritu de Dios significa, según Isaías, la sabiduría y la inteligencia, el consejo y la fortaleza, la ciencia y el temor de Yahvéh.

Fuego

Como el Sol por sus rayos, el fuego por sus llamas simboliza la acción fecundante, purificadora e iluminadora. Según la interpretación analítica de Paul Diel, el fuego terreno simboliza el intelecto, es decir, la conciencia con toda su ambivalencia: «La llama que sube hacia el cielo representa el impulso hacia la espiritualización. El intelecto en su forma evolutiva es servidor del espíritu. Pero la llama es también vacilante, lo cual explica que el fuego se preste igualmente a representar el intelecto en cuanto olvida al espíritu». Recordemos que el espíritu se entiende aquí en el sentido de supra-consciente.

Imán

Hacia el año 587 a.C., Tales de Mileto descubrió el magnetismo con una piedra de imán, combinación de hierro y de oxígeno, de un negro brillante. El imán simboliza toda la atracción magnética, cuasi irresistible y misteriosa. Estaría en relación con la cal formada de polvo magnético. El hombre está cargado de ese polvo, como el imán. Todo el universo está saturado de él y le debe su cohesión, así como al movimiento. El imán se convierte en símbolo de la atracción cósmica, efectiva y mística.

La piedra de imán utilizada en la magia servía de talismán para provocar el amor, es decir, la atracción-seducción.

Marte

En astrología, el planeta Marte significa principalmente la energía, la voluntad, el ardor, la tensión y la agresividad. Como estas características se emplean más a menudo para mal que para bien, en la Edad Media este planeta tenía el sobrenombre de «el pequeño maléfico».

Con la luz rojiza, ardiente como una llama y el nombre de «abrasado» que lleva en todas las lenguas antiguas, Marte muestra el rostro de la pasión y la violencia que la mitología personifica como el dios de la Guerra. Este astro gobierna la vida y la muerte. Aries, su primera mansión (es decir, el signo zodiacal que más le conviene), preside el renacimiento primaveral de la naturaleza, que muere en otoño, en su segundo signo, Escorpio, símbolo del fuego de los deseos, el dinamismo, la violencia y los órganos genitales del hombre.

Mercurio

El mercurio es un símbolo alquímico universal y generalmente representa el principio pasivo, húmedo, el yin. El retorno al mercurio es alquímicamente la solución, la regresión al estado indiferenciado. El mercurio es el servidor del azufre. Es el *chui-yin* o plata líquida de los chinos y corresponde al dragón, a los licores corporales, la sangre y el semen, a los riñones y, por lo tanto, al elemento agua. La alquimia occidental lo opone al azufre, mientras que la alquimia china a su compuesto: el cinabrio. La alternancia mercurio-cinabrio, obtenido por calcinaciones sucesivas, la del yin y el yang, de la muerte y la regeneración. Según algunas tradiciones occidentales, el mercurio es la simiente femenina y el azufre la simiente masculina; su unión subterránea produce los metales.

La ciencia del mercurio es, en todo caso, la expresión de una ciencia de la regeneración interior que conocemos con el nombre de yoga. Con la alquimia se obtiene el oro puro y, con el yoga, la inmortalidad.

Noche

Para los griegos la Noche (Nyx) es hija del Caos y madre del Cielo (Ouranos) y la Tierra (Gaia). Engendra igualmente el sueño y la muerte, las ensoñaciones y las angustias, la ternura y el engaño. Con frecuencia, las noches se prolongan a voluntad de los dioses, que detienen el Sol y la Luna, con el fin de realizar mejor sus hazañas. La noche recorre el cielo, envuelta en un velo sombrío, sobre un carro tirado por cuatro caballos negros.

La noche, en la concepción céltica del tiempo, es el comienzo de la jornada. En Irlanda se corresponde simbólicamente con la eternidad. Simboliza el tiempo de las gestaciones, de las germinaciones o de las conspiraciones que estallarán a pleno día como manifestaciones de vida. Es rica en todas las virtualidades de la existencia. Pero entrar en la noche es volver a lo indeterminado, donde se mezclan pesadillas y monstruos, las ideas negras.

Oro

Considerado tradicionalmente como el metal más preciso, el oro es el metal perfecto. Es, en general, el símbolo del conocimiento, el yang esencial. En la tradición griega, el oro evoca al Sol y toda su simbología: fecundidad, riqueza, dominio, centro de calor, amor, don, hogar de luz, conocimiento, radiación… El oro es un arma de luz. Se usaban únicamente cuchillos de oro para los sacrificios a las divinidades uránicas. Igualmente los druidas cortaban el muérdago con hoces de oro. Apolo, dios del Sol, estaba revestido y armado de oro. Para los egipcios, el oro era la carne del Sol y, por extensión, de los dioses y los faraones.

Purificar

Los ritos de purificación existen en todas las religiones, con listas de entredichos y un ceremonial inagotable. La noción de pureza mortal, de pureza de conciencia, la suciedad del alma y de arrepentimiento interior, no aparece en Grecia más que con el culto de Apolo délfico. La purificación está ligada al agua, al fuego y a la sangre, mientras que lo impuro viene de la tierra. Simboliza la restitución de la pureza de los orígenes, el sentimiento de las manchas producidas por las faltas y los contactos terrenos, así como una aspiración a una vida en cierto modo celeste y el retorno a las fuentes de la vida.

Sal

Los diversos aspectos del simbolismo de la sal resultan del hecho de que se extrae del agua marina por evaporación. El grano de sal mezclado con el agua fundido con ella es el símbolo tántrico de la reabsorción del *yo* en el *sí* universal.

La sal es a la vez conservadora de los alimentos y destructora por corrosión. Su símbolo se aplica tanto a la *ley de las transmutaciones físicas* como a la *ley de las transmutaciones morales y espirituales*.

La sal es combinación, y por tanto neutralización, de dos sustancias complementarias, y está formada, más allá de su producto final, por cristales cúbicos: es el origen del simbolismo hermético.

Entre los griegos, como entre los hebreos o los árabes, la sal constituye el símbolo de la amistad, de la hospitalidad, porque es compartida, y de la palabra dada, porque su sabor es indestructible. Homero, en su obra, afirma su carácter divino.

Tras la piedra filosofal

Entre los alquimistas hay una frase que condensa su doctrina. *Visita Interiorem Terrae Rectificando Invenies Operae Lapidem* («desciende a las entrañas de la Tierra, y destilando encontrarás la piedra de la obra»), cuyas iniciales son VITRIOL. Estas son objeto de análisis para muchos investigadores del hermetismo. Kurt Seligman da un texto y una tradición algo diferente: *Visita Interiora Terrae Rectificando Invenies Occultum Lapidem* («Explora los interiores de la Tierra. Rectificando, descubrirás la piedra escondida»).

Ambas versiones de la fórmula coinciden en la recomendación de visitar el interior de la Tierra, y en la posibilidad de dar con la piedra filosofal mediante una rectificación.

La alquimia trata —mediante el simbolismo de los metales— de la reconstrucción o transformación de uno mismo a partir de los diversos grados de inconsciencia, de ignorancia y de prejuicio, hasta la conciencia del propio ser, y de la presencia inmanente de Dios.

La salamandra

Si hay un animal relacionado con las fuerzas del Más Allá, este es la salamandra. Estrechamente vinculado con el elemento fuego, se creía que podía habitar entre las brasas.

En el simbolismo esotérico, la salamandra significa «fuego». Lo mismo en la ciencia alquímica, porque se le cree capaz de vivir en el fuego, sin consumirse. Para los alquimistas, la salamandra, que se alimenta del fuego, y el ave fénix, que renace de sus cenizas, son los dos símbolos más comunes del azufre.

En el Libro del profeta Isaías (43.2) leemos: «Si pasas a través del fuego no te quemarás; no te quemará ninguna llama». Según el texto del *Physiologus*, la salamandra mora en el interior del cráter del Etna. Entre los antiguos egipcios, la salamandra era un *hieroglifo* del hombre muerto de frío.

Los druidas celtas de la Iberia antigua rendían también culto al fuego, pero no como elemento devorador y destructivo, sino como prueba del conocimiento, al que había que superar para alcanzar las puertas de la sabiduría iniciática. Precisamente, una de las pruebas impuestas al *amdaurs* (aspirante a la dimensión más elevada del sacerdocio celta, ataviado con túnica amarilla) durante el solsticio de verano era el pasar la noche enterrado hasta el cuello en la tierra, rodeado por un círculo de llamas. A la mañana siguiente, si lo había logrado, solo le quedaba la prueba del solsticio de invierno, y ya sería ataviado con la túnica blanca de druida. Para conseguirlo, el aspirante contaba con un talismán protector, que era el *triskel*, cuya singular forma recuerda a una salamandra moviéndose sobre la tierra.

La ciudad de Salamanca, a orillas del Tormes, debe su nombre a este animal, al cual se le rindió homenaje por el logro de haber surgido de las cenizas el anterior castro celta de Helmantica, tras el feroz asedio, saqueo y destrucción a la que fue sometida por los ejércitos cartagineses de Aníbal, primero, y de las legiones romanas, después. En ambos sitios, las mujeres vacceas desempeñaron un destacado papel, dándoles ánimos a los hombres y participando activamente en la defensa de la ciudad.

En la iconografía medieval, la salamandra representa al justo que no pierde en absoluto la paz de su alma y la confianza en Dios en medio de las tribulaciones.

En algunos libros del Renacimiento, a las salamandras se las llaman también *vulcanales*. Además, se les atribuye la condición de protectoras contra las fuerzas del fuego. La salamandra, por lo tanto, vive en este elemento, y logra que sus voraces llamas se apaguen gracias a su excepcional frialdad.

El monarca francés Francisco I, mecenas de Leonardo da Vinci, puso en sus armas una salamandra en medio del fuego y aceptó esta divisa: «Vivo en él y lo apago».

Glosario

Antes de proceder a detallar los principales términos relacionados con la alquimia, debemos recordar que los símbolos de los alquimistas no se utilizaban aisladamente. Los iniciados a este arte oculto sabían combinar este repertorio de imágenes significantes en historias o cuentos en forma de sueños simbólicos. Para Isaac *el Holandés*, el trabajo del alquimista es una labor de mujer y un juego de niños. En el *Libro mudo*, obra de referencia de la filosofía hermética publicada en 1677, leemos: «Todos los grandes secretos herméticos pueden ser efectivamente descifrados por quienes tengan capacidad para hacerlo...».

Águila: Esta ave es para los alquimistas el símbolo de la evaporación y también de los ácidos utilizados en la Gran Obra. Si tiene el plumaje negro simboliza los sulfuros negros

Ángel: En ocasiones se trata del símbolo de la sublimación, la ascensión de un principio volátil.

Animales: Cuando se representan alquímicamente dos animales de la misma especie pero de diferente sexo simbolizan el azufre y el mercurio preparados para la Gran Obra.

Apolo: Hijo de Zeus. Representa el simbolismo del astro rey. Está representado por ejemplo en la clave del arco de entrada de la iglesia parroquial de Cretas (Teruel).

Árboles: El árbol tiene numerosos simbolismos para los alquimistas. Si aparece con el Sol en su copa simboliza la Gran Obra de oro, la Obra del Sol; si sostiene la Luna, es la Pequeña Obra de plata. También puede representarse con los signos de los siete metales, La luna y cinco estrellas; entonces se trata de la materia prima de la que emanan todos los metales.

Atanor: El horno de cocción de los filósofos.

Baño: Disolución del oro y la plata, purificación de ambos metales.

Baño María: Método empleado en las industrias (farmacéuticas, de alimentación, conservas y cosmética), en laboratorio y en la cocina para conferir temperatura uniforme a una sustancia sólida o líquida para calentarla lentamente, sumergiendo el recipiente. Se le llama así porque se atribuye su invención a la alquimista egipcia María *la Judía*, que vivió en Alejandría (siglo III).

Basilisco: Antiguamente se conocía con este nombre a una serpiente muy venenosa del norte de África que portaba sobre su cabeza un adorno en forma de corona. Después pasó a ser un gallo con cola de serpiente y de mirada mortal. El basilisco había nacido de un huevo de gallo chafado por un sapo, y se lo representaba corrientemente con cabeza de gallo, cuerpo de sapo y cola de serpiente. Para impedir que causara daño, solo existía el medio de mostrarle su propia imagen en un espejo. Este aterrador animal aparece representado en lugares que dan acceso a enclaves tenebrosos (como galerías subterráneas con tesoros ocultos) para impedir el paso.

Cama: Simboliza el Huevo filosofal.

Círculo: Representa la armonía universal, y, al mismo tiempo, para los alquimistas, la unidad de la materia.

Cisne: El ave que, por su inmaculado plumaje, transmite la blancura. Por su carne de color negro y la sangre roja encarna los tres colores fundamentales de la Gran Obra.

Corona: Simboliza la realización química, cuando los metales alcanzan su perfección sublime.

Cristo: En lenguaje alquímico, encarna la piedra filosofal.

Cruz: En lenguaje alquímico, el crisol.

Cuadrado: Encarna la simbología de los cuatro elementos.

Cuervo: El color negro de las plumas de esta ave simboliza la putrefacción.

Diana: Significa la Luna.

Esfera: Unidad de la materia (la materia prima).

Espada: Simboliza el fuego. La guadaña tiene el mismo significado.

Esqueleto: Es la putrefacción, el color negro.

Estrella polar: Estrella de los Magos. Se relacionaba con una manifestación que aparecía en la materia prima en el momento decisivo.

Farmacia: La alquimia era una farmacia de la purificación y de la regeneración. Buscaba medicamentos insólitos: elixires de la juventud y de la inmortalidad, oro filosófico, quintaesencias y panaceas. Su simbología era hermética; la putrefacción precede a la solución perfecta, en las retortas se unen los opuestos, se regenera la materia y renace lo oculto. En la vasija alquímica abundan los niños, símbolos del crecimiento y de la regeneración.

Fénix: Simboliza el color rojo.

Flores: Constituyen el simbolismo de los colores de la Gran Obra.

Fuentes: La representación alquímica de tres fuentes equivale a los tres principios, donde el rey y la reina desean bañarse.

Grifo: Animal fabuloso, alado, de cuerpo de león y cabeza de águila y poderosas garras de águila, que forma parte de los arcanos medievales, tanto en los códices incunables como en la escultura románica. Alquímicamente hablando, esta figura mitológica representa la unión de lo fijo y lo volátil.

Habitación: Representa el símbolo del Huevo filosofal, siempre que en su interior estén representados el rey y la reina.

Hermafrodita: Consecuencia de la unión del azufre y el mercurio. Su símbolo es Rebis (dos cosas).

Hombre y Mujer: La unión de los opuestos, en ceremonia nupcial; la representación del azufre y el mercurio. Pero si se hallan encerrados en una tumba, se trata del Huevo filosofal.

Huevo: Equivale a un recipiente. Dentro de él, como germen, se desarrolla la vida, dependiendo de la temperatura, para acelerar el proceso de incubación en su maduración. El huevo, por sus componentes, también simboliza los tres principios: la sal, por su cáscara; el mercurio, por su clara, y el azufre, por la yema.

Júpiter: Símbolo del estaño, metal muy apreciado en la antigüedad, utilizado para conseguir el bronce por aleación con el cobre.

León: Si este animal está solo, simboliza lo fijo, es decir, el azufre de los sabios; si es alado, lo volátil, el mercurio. El león de color verde expresa el inicio de la Gran Obra.

Lluvia: Simboliza la blancura, por su condensación.

Lobo: Símbolo del antimonio.

Luna: Representa el principio de lo volátil, la plata utilizada para la Gran Obra, el mercurio de los filósofos.

Mar: Es el mercurio como principio.

Matrimonio: Símbolo de la unidad (azufre con el mercurio; el rey y la reina). Para alcanzarlo es necesaria la sal, representada por el sacerdote.
Montaña: Es el atanor. Los extremos del Huevo filosofal.
Neptuno: Simboliza el agua.
Niño: Representa la piedra filosofal, da igual que vaya vestido con ropajes reales o simplemente coronado.
***Opus Magnum*:** Culminación de la Gran Obra alquímica, momento (intemporal) en el que se obtiene la Piedra o el Elixir.
Ouroborus (***Uroborus***): Símbolo del eón. Así era conocida en el Antiguo Egipto a la serpiente, o el dragón, que se muerde la cola. Símbolo de lo infinito, el renacimiento, la eternidad, además de convertirse en una representación cíclica del mundo y de la renovación integral del ser humano.
Pájaros: Si se elevan al cielo, representan la volatilización, sublimación; pero si descienden hacia la tierra, precipitación, condensación. Y si están acompañados de animales terrestres representan el elemento aire.
Pavo real: Los llamativos colores de su cola —entre el blanco y el rojo— representan la Gran Obra.
Perro: Simboliza el azufre y también oro. Si el perro es devorado por un lobo, significa en lenguaje alquímico la depuración del oro mediante el antimonio. La pareja de perro y perra, lo fijo y volátil, al mismo tiempo.
Prisión: Es el Huevo filosofal, por su sensación de cerramiento y aislamiento.
Retorta: Recipiente, generalmente de vidrio, usado en la destilación de sustancias, consistente en una vasija esférica con un cuello largo —que actúa como condensador— inclinado hacia abajo. El líquido a destilar se coloca en el vaso y se calienta. La retorta suele formar parte de un alambique. Los alquimistas las usaron muy frecuentemente para obtener las esencias de las sustancias.
Rey y reina: Hombre y mujer.
Roble: Una de las especies sagradas para los celtas, que se convierte en el árbol de referencia para los alquimistas, porque de las cenizas de su madera se puede extraer un componente del fuego secreto. Además, el viejo roble constituye el atanor.
Rojo: El color rojo se asocia con el objetivo de la Gran Obra.
Rosa: Cuando una rosa blanca se une a otra roja obtenemos la de color rosa, que significa lo fijo y lo volátil, es decir, azufre y mercurio.
Rueda: Es el proceso de la sucesión de todas las etapas utilizadas para la elaboración de la Gran Obra.
Saturno: Este planeta es el símbolo del plomo para los alquimistas. También representa el color negro, la putrefacción.

Serpiente coronada: Simboliza el agente catalizador mediante el cual se podía realizar la conjunción del azufre y del mercurio.

Serpiente crucificada: Representa la fijación del principio volátil.

Sinople: Color verde en la heráldica y también el cromatismo de la Inquisición.

Toro: Símbolo de la materia prima.

Triángulo: Símbolo de los tres principios.

Tumba: Representa el Huevo filosofal.

Venus: Símbolo del cobre.

Verde: Color de la iniciación para el arte alquímico. Curiosamente, este cromatismo fue el escogido por el Santo Oficio como referente en la simbología de los edificios de la Inquisición.

Vía Láctea: Corresponde a una fase de la Obra mineral. Es en la tierra el Camino de Santiago.

Vulcano: Símbolo del fuego. Su representación más común es la de un hombre cojo. Velázquez lo representó magistralmente en el cuadro «El fuego de Vulcano».

CRISTIANISMO

El vocablo «católico», de origen griego, significa «universal». La Iglesia católica está organizada bajo la autoridad única del Papa, obispo de Roma, elegido por los cardenales reunidos en cónclave. Es apostólica, lo cual significa que se considera como la continuación de la Iglesia original de los apóstoles, y al Pontífice como el sucesor de san Pedro. Los concilios ecuménicos, que reúnen a los obispos del mundo entero, representan esta Iglesia universal. Sus decisiones definen la doctrina y su aceptación se impone a los fieles.

En su evolución, tenemos primero a Pedro: paradigma de la vía ortodoxa (la Iglesia como único camino de salvación). Después a Cristo: paradigma de la vía aristocrática (el triunfo del poder temporal sobre el espiritual, o la unión de ambos, como en el Islam). Y luego a Juan el Bautista: paradigma de la vía gnóstica, el individuo libre enfrentado solo al conocimiento, a la lucha por ser mejor (aceptar la paz no como meta sino como camino de relación entre las personas y entre estas y el Cosmos).

La cruz

La cruz es uno de los más ancestrales y enigmáticos símbolos, presente en todas las civilizaciones y anterior al cristianismo, que la ha popularizado. Es la representación del hombre, con los brazos abiertos, y de su condición. Es, sin embargo, el símbolo metafísico por excelencia.

En el libro del profeta Ezequiel, del Antiguo Testamento, leemos: «Recorre la ciudad y señala con una cruz la frente de los hombres que gimen y lloran al ver las abominaciones que se cometen a su alrededor... exterminad a todos. Pero al que lleve la cruz en su frente, no lo toquéis».

La cruz se dirige a los cuatro puntos cardinales, representa la orientación en el espacio: el eje arriba, abajo, derecha e izquierda, no es otro que la figura humana con los brazos extendidos, que muy bien representó Leonardo da Vinci. Pero también determina los espacios sagrados en los templos, dibuja la planimetría urbana de las ciudades, la intersección de sus calles. Según una tradición germánica medieval, la cruz es un árbol cuyas raíces están en el Infierno y su norte, en el Cielo, sus brazos enlazan el mundo y, en las leyendas orientales, es la escalera que permite a los humanos ascender hasta Dios.

La cruz ha ido adoptando formas diferentes a lo largo de la historia. La cruz griega proporciona la planta de muchas iglesias bizantinas y siríacas, mientras que la cruz latina es el patrón de las románicas y las góticas.

Podemos interpretar también la cruz como la imagen de la encrucijada, es decir, el punto en donde se cruzan los caminos de los vivos y de los difuntos. La cruz inscrita en un círculo se considera como la mediación entre el cuadrado y el círculo, confirmando la unión entre el cielo y la tierra. Es símbolo de la plenitud humana, y como imagen de la rueda llegamos a un símbolo solar.

Otro símbolo solar lo encontramos en la cruz gamada (esvástica), que en el cristianismo, y debido a la muerte de Cristo en la cruz, reviste un especial significado como símbolo de la Pasión, y también de la victoria de Cristo. Además, como elemento de poder y persuasión, esta cruz fue todo un símbolo de ciertos grupos antisemitistas de Alemania y, con Hitler en el poder, insignia del Partido Nacionalsocialista Obrero Alemán.

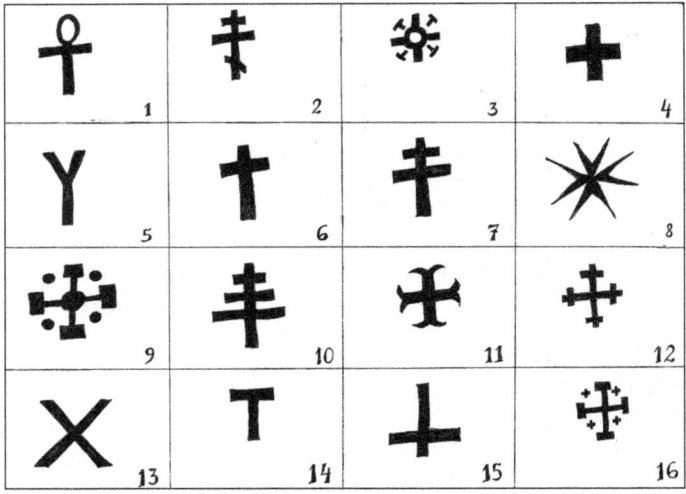

Las cruces más emblemáticas del cristianismo.

1. Cruz de la vida cruz ansada. Signo de la vida en la escritura jeroglífica del Antiguo Egipto, luego adoptada por los cristianos coptos como signo de la fuerza vital.
2. Cruz bizantina o rusa.
3. Cruz copta.
4. Cruz griega. Los cuatro brazos son de igual longitud.
5. Cruz en forma de «Y» (ahorquillada). Se trata de una variante, especialmente cruel, del suplicio («cruz de los apestados»).
6. Cruz latina, formada por un travesaño longitudinal largo y otro, desplazado hacia arriba, más corto. Sirvió de referencia a la planta de las iglesias románicas y góticas.
7. Cruz de Lorena, relacionada con los cardenales y también por los patriarcas (de ahí el nombre común de «cruz patriarcal»). El travesaño superior es más corto, para inscribir *INRI*. Es la cruz procesional sacada en las grandes efemérides cristianas.
8. Cruz de Malta, que se corresponde con la cruz de los hospitalarios, o de los caballeros de la Orden de San Juan.
9. Cruz orlada. Crucifijo que destaca sobre una orla circular, en ocasiones en compañía con otros motivos ornamentales. Es frecuente entre los siglos XI y XIII.
10. Cruz papal. Formada por tres travesaños paralelos y de diferente tamaño, de menor a mayor, de arriba abajo.
11. Cruz potenzada. Los remates finales de cada uno de los cuatro travesaños recuerda la forma de la flor de lis.
12. Cruz recrucetada. Cada uno de los travesaños, en planta de cruz griega, está formado por una pequeña cruz latina.
13. Cruz de san Andrés, que muestra la característica forma de aspa.
14. Cruz de san Antonio; emblema de la orden fundada en el siglo XI por el mismo san Antonio, en representación de su báculo (bastón), que le ayudó a caminar. Es la cruz sin cúspide, que recuerda a la tau de los templarios.
15. Cruz de san Pedro. El travesaño pequeño se encuentra en la parte inferior, recordando el martirio del primer Santo Padre de la Iglesia católica.
16. Cruz de Jerusalén, mejor conocida como Cruz del Santo Sepulcro. Está formada por cinco cruces, en clara alusión a las llagas de Cristo.

Entre los indios de América, la cruz romana es el símbolo del árbol de la vida, representada a veces en su forma geométrica más simple, y otras con sus extremidades ramificadas en distintos elementos simbólicos, como entre los mayas la cruz de hojas que representa a un árbol cósmico.

Todas las órdenes militares tenían sus cruces emblemáticas: Calatrava, Santiago, Malta, Alcántara, Temple, Hospital, Santo Sepulcro, etc. También se usan cruces para condecorar: Legión de Honor, en Francia; Cruz de Hierro, en Alemania; Cruz de Guerra, de Italia; Cruz de la Reina Victoria, en el Reino Unido, etc.

La cruz es por tanto la representación del hombre y de su condición.

La santa misa

A lo largo del día tenían lugar las denominadas horas canónicas: maitines y laudes a la aurora, prima a las siete, tercia a las nueve, sexta al mediodía, nona a las tres, vísperas a las seis y completas al anochecer. Eran estas horas convencionales, con una duración variable a lo largo del año, ya que durante todas las estaciones anuales el día estaba repartido en doce «horas» de igual duración y la noche en otras tantas. El motivo de esta división del día en diversas horas canónicas estaba en el deber de cuantos habían abrazado el estado eclesiástico de realizar una serie de rezos en determinados momentos del día. En realidad, todo ello no era más que un ejercicio de reflexión piadosa sobre la pasión de Cristo, configurado en siete espacios temporales a lo largo de una jornada, cada uno de los cuales se identificaba con un episodio de la pasión: los maitines y laudes equivalían al prendimiento, las nonas al momento de la muerte del Hijo de Dios en la cruz, las completas al santo entierro de Cristo...

La liturgia dispone de varios medios de expresión, como son las palabras, los cantos, los gestos, las posturas y los movimientos. Estos últimos completan los dos primeros, y a ellos se unen también el significado que aportan las vestiduras, sus colores correspondientes y los objetos litúrgicos. En cuanto a los gestos, posturas y movimientos, podemos iniciar nuestro estudio con el beso (ósculo) que el sacerdote lleva a cabo en el altar. Durante las épocas anteriores al siglo XII, el oficiante únicamente besaba el altar cuando iba a comenzar el sacrificio y cuando, al finalizar la ceremonia, iba a salir del templo. Posteriormente, a partir del siglo XIII los ósculos se multiplican hasta quedarse establecido el número de siete. El beso es un símbolo de unión, de una adhesión mutua de dos espíritus, y en este caso viene a representar la unión que el sacerdote intenta llevar a cabo en ese instante con Dios. El hecho de que los ósculos quedasen establecidos definitivamente en un número de siete se debe a que este número es propio del sacerdote, ya que este, al servir de puente de unión en Dios y el pueblo, participa tanto del tres como del cuatro —la suma de ambos es siete—, pues el primero de estos números es la imagen del mundo celestial (la Santísima Trinidad, las tres Virtudes Teologales…) y el segundo una representación del mundo terrenal (los cuatro elementos, las cuatro virtudes cardinales…).

Diversos sistemas comunicativos no verbales fueron adoptados por la Iglesia de los rituales feudales propios de la Edad Media. Así, las cuatro inclinaciones que realizaba el sacerdote se añadieron a la misa allá por el siglo XII, y su base se hallaba en la actitud del vasallo reconociendo su dependencia ante su señor. En este caso, la cantidad de inclinaciones venía a indicar que desde la Tierra (el cuatro) el oficiante confesaba que él estaba sujeto a las órdenes de Dios.

Conjuntamente con el anterior, las manos juntas también fueron adquiridas hacia el siglo XII del ritual caballeresco. En sus orígenes era un gesto de sumisión —no de oración—, en el que el vasallo juntaba las manos para mostrar su sometimiento a la voluntad de su señor. Con una finalidad semejante lo tomó la Iglesia, y a partir de este momento a los difuntos también se les uniría las manos para manifestar su sumisión a la voluntad de Dios. Poco a poco se impondría en la oración litúrgica e individual, hasta interpretarse como una acción de súplica.

Por lo que se refiere a los gestos de bendición, la señal de la cruz no es más que un gesto de exorcismo con el cual se intentaba no solo reclamar la bendición del Ser Supremo, sino también el alejamiento de las potencias del mal.

Durante la misa, el oficiante extendía los brazos en forma de cruz para manifestar la crucifixión de Cristo. Poco a poco los iba levantando, indicando con ello la resurrección de Nuestro Señor, hasta que por último los alzaba para representar de esta forma la ascensión del Hijo de Dios.

En los primeros tiempos, el sacerdote oficiaba la misa mirando hacia los fieles, hasta que en los albores del medievo, en lugar de celebrar la misa detrás del altar y de cara al pueblo, se colocó delante de él y de espaldas a los fieles, todo ello hasta la segunda mitad del siglo XX. Este cambio en el que el oficiante en lugar de mirar a los fieles se volvía de espaldas se debió al hecho de que, como doble de Cristo, también debía recordar al pueblo las cinco apariciones de Cristo a sus discípulos después de su Resurrección, las cuales eran representadas por el número de veces que el sacerdote se volvía hacia los creyentes.

Concluiremos este apartado con otros hechos de gran interés, como son los tres silencios que el celebrante guardaba en la Secreta, en el Canon y el Padre Nuestro, los cuales se correspondían con los tres días que pasó Cristo en el sepulcro; o bien las tres cruces del *Te igitur* que aludían a las injurias que sufrió el Hijo de Dios ante los tres tribunales del Sumo Sacerdote, de Herodes y de Pilatos.

Otro de los aspectos importantes a resaltar es el del significado de cada una de las partes en las que se divide la misa. Para ello debemos partir de la salida del sacerdote de la sacristía, indicándose que esto representa el nacimiento de Cristo en la Tierra, ya que, por un lado, la sacristía simboliza tanto el cielo como el vientre de la Virgen María, y por otro lado, porque, tal y como ya indicamos con anterioridad, el sacerdote viene a ser en estos instantes el doble de Cristo.

Las partes en las que queda dividida la misa son las siguientes:

1. El Introito, que viene a ser la antigua misa de los catecúmenos y que se refiere simbólicamente al coro de profetas que anunciaron la venida de Cristo.
2. El Gloria in excelsis Deo recuerda el coro de ángeles que comunicaron a los pastores la buena nueva del nacimiento del Hijo de Dios.
3. La Primera Colecta alude a aquella que hizo Cristo de muy joven, cuando tan solo contaba con catorce años.
4. La Epístola hace referencia a la predicación de san Juan Bautista.
5. El Responsorio simboliza la respuesta de los apóstoles ante la llamada de Jesucristo, la cual se llevó a cabo de manera afirmativa.
6. El Aleluya manifiesta la alegría que se despertó en los corazones de los apóstoles al contemplar los milagros de su Maestro y ver cómo se cumplían todas y cada una de sus promesas.
7. El Evangelio alude a la predicación de Nuestro Señor Jesucristo.
8. El Ofertorio representa la gran entrada triunfal de Cristo en Jerusalén el Domingo de Ramos, en la que los fieles que desfilan en procesión con sus dones son una viva imagen de los niños que salieron a su encuentro para recibirle.
9. La Oración que el celebrante reza desde la Secreta hasta el Nobis quoque peccatoribus tiene por significado la oración de Jesús en el Huerto de los Olivos.

10. Lavado de las manos del sacerdote, para recordarnos el lavatorio de los pies que Cristo llevó a cabo a sus discípulos antes de que tuviera lugar la Última Cena.
11. Durante la Consagración, el oficiante consagra el pan y el vino sobre la mesa del altar tal y como hizo Jesucristo en la Última Cena, y, después de haber comulgado él mismo, distribuye a los fieles —como Jesús a sus apóstoles— las santas formas consagradas. La elevación de la sagrada hostia en el momento de la consagración representa la erección de la cruz, y el tintineo de la campanilla que hace sonar el acólito que acompaña al sacerdote simboliza el temblor de tierra que se produjo en el momento en que Nuestro Señor Jesucristo expiró en la cruz.
12. La Poscomunión viene a manifestar la acción de gracias, la cual concluye con la despedida que lleva a cabo el sacerdote, quien se encamina de nuevo a la sacristía, es decir, como una vuelta al cielo, manifestándose con ello la resurrección del Divino Salvador.

Con anterioridad ya hablamos de que tanto los objetos como las vestiduras litúrgicas complementan con su significación el sentido simbólico de la santa misa. En lo concerniente a los objetos litúrgicos, cabe resaltar el simbolismo que encierran el cáliz, la patena y el corporal. El cáliz, especie de vaso sagrado que contiene en su interior el pan y el vino (el cuerpo y la sangre de Cristo), es una imagen del santo sepulcro en el que fue enterrado Nuestro Señor Jesucristo. La patena, es decir, el platillo o pequeña bandeja que se coloca por encima del cáliz, representa la tapa de dicho sepulcro. El corporal, aquel lienzo que se coloca sobre la mesa del altar y sobre el cual se deposita el cáliz en el que posteriormente será introducido, equivale al santo sudario con el cual Cristo fue amortajado después de muerto.

En cuanto a las vestiduras litúrgicas se refiere, estas fueron tomadas en su mayoría de aquellas que portaban los patricios romanos, pero adquiriendo en el mundo cristiano un significado muy distinto. En concreto, los elementos que componían fundamentalmente la vestimenta sacerdotal venían a ser los siguientes:

1. El amito, especie de prenda que envolvía la garganta, cubría la cabeza y caía por la espalda, simboliza el casco con el que el oficiante debe cubrirse la cabeza y los hombros para protegerse de los ataques del demonio.

2. El alba y el cíngulo se corresponderían con la antigua túnica de los romanos. El color blanco del alba —de donde le viene su nombre— tiene por significado la pureza interior del oficiante, quien actúa como intermediario entre Dios y el pueblo, y el cíngulo es aquel elemento que simboliza la retención de los deseos sexuales por parte del sacerdote para llevar consigo en su interior la pureza ya citada anteriormente.
3. El manípulo —antiguo sudarium o mápula— tenía como uso entre los romanos el servir de pañuelo para eliminar el sudor y las lágrimas, por lo que al espiritualizarse en el ritual cristiano pasó a tener por significado el dolor (lágrimas) y el trabajo (sudor) de esta vida que nos serviría de gozo y recompensa en la vida eterna.
4. El orarium era otra prenda que quedaba suspendida del cuello del oficiante, quien con uno de sus extremos procedía a limpiar los objetos sagrados y las bocas de los fieles. Posteriormente, este mismo lienzo sería sustituido por otro más pequeño, el purificador, quedando el orarium como una prenda de adorno que más tarde recibiría de forma equivocada el nombre de estola. La estola simboliza el yugo ligero de Cristo que todo buen cristiano debe querer.
5. En las postrimerías del Imperio romano, la toga se convertiría en una especie de manto de pliegues muy amplios. Esta tenía forma circular con un orificio en el centro para introducir por él la cabeza, recibiendo el nombre de casulla, ya que se asemejaba a una pequeña casa, a una pequeña tienda bajo la cual hallaba cobijo el sacerdote. En ciertos lugares debió resultar algo incómodo llevar a cabo los actos litúrgicos con el peso de esta prenda sobre los brazos, por lo que se decidió abrirle dos aberturas a los lados para dar les paso. Se cree que esta idea tuvo lugar en Dalmacia, por lo que este tipo de casulla con las dos aberturas para los brazos recibió el nombre de dalmática. La casulla, al ser la prenda que se encontraba por encima de todas las demás, vino a simbolizar la caridad, la más alta de las virtudes y la que a su vez encierra y penetra a todas ellas.
6. La capa pluvial era aquella vestidura que servía para proteger de la lluvia al sacerdote.
7. La vestimenta se completa con tocados, guantes y calzados litúrgicos.

Junto a ello, los colores de las vestiduras también aportan un significado bastante interesante. El color blanco, símbolo de la verdad, de la pureza, de la luz, del esplendor, es empleado durante las festividades de Nuestro Señor, de la santísima Virgen y de los santos. El rojo manifiesta tanto la llama ardiente que el Espíritu Santo encierra en los corazones como la caridad y el sacrificio, motivo por el cual la Iglesia los usa durante la Pentecostés, las fiestas de los mártires, las de los santos apóstoles y las del triunfo e invención de la Santa Cruz. El verde es el color de la esperanza y, al igual que la naturaleza nos ofrece una vida nueva cada primavera, la Iglesia celebra con ello la venida de Cristo a nuestro mundo, por lo que se reserva para las celebraciones, que van desde la Epifanía hasta la Septuagésima, y desde Pentecostés hasta el Adviento. El morado es el matiz que representa la penitencia, motivo por el que es empleado durante el Adviento, la Septuagésima, la Cuaresma, las vigilias, etc... Por último, el negro encierra el significado de la desaparición de la luz y de la vida, por lo que la Iglesia lo reservaría para el Viernes Santo, el dos de noviembre y los días de difuntos.

Todo esto viene a manifestarnos una vez más que el símbolo siempre ha estado y estará presente en nuestras vidas, ya que es un elemento primordial para la comunicación del que el ser humano no podrá desprenderse en ningún momento.

La danza de la muerte

«La muerte se relaciona con el elemento tierra y con la gama de colores que va del verde pasando por los matices terrosos», subrayó en una ocasión Juan Eduardo Cirlot. El especialista del medioevo francés Pierre Bonnassie va mucho más lejos a la hora de analizar aquellos oscuros momentos de la historia de Europa: «La muerte se transformó en uno de los temas predilectos de artistas y poetas; pero no era la muerte abstracta de los años centrales de la Edad Media —concebida como el paso hacia el Más Allá—, sino la muerte como sufrimiento físico y moral, descrito a veces con un realismo alucinante. Con ello entramos en la época de las vírgenes dolorosas, de los santos sepulcros, de las danzas de la muerte y de las baladas de los ahorcados».

Al igual que sucede en numerosísimas interpretaciones del Más Allá, el esqueleto sustituye a la muerte en el decimotercer arcano del tarot, el cual aparece representado manejando hábilmente una guadaña que corta en sentido derecha-izquierda. Pero en la carta, a pesar de tratarse de la muerte, no vemos seres retorciéndose de dolor, sino que, por el contrario, las cabezas, lejos ya de sus cuerpos correspondientes, incluso conservan alegres expresiones, así como los demás restos humanos; no es, por lo tanto, una casualidad, que los huesos del esqueleto no sean grises, sino rosados. Todo ello viene a demostrar que en el citado arcano la composición escénica gira en torno a una constante ambivalencia. En efecto, recogiendo las herencias antiguas, el hombre medieval supo muy bien comprender que si la vida está estrechamente relacionada con la muerte, también la muerte es el manantial permanente de vida, y no solo de la espiritual, sino también de la resurrección de la materia.

Una vez dicho esto, resulta fácil comprender el alto significado que, para los hombres de la Baja Edad Media, tenía la danza relacionada con la muerte y también con el miedo a lo desconocido debido a las terroríficas masacres que, durante los siglos XIV y XV, le tocó vivir a la sociedad medieval, como consecuencia de las epidemias de peste que diezmaron al viejo continente.

La danza de la muerte (danza de los esqueletos lúdicos, al principio, y macabra, después), es, en definitiva, la ampliación escénica del decimotercer arcano del tarot, constituyendo una interpretación que supera los límites de la realidad física y enlaza con los niveles del espíritu. Por ello se halla tan íntimamente vinculada a preceptos del cristianismo. La danza macabra, por lo tanto, es la mejor escenificación del baile de los muertos, en los espacios entre la vida y la muerte. Pero ahondemos un poco en el significado de la danza, siguiendo algunas creencias desde la antigüedad hasta la Baja Edad Media.

La danza es la celebración, en lenguaje, la manifestación física del instinto de vida. Al mismo tiempo, la danza clama y celebra la identificación de lo impensable. En este sentido, recordamos al filósofo musulmán Mevlana M. Celaleddin-i Rumi (1207-1273), el creador de la ceremonia de *Semâ*, cuyos derviches danzantes giran de derecha a izquierda, en sentido inverso a las agujas del reloj, enlazando con sus manos lo físico (tierra) y lo inmaterial (espíritu) o, lo que es lo mismo, la perpetua unión entre la vida y la muerte. Este singular baile místico se celebra durante el mes de diciembre en la ciudad turca de Konya, cuna de Mevlana, considerado uno de los más grandes poetas líricos de todos los tiempos y culturas.

Las danzas, ya sean individuales como colectivas, suponen una búsqueda constante de la liberación en el éxtasis, transportando al cuerpo a un estadio más sublime.

La ordenanza de la danza, su ritmo, representa la escala a través de la cual se alcanza la plena liberación. El ejemplo de los chamanes lo confirma, cuando, como resultado de la frecuencia sonora de un tambor, se consigue el ascenso al mundo de los espíritus.

Desde las más ancestrales tradiciones orientales, pasando por la Grecia y Roma clásicas, llegando a los siglos bajomedievales, la danza ha supuesto para el hombre el permanente deseo de alcanzar esa liberación soñada del espíritu a través de lo físico.

Para atraer a las lluvias, los pueblos de otras latitudes no han dudado en representar la danza, en obras que se remontan a la prehistoria. Por ejemplo en Tassili (Argelia), en el Mont Begó (Francia) o bien mucho más cerca, en el friso de Cogul, en la comarca de Les Garrigues (Lérida), cuando el artista ibérico supo plasmar en la roca calcárea la fuerza plástica de un grabado con la representación escénica de un grupo de mujeres danzando en torno a un hombre desnudo; detrás, una clara alusión a la maternidad. También, numerosas sociedades de diferentes épocas históricas han sabido rendir testimonio a la danza para combatir epidemias y catástrofes generalizadas. Eso mismo, por lo tanto, impulsó la imaginación y la creatividad del artista bajomedieval cuando, a través de un baile sagrado, quiso representar una forma de combatir el Mal, en este caso la terrible peste negra, a través de unas pinturas desarrolladas en las paredes de una Iglesia (frescos murales), o bien en pintura sobre madera (retablos), sin olvidarnos del arte gráfico sobre papel (impresión de libros alusivos a la danza macabra). El tema de las pinturas no podía ser otro, como es de suponer, que un infernal baile, en el que la muerte —representada por un esqueleto juguetón, primero, y pleno de arrogancia y seguridad, después—, se erige en principal protagonista en medio de una cohorte de condenados, conducidos hacia un final lleno de incertidumbre, cuyas personas —da igual su condición socio-económica— se ven arrastradas hacia un destino incierto. A cambio, para que la sociedad no pierda la esperanza en el después, la Iglesia de los últimos siglos medievales aconsejaba a gritos una buena muerte; muy lejos de vivir el presente, era necesario, en aquellas dramáticas circunstancias de epidemias generalizadas, y también en cualquier momento de la vida, estar preparado para el inminente final a base de llevar a cabo una vida ejemplar, en constante comunión con Dios. Eran aquellas, por lo tanto, las danzas macabras, las únicas que han sobrevivido a la barbarie humana a lo largo de los siglos, porque no tardaron en ser respaldadas por la Iglesia cristiana, al tiempo que se sometían a los preceptos del credo litúrgico.

La interpretación artística de la danza macabra es muy distinta. Cada artista —la mayoría de las veces sin querer salir de su anonimato— veía y ofrecía al mismo tiempo una dimensión diferente de los problemas que atenazaban a la variopinta sociedad bajomedieval. Para unos, la muerte, el omnipresente esqueleto de rosada osamenta, debía ir entre cada uno de los estamentos de la época (banquero, campesino, burgués, obispo, siervo...), porque ni la clase religiosa se veía libre de su fatal destino... Ello nos da una idea de la independencia del autor medieval respecto a los poderes fácticos de entonces.

En efecto, las epidemias no perdonaron a nadie, causando estragos especialmente en los núcleos urbanos, pero también en las cerradas comunidades monásticas; las muertes en el interior de los cenobios alcanzaron índices alarmantes. Este hecho fue, sin duda, el que motivó que una gran parte del clero pidiera al Papa la inmediata supresión de las órdenes mendicantes...

Otros artistas medievales dieron a la danza macabra una escenificación pictórica diferente, cuando vemos representaciones de pequeños esqueletos moviéndose alrededor de los personajes condenados, al tiempo que los acosan con objetos amenazantes: arcos y flechas, guadañas, hachas... Así los podemos ver en la tabla del frontal de la iglesia provenzal de Le Bar-sur-Loup, al noroeste de Niza (Francia).

El artista que creó las escenas de las danzas macabras había bebido sin saberlo de las fuentes orientales de la India. Las danzas rituales de aquel país asiático hacen intervenir todas las partes del cuerpo (con diversos y coloridos tejidos, y a veces en la total desnudez) en gestos simbolizando los diferentes estados de ánimo. La Muerte —el esqueleto—, el protagonista indiscutible de la representación escénica, no solo marca los ritmos de baile de sus condenados, sino que también impone una forma de comportamiento social, al mantenerse en permanente vigilancia de los desgraciados de la mortal comitiva, que visten trajes de acuerdo con su posición social, pero influenciados por su director de orquesta...

En la danza macabra, todas las figuras experimentan y claman un forma de fusión en un mismo movimiento estético, emotivo, erótico, religioso o místico, como un regreso al Ser único de donde todo emana, donde todo regresa, por un incesante ir y venir de la energía vital.

Y regresamos a las ancestrales tradiciones orientales, cuando evocamos, por ejemplo, la cultura china, en la cual la danza, estrechamente vinculada a la rítmica de los números, permite el orden y el equilibrio del mundo. En la lejana Catai, la danza es esencial en la pacificación de los animales salvajes; establece la armonía entre las dos grandes fuerzas: Cielo y Tierra. Es la danza del *Yu-le-Grand* que pone fin al desbordamiento de las aguas, a la superabundancia del yin. El carácter *wou*, que exprime la no manifestación, la destrucción, debió ser, según algunos especialistas, el sentido primitivo de la danza. También existen claras analogías con respecto a la danza macabra europea, puesto que el sentido mismo de la danza medieval era la búsqueda de una armonía a través del sacrificio de unos, para que el resto pudiera beneficiarse, tras el Juicio Final…

En los pueblos africanos, en cambio, la danza significa la más profunda interpretación de unas formas de vida abiertas completamente al mundo; pero también, al mismo tiempo, la más dramática forma de expresión cultural, porque ella es, en sí misma, el refugio del determinismo de la naturaleza, y el hombre no es más que la liberación de su límite establecido. Porque la danza es, igualmente, la expresión mística de la religión africana. En este sentido, también la danza macabra medieval le debe mucho a estos principios de las ancestrales tradiciones africanas, cuando eleva la interpretación de sus personajes a un nivel de puro misticismo, en las puertas de la más sólida traducción de los preceptos cristianos de no pecar y vivir en gracia de Dios. Los que pecaron, viajan sin remedio al Infierno…

También los conceptos religiosos del Antiguo Egipto estaban fundados en unas sólidas creencias. Los mitos se basaban en los dogmas más misteriosos; recordemos a los dioses Apis y Osiris, tan vinculados con la muerte, y sus transformaciones en formas animales.

Las danzas macabras quedaron expuestas en los lugares más próximos de la fe, del espíritu, como son los interiores de las iglesias, y también, en algunos casos, en las oscuridades terrenales de los camposantos, en testimonio permanente de esa interpretación que el artista quiso transmitir a la sociedad, con la aprobación plena de la Iglesia. Detrás de todo ello, un profundo simbolismo de vida y muerte, nacimiento y defunción, ir y venir; la dualidad constante a la que el hombre siempre se ha visto sometido en el rito de la danza…

Un viaje por los lugares próximos al Más Allá

La danza, que es una de las más antiguas formas de la magia, encarna la energía eterna. Posiblemente este concepto haya sido la justificación terrena de una brillante expresión (pictórica y literaria), que enlaza con los poderes y fuerzas sobrenaturales, como consecuencia de unos siglos repletos de desequilibrio social y desgracias generalizadas.

La danza macabra, otro sueño real de este ocaso crepuscular del medioevo, presenta incuestionables afinidades con los ciclos orientales, como hemos dicho anteriormente.

Pocos temas de la Edad Media —todavía tan desconocida— han sido objeto de tal cantidad de estudios. El espectáculo comenzó con el *Cuento de los Tres Muertos y de los Tres Vivos*, escrito por S. Glixelli en 1914, en el que tres jóvenes encuentran tres cadáveres que les recuerdan la vanidad y las debilidades del mundo. El tema de la danza macabra se pintó por primera vez en Italia, en una serie que se escalona desde los frescos de Santa Margarita, cerca de la localidad de Amalfi, y en la catedral de Atri (hacia 1260), hasta las composiciones de Subiaco (1335), Pisa (1350-1360), Cremona (1419) y Clusone (siglo XV). El mismo Dante Alighieri (1265-1321) se vio sacudido por toda esta ola de inspiración del mal sobre las técnicas artísticas, y su obra cumbre, *La Divina Comedia*, recoge el horror de la muerte en su paseo por el Infierno (Canto XXVIII).

En la provincia autónoma del Trentino (Alpes italianos) se conservan dos interesantes testimonios de danzas macabras: la iglesia de San Vigilio, en Pinzolo, y la de San Stefano, en Carisolo.

Después de Italia, Francia es el país europeo con mayor cantidad de representaciones pictóricas alusivas a la danza macabra. En el interior de una capilla gótica de Bretaña, en Plouha (Côtes-d'Armor), se desarrollan en sus muros unas interesantísimas pinturas de personajes perfectamente enmarcados individualmente en el interior de un rectángulo, y cada uno de los figurados con sus miembros superiores unidos entre sí en un trayecto sin fin. La muerte, representada por un esqueleto pletórico de vida, se intercala entre todos los personajes (monje, banquero, caballero, campesino, mendigo...), tal vez para que ninguno de ellos pueda escapar al fatal destino, guiándolos, sin distinción social, al viaje sin regreso. La iglesia, escondida en el interior de un espeso bosque de robles (el árbol sagrado de los celtas), se conoce como Kermaria («casa de María», en bretón).

En la abadía benedictina de Saint-Robert, conocida como La Chaise-Dieu —semiderruida por los episodios revolucionarios de 1789—, la serie de personajes representados se confunden debido a la densidad de figuras humanas que se acumulan en poco espacio. Situada en el interior de la volcánica región de Auvernia, era una parada obligatoria para los peregrinos de Santiago de Compostela que escogían el camino de Le Puy. En el interior de su complejo monástico existe una sala secreta cubierta con bóveda de aristas que arrancan del suelo; dice la leyenda que en ella se llevaban a cabo las confesiones a los enfermos de peste. Una sala similar se encuentra en el interior de la Alhambra de Granada, próxima al patio de los Arrayanes, conocida como el Salón de los Secretos, cuyas funciones muy bien podrían haber sido similares…

En el interior de la modesta iglesia parroquial de la localidad aquitana de Allemans-du-Dropt (Lot-et-Garonne), nos conmueve observar el realismo de unos seres arrastrados de cualquier modo por grotescos demonios hacia la hirviente caldera, mientras otros avivan frenéticamente el fuego, al tiempo que los gestos de dolor de las víctimas despiertan un hondo patetismo, al observar cómo se retuercen entre las llamas. Los frescos fueron realizados a mediados del siglo XV.

En el cementerio de los Inocentes de París existía una de las más antiguas representaciones de la danza macabra (de 1424), de la cual, sin embargo, no queda absolutamente nada.

En Bélgica, Hal y Bruselas (iglesia del Sablón), la mortal escena se representa, a finales del siglo XIII y comienzos del XIV, en los relieves de las mochetas de las arquerías. Hacia las mismas fechas, el esqueleto —según hemos podido observar en el tímpano de la fachada occidental de la catedral de la ciudad alsaciana de Estrasburgo— hace su aparición en la tumba de Adán, bajo la cruz de Cristo. Pero hay que esperar al siglo XV para que el Diablo, representado por un ágil esqueleto —como ya se había hecho alusión en otros lugares—, empiece a arrastrar a los vivos en su sabbat.

A partir de mediados del siglo XV, estas dantescas representaciones comenzaron a ser más abundantes, especialmente en el centro y norte de Europa (Londres, 1440; Basilea, 1450; Lübeck, 1468…).

En Lucerna (Suiza), el puente-muralla Spreuerbrücke es conocido también como «el puente de la danza macabra» debido a las pinturas que decoran el ensamblado de la cadera de sus vigas, ilustradas con el tema medieval de la igualdad del hombre frente a la muerte. El pintor Kaspar Meglinger y su escuela reprodujeron, entre 1626 y 1632, la inevitable muerte, tal y como se desarrolla en todas las profesiones de la época. La representación pictórica de este puente de madera cubierto de la ciudad helvética está considerada como una de las más interesantes obras del arte relacionadas con el misterio de la danza macabra.

Pero la imaginación no tiene límites a la hora de reflejar ese mundo de dolor y muerte que azotaba el último período histórico del medioevo. Como subraya con acierto el especialista francés Jacques Le Goff: «La Edad Media crepuscular tropezó con el cadáver». Y los grandes males de la época (epidemias, guerras, hambre, injusticias...) fueron los modelos adecuados para la plasmación artística de esa realidad existente en la calle. Los muertos, el pan de cada día, se representaban unas veces erguidos, otras —la mayoría—, tendidos sobre sus propios féretros semiabiertos; a menudo aparece la figura de un eremita. Los poemas más antiguos sobre el tema —los de Beudoin de Condé, hacia 1275, y Nicolás de Margival, antes de 1310— los encontramos en Francia. Un texto inglés (*Gauthier Map*) y otro italiano (siglo XII), que, generalmente, se citaban como primeras fuentes, actualmente se consideran apócrifos. Encontramos ilustraciones en una colección de poesías realizadas por María de Brabante, segunda mujer de Felipe *el Audaz* (finales del siglo XIII), según se lee en el manuscrito número 3142 de la biblioteca del Arsenal, así como un fresco en Metz (Francia) que decora el interior de la iglesia de Sainte-Ségolène, de entre finales del siglo XIII y comienzos del siguiente.

La creación literaria sobre la danza macabra se mantiene viva después de las mejores realizaciones pictóricas, según se desprende de los textos del siglo XV *Las Horas del Duque de Berry* y un gran número de libros impresos. En 1485, Guyot Marchant publicó *Danza Macabra*. La segunda edición apareció un año después, al mismo tiempo que *Danza Macabra de Mujeres*. Antonine Vérard, celoso de este éxito, publicó una imitación en 1492. Los libreros de Lyon y Troyes siguieron el ejemplo.

El desfile imperturbable de hombres sumisos y esqueletos seguros de un destino sin contemplaciones para su cohorte recuerda a cada instante la manifestación e indestructible igualdad del hombre frente a la muerte. Los historiadores del arte medieval K. Künstle y Emile Mâle demostraron que entre las primeras imágenes estáticas se interponían varios espectáculos que rayaban con lo más trágico de la realidad de un período de la historia que a los tristemente figurados les tocó vivir.

La aparición de los muertos se realiza, pues, en dos etapas: primero, dialogando animosamente e, incluso, de pie, todavía sin mezclarse con la vida misma; después, invadiendo el mundo y haciéndolo bailar en un trepidante ritmo. Ahora el cadáver aparece por todas partes, incluso sobre la tumba.

El final de la Edad Media está lleno de estas visiones de carnes descompuestas y esqueletos triunfantes. Los estrépitos de las risas sarcásticas de los cráneos y el crujido de los huesos resuenan por todas partes.

La Inquisición

El Tribunal del Santo Oficio o Inquisición se creó para perseguir y castigar la herejía, pero en la práctica fue utilizada como un arma de represión religiosa y social. Sus sentencias se ejecutaban como autos de fe y eran llevados a la práctica en olor de multitudes para dar ejemplo y como medida persuasoria.

Destacamos a continuación los diferentes autos de fe o, mejor dicho, las torturas que sufrían los desgraciados:

1. Flagelación. Se desnudaba al reo hasta la cintura, dejando su torso al descubierto. Una vez hecho esto, el verdugo lo azotaba en la zona descubierta hasta que confesaba, o hasta que terminaba perdiendo el sentido.
2. El potro. Consistía en una tabla, o rueda en muchos casos, sobre la que era apoyado el reo y atado de pies y manos por unas cuerdas que eran tensadas por medio de un torno. Ante las preguntas del tribunal, y obteniendo respuestas desfavorables, se iban tensando progresivamente las cuerdas para infringir dolor sobre el reo. En muchos casos se llegaba a la dislocación de las extremidades.
3. La cuerda. Esta tortura consistía en una polea que era colgada del techo dentro de la sala de torturas. Luego cogían al reo y le ataban las manos a la espalda, con una cuerda que pasaba por la polea. Una vez que estaba bien sujeto, el reo era elevado a dos y hasta tres metros para luego dejarlo caer violentamente. El procedimiento se repetía hasta obtener la confesión, o hasta que el reo quedaba exhausto.
4. Los carbones. Para esta tortura se utilizaban carbones al rojo vivo, y eran aplicados en las zonas más sensibles del cuerpo.
5. La bota. Este particular invento constaba de dos maderas que se sujetaban a las pantorrillas del acusado, que, al ser tensadas por un torniquete, se apretaban hasta hacer que el hueso crujiese. Por supuesto, los condenados no contaban con tanta suer-

te, y hasta que el hueso se rompía, debían pasar largas horas de tortura.
6. La cabra. Uno de los más originales y perversos de todos los métodos empleados. Consistía en bañar los pies del reo (que se encontraba atado) en agua salada. Acto seguido, se le acercaba una cabra a los pies. El animal comenzaba su lenta tarea de pasar su rugosa y áspera lengua lamiendo la planta de los pies del reo y, sin detenerse, seguía repitiendo este acto hasta que desollaba la piel, la carne y llegaba hasta el hueso. Esto aseguraba dolor no solamente en el momento de la tortura, sino que cuando el reo era llevado a su celda no recibía ningún tipo de atención sanitaria. No era raro que estas heridas se infectaran, y en muchos casos provocaran la muerte.
7. El agua. La tortura del agua consistía en poner un embudo en la boca, y se hacía ingerir grandes cantidades de agua hasta casi reventar.

Linterna de los muertos

Las linternas de los muertos —*lanternes des morts*, en francés— son edículos, generalmente en forma de torre hueca y cilíndrica, de 9 a 12 metros de altura y terminados en pabellón calado, destinados, en un principio, para facilitar el tránsito al Más Allá de las almas de los difuntos, y después, ya en los siglos medievales, para servir de resguardo en los cementerios y también, a modo de faro, para señalar desde la lejanía los edificios o lugares religiosos. Durante los crepúsculos, y, de modo especial, durante la celebración de Todos los Santos (1 de noviembre), el cristianismo mantuvo viva esta forma de rendir homenaje a los difuntos. Pero los orígenes de esta tradición se remontan a la antigüedad, concretamente a los rituales celtas de los druidas.

Los druidas, punto de origen

Para los celtas, el alma no moría, sino que, después del fallecimiento del cuerpo, su espíritu se alojaba en otros seres. Creían, por lo tanto, en la reencarnación. Las almas de los guerreros celtas alcanzaban el *Walhala* (paraíso), el nivel celestial más elevado en el otro mundo, la morada final, tras haber sido devorado el cuerpo por el sagrado buitre. En medio, en un estadio dulce, se encontraba el reino de *Avalón*, lugar sobrenatural donde los magos druidas enseñaban a superar los temores humanos.

Para honrar con honor a sus difuntos caídos en combate, y también a los hombres de bien —llamados en los siglos medievales *bons homes* («buenos hombres»), a los cátaros—, los celtas tenían una fiesta: la de Todos los Santos, conocida como *Shamain*. Se trataba de una fiesta dedicada a los difuntos, y, al mismo tiempo, una bienvenida al Año Nuevo, que se iniciaba a principios de diciembre. En el otro estadio se hallaba *Ifurin*, el Infierno celta, un lugar terriblemente frío a donde se condenaba a los criminales.

No es nada extraño, que cuando san Patricio y otros monjes evangelizadores hicieron su labor pastoral en el siglo V por Irlanda, Bretaña, la Galia y otros lugares del mundo occidental, encontraran en los sustratos más profundos de las tradiciones rurales de los pueblos creencias ancestrales que ahondaban sus raíces en los tiempos de los druidas. Fue un enfrentamiento cultural del que la Iglesia romana sacó bien provecho, al transformar y cristianizar gran parte de estas creencias, entre ellas la del *Shamain*, celebración que se acostumbraba a celebrar en forma de rituales druídicos, con banquetes, música y bebida y durante la cual el mundo de los vivos buscaba una comunicación directa con lo sobrenatural. La festividad de Todos los Santos fue fijada por la Iglesia católica el día 1 de noviembre, como fecha festiva, en lugar del día 2, para venerar a los muertos, como se pone de manifiesto en la multisecular tradición de las velas encendidas en los cementerios, que, desde el siglo XIX, se pasó a la colocación de flores en las tumbas.

El antiguo rito celta del *Shamain* se mantuvo en las poblaciones rurales hasta mucho más tarde, y coincidían, en gran parte, con los creyentes. Los cátaros creían también en la reencarnación; consideraban del todo posible que el alma, tras la muerte de la materia física, se transmutaba en el cuerpo de un ser humano perteneciente a otra clase social, o incluso en un animal. Por ello, los creyentes eran sumamente cautos en practicar relaciones con miembros de otras clases sociales, y respetaban la vida de cualquier animal. Solo había una regla estricta en la reencarnación: la última escala de ese viaje a través del mundo sobrenatural se debía hacer en el cuerpo de un varón.

Durante los tres días establecidos para que el alma abandonara el cuerpo, los difuntos eran acompañados en forma de capilla ardiente por los familiares y personas más próximas. Lo que nos llama la atención es que, hasta tiempos bien recientes, en numerosos lugares del Languedoc se ha mantenido la tradición de dejar abierta una teja en el tejado, para facilitar el tránsito hacia la otra dimensión del alma del difunto. Se trata de una tradición celta que igualmente hemos visto en muchas aldeas de los Alpes suizos de los cantones del Valais y Grisones, en cuyas viviendas, realizadas en madera de acacia, existe un ventanuco que solo se abre una vez en la vida, cuando fallece el patriarca de la casa, permitiendo la salida al exterior del alma del difunto.

Luces para guiar a las almas

Pero el alma, tras abandonar el cuerpo del difunto, debía ascender a los espacios celestiales, y para ayudarla en ese viaje al Más Allá, en los siglos medievales se levantaron las linternas de los muertos, en los espacios más sagrados, sobre tierra consagrada de los camposantos. En el nivel más inferior, correspondiente a la entrada, se abría una portezuela por la que se introducía la lámpara, destinada a arder sobre el altar —fijo o portátil—, ante el cual se hacían los oficios religiosos durante la misa de difuntos. La construcción de decenas de linternas de los muertos en varias regiones de la Francia atlántica, en Irlanda y Bretaña, es, sin duda, una pervivencia celta, como veneración a los antepasados ya fallecidos.

Las linternas de los muertos de Irlanda son verdaderos obeliscos de planta circular y coronados con cubierta cónica y puntiaguda, a modo de gigantescas estacas de piedra clavadas en el suelo con la punta hacia las nubes, alzados sobre antiguos cementerios, donde no faltan las runas y cruces célticas cargadas de símbolos, que parecen velar por los difuntos allí enterrados. Citamos por ejemplo Glendalough, Laois, Teampall Finghin, Rock of Cashel o High Cross. Las rocas grisáceas, cubiertas de liquen amarillento en las zonas más húmedas, contrastan con el verde profundo del paisaje irlandés, y es cuando evocamos las sagas célticas y la música gaélica de gaita y arpa flota en este ambiente de respeto a los antepasados. En Irlanda, las entradas a las linternas de los muertos se hacían a un nivel superior, obligando a utilizar escaleras de madera, para evitar que cualquier persona pudiese entrar en estas torres, porque únicamente los sacerdotes druidas eran los mensajeros con el mundo sobrenatural.

Originariamente, en tiempos del románico, estas torres estaban destinadas a servir de resguardo en los cementerios y, a veces, también para indicar de lejos los edificios o lugares religiosos destinados a los fallecidos. Con la explosión del gótico, las linternas de los muertos siguieron manteniendo la forma de columnas circulares, y estaban aisladas. Lo que nos ha llamado la atención es que, en la mayoría de los casos, estas torres se alcen en el extremo de poniente de los camposantos, probablemente para proteger a los allí enterrados de las fuerzas satánicas del crepúsculo. Luego, estas singulares construcciones serían reemplazadas por capillas caladas, que servían de resguardo a una lamparilla que permanecía siempre encendida.

Luces en la Galia

Cuando Bernardo de Claraval, el mentor de cistercienses y templarios, a mediados del siglo XII, en viaje evangelizador por las tierras próximas a Occitania «envenenadas por la herejía cátara», pasó por Sarlat-la-Canéda (Aquitania, Francia), quedó extasiado al contemplar una extraña torre cilíndrica levantada en medio del cementerio benedictino y ligada a la liturgia de la abadía románica. Se dice que, bajo la tímida luz de aceite de una linterna que desde la parte más elevada de esa enigmática torre iluminaba aquel crepúsculo, Bernardo obró el milagro de la curación colectiva con panes. Sorprende verdaderamente que este hecho haya pasado bastante desapercibido, probablemente porque el interés de la Iglesia estaba más en la persecución de herejes que en la curación de enfermos. Desde entonces, a la linterna de los muertos de Sarlat-la-Canéda se la conoce también como torre de Saint Bernard.

Linterna de los muertos de Sarlat-la-Canéda.

Declarada Monumento Histórico en 1981, se trata sin duda de la linterna de los muertos más conocida de Francia. De diez metros de altura, consta de dos salas superpuestas; extrañamente, la superior no tiene acceso. Se alza sobre el extremo occidental del antiguo cementerio benedictino, y ligada a la liturgia de la abadía románica. Además de esta, en otros lugares de Aquitania hemos visto linternas de los muertos, entre ellas Culhat, Pranzac, Moutiers-en-Retz, Douaumont o Atur, poblaciones todas ellas en la Francia atlántica, con un fuerte sustrato cultural céltico, que jalonan itinerarios del Camino de Santiago. Sin embargo, y a pesar de las muchas investigaciones, no se sabe con exactitud la finalidad de estas singulares construcciones, que sigue siendo uno de los grandes misterios de la Edad Media.

Linternas hispanas

Lo mismo sucede en nuestro país. El caso más evidente lo tenemos en El Catllar, pequeña población catalana a poco más de diez kilómetros de Tarragona, donde, sobre el profundo cauce de una riera, el viajero puede encontrar una magnífica linterna de los muertos, la mejor conservada en la geografía hispana. Se alza en el extremo de poniente del antiguo cementerio —hoy tierra privada de labranza—. La torre mide cerca de diez metros de altura y un metro de diámetro inferior. Los estudiosos locales coinciden en que esta insólita torre era el regidor de agua de un canal. De ser así, el agua que tuviese contenida la torre se desbordaría por los huecos que se abren en sus paredes. ¿Pero qué necesidad del líquido elemento iban a tener los allí enterrados? Tampoco era una torre de defensa, porque el hueco interior no permitía el paso de ninguna persona.

La torre de la iglesia navarra del Santo Sepulcro de Torres del Río pudo haber sido también una linterna, como guía luminosa para los peregrinos. Se dice que alguien ascendía por su escalera de caracol, para encender un fuego al atardecer en la linterna de piedra, convirtiendo de este modo el torreón en un verdadero faro para facilitar los desplazamientos por la zona de los caminantes a Compostela. Y esta circunstancia también se observa en las construcciones templarias de carácter funerario, entre ellas Eunate, donde una pequeña torre octogonal arranca junto a la cúpula, a través de la cual salían al exterior las almas de los difuntos. En la villa de Ascó (Tarragona), el ábside de la iglesia de San Juan Bautista tiene planta octogonal, y dispone de un ventanuco, que solo se abría durante la misa de difuntos.

La pervivencia de estas construcciones constituye toda una riqueza cultural que debemos conservar, ya que ahondan en las más antiguas tradiciones célticas del mundo occidental, relacionadas en los siglos medievales con los ritos cátaros y templarios...

Los señores del Mal

Para la Iglesia romana, el príncipe de las Tinieblas, poseedor del pecado, ha sido siempre el enemigo a batir. Sería interminable la relación de referencias que, desde los tiempos bíblicos, incluso anteriores, ha sido mencionado por las culturas y religiones, tanto de Oriente como de Occidente. Tenemos un referente documental, sin embargo, que debemos citar, el cual se remonta al año 563, cuando se celebró el concilio de Braga (Portugal), y en cuyas homilías se excomulgó a todo aquel que negara que el Diablo era, antes, un ángel bueno creado por Dios y afirmara, en cambio, que Satanás nació del caos y de las tinieblas y no tiene creador, sino que él mismo es el principio de la sustancia del Mal.

Para las culturas orientales, también el Infierno es objeto de representación cultural, como vemos en algunas obras de arte chino realizadas durante la dinastía Sung (960-1279).

Pero este señor del Mal, poseedor de las fuerzas capaces de romper con el equilibrio y la paz entre los hombres y el mundo, ha recibido infinidad de nombres. Hablemos de algunos de ellos.

Belcebú es un ser relacionado con el señor de las moscas. Aparece citado únicamente en el Nuevo Testamento. La misión de este oscuro personaje era la de enviar plagas de estos molestos insectos a los humanos para castigarlos. Su relación con Satanás fue más tardía.

Belial es citado en el Nuevo Testamento y en los manuscritos descubiertos en las cuevas de Qumrán, entre Jericó y el mar Muerto. Este señor del Mal no dudó en enfrentarse a los ángeles de la luz. Se trata de un ser tolerado por Dios que intenta llevar el mal a los humanos, pero termina derrotado por san Miguel Arcángel.

El Demonio, entre los gentiles, era genio que presidía el destino del hombre, transmitiéndole malas inspiraciones. Uno de los tres enemigos del alma, según el catecismo de la doctrina cristiana. En la versión griega del Antiguo Testamento, seguida por los cristianos antes de la redacción del Nuevo Testamento, se asociaba al Demonio con el príncipe del Mal. Al comienzo de la civilización helénica se creía en un espíritu malo que buscaba su alimento devorando los cuerpos de los muertos tras desgarrarlos. Más tarde, el Demonio alcanzó la categoría de un semidiós, que tenía la misión de castigar a los humanos por sus pecados. Pero estas divinidades también llegaron poderes maléficos que les permitían poseer a los hombres a través de unas fuerzas sobrenaturales, haciendo que les adorasen.

Yaldabaoth, conocido también como el Demiurgo, es lo primero que la Sabiduría creó. Principio activo del mundo, según los gnósticos, creador y ordenador del mundo para la filosofía platónica. Fue creído como el único Dios; dominó tiránicamente sobre los hombres, imponiéndoles su Ley (del todo imposible de cumplir), usando a Moisés y a sus demás acólitos. Es el Dios que se creyó justo, pero en realidad es cruel, vengativo, celoso y tiránico: él es el Dios de los judíos. Habita en la llamada «región intermedia», que no es el mundo material, pero tampoco el Pléroma, sino el lugar destinado a recoger las almas de los cristianos comunes.

Lucifer es el príncipe de los ángeles rebeldes. En los primeros tiempos del cristianismo, a Jesús también se le llamó Lucifer, el ser portador de la luz de los creyentes. Fue un milenio después, ya en la Edad Media, cuando a este personaje se le asoció con el príncipe de las Tinieblas, consecuencia de la errónea interpretación del texto de Isaías: «Un lucero cayó del Cielo para ir al Infierno después de intentar ocupar el lugar de Dios». Se trataba, en realidad, de la descripción de la muerte del monarca Sargón II, el fundador de la dinastía de los sargónidas, en el año 705 a.C., que algunos atribuyen a Nabucodonosor II. Al morir ambos monarcas, sus cuerpos se precipitaron desde las alturas y cayeron a las profundidades del averno, por sus ansias de poder.

El Infierno chino, representado en esta pintura de tiempos de la dinastía Sung.

A Satán también le vemos en algunas referencias del Antiguo Testamento, para designar al acusador. Formó parte del grupo de los mismos ángeles celestiales que Dios encargó para que le avisaran de las malas acciones realizadas por los humanos. Con el tiempo, este conjunto de ángeles se reveló contra el poder celestial, porque prefirieron adorar a Adán, y fueron portadores también de la serpiente que provocó el pecado original en el Paraíso. A partir del Nuevo Testamento, las figuras de Satán y el Diablo ya fueron sinónimos del ser portador del Mal.

Por su parte, a los ángeles rebeldes arrojados por Dios al abismo se les llama diablos. Todo comenzó cuando, en el siglo III a.C., los judíos llevaron a cabo la traducción de la Biblia hebrea al griego. El Diablo es citado en el Antiguo Testamento como un despiadado acusador, destructor, al mismo tiempo, de la paz y el respeto entre los hombres, y a causa de su perdición a través del pecado.

En numerosos códices medievales ilustrados vemos representada, en forma de bestiarios, a la Bestia. Sinónimo del Mal, encarna la figura del averno que no cesa de atentar contra la virtud de los hombres para caer en el pecado. La Bestia adquiere a menudo la forma de temible dragón que exhala llamas fuego por la boca y nariz. Vinculada con el mito del Pelícano, un ser malvado, de origen celta, recogido por las tradiciones cátaras y también por los templarios.

Mal de ojo

El mal de ojo, o aojamiento, es una creencia supersticiosa cuyos orígenes se pierden en los tiempos prehistóricos. Ya en pleno Paleolítico superior, durante las culturas auriñaciense y magdaleniense, cuando el hombre de la civilización de Cromañón decoraba los interiores de las grutas, de relieves y grabados rupestres, junto a las imágenes representadas con el mayor realismo escénico, acostumbraba a reproducir, en negativo, una mano humana abierta con el fin de ahuyentar a los malos deseos de aojo contra su familia o su comunidad. Este símbolo fue recogido por la civilización fenicia —para combatir igualmente el mal de ojo—, reproduciendo el citado símbolo en sus estelas funerarias, como divinidad próxima a los hombres de Canaán, con el nombre de «Mano de Baal». En la actualidad, en el norte de África y Palestina se conoce como «Mano de Fátima».

El aojador, quien intenta desgraciar o malograr la felicidad o el bienestar de otro u otros, es un ser gafe, un cenizo, por naturaleza, odiado por los demás miembros de la comunidad. «Se trata de una variedad de magia de la mirada, fundada en la creencia en el poder nocivo de las miradas de determinadas personas (especialmente mujeres o individuos contrahechos). Como defensa se utilizan los amuletos, las envolturas y los gestos de conjuro», comenta el antropólogo alemán Udo Becker.

Durante los siglos medievales, en el mundo Occidental, mucha gente fue condenada por los tribunales, especialmente religiosos —aunque también por otras justicias—, a causa del perjuicio que habían causado con su mal de ojo. La misma Juana de Arco (1412-1431), la heroína de Francia y libertadora de la ciudad de Orleans, durante la Guerra de los Cien Años (1327-1453), fue condenada —aunque injustamente— por aojadora y bruja por tribunales de Borgoña y Francia respaldados por la influencia inglesa a ser devorada por las llamas en la histórica ciudad de Rouen. Curiosamente, esta valiente joven eligió un traje de templario para su paso al otro mundo.

En nuestro país, durante los siglos XVI, XVII y XVIII se utilizó más la picota (rollo) como instrumento de tortura y muerte en escenarios públicos a seres condenados por aojadores. Columnas de piedra que abundan en diferentes poblaciones de las regiones hispanas de Castilla y León, Extremadura y Castilla-La Mancha, principalmente.

En Arcos de la Frontera (Cádiz), durante los siglos modernos, no era un rollo de justicia lo utilizado para ejecutar al condenado culpable de aojador por las jerarquías eclesiásticas. Era decapitado, y posteriormente se introducía la cabeza del reo en una pequeña jaula de hierro. El lugar no era otro que la fachada norte del actual convento de La Merced, en cuyo interior de este cenobio también se hallaban las cárceles. No es una casualidad que el altar mayor de la iglesia estuviese dedicado a san José, abogado de la buena muerte.

Las culturas tropicales

En todas las latitudes se ha creído ciegamente en las consecuencias del aojamiento, y se sigue creyendo. Pero esta creencia se hace más significativa actualmente en las zonas australes y tropicales, allá donde las corrientes de la civilización moderna han sido menos fuertes. A este respecto, tenemos que decir que en el África negra se cree que no es bueno que alguien permanezca sin participar entre los comensales en un banquete, porque su mirada podría echar a perder la comida y, consecuencia de ello, la muerte por ingerir comida en mal estado a los demás. También se considera perjudicial al que señala con el dedo índice, el más incisivo y penetrante en el alma humana. Igualmente, a quien nombra a otra persona estando ausente, ya que, de antiguo, es creencia que el alma del individuo citado pudiera estar fácilmente a merced de quien pronuncia su nombre.

Pero las creencias africanas respecto al mal de ojo no se quedan ahí, Como hemos podido comprobar personalmente durante una reciente visita al extremo oriental del Mahgreb, concretamente al Sahel tunecino. En aquellas legendarias tierras, frontera entre los oasis de la estepa y las costas del golfo de Cartago, se alimenta todavía el concepto generalizado de que no es bueno elogiar a un niño, ya que podría experimentarse un efecto negativo en él, resultado de la acción directa de los malos espíritus sobre su joven cuerpo. A este respecto, recordamos lo que comentó santo Tomás de Aquino (1225-1274) acerca de los demonólogos medievales del Occidente europeo sobre su creencia de que precisamente los niños eran más susceptibles de ser atacados por el aojo de las brujas y viejas. Tampoco es correcto alabar una cosa circunstancia que se pone de manifiesto igualmente en el norte de África, porque se corre el grave riesgo de que el objeto aludido se rompa y, con él, su portador sufra unas irreparables y maléficas consecuencias.

El aceite de oliva se sigue utilizando en numerosos lugares del Mahgreb para proteger a la punta de los arados contra las malas artes de los aojadores. Con ello, el «oro líquido» no solo facilitará la apertura del surco en la árida tierra, sino que también protegerá de los enemigos naturales que puedan producirse contra las semillas allí sembradas, y las cosechas que se obtengan luego serán abundantes y de la mayor calidad. Es importante recordar, igualmente, que las mujeres en estado de buena esperanza de numerosas regiones del norte de África mantienen viva la creencia de que es bueno para el futuro bebé la sombra protectora de un olivo; el niño, al nacer, ya vendrá protegido contra los poderes del mal de ojo.

Las concepciones mágicas se expresan muchas veces en el establecimiento de una relación secreta entre un objeto y la persona que lo ha utilizado o tocado. Contra el mal de ojo es beneficioso el empleo de símbolos o máscaras de expresión maligna. Cosas similares se atraen entre sí. Los amerindios de la Columbia Británica (Canadá) echan al agua peces tallados en madera para atraer a los peces de verdad. El que las fuerzas sean transmitidas o transmisibles lo afirma la magia de transmisión. Los hechiceros tocan con su bastón un objeto; la fuerza del hechicero pasa entonces al objeto y lo transforma.

En Brasil, el país más extenso y misterioso de América del Sur, tierra de hondas y arraigadas tradiciones y ritos —muchos de ellos importados de ancestrales culturas del África negra—, casi todo el mundo lleva actualmente un pequeño talismán, de madera de ébano o enteramente de plata, representando un brazo humano con el puño cerrado y un dedo, el índice —no podía ser otro— encorvado pero sobresaliendo de los demás. Se trata de un amuleto, que se lleva colgado del pecho, sumamente valioso para combatir el mal de ojo.

Por su parte, el sabio jesuita M. A del Río (1551-1608), en su célebre obra *Disquisitiorum magicarum* decía que la fascinación, o sea, el mal de ojo, le provenían a los aojadores de un pacto que establecían con las fuerzas demoníacas. Esta fuerza sobrenatural es tan grande en el pensamiento de contemporáneas culturas que todavía hoy muchas religiones del mundo se considera a un ser castigado por el mal de ojo como un enfermo prácticamente incurable. El mismo suceso de las brujas de Salem, en la Norteamérica del siglo XVII, es una prueba palpable de este mal como síntoma directo de una posesión, según los jueces, cuando en realidad, como se demostró posteriormente, se trataba de una histeria colectiva.

La creencia musulmana

Para los pensadores del clasicismo islámico (siglos medievales), mucho más realistas respecto a la naturaleza de este mal, el aojo no procedía de ningún pacto diabólico, sino que era consecuencia del fruto de las debilidades humanas (envidia, celos, frustración, etc.). En este sentido, el filólogo árabe Ibn Jaldun (1332-1406), que conoció personalmente el esplendor de la Granada nazarí, subrayó lo siguiente: «Los efectos producidos por el mal de ojo... proceden del alma del individuo dotado de [tal] facultad... y se producen cuando este ve una calidad o un objeto cuyo aspecto le gusta. Su admiración llega a ser tan fuerte que hace nacer en él un sentimiento de envidia, unido al deseo de quitar esta cualidad o este objeto a aquel que lo posee. Es entonces cuando aparecen los efectos perniciosos de esta facultad... innata que no permanece inerte, que no obedece a la voluntad de quien la posee y que se adquiere... Una desgracia causada por el mal de ojo no proviene de la intención...». No es una casualidad que los colores emblemáticos de la cerámica granadina fueran el verde y el azul sobre fondo blanco, tonalidades, como veremos luego, consideradas talismanes contra el aojamiento, que llegaron al último reino islámico de Occidente, a mediados del siglo XIV, procedentes de Anatolia.

Esta idea era ya antigua entre los árabes... El Corán dice lo siguiente: «Me refugio en [Dios]... El daño... del envidioso cuando envidia». El profeta Mahoma definió lo siguiente: «El [mal] de ojo es real». Porque la envidia no es otra cosa que la tristeza del bien ajeno.

Desde los primeros tiempos del Islam clásico (siglos VII y VIII), los musulmanes han deseado paliar, cuando no destruir, las fuerzas o efectos causados por el mal de ojo, defendiéndose a base de amuletos constituidos por anillos, piedras preciosas, nudos y toda clase de fórmulas secretas. En el Gran Bazar (*Kapali Carsi*) de Estambul, las piedras azules, reproduciendo un ojo, son talismanes contra el aojamiento que mucha gente compra o lleva ya puesto. Posiblemente, en contraposición a la vieja creencia de que los ojos azules son aojadores y maléficos.

Piedras protectoras

En buena parte de Oriente Medio (Turquía, Jordania, Irak, Arabia Saudí, Siria…), como hemos podido comprobar, se emplean toda clase de piedras azules, especialmente la turquesa, para combatir el aojo. Como se sabe, el color azul contiene poderes apotropáicos (que aparta el mal de ojo y aleja a los demonios), según la tradición oriental. El filósofo, astrólogo, matemático y médico árabe Al-Kindi, en el siglo IX, dijo: «La turquesa se emplea en alquimia. Esta piedra forma parte de los remedios del ojo; si se tritura y se toma como poción, es útil contra la picadura de los escorpiones». Ya en el siglo XVI, el francés Jean de la Taille escribió: «La turquesa obtiene del cielo la propiedad (entre otras) de preservar al hombre de una caída imprevista, ya que al romperse su engaste, el hombre es salvado del mal».

Otra piedra considerada tradicionalmente talismán protector contra las fuerzas maléficas del aojamiento es la malaquita, también vinculada con el mes de diciembre, cuya tonalidad va del verde esmeralda claro al negro. Este amuleto, además de liberar el poder de los misterios desconocidos, por su singular fuerza contra el mal de ojo, preserva del trueno a quien lo lleva, al tiempo que ahuyenta los terrores nocturnos. No es una casualidad que el principal yacimiento de este mineral en España se encuentre en Asturias, concretamente entre Cangas de Onís y Covadonga, uno de los epicentros más esotéricos de nuestra geografía con mayor carga telúrica.

Peces y ojos contra el mal de ojo

Precisamente en el Alto Imperio egipcio (dinastía XVIII), los colores azul y verde eran considerados del todo favorables contra el mal de ojo, por ser el uno de Amón, dios celeste solar, lo que después serían Júpiter y Juno entre los romanos, y el otro de Osiris, divinidad vinculada al mundo de ultratumba y, paradójicamente, al de salvación en el Más Allá. A este respecto, la biblioteca religiosa de Edfú, durante la dinastía Ptolomea (332 a.C.), poseía fórmulas que desviaban el mal de ojo. Lamentablemente, como sucedió con los grandes tesoros culturales de Alejandría, los volúmenes y papiros de Edfú también desaparecieron, presa de las llamas, en tiempos de la dominación romana (durante la familia Claudia). Sin embargo, la influencia egipcia sobre todo el mundo mediterráneo, como se desprende al visitar los grandes centros culturales del norte de África, ha sido enorme, sobre todo los directamente relacionados con el país del Nilo. Esta influencia, por lo que respecta a los métodos para combatir el mal de ojo, se observa al examinar las teselas y mosaicos antiguos de buen número de viviendas, donde aparece repetidamente la figura de un pez.

En las proas de los navíos griegos de la antigüedad se pintaban ojos para que «viesen» la línea a seguir a través del horizonte marino y hacer una feliz travesía, alejando a los malos influjos. Se afirmaba que la costumbre se remontaba a la embarcación de los mitológicos argonautas. Esta curiosa costumbre no solo se conserva entre los pueblos de las antiguas civilizaciones, tanto occidentales como orientales, sino incluso entre nuestros días. Un ojo estilizado en forma también de pez, situado en un lugar de gran visibilidad, es habitual en numerosas embarcaciones de pesca de ambas orillas de la cuenca mediterránea, desde Malta a Rodas.

Durante los siglos medievales, la gente acostumbraba llevar, engastado en una sortija, el ojo derecho de una comadreja, con el cual su portador podía librarse del nudo de la impotencia.

En algunos mosaicos del norte de África procedentes de las legendarias ciudades púnicas, romanas y bizantinas de Tuburbo Majus, Sbeitlia, Dougha y Bulla Reggia, entre otras—conservados en su mayoría en el Museo del Bardo, de Túnez—, se representa un ojo grande, de pupila azul, próximo a un falo en su plena erección, lo que demuestra una redundancia, ya que tanto el ojo como el pene —estrechamente vinculado con el cuerno y, por lo tanto, con la fuerza y el poder natural— son significativos símbolos antiaojos desde las más ancestrales civilizaciones protohistóricas. Un dios, realizado en arcilla durante la cultura frigia (siglo IV a.C.), de solo 25 cm de altura, conocido como Priapos (divinidad del amor físico y de la virilidad), manifiesta con su enorme símbolo de masculinidad la fuerza natural contra la amenazadora presencia del mal de ojo, al tiempo que supone la culminación de las fuerzas fecundadoras de la vida. La interesante figurilla podemos verla en el museo arqueológico de la ciudad turca de Selçuk, cerca de Éfeso, en la costa del mar Egeo. Hoy resulta uno de los objetos talismánicos más solicitados, especialmente por los hombres, para mantener, o conseguir, esa potencia sexual, al tiempo que un seguro protector contra los poderes del Más Allá.

Todavía hoy, las mujeres bretonas siguen colocando ofrendas al pie de erguidos menhires clavados en las verdes llanuras de Armorica para asegurarse la felicidad en el matrimonio. Algunas mujeres en estado de gestación rozan su cuerpo con erguidos menhires con el fin de que la poderosa piedra proteja al bebé contra los poderes satánicos del mal de ojo.

El falo no es únicamente un órgano fecundidad, sino que, mediante la ritualización cultural, se convirtió también en instrumento de intimidación y de amenaza, tal como queda ilustrado de manera llamativa en las grandes piedras erguidas de las culturas megalíticas. No es una casualidad, por lo tanto, que en Bretaña se desarrolle buena parte de la vida del legendario mago Merlin, el druida celta de las sagas del mítico rey Arturo. Su tumba, un dolmen, sigue siendo lugar de permanente peregrinación por gentes que llegan de todos los lugares de la vieja Europa a rendirle su admiración. Detrás, un roble sagrado ofrece sus tristes ramas cargadas de exvotos, en forma de tiras de tejidos utilizados por las personas que hasta allí han llegado para pedir la protección del más célebre de los druidas celtas, desde el Más Allá, contra los poderes maléficos del aojamiento...

Plantas que curan del aojamiento

Existen catalogadas una docena de plantas con poderes protectores contra el mal de ojo. Una de ellas es el abedul (*betula pentula*). Desde antaño, las hojas de este árbol han representado un papel relevante como mágico remedio. En Rusia se mantiene la tradición de atar lazos rojos en sus ramas para ahuyentar los poderes maléficos del aojamiento. La fuerza de este árbol, como talismán protector, según las supersticiones, es tal que las mismas brujas cabalgaban sobre escobas hechas con ramas de abedul para volar durante la noche de Walpurgis, antes de tomar parte en los aquelarres. Ingerida en tisana, las hojas de este árbol son un remedio muy eficaz para combatir los males producidos por el aojamiento, además de remedio contra las enfermedades reumáticas.

La agrimonia (*agrimonia eupatoria*) es una planta silvestre de crecimiento espontáneo en los bordes de los caminos que se recolecta en primavera, cuando alcanza su plena floración. Sus flores, que se secan a la sombra, son utilizadas desde la Edad Media como método infalible para deshacer cualquier ataque de aojamiento, tras cortar una ramita de esta planta y extraerle la corteza. Su uso resulta eficaz para el ácido úrico, arenillas en el riñón, cálculos de la bilis, catarros crónicos y debilidad nerviosa.

El ajo (*allium sativum*) es de suma importancia en la cultura de los pueblos del Mediterráneo desde los siglos medievales. Ahuyenta a los vampiros. Los antiguos egipcios lo consumían habitualmente como alimento divino. Se conserva una frase que se recitaba en España a espaldas de la Inquisición: «Líbrame de mis enemigos que me quieren el mal». Se pronunciada después de haber guardado en una bolsa de tela blanca una cabeza de ajo, perejil, incienso e hierbabuena, a modo de talismán, y de cerrarla con una cinta también de color blanco.

El aliso blanco (*betula alba*) es un árbol esbelto, de fácil arraigo en todos los climas y terrenos, que posee numerosas propiedades curativas, y eficaz talismán contra el mal de ojo. Se colocaba en una bolsa de color rojo un poco de corteza de su corteza. Recordemos que las hojas y yemas de este árbol activan la función de los riñones, gracias a sus propiedades diuréticas.

La angélica (*angelica archangelica*), mejor conocida como cardo bendito, es una planta que produce flores amarillas y frutos en forma de penacho. Las primeras, debidamente desecadas y colocadas dentro de saquillos debajo de la almohada de los pequeños, siempre han tenido un papel protector contra el mal de ojo que se proyecta hacia los niños.

El anís (*pimpinella anisum*) es una planta aromática y medicinal de gran renombre, utilizada contra el mal de ojo llevaba encima, tanto las flores como las semillas, o bien el aceite de las mismas vertido en el agua del baño.

El fresno (*fraxinus excelsior*) era el árbol sagrado de los caballeros templarios, porque, además de protector contra los rayos y relámpagos, en toda la superficie que abarca su sombra no se aproximan las serpientes. También es un talismán contra las fuerzas maléficas del aojamiento si colocamos hojas de este árbol en el interior de una bolsa blanca y le cosemos cruces rojas (la vestidura del Temple).

El haya (*fagus sylvatica*) es una especie vegetal predominante en Europa, que abunda en los suelos de naturaleza volcánica. Es un eficaz antídoto contra el mal de ojo si llevamos encima hojas o ramitas de este singular árbol, haciendo la forma de horquilla.

El laurel (*laurus nobilis*) es árbol sagrado para los griegos de la antigüedad. Los romanos vincularon este árbol con las divinidades, y sus lanceoladas hojas, convertidas en coronas, protegían contra los aojamientos. También, introduciendo sus hojas en una bolsa amarilla y cerrándola con hilo rojo.

El espliego (*lavandula officinalis*) es la planta que, desde la antigüedad, aromatiza los campos de Provenza. Desde la Edad Media se mantiene una tradición que asegura la eficacia de esta planta contra las heridas de la piel y para liberarse de las malas influencias, en forma de un relajante baño con plantas echadas en el agua.

La ruda (*ruta graveolens L.*) es una planta silvestre, portadora de buena fortuna para quien la tiene. Ostenta la particularidad de aumentar la producción de leche en las mujeres lactantes tras su consumo en forma de infusión. Se dice que resulta un método eficaz contra el aojamiento, llevando tres dentro de la cartera, entre los billetes.

Y, por último, el trébol (*menyanthes trifoliata*), planta silvestre, abundante en los suelos antiguos ricos en humus. En Bretaña, concretamente en el bosque de Brocelianda, la mítica tierra del rey Arturo y del mago Merlín, trae suerte encontrarse con un trébol de cuatro hojas. Llevar consigo un trébol, además, es garantía de protección contra el mal de ojo.

Como vemos, al aojamiento, una forma de castigar al prójimo por una envidia interior que desde los albores de la humanidad prehistórica ha sido una de las amenazas más terribles que ha padecido el ser humano, hay varias formas de hacerle frente.

La Navidad

Hablar de Navidad, de Fin de Año y Reyes son sinónimos de paz, amor, felicidad, alegría y familia. Es una época del año realmente especial, si no la mejor, aquella que nos predispone a la comunicación con los demás miembros de nuestra familia y del entorno, en donde los buenos propósitos se imponen y que, de alguna manera, trata de recordarnos que debemos comportarnos con los demás como los demás quisiésemos que se comportaran con nosotros.

Pero la Navidad no es una fiesta moderna, ni tampoco de origen cristiano; es una celebración que entronca con las festividades paganas de origen celta Saturnalia, primero, y la Brumalia, después, que, del 17 al 25 de diciembre, conmemoraban el día más corto del año y el nuevo Sol.

La palabra «Navidad» es una contracción de «Natividad», que significa «natalicio». Esta fiesta hizo su aparición en la Iglesia católica y de allí se extendió al protestantismo y al resto del mundo. La Navidad se introdujo en la Iglesia durante el siglo IV, exactamente en el año 345, cuando fue reconocida oficialmente, proclamándose el 25 de diciembre como fecha de la Navidad. Proveniente del paganismo, puesto que, con anterioridad, la costumbre de los primitivos cristianos no era la celebración de natalicios, sino la muerte de personas importantes. La Pascua, constituida por autoridad bíblica en el Nuevo Testamento, es una conmemoración de la muerte de Cristo. En el siglo V, la Iglesia Occidental ordenó que fuese celebrada en el mismo día de la antigua festividad romana en honor del nacimiento del Sol, al no conocerse con exactitud la fecha del nacimiento de Jesús.

El pesebre, otro de los elementos más significativos de la Navidad, que se recoge tras la Epifanía, es originario de Tierra Santa, evocando la derruida cuadra de la ciudad de Belén (Judea), en donde nació el Niño, en compañía de san José y la Virgen María, y con el calor que le daban con su aliento el buey y la burra. En Cataluña son célebres sus escenificados pesebres vivientes, donde el visitante queda extasiado al contemplar todas y cada una de las escenas relacionadas con la Navidad y la Epifanía, incluyendo los oficios.

Los Reyes Magos (Melchor, Gaspar y Baltasar) ofrecieron mirra al Niño Jesús, porque sabían que iba a morir joven y su madre la necesitaría para ungir el cadáver.

A comienzos del siglo V, la Navidad comenzó a ser reconocida y festejada por todos los pueblos de Oriente a Occidente, iniciándose un largo periplo no exento de curiosidades, como veremos a continuación.

En 1552, los puritanos ingleses prohibieron la celebración de la Navidad en su país. Sin embargo, nada pudieron hacer ante un acontecimiento que, progresivamente, iba calando en las celebraciones más tradicionales cristianas, aceptándose como un bien cultural en constante auge. Consecuencia de ello son los innumerables eventos que fueron incorporándose a la Navidad. El árbol de Navidad, por ejemplo, nació en los países germánicos a finales del siglo XVIII, y no tardó en extenderse por toda Europa y América. Los villancicos fueron recuperados de las tradiciones populares; el más célebre de todos, sin duda, *Stille Nacht* («Noche de Paz»), de los austríacos Franz J. Gruber y Joseph Mohr, comenzó a cantarse en la iglesia de San Nicolás, de Oberndorf, la Nochebuena del año 1818. A partir de entonces, los villancicos no tardaron en incorporarse a las celebraciones de la Navidad de toda Europa, llegando a América a mediados del siglo XIX. Las tarjetas de Navidad comenzaron a utilizarse a partir de la década de los setenta del siglo

XIX, aunque la primera de ellas se imprimió en Londres en 1846. Por lo tanto, la Navidad, tal como la conocemos hoy, es una creación del siglo XIX.

La familiar imagen de Santa Claus, con el trineo, los renos y las bolsas con juguetes, es una invención estadounidense de comienzos del siglo XX; aunque la leyenda de Papá Noel, que constituye el entrañable espíritu de la Navidad, es antigua y compleja, y, como veremos a continuación, procede en parte de san Nicolás, obispo de Mira (Turquía), así como de una jovial figura medieval. En Rusia, Santa Claus lleva tradicionalmente un cochinillo rosa bajo el brazo.

En Occidente se celebra la misa del Gallo en iglesias y catedrales. En los países de América Latina, de arraigada tradición católica, se celebra especialmente la Nochebuena (24 de diciembre) con una cena familiar para la que se elaboran una diversidad de platos, postres y bebidas tradicionales.

Fechas más destacadas

Navidad, Fin de Año y Epifanía son, por orden cronológico, las celebraciones festivas que, en el mundo occidental, se llevan a cabo tradicionalmente.

A partir del cuarto domingo antes de Navidad se inicia el Adviento, un período para los cristianos de reflexión y preparación para la llegada de Jesús. En algunos lugares se acostumbra colocar como adorno la corona de Adviento, compuesta por ramas y hojas verdes (o perennes) y cuatro velas (tres de color violeta y una rosada). Cada domingo se enciende una vela con oraciones especiales, dejando para el último domingo la vela rosada. Esta tradición tiene su origen en Alemania.

El día 25 de diciembre se conmemora el nacimiento del Niño Jesús. La Octava de Navidad, que deriva de una antigua tradición judía, se desarrolla entre el 25 de diciembre y el 1 de enero; también en este período la Iglesia celebra la fiesta de la Sagrada Familia. La conmemoración del mártir san Esteban en honor a los que murieron en el nombre de Cristo, tiene lugar el 26 de diciembre. Al día siguiente es la festividad de San Juan Evangelista, en honor a los que estuvieron dispuestos a morir por Cristo y, habiendo tomado el riesgo, no fueron asesinados. El 28 se celebra el día de los Santos Inocentes, en honor a aquellos que murieron por Cristo sin saberlo. El día 31, festividad de San Silvestre, se despide el año con festejos; es la Nochevieja. El primero de enero se celebra la llegada del Año Nuevo, así como la festividad de María, Madre de Dios;

es el día de los Manueles. Y el día 6, la celebración de la Epifanía, con la visita de los Reyes Magos.

La costumbre de ofrecer regalos por la noche en secreto es nacida bajo la tradición de este santo. Su práctica tenía lugar la víspera del día de San Nicolás, la noche del 5 de diciembre, pero posteriormente se retrasó hasta el 25 del mismo mes, haciéndola coincidir con la celebración de la Navidad. En España es la mañana del día 6 de enero cuando los niños reciben los regalos de los Reyes Magos, los cuales, desde diferentes lugares del mundo, llegaron al portal de Belén para rendir homenaje al Niño, entregándole oro, incienso y mirra, por su calidad de Dios, rey y hombre, respectivamente. Aunque son cada vez más numerosos los hogares que adelantan la llegada de estos tres Reyes al día de Navidad, para que los pequeños tengan más tiempo de disfrutar de los regalos.

La Navidad es la fiesta del encuentro entre las personas, las que se aman, para estarlo todavía más, y las que no se entienden, para comprenderse. Ante una mesa de sabrosos manjares, con el calor de una chimenea, a la luz de las bombillas que iluminan el árbol, música de villancicos, las tarjetas llenas de mensajes de afecto, el modesto pesebre que recuerda la humilde condición del Señor y todos los seres queridos juntos, el noble espíritu navideño flota en los hogares cubriendo de felicidad a las personas.

Psicostasis

La *psicostasis* es un tema que se remonta al Antiguo Egipto, como confirman los ritos faraónicos llevados a cabo en el valle del Nilo, incorporados en tiempos paleocristianos al cristianismo, a partir de imágenes, gracias a los coptos (cristianos egipcios), cuyo sincretismo hizo posible la integración de una parte del repertorio iconográfico faraónico, al que se habían asimilado las deidades greco-romanas que tenían asignadas las mismas funciones adaptándolo a sus nuevas necesidades espirituales.

La palabra *psicostasis* proviene del griego, y se refiere al peso del espíritu o la lucha del alma por alcanzar la paz eterna tras el Juicio Final, después de que el arcángel san Miguel llevara a cabo el pesado en las balanzas de una báscula las buenas y malas acciones ante la amenazante presencia de un diablillo que intentaba con toda la astucia posible inclinar a su favor el platillo para llevarse las almas al Infierno.

San Miguel pesando las almas, representado en la catedral de Roda de Isábena (Huesca).

La *psicostasis* es la expresión de la supervivencia del alma tras la muerte, cuya salvación o condena dependerá de la inclinación de los platillos de la balanza cuando llegue el final de los tiempos, en el juicio de sus acciones llevadas a cabo durante la vida terrena. San Miguel, en esta sobrecogedora escena, se convierte en *psicopompo* (conductor de las almas). En ocasiones, el arcángel lucha contra el Diablo con una lanza, o una espada.

Santoral cristiano

Numerosos son los santos y santas que ocupan los altares cristianos, y a los cuales la feligresía les dedicaba sus oraciones, en peticiones muy concretas. Vamos a hablar de algunos de ellos, para que al lector sirvan un poco de referente y los relacione con hechos concretos en la zona.

A santa Lucía le rezaban (y le rezan) los que padecían ceguera o estaban enfermos de males de la vista. A la Virgen de la Piedad, los enfermos de lepra. Hemos recogido algunos testimonios de escritos que así lo confirman, por ejemplo, en las Meditaciones de Pseudo-Buenaventura, donde se describe el cuerpo de Cristo muerto sobre las rodillas de su Madre y las emociones que ella padece. También santa Brígida de Suecia, en sus *Profecías y Revelaciones*, libro 1, capítulos 27 y 10, contempla la sobrecogedora escena: «Lo recibí sobre mis rodillas como un leproso, lívido y magullado, porque sus ojos estaban muertos y llenos de sangre, su boca fría como la nieve, su barba rígida como una cuerda».

Por su parte, san Antón es representado como un anciano con el hábito de la Orden de los Hospitalarios (capa y capucha negra) y la tau (como los templarios), acompañado de un fiel cerdo a sus pies. Tras repartir todos bienes recibidos en herencia familiar, este santo se retiró a la más absoluta soledad del desierto, como ermitaño, siendo tentado en varias ocasiones por el Diablo. Su recuerdo está vivo en numerosos lugares del Camino de Santiago. Es el patrón de los animales, protector contra las enfermedades de la piel y patrón de los sepultureros.

San José, esposo de la Virgen María y custodio de la Sagrada Familia, de profesión carpintero, es el santo del silencio y, al mismo tiempo, el abogado de la Buena Muerte. José, en hebreo, significa «el que va en aumento». Santa Teresa de Jesús dijo en una ocasión: «Tomé por abogado y señor al glorioso san José». Por ello a este santo se le alzaba una iglesia o santuario en las proximidades de los lugares de celebración de la pena capital. En el año 1129, en la ciudad de Bolonia (Italia), aparece la primera iglesia dedicada a san José.

San Nicolás, también conocido como Papá Noel o Santa Claus, es posiblemente uno de los personajes más queridos del Nuevo Testamento. Su amable y bondadosa figura está estrechamente vinculada con la Navidad, y niños de todo el mundo lo recuerdan cariñosamente y piensan que es de origen nórdico, al ir conduciendo por los aires un carro tirado por renos para el hielo. Sin embargo, nació en Patara, por lo que está relacionado con la cultura mediterránea, concretamente con una ciudad llamada Mira, próxima a Demre, ya citada por Plinio el Viejo, quien menciona la existencia de un templo dedicado al dios Apolo.

Fue famoso en su tiempo por los milagros que se le atribuían. Llegó a ser el patrón de Rusia, de Grecia, de Sicilia y también el de los niños, los marinos, los mercaderes y los investigadores. Todavía es invocado por los viajeros amenazados por los ladrones, por los injustamente encarcelados, por aquellos que están en peligro de muerte en alta mar y por los agricultores que ven perder sus cosechas a causa de inundaciones.

San Nicolás participó activamente en el primer concilio ecuménico de Nicea, en el año 325, donde se dice tuvo el valor de abofetear al hereje Arrio. Se dice que un noble de Mira, completamente arruinado, no tenía dinero para completar la dote de sus tres hijas, por lo que estas no podían casarse. Nicolás, enterado de ello, arrojó una bolsa de dinero por una ventana rota de la casa de la familia, con mucho cuidado, evitando ser descubierto. Este dinero bastaba como dote solo de una de las jóvenes, por lo que el problema seguía sin resolver, así que volvió otra vez en secreto al lugar repitiendo la donación anterior. Nicolás no debía estar al tanto del valor de una dote, ya que seguía sin haber dinero suficiente para las tres. Esto le obligó a regresar otra noche; pero la ventana había sido reparada. Entonces se le ocurrió trepar al tejado y, por el hueco de la chimenea, arrojó la bolsa del dinero. Ese día las tres hermanas habían hecho la colada y sus medias estaban colgadas para secarse con el calor del fuego. Entonces la bolsa arrojada por Nicolás cayó en el interior de las medias.

En este santoral cristiano tenemos que hablar también de san Roque, uno de los santos con mayor número de imágenes a él representadas que podemos ver en iglesias, santuarios, conventos y ermitas. Nació en 1295 en Montpellier (Francia), en el seno de una influyente familia. En 1315, al fallecer su madre y quedarse huérfano, recibió una importante herencia, que no dudó en repartir por entero entre los pobres de su ciudad. Una epidemia de peste asoló por aquellos tiempos Provenza y también el norte de Italia, sembrando de cadáveres toda la región, al tiempo que la Iglesia oficial y su brazo armado la Congregación para la Doctrina de la Fe (Inquisición) seguían ejecutando en la hoguera a los cátaros, condenados como herejes. Entonces, san Roque se dedicó por entero a ayudar a los enfermos de la peste, y en la ciudad de Piacenza se contagió. Buscó la soledad del mundo en el interior de una cueva, de donde no salía para no contaminar a nadie, siendo alimentado por un perrito que le proveía de un trozo de pan en la boca, al tiempo que le lamía las llagas de sus heridas. Por ello es representado siempre en compañía de un perrito que lleva un trozo de pan en la boca, mientras él, ataviado, en numerosas ocasiones de peregrino, muestra su rodilla izquierda desnuda señalando con el dedo índice de su mano izquierda la llaga; pero esta demostración no es en realidad la enfermedad, sino su condición de iniciado a los saberes ocultos. A este santo se dirigen aparte de los enfermos de la peste aquellas personas que desean alcanzar los senderos del conocimiento esotérico.

A san Lázaro también le rezaban los enfermos de peste; por ello, los establecimientos dedicados a curar a los pestilentes eran conocidos como «lazaretos». Por su parte, a san Blas se le rezaba para curarse de males y enfermedades relacionadas con la garganta.

Esconjuraderos

Un *esconjuradero* (*esconchurador* en aragonés, y *comunidor* en catalán) es una pequeña construcción, en forma de pórtico, abierta a los cuatro puntos cardinales, cubierta, situada cerca de una iglesia o ermita, en cuyo interior se refugiaba de la lluvia o el granizo el sacerdote, que rezaba para alejar las tempestades y ventiscas, y los males naturales que atenazaban a la población. Allí también, exorcizaba con agua bendita —e incluso con ayuda de amuletos— y oraciones contra los poderes del mal de ojo, para alejar terribles epidemias como la peste.

Los *esconjuraderos* abundan en lugares de montaña, especialmente en los Pirineos, en su doble vertiente, aunque también las vemos en otros lugares de la geografía aragonesa y catalana. Su origen es pagano, como lo confirma la más antigua de ellas, conocida como «Cruz cubierta», situada a las afueras de la villa de Aínsa (Huesca). Compuesta por ocho columnas que cierran un modesto edificio circular, coronado por una cúpula y albergando un pilar, se relaciona con un roble petrificado, de origen celta.

Entre lo pagano y lo cristiano

A mitad de camino entre las antiguas tradiciones paganas y la religión católica, los *esconjuraderos* fueron plataformas sagradas desde donde el mosén llevaba a cabo un ritual para *esconjurar* cualquier tipo de mal que acechaba al pueblo, y lo mismo servía para romper la fuerza de un mal de ojo o una maldición; incluso se han utilizado para alejar epidemias como la peste. Pero su principal uso, para lo que se recurría con más frecuencia, era para ahuyentar tormentas.

En cuanto por el horizonte se divisaban negros nubarrones portadores de terribles tormentas, el pueblo entero, con el párroco a la cabeza, se dirigía al *esconjuradero*, y desde este modesto templete, protegidos contra las fuerzas de la naturaleza, comenzaban juntos a *esconjurar* a la tormenta, para que esta alejara del lugar la violencia del granizo que arruinaría las cosechas de la comunidad. El rito no era muy complicado: el mosén, revestido de sus hábitos, con agua bendita o un crucifijo en la mano, se dirigía a las nubes *nigras et turbidas* recitando los exorcismos y conjuros establecidos en una lucha desigual y tremenda por parte del párroco y un conjuro en forma de palabras mágicas.

Se conserva una de estas fórmulas que el mosén de la iglesia de San Vicente, en Labuerda (Huesca), pronunciaba como conjuro mágico contra las fuerzas de la naturaleza: «*Boiretas en san Bizien y Labuerda: no apedregaráz cuando lleguéz l'Araguás: ¡zi! ¡zas!*»…

Después, todos los allí presentes tocaban una madera, para evitar que el cielo cayera sobre sus cabezas. Esta tradición ahonda de lleno sus raíces en la cultura celta. Recordemos que los druidas (hombres del roble) practicaban sus ritos en las espesuras de los bosques, celebrando sus asambleas sentados en troncos sagrados, desde donde administraban justicia y decidían la paz y la guerra. La antigua costumbre celta de «tocar madera» ante la amenaza de un hecho ingrato —superstición que tiene su explicación en los robles azotados por los rayos y centellas en las tormentas— indujo a creer que estos árboles debían ser la morada de los dioses. De ahí el ritual de tocarlos cuando el peligro acechaba.

La Iglesia, aunque consciente del origen pagano de estos mágicos conjuros, decidió finalmente respaldar el concepto: «Si no puedes eliminarlo, hazlo tuyo». De este modo, tenemos a un cura católico oficiando una ceremonia de raíces paganas.

Por ello, y a sabiendas de tales vínculos, los oficiantes llevaban a cabo estos actos a regañadientes, empujados por la fuerza de las creencias de las gentes, y, sobre todo, por las consecuencias que resultaban como fruto de un conjuro. Durante los siglos modernos, y aunque los resultados de estos ritos eran casi siempre positivos para los intereses de la población, tales celebraciones seguían sin estar bien vistas por las altas jerarquías eclesiásticas. Además, la Inquisición puso en su punto de mira estos «endemoniados» ritos llevados a cabo contra las fuerzas de la naturaleza.

Tenemos un dato que lo confirma. En una obra fechada en 1529, el inquisidor fray Martín de Castañega criticaba la proliferación de conjuradores: «Tratado muy sutil y bien fundado de las supersticiones y hechicerías y vanos conjuros». […]. «Juegan con la nube como con una pelota». […]. «Procuran echar la nube fuera de su término y que caiga en el de su vecino». Afirmaba, falsamente, convertir el granizo en agua. A cambio recomendaba que el pueblo se congregue junto al sacerdote, rece letanías y plante una cruz frente a la tormenta.

Pero ¿cómo se combatía una tormenta? Una tormenta repentina podía arruinar la cosecha de un año y por lo tanto a la mayoría de las familias del pueblo. Por eso había que derribar la fuerza de los elementos, al ser la principal amenaza contra la supervivencia de las gentes. La gran mayoría de los campanarios solía contar con una campana dedicada a santa Bárbara, abogada contra las fuerzas de la naturaleza, la cual se hacía sonar sin descanso cuando la tormenta iniciaba su amenaza. Paralelamente, los sacerdotes recitaban plegarias y conjuros contra las tormentas, para alejarlas de los campos de cultivo del municipio. Para esta finalidad surgieron los *esconjuraderos*, aunque muchas veces esta práctica se llevaba a cabo también desde los pórticos de las iglesias, bajo la protección de un tímpano o el símbolo del crismón, como el inicio y el fin de la cultura y el conocimiento. En Erill la Vall y otras iglesias del valle de Bohí, en Lérida, abundan estos espacios protegidos adosados a la fachada principal de los templos románicos. También los conjuros podían practicarse desde cámaras situadas en lo más alto de los campanarios, como es el caso de la iglesia de Son del Pi, en el Pallars Sobirà (Lérida). Pero lo anecdótico es el caso de la villa de Cretas (Teruel), donde el esconjuradero lo forma una puerta del siglo XVIII bajo la capilla aérea de San Antonio Abad, situada en el sector suroeste del recinto amurallado de esta villa.

Los aldeanos de Asín son conocidos en el valle de Broto como «campaneros», ya que, por la ubicación del pueblo, eran los primeros en bandear en caso de tormenta.

Esconjuraderos aragoneses

Casi la mitad de los *esconjuraderos* estudiados en Aragón se encuentran los Pirineos oscenses, y la mayoría de ellos ocupando espacios estratégicos de la comarca del Sobrarbe. La relación de estas modestas construcciones con los pueblos y gentes del Alto Aragón, desde tiempos medievales, ha sido muy estrecha.

Uno de estos *esconjuraderos*, el correspondiente a la iglesia de El Salvador, en Guaso (Aínsa), fue declarado Bien Catalogado del Patrimonio Cultural Aragonés. Este *esconjuradero* se halla en el tozal —llanura baja— de Guaso, y se caracteriza por su planta cuadrangular, abierta a los cuatro puntos cardinales y cubierta con bóveda también de piedra de pizarra de la zona. Esta impresionante atalaya tiene como telón de fondo el valle del Ara, la peña Montañesa y Monte Perdido.

El *esconjuradero* de Alquézar se halla junto a la iglesia de la colegiata, dominando el altivo espolón fluvial que cae en vertical sobre el profundo cañón abierto por el río Vero. Nos llaman la atención los *esconjuraderos* de Cruz Blanca, en San Cosme, de Coscullano (pedanía de Loporzano), considerado el mayor de la provincia de Huesca, y el de Cruz Cubierta, a mitad de camino entre Vadiello y La Tejería, en la mágica Sierra de Guara, cuyo interior llama la atención la exquisita bóveda semiesférica de primorosa realización.

El *esconjuradero* de Castellote (Teruel) se encuentra en la ermita rupestre del Llovedor, donde se rinde culto a Nuestra Señora del Agua, patrona de la localidad. Se trata de una imagen negra que, desde el siglo XIII, goza de una profunda devoción por las gentes del lugar. Recordemos que en esta población se encontraba la más poderosa encomienda templaria de la provincia de Teruel. La peregrinación a este santuario se hace por separado: los hombres, el primero de mayo, y las mujeres, el lunes de

Pascua. Unas palabras que se repiten siempre: «Fijaos, allí, en lo alto, cerca del cielo, como intentando estrechar la mano de aquella nube que mecida por el viento da sombra a semejante montaña. Mirad arriba, está escondida entre las rocas. Ahí hay que subir, a la ermita del Llovedor».

Los *esconjuraderos* catalanes

Un total de nueve *esconjuraderos* hemos localizado en tierras catalanas, repartidos en las provincias de Barcelona, Gerona y Lérida. Todos ellos están próximos a sus correspondientes iglesias o ermitas, en lugares dominantes. El de la iglesia de Santa Maria de Porqueres, a la orilla del lago de Banyoles, además de aplacar la cólera de las nubes, tenía una función protectora contra los poderes malignos de las entrañas del lago. Recordemos que, para las gentes medievales, el lago era un ojo por donde las fuerzas del averno se asomaban al mundo terrenal.

En el pequeño núcleo de Sant Joan d'Oló, dentro de la comarca barcelonesa del Bages, la gente mayor de este lugar evoca una historia que se ha mantenido a través de las generaciones, relacionada con el *esconjuraderos* de la iglesia románica. Se trata de un sobrecogedor relato: el monasterio de Santa Maria de l'Estany, uno de los tres grandes centros religiosos medievales del Bages, atravesó un período de graves tensiones entre los siglos XIV y XV, que dieron lugar al abandono temporal de la abadía. Los problemas surgieron con la compra, por parte del abad, del vecino término d'Oló, en 1362. La comunidad de l'Estany no dudó en cambiar al director espiritual del lugar por un sacerdote de su confianza. Este nuevo capellán se convirtió en un severo señor feudal, excediéndose en sus funciones y no tardando en ganarse el odio de las gentes d'Oló, quienes rogaban al Altísimo para poner freno a sus abusos. Entre tales fechorías, repartió las cosechas en cuatro partes: una para él, otra para la abadía, otra para los siervos y la última como reserva para la siembra del año siguiente, en lugar de en tres partes, como se había ido haciendo hasta entonces. Este reparto dio lugar a una terrible hambruna y al fallecimiento, en solo tres años, de quince criaturas. Ante tal tragedia, una delegación del pueblo se dirigió al monasterio de l'Estany, y su abad confirmó la decisión tomada por su capellán, quien, además, llevaba una vida pecadora con una mujer —*barjaula*—, con el derecho añadido de pernada, desposando a la novia antes de su encuentro con su esposo tras la boda. El tiempo iba pasando, y el odio de los siervos iba en aumento, mientras que estos no cesaban de rogar al buen Dios que pusiese fin a tales desmanes. Las leyendas de la Baja Edad Media nos dicen que, por fin, se pudo hacer justicia. Fue en el verano de 1395, cuando, a consecuencia de una terrible tempestad, los siervos, a pesar del odio que sentían hacia su sacerdote, se dirigieron con humildad a la iglesia para rogar al cura que, por amor a Dios, aplacase la cólera de los elementos. El párroco, consciente de sus pecados, tuvo miedo; pero la presencia de la *barjaula* y el ímpetu de los siervos, le dieron confianza. Después, el cura entró en la iglesia y se dirigió a la sacristía para vestirse con los hábitos, y seguidamente, ya en el exterior, fue al *esconjuradero*. En el momento en que tenía abierto el breviario justamente por las oraciones que se precisaban pronunciar en situaciones límite como aquella, un rayo entró en la reducida estancia del esconjuradero y, sin tocar suelo ni techo, atravesó el pecho del párroco, fulminándole y dejándole carbonizado. Momentos después, aquella terrible tormenta se aplacó por completo, y el sol no tardó en lucir con todo su esplendor.

En el País Valenciano

El más meridional de los veintidós *esconjuraderos* estudiados se encuentra en el País Valenciano, al norte de Castellón, en la zona de Els Ports, próximo a Morella. Pertenece al santuario de la Virgen de la Balma, un eremitorio rupestre en donde, una vez al año, y desde los tiempos medievales, las gentes de los pueblos del Maestrazgo acuden en romería para celebrar una fiesta que tiene como protagonista el príncipe de las Tinieblas, ya que está dedicada a las personas endemoniadas. El *esconjuradero*, monumental obra del siglo XVI, se alza dominante al otro lado del río, como faro protector de este sagrado enclave contra los poderes del Más Allá.

Esconjuradero de la Virgen de la Balma.
Al fondo puede verse el santuario rupestre.

La histeria colectiva del año 1000

Fue el evangelista san Juan, en El Apocalipsis, quien profetizó que, en mil años, había de suceder el Apocalipsis. Esto hizo que el mundo cristiano, a finales del siglo X, entrara en una gran preocupación sobre su identidad y el caos social de una incógnita, las repercusiones iconográficas de carácter apocalíptico fueron enormes, y una profunda religiosidad caló en las gentes.

Con el final del primer cambio de milenio, el mundo occidental experimentó una de las más grandes quimeras de la historia. Se pensaba que, al iniciar el año 1001, todo iba a girar en un radio de 360º, y el mundo iba a desaparecer tras sufrir un verdadero cataclismo, al invertirse la horizontalidad física de todo nuestro entorno. Consecuencia de aquella premonición, en algunas iglesias medievales cristianas, y también en alcazabas islámicas, se llegaron a construir bóvedas de escaleras en doble sentido, con el fin de paliar ese dramático cambio, tal como podemos ver en la torre de la primitiva fortaleza califal de Consuegra (Toledo), donde aparece la escalera invertida, con su doble trazado de subida y bajada; una concepción arquitectónica que también se repite en la iglesia prerrománica de San Juan, en Toledo de la Nata (Huesca), que luego fue santuario templario.

Le tocó al monje de Auvernia Gerbert de Aurillac (945-1003), arzobispo de Rávena, ocupar el trono de san Pedro, en aquel fatídico año 1000, bajo el nombre de Silvestre II. Este pontífice, formado en el *scriptorium* de Ripoll, donde estudio matemáticas y ciencias naturales, y estrechamente vinculado con la ciudad de Vic y el monasterio de Sant Pere de Casserres (Barcelona), fue considerado uno de los hombres más sabios de su tiempo, el primero en popularizar en el Occidente latino el empleo de las cifras arábigas. Desde los púlpitos de las iglesias y también desde las plazas públicas de las ciudades y pueblos, supo tranquilizar a las gentes gracias a su brillante oratoria. Silvestre II poseía un increíble repertorio de conocimientos, tanto de las ciencias sagradas como de las profanas, y sentía una especial pasión por las matemáticas y por la medicina. Gran parte de su talento lo aprendió en Sevilla y Córdoba de los maestros árabes; sin embargo, sus detractores, que no fueron pocos, consideraron que tanta sabiduría no podía proceder más que de un pacto con el diablo. La leyenda lo calificó de nigromante y ocultista, allanando el camino para, siglos más tarde, hacer de él el prototipo del *doctor Fausto*.

Silvestre II, por lo tanto —y en unos tiempos de tan escasa tolerancia para la ciencia que se apartara de lo oficialmente establecido—, tuvo la valentía de adelantarse en muchos siglos a los conceptos que otros eruditos sobre los números le confirmarían. Estoy recordando a Schelbach, cuando dijo: «El que no conoce la matemática, muere sin conocer la verdad científica». O a William F. White: «La matemática es el lenguaje de la precisión; es el vocabulario indispensable de aquello que conocemos».

El orante de Pedret

Sant Quirze de Pedret es una iglesia prerrománica (siglo IX), junto a Berga (Barcelona), en medio de un paraje de gran belleza, al que se accede a través de un monumental puente de piedra del siglo XIII. A pocos metros del mismo aparece de golpe esta construcción, caracterizada por su belleza y equilibrio artístico, que ha conservado su estructura arquitectónica, así como la riqueza formal de sus frescos pictóricos que decoran los muros interiores. Fue declarada Bien de Interés Cultural en 1931.

En 1922, cuando se arrancaron las pinturas románicas de esta iglesia —datadas en el 1100— para ser llevadas al Museo Nacional de Arte de Cataluña, de Barcelona, aparecieron los restos de una decoración mural más antigua; concretamente en la zona interior del ábside central, donde vemos dos fragmentos que flanquean la ventana que ilumina la cabecera del templo. Una de estas composiciones pictóricas, bautizada ya como «El orante de Pedret», representa un personaje masculino, barbudo y ataviado con túnica, con los brazos extendidos, en actitud de plegaria.

Pero lo sorprendente es la riqueza simbólica que rodea a este singular personaje. Su disposición con los brazos abiertos denota que transmite amor y felicidad a quien contempla esta composición pictórica. Un disco solar, en doble trazado y concéntrico, envuelve la figura humana, para elevarla a una dimensión más celestial que terrenal, transmitiendo un mensaje de plenitud. Como embebido dentro de un clípeo, el orante parece surgido de las representaciones del cristianismo primitivo. Y, encima del disco solar vemos un ave, que podría ser una paloma, como símbolo de la paz; pero si se tratara de un pavo real, el mensaje sería la inmortalidad. Nos llama la atención la línea de trazado quebrado, en zigzag, que recorre toda la zona entre los círculos, que evoca el agua; mientras que los únicos tonos que utiliza el maestro creador de esta imagen —el rojo y el azul— nos llevaría al fuego y al agua, de nuevo; el aleteo del ave y su condición de dominio del espacio más elevado de la escena, al aire; finalmente, el ocre de fondo de esta sutil composición, a la tierra. Con ello habremos completado los cuatro elementos.

A pesar de la sencillez plástica de esta obra pictórica, el maestro quiso transmitir una gran riqueza simbólica, la cual debemos analizar en su contexto, tanto global como individual. Los círculos, que representan tanto el astro rey como un halo envolvente de toda la figura humana, son totalmente perfectos; en el centro de los mismos, se hallaría el corazón del personaje representado. El ave, arriba, parece dominar la escena. Si sabemos que esta composición fue realizada entre finales del siglo X y comienzos del XI, es muy probable que el artista conociera la histeria colectiva del año 1000, y, con su obra, de alguna manera, también querría transmitir tranquilidad a toda la feligresía cristiana.

Otra particularidad que nos llama poderosamente la atención al observar a este personaje es la bendición que, con los brazos abiertos, está transmitiendo al mundo, recordándonos al Cristo bogomilo, precursor del cristianismo cátaro. No debemos olvidarnos que, por estos valles y desfiladeros de los Pirineos catalanes, fueron numerosos los colectivos occitanos que transitaron, de norte a sur, huyendo de la cruzada albigense, primero, y de las hogueras de la Inquisición, después.

Glosario

Antes de iniciar la descripción de los términos relacionados con el cristianismo, queremos destacar aquellas palabras que han sufrido una notable variación en la terminología eclesiástica:

Antes	Ahora
Ateo	No creyente
Bautismo	Opción bautismal
Caridad	Ejercicio de aproximación con el prójimo
Catecismo	Catequesis
Cena del Señor	Reparto del pan
Comunión	Iniciación cristiana
Misa	Celebración litúrgica
Paraíso	Pleorama
Predicador	Homileta
Primera Comunión	Sacramento de la iniciación cristiana
Sermón	Homilía
Servicio	Diaconía

Apócrifos: Ocultos, en griego; sinónimo de «anónimos». Se trata de los textos judíos y protocristianos que nunca llegaron a ser considerados canónicos, por lo que no están aprobados oficialmente por la Iglesia. Algunos historiadores consideran que algunos de estos textos pueden contener hechos reales. El *Apocalipsis de Moisés* o *El Testamento de Adán* son algunos textos apócrifos del Antiguo Testamento, mientras que en el Nuevo Testamento vemos narraciones fantásticas relacionadas con las vidas de Jesús, María y José.

Baptisterio: Parte del templo donde se encuentra la pila bautismal y tiene lugar la ceremonia del bautismo.

Beatos: Personas bienaventuradas, beatificadas por el Sumo Pontífice. Documentos miniados realizados en los *scriptoriums* de los monasterios medievales destacando vidas de santos o escenas de la vida cotidiana, en honor a Cristo, la Virgen María o los santos. Uno de los más célebres es el *Beato de Liébana*, que recoge los momentos de Santo Toribio en los apartados valles cántabros durante los siglos altomedievales.

Caballo: El caballo, por su nobleza y fidelidad al ser humano, simboliza en el lenguaje de la simbología del cristianismo el conocimiento del cosmos.

Cántigas: Así llamadas las oraciones creadas por Alfonso X *el Sabio* en honor de la Virgen María, en forma de libros de cantares. Especial devoción demostró este monarca castellano hacia la Virgen Blanca, patrona de Villasirga (Villalcázar de Sirga, Palencia), población donde se levantó la más importante encomienda templaria de todo el jacobeo hispano, y de la que se conserva su imponente iglesia.

Codex Calixtinus: Obra de referencia de las peregrinaciones a Compostela, escrita entre 1145 y 1160. Es la guía del peregrino medieval en su odisea a Galicia, para visitar la tumba del apóstol Santiago.

Códice miniado: Libro manuscrito de cierta antigüedad y de gran importancia histórica, literaria y artística, por su primorosa caligrafía realizada por los monjes.

Cordero de Dios (*Agnus-Dei*): Título que el Bautista otorgó a Jesucristo en su Evangelio (Juan, 1:29), cuando este vio a Jesús y exclamó: «He aquí el Cordero de Dios que quita el pecado del mundo». Por ello, la figura de Juan el Bautista la vemos representada en muchos lugares acompañada de un cordero, que aparece reposado plácidamente en el suelo, portador sobre su espinazo de una bandera decorada con la cruz griega en rojo sobre fondo blanco, en probable alusión al Temple.

Cuaresma: Tiempo de cuarenta y seis días comprendido entre el Miércoles de Ceniza hasta la víspera de la festividad de la Resurrección, en el cual la Iglesia preceptúa ciertos días de ayuno en memoria de los cuarenta que ayunó el Señor en el desierto.

Deán: La autoridad siguiente al prelado, inferior al obispo, que preside el cabildo catedralicio.

Epifanía: Adoración de los Magos.

Epístola: Parte de la misa cristiana, inmediatamente anterior al gradual, llamada así por leerse generalmente en ella un fragmento de las epístolas de los apóstoles.

Eremitorio: Enclave en donde se alzan una o varias ermitas, algunas de las cuales puede ser de carácter rupestre.

Esciápodo: Monstruo de cuerpo humano, caracterizado por tener una sola pierna, pero de gran tamaño. Estos seres mitológicos fueron representados la mayoría de las veces tumbados en el suelo y con el pie erecto que, por su dimensión, lo utilizan de sombrilla. La primera referencia se la debemos a Scylax de Carisande (siglo VI a.C.), que los cita como naturales de la India; al igual que Plinio el Viejo (siglo I d.C.), que los menciona en su *Naturalis historia*. Fueron representados en numerosas iglesias y catedrales románicas, así como ilustrados en crónicas medievales y renacentistas.

Evangelio: Libro que, junto con otros tres, constituye los cuatro primeros libros canónicos del Nuevo Testamento, en que se refiere la vida, doctrina y milagros de Jesucristo. El lado del Evangelio en las iglesias y catedrales románicas y góticas es el correspondiente a la zona izquierda del altar mayor, mirando a la feligresía.

Gallo: La representación de esta ave simboliza el Sol, el astro rey, pues canta al amanecer.

***Ite missa est*:** «Idos, es la despedida», o bien «Apaga y vámonos». Frase que marca el final de la misa católica en latín, desde el año 1000.

Kéter Aram Tzova: Así conocida la Biblia más antigua del mundo. Se trata del primer manuscrito, fechado en el siglo XI, realizado en libro y no en rollo. Consta de 487 páginas, más de la mitad de las cuales fueron sacadas de Siria y llevadas a Israel.

Logia: Así definido el lugar destinado a disfrutar del placer de la conversación («logia» deriva de *logos*, que significa «palabra»). También se llama así a la capilla u oratorio, que recuerda al tabernáculo de Salomón, en sus esculturas y pinturas.

Pantocrátor: Representación, pictórica o escultórica, del Todopoderoso, en numerosas iglesias románicas y en las paredes interiores del ábside, dentro de una mandorla (almendra) y rodeado por los signos de los cuatro evangelistas (león, águila, ángel y toro, Marcos, Juan, Mateo y Lucas, respectivamente).

Querubín: Ángel caracterizado por la plenitud de ciencia con que contempla la belleza divina. Forma parte del segundo coro de la suprema jerarquía angélica. Los querubines protegen el camino que lleva al árbol de la vida.

Relicario: Lugar donde se conservan y custodian las reliquias (parte del cuerpo de un santo o algo que, por haberlo tocado, es digno de veneración).

Serafín: Seres de seis alas que están ante el trono de Yahvéh, y solo aparecen en el Antiguo Testamento. También, persona de singular hermosura, espíritu bienaventurado que se distingue por el perenne ardor con que ama las cosas divinas. Uno de los serafines más completos que ha reproducido el arte románico es el conservado en la iglesia de Santa Maria d'Àneu (Pallars Sobirà, Lérida). La celestial figura tiene en sus manos y las seis alas un total de treinta y seis ojos; de este modo, mediante la ancestral fórmula numérica, se alaba otras tres veces al Altísimo.

Síndone: Así se conoce la Sábana Santa, el sudario, custodiado en Turín, en el que posiblemente Jesucristo fue envuelto para ser enterrado y entregado, según el Evangelio hebreo, por un sacerdote al hermano de Jesús. Se trata de uno de los grandes enigmas de la historia de la Iglesia cristiana. Los estudios científicos realizados en esta sagrada tela desvelan que el hombre que fue envuelto con este sudario tenía el grupo sanguíneo AB. También se sabe, entre otras cosas, que llevaba corona de espinas, que fue atravesado por la una lanza y que, tras recibir ciento veinte golpes, murió crucificado.

Tetramorfos: Que tiene cuatro formas. Se llama así a la representación de los cuatro evangelistas, a través de sus símbolos correspondientes (león, águila, ángel y toro), de suma importancia en el arte románico.

Tímpano: Espacio que queda entre la parte superior del dintel que cubre la puerta de acceso a un templo y el arco en degradación más corto, el cual era muy bien aprovechado para decorar con figuras alusivas a Jesucristo, la Virgen María y el Niño Jesús, o a los santos, tanto en el arte románico como en el gótico.

TEMPLARIOS

La Orden del Temple se levantó sobre dos grandes pilares, que comenzaron en Oriente:

Primero tenemos a los vulgarmente llamados «asesinos», una orden religiosa y guerrera creada en 1090. Iban ataviados con túnica roja y blanca y cabeza cubierta con un gorro frigio de color rojo, usado por los pueblos de la antigüedad para rendir culto a Mitra y Cibeles.

Por otra parte, los *karmatas*, una composición de artesanos, seguidores de la cultura hermética y neoplatónica.

Ambos colectivos coincidían en la búsqueda del equilibrio interior, la práctica de la alquimia y el logro de la excelencia en el trabajo con la piedra, como hábiles canteros y maestros de obra. El contacto de los templarios con estos grupos trajo a Europa adelantos insospechados.

Durante diez años —hasta finales de 1128—, los nueve caballeros permanecieron en el anonimato, trabajando en silencio, sin que sepamos a ciencia cierta cuál fue su labor, hasta que repentinamente salieron de las sombras. San Bernardo de Claraval les concedió una regla y el concilio de Troyes la aprueba de inmediato.

Además de estos dos grandes pilares, los templarios se nutrieron en su inicio de otras fuentes de conocimiento: los monjes armenios, los cabalistas hebreos, los místicos sufíes, los conocimientos de la ciencia neoplatónica de la Escuela de Alejandría, y de todo cuanto de adelanto cultural y científico iba llegando a Jerusalén a través de la Ruta de la Seda.

El legado templario

Estamos en constante deuda con los templarios por una infinidad de cuestiones que, desde hace siete siglos, establecieron. Entre ellas queremos destacar las siguientes:

- Supieron establecer un estrecho contacto con la realidad social de su entorno.
- Fueron mucho más que aquellos monjes guerreros que protegieron el camino hacia Jerusalén; fueron agudos observadores de los saberes orientales, y de ellos aprendieron el arte de observar las estrellas y guiarse por ellas. Cuando terminó su misión en Tierra Santa, aplicaron sus conocimientos a los primeros templos góticos que promovió Bernardo de Claraval, su extraordinario mentor.
- Constituyeron el equilibrio entre la sociedad y la nobleza, y entre la burguesía y el clero, estableciendo leyes de comportamiento que, aún hoy, ocho siglos después, serían actuales.
- El concepto de *Carpe diem*, en contraposición del *Tempus fullit*, es decir, vivir el momento, en lugar del temor constante al Infierno, inculcado desde los púlpitos de las iglesias y parroquias, que venía a decir: «Haced lo que yo os diga, pero no lo que yo haga»...
- Crearon el concepto de encomienda (*bayliato*), como forma ideal de producción activa y rural, en donde se desarrollaba la cría de animales de granja, la elaboración de alimentos, la doma de caballos, la producción de artículos de primera calidad y necesidad, el vidrio soplado, la apicultura y las elaboraciones de productos procedentes de la abeja (miel, polen, cera, propóleo, jalea real, etc.), el aceite de oliva, el pan, etc.
- Introdujeron en Occidente el sistema de riego sistemático para los cultivos de secano a través de canales, con un 5% de inclinación a lo largo de todo el recorrido.
- Crearon la farmacia, que ha mantenido su emblema, en forma de cruz paté roja en el interior de un cuadrado, que después también adoptaría la Cruz Roja, en forma de cruz griega.
- Recuperaron los cultos a la Madre de Dios, ya iniciados con Bernardo de Claraval. De ahí la potenciación de los santuarios templarios dedicados a la Virgen María y la abundancia de iglesias consagradas a la Asunción de Nuestra Señora.
- La potención de los albergues, residencias y hospitales, para los peregrinos de las grandes rutas del mundo occidental (Santiago

de Compostela, Roma, Rocamadour, Jerusalén, La Liébana, Caravaca…), y también para los estratos más humildes de la sociedad.
- Como grandes inversores, crearon la primera letra de cambio, como sistema financiero, y fueron prestamistas de reyes, emperadores, papas, cardenales y nobles; prestaban dinero a un 10% de interés (mientras que la banca judía lo hacía a un 40% de rédito).
- Potenciaron el antiguo juego del ajedrez, llegado desde la India a través de los musulmanes, en los reinos cristianos de la Península Ibérica.
- Controlaron todos grandes puertos de mar del Mediterráneo, el Cantábrico y Atlántico. Sin embargo, después de la caída en desgracia del Temple, solo veinte años después, la peste negra se cobró las vidas de gran parte del mundo occidental, al no estar los templarios responsabilizándose de las mercancías que llegaban a los puertos por mar.
- Trajeron de Tierra Santa la variedad de aceituna arbequina, según consta en un documento fechado en el año 1264.
- El amor y respeto hacia las personas mayores, así como la potenciación de la escuela pública, de las encomiendas —de carácter obligatorio y gratuito—, concepto heredado de los druidas celtas.
- El respeto a la naturaleza, en toda su vasta dimensión. No practicaban la caza, respetando, al mismo tiempo, a los seres elementales.
- Algunos magos templarios fueron excelentes médicos, como lo demuestra la curación que, en difícil situación, llevaron a cabo en la isla de Chipre, en la persona del maestro Ramon Llull, en 1305, envenenado por sus propios sirvientes —durante la travesía que desde Palma le llevaría a Tierra Santa, recalando en Chipre, último bastión cruzado en Tierra Santa tras la caída de San Juan de Acre—, sobornados por el pontífice Clemente V.
- El intercambio comercial y artístico con otros pueblos, sin tener en cuenta sus credos religiosos, condiciones sociales o fundamentos filosóficos o culturales. A nivel artístico, los templarios fueron los grandes alarifes de la obra arquitectónica, transformando la pesada construcción románica —tanto civil como religiosa— en la transparencia y claridad del gótico, a partir de las suaves y elegantes líneas del Císter, interviniendo directa e indirectamente en la construcción de setenta grandes catedrales, para lo cual prote-

gieron a los diferentes gremios que intervinieron en estas grandes construcciones.
- Armaron su propia flota, fijando en el puerto de La Rochelle (Francia) el principal centro de amarre marítimo de sus barcos, aunque también disponían de flota fluvial, con atarazanas en Miravet (Tarragona).
- Fueron los primeros europeos que llegaron al Nuevo Mundo; los documentos están datados en Portugal entre los años 1272 y 1294, en los cuales se recoge la llegada de los templarios al continente americano. Se cree que estos valiosos archivos documentales los consultó el almirante Cristóbal Colón antes de ofrecer a los Reyes Católicos la aventura de cruzar el Atlántico, para alcanzar las Indias por la ruta de poniente. No es nada extraño, por tanto, que esto fuera así, porque, a pesar de los problemas que Colón vivió durante la travesía, además de amotinamientos por parte de la tripulación, en ningún momento llegó a cambiar el rumbo y la ruta preestablecida, trazada en torno al paralelo 28, para aprovechar mejor los vientos alisios, hasta alcanzar la primera isla, que bautizó «La Española». Lo mismo hizo en sus tres viajes siguientes. Al regresar, en cambio, prefirió ascender al norte, para aprovechar las corrientes cálidas del Golfo de México. No es una casualidad, además, que en las velas de las embarcaciones campeara la cruz paté, en justo homenaje a los caballeros del Temple.
- Potenciaron la tolerancia y respeto entre las tres culturas de la España medieval: judíos, cristianos e hispano-musulmanes.
- No dejaron jamás que saliera a la luz ninguna de las verdades que sostenían; solo propagaron ideas de carácter social y político basadas en la solidaridad y el comportamiento entre los hombres.
- Tres funciones esenciales de la actividad colectiva: enseñanza, justicia y economía.
- Sinarquía (gobierno con principios). Los templarios civilizaron el mundo occidental, convirtiendo a los siervos en servidores y a los nobles en caballeros.

Por todos estos valores sociales, culturales, humanísticos, científicos..., fueron víctimas de las envidias.

Tempus fugit/Carpe diem

«El tiempo se acaba». Esta frase lapidaria era la consigna de la primera manifestación socio-cultural que surgió tras la primera oleada de epidemias de peste (1347), cuando se interpretaron las danzas de los esqueletos lúdicos.

En la Edad Media hubo dos concepciones distintas de ver el mundo. Por una parte, la impuesta desde los púlpitos por los ministros de la fe cristiana, a modo de ejercer sobre la feligresía una forma de pavor ante las desgracias que vendrían sobre la persona o el resto de la comunidad, si se vivía en pecado: el fuego eterno y el dolor, la muerte y las desgracias. Este fue el concepto del *Tempus fugit*. Curiosamente, estos ministros no pregonaban precisamente con el ejemplo, ya que, en muchos casos, no obraban como predicaban, estableciendo el concepto de: «Haced lo que yo os diga, y no lo que yo haga...».

La otra forma de ver el mundo era mucho más liberal, porque animaba a la persona a obrar siguiendo sus deseos, siempre y cuando no hiciera mal al prójimo, pero sin temor alguno al castigo y el pecado, porque la vida es corta y había que aprovechar el momento, siguiendo la consigna del *Carpe diem*, lanzada por los templarios.

Cruces templarias

Se conocen siete tipos fundamentales de cruces relacionadas con la Orden del Temple: cuatro versiones de la cruz paté (*patée*) o pateada, la cruz de las Ocho Beatitudes, la tau o cruz sin cúspide y la patriarcal, mejor conocida como «Cruz de Caravaca». Hablemos de cada una de ellas.

La cruz patada, o ancorada, es aquella cruz en planta de cruz griega, cuyos brazos se estrechan al llegar al centro, ensanchándose en los extremos; su nombre viene porque parecen patas. Esta singular cruz está estrechamente asociada a la Orden del Temple. Recordemos que fue el 24 de abril de 1147, cuando el pontífice Eugenio III concedió a los caballeros templarios el derecho a llevar permanentemente la cruz sencilla, o patada, como símbolo del martirio de Cristo; de color rojo, por la sangre vertida por Cristo, pero, al mismo tiempo, de la vida. Esta cruz fue colocada en el manto blanco, sobre el hombro izquierdo, a la altura del corazón.

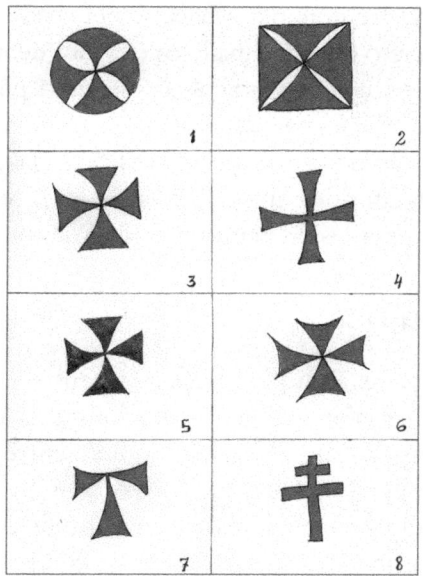

1. Cruz paté con brazos terminados en curva convexa, al estar inscrita dentro de un círculo solar, conocida como cruz pateada alisada y redondeada.
2. Cruz paté con brazos triangulares que se cierran sobre sí mismos para llenar el cuadrado, llamada cruz pateada con los brazos extendidos.
3. Cruz paté con brazos en forma cóncava. Es la forma que posee la Cruz de Hierro, y vemos también como emblema de las farmacias.
4. Cruz paté con pequeña curvatura, conocida también como cruz pateada afinada, o cruz del templo.
5. Cruz de la Orden Teutónica. Es la misma que la número 3, pero pintada en negro.
6. Cruz de las Ocho Beatitudes.
7. Tau. Es la cruz arqueada, o cruz sin cúspide. Tenía como significado la comprensión del todo. Era la más esotérica para los templarios, y llevada colgada en el pecho por los magos de la orden.
8. Cruz Patriarcal, también conocida como «Cruz de Caravaca», formada por dos travesaños; el superior, de tamaño inferior.

La cruz de las Ocho Beatitudes

La cruz de las Ocho Beatitudes constituye uno de los códigos secretos más enigmáticos del Temple, porque encierra un criptograma portador de una de las claves utilizadas para intercambiar mensajes confidenciales, o bien para dar cuenta cabal y críptica de unas transacciones mercantiles.

La estructura de la cruz insertada dentro del cuadrado establece, al mismo tiempo, unos ángulos y puntos intermedios, que estarían representados por letras, cuya lectura podría hacerse por medio de un módulo en forma de código secreto que los caballeros elegidos debieron de llevar colgado del cuello. La lectura de estos alfabetos secretos, por tanto, solo estaba al alcance de los iniciados en los más profundos conocimientos de la orden: los magos. Recordemos que algo parecido utilizaron las logias de constructores medievales, algunos de cuyos signos se han conservado grabados en las piedras utilizadas por las diferentes cofradías de constructores.

El juego de la oca

La oca —al igual que el ánsar, ánade, pato o ganso— es un animal relacionado con aves mensajeras entre el cielo y la tierra, o lo que es lo mismo, según los arcanos medievales, en la frontera entre el paraíso celestial y el fuego del Infierno.

La oca es un animal benéfico, de origen profano, que por su triple condición —aérea, terrestre y acuática— simboliza la fertilidad en el amor; pero también presagia el peligro. Es un ave vinculada con el Sol y asociada con el destino. Civilizaciones de todas las épocas y latitudes le han rendido una especial admiración. La vinculación de este animal con los poderes y fuerzas esotéricos es muy antigua.

A lo largo del camino principal —el itinerario francés— a Compostela por tierras hispanas, desde Roncesvalles (Navarra), así como en sus múltiples ramales, se conservan infinidad de enclaves que evocan a esta ave salvaje, invitando a los peregrinos a no desfallecer en su empeño de alcanzar la meta: los confines del mundo conocido, el *Finis Terrae*, antesala de la Costa da Morte, después de haber visitado la tumba del apóstol Santiago. Además, hay una región que rinde culto a esta ave, La Rioja, que debe su nombre a sus ríos Oca y Oja. En Murugarren (Puente la Reina, Navarra) hay un Cristo crucificado en una pata de oca, y numerosas poblaciones, aldeas y ríos evocan esta esotérica ave.

La oca, desde tiempos protohistóricos, es un ave con una fuerte simbología y significación. Por su agresividad ante los extraños, fue convertida en guardián de la casa, alertando con escandaloso ruido la presencia de intrusos. Todavía en nuestros días he podido comprobar que, en numerosos lugares de los Pirineos de Huesca, en casas de campo se siguen utilizando ocas como animales de protección y aviso de amenazas externas.

Desde siempre, la oca ha sido considerada paradigma de la sabiduría sagrada. Además, por su carácter migratorio, fue considerada como guía de los valores más profundos de las religiones gnósticas, enviada desde el Más Allá para aconsejar a los humanos. La oca tiene una triple condición natural: aérea, porque vuela, terrestre, porque anda, y acuática, porque nada. Y para aquellos que desean liberarse, el camino del iniciado lo establece el vuelo de la oca, como una senda segura de evolución hacia la luz.

Si superponemos dos patas de oca, una hacia arriba y otra hacia abajo, obtenemos la «X» y la barra que la corta verticalmente, llegando a la «X» con la «P» (*Ji* y *Ro*, iniciales del nombre de Cristo), que aparecen grabados en los crismones del románico, símbolos que dominan infinidad de templos medievales de las rutas de peregrinación a Compostela, especialmente en iglesias de los Pirineos catalán y aragonés. Pero nos hemos encontrado con crismones en donde las representaciones del alfa y la omega están invertidas, como es en la iglesia de Bossost (valle de Arán), lo cual significa que este templo, joya del románico, únicamente estaba abierto para los iniciados, y solo estos alcanzarían la dicha de sus beneficios espirituales al rezar en el altar mayor.

Pero adentrémonos en el juego de la oca, uno de los entretenimientos iniciáticos más ocultos de origen medieval. El juego se basa en una espiral, o caracol, dividido en 63 casillas (6 + 3 = 9; el número de la reencarnación), numeradas, más una central sin numerar. Cada una de las casillas en que está dividido este esotérico juego guarda una estrecha relación con las etapas del Camino de Santiago.

El jugador deberá llegar hasta la última casilla, pero tendrá que sortear un total de nueve obstáculos que irá encontrando en su camino (el puente, la posada, los dados, el pozo, el laberinto, la cárcel, los dados, la muerte y el acceso a la meta) antes de alcanzar el triunfo final.

El número 5, que tanta importancia tiene en este juego, se corresponde con el quinto *Sefirah* (la Fuerza). Encarna el principio de la luz divina, la luz que da la vida. Su figura es el pentagrama, o estrella de cinco puntas, que representa el cuerpo humano y el microcosmos. En el tarot se corresponde con el V arcano mayor (el Pontífice), y, en el Zodíaco con Géminis y Virgo.

El 7 corresponde al séptimo *Sefirah* (el Triunfo). Representa el principio de causa final. Es el esfuerzo dirigido a un fin determinado e incomprensible misterio, el símbolo del nudo que une y el punto que separa el Ser del No-Ser. En el tarot corresponde con el VII arcano mayor (el Triunfo o el Carro) y, en el Zodíaco, con Piscis.

El 9 corresponde con el noveno *Sefirah* (la Fundación). Significa serpiente y sabiduría, indica también misterio, lo insondable. Es el iniciador y en sí es una espiral, la misma espiral del juego. Expresa la razón del Ser, porque contiene en sí todos los números en su forma simple. Es la síntesis del bien y del mal, lo sucedido. En el tarot se corresponde con el IX arcano mayor (el Ermitaño) y, en el Zodíaco, con Aries y Escorpión.

El juego de la oca era memorizado y ejercitado, para que no se olvidase, convirtiéndose en la guía del Camino para los iniciados, de forma que cada casilla marcaba una etapa, cuyo inicio y final se reconocía por los rótulos que dejaban los maestros constructores como marcas.

Los templarios tenían prohibido por su regla los juegos de dados y ajedrez. Sin embargo, para los caballeros del Temple no se trataba de un juego, sino de una guía, la guía del Camino de Santiago, que convirtieron en juego para los no iniciados.

Avatares de un viaje

Cuando los primeros cristianos decidieron emprender la aventura del viaje a Galicia para visitar la tumba del apóstol Santiago, se sorprendieron al comprobar que los pobladores del Camino principal mantenían antiguas tradiciones y hacían referencia a la oca al referirse al Camino de las Estrellas, que citaban como «Camino de las Ocas», que culminaba en el Campo de las Estrellas, al que se llegaba a través de un itinerario de iniciación. Y como esas costumbres y ritos religiosos fueron casi imposibles de erradicar, lo que hicieron fue cristianizar lo profano, tarea que emprenderían fundamentalmente Cluny y el Císter, estamentos y órdenes que alzarán edificios con una simbología en consonancia con el cristianismo, y manteniendo algunos enigmas anteriores, por la acción del Temple.

¿Pero por qué existe tanta correlación entre esta ave y un camino tan concreto, como el itinerario que, desde todos los puntos del mundo occidental, y a través de cuatro grandes ramales que convergen en uno solo —en Puente la Reina—, lleva a los peregrinos de todo Occidente a Compostela, en los confines geográficos del mundo conocido, para visitar la tumba del apóstol Santiago? Muy sencillo. Recordemos que las ocas salvajes, manteniendo ancestrales tradiciones naturales, establecen recorridos migratorios estacionales y concretos a lo largo de sus vidas para definir los llamados «Caminos de las Ocas». Y estos senderos en la geografía terrestre coinciden con el Camino a Santiago, también conocido como «Camino de las Estrellas». Por lo tanto, no sería nada descabellado pensar que estas migraciones de ocas, desde tiempos antiguos, definieran un sendero que, en el suelo, coincidía con la Vía Láctea, o Camino de las Estrellas, y los peregrinos lo usaron como brújula, o astrolabio natural, como guía para llegar a Santiago. De ahí la deuda adquirida por la sociedad medieval hacia esta singular ave.

Durante el día, los romeros se guiaban en este agotador y venturoso esfuerzo hasta el corazón de la lejana Galicia a través de las ocas, o sus representaciones evocadoras, y de noche, mirando el firmamento, del Camino de las Estrellas. De ahí el nombre de la mágica y sagrada ciudad de Compostela (campo de las estelas).

Los peregrinos medievales, conscientes de los múltiples obstáculos que debían de superar (robos, asaltos, asesinatos, ataques de animales salvajes, epidemias, etc.), solían dejar firmado un documento en el que se establecía el reparto de sus bienes, que legaban a las personas más allegadas o bien a instituciones religiosas, por la posibilidad de no regresar vivo. Y por si fuera poco el riesgo, no disponían de mapas ni guías para moverse a través de territorios hostiles, gobernados por reinos, señoríos feudales..., en los que se hablaban idiomas muy distintos, así como la práctica de ritos religiosos y costumbres y tradiciones desconocidas. Los enclaves utilizados para recibir un auxilio eran iglesias, monasterios, hospitales y albergues.

La información oral era la exclusiva, en la mayoría de los casos, que les recordaba los puntos de referencia, los cuales debían ser localizados sobre el terreno, a través de sendas y etapas señalizadas por elementos de carácter geográfico, migratorios o astronómicos. Volvemos, por lo tanto, al Camino de las Ocas, el Camino de las Estrellas, itinerario marcado por la indicación de la Vía Láctea, que desemboca en la constelación del Can Mayor, dentro de la cual se encuentra la estrella Sirius, que en algunas ocasiones emite reflejos que recuerdan al arcoíris, de tonos verdes o rojizos, sutiles resplandores que llamaba la atención de los romeros, ayudándoles en su peregrinar. El Camino de las Estrellas era, por lo tanto, el mapa escrito en el firmamento, que guiaba a los peregrinos durante las noches de cielo despejado, y de manera infalible no solo hasta la tumba de Santiago, sino también hasta los confines del mundo conocido: el *Finis Terrae*.

El recorrido principal del Camino de Santiago —el itinerario francés—, entre Roncesvalles y Compostela, de casi novecientos kilómetros, coincide casi con total perfección con el paralelo 42, en un recorrido de Este a Oeste, finalizando en el «mar de las Tinieblas» (océano Atlántico). También en sus conexiones son numerosos los enclaves en los que se rinde homenaje a la oca. Recordemos que, hasta hace poco más de cinco siglos, era Finisterre el fin del mundo conocido, y para llegar a este punto extremo del noroeste peninsular solo podía hacerse a través del Camino de las Estrellas: la Vía Láctea. Porque alcanzar el Atlántico era como divisar el Océano de los Muertos, y luego, tras haber superado la prueba, regresar a la Vida. El hombre ha buscado siempre un sentido a su vida y constantemente se ha preguntado dónde se hallaba el Fin del Mundo, el Paraíso, o por dónde se podía acceder al Cielo.

Estos elementos identificativos eran los enclaves que evocaban el nombre de esta ave —en sus diferentes acepciones—, o una simbología muy concreta que la abreviaba solo con la impronta de la pisada de una de sus dos patas. La pisada de esta enigmática ave fue utilizada por los caballeros del Temple como elemento identificador hermético de lugares de energía y, al mismo tiempo, como talismán ahuyentador de los poderes maléficos de Satanás. Su huella nos recuerda también al tridente de Poseidón, que fue determinativo de todas aquellas culturas atlánticas. Recordemos que ya en la antigüedad los pueblos celtas mantuvieron un símbolo sagrado para sus cofradías y hermandades, la oca o el ganso, representado por la simbología de la pata que dejaba marcada al caminar. A lo largo del Camino de las Estrellas, que coincide con el Camino de la Oca, resulta frecuente encontrar tales símbolos, que igualmente fueron utilizados por los maestros constructores de las iglesias, catedrales y monasterios. También la concha, el plato y el vaso de los peregrinos son símbolo de reconocimiento iniciático en el peregrinaje a Compostela; su forma es la estilización de la pata de oca.

Existe, como hemos comentado anteriormente, una estrecha relación entre este juego y el iniciático Camino de Santiago, a través de los templarios. Incluso el nombre de «oca» se repite en trece ocasiones a lo largo de la más famosa vía de peregrinación del mundo occidental (de este a oeste: Ansó, Oyón, Logroño y ríos Oja y Oca, El Ganso, Manjarín, Valdueza, Arroyo Barjas, Santa María de Loyo, Puerto de la Oca, San Esteban de Oca y Noya), que se corresponden con las trece casillas con estas aves que aparecen en el cabalístico juego de la oca, más la última, la meta final, sin numerar.

Recordemos que la cultura popular, en tiempos medievales, se realizaba en base a símbolos y juegos; por ello, el juego de la oca. La falta de un idioma o lengua común entre los peregrinos originó un código de interpretación de los hechos, y de ahí es fácil alcanzar la dimensión de leyenda. La cultura escrita quedó reservada en los monasterios y abadías, mientras que la cultura esotérica floreció en el lenguaje oculto de los «maestros constructores», que puede revelarse a través de los monumentos del Camino.

El fresno

Todas las civilizaciones, tanto de Oriente como de Occidente, han rendido culto a algún árbol que, por sus diferentes cualidades, hayan despertado la admiración de los pueblos. Con el fresno (*Fraxinus excelsior, fraxináceas*), además, se da la circunstancia de que era venerado tanto por culturas mediterráneas como por las atlánticas.

El fresno está considerado el primer árbol de la humanidad, cediendo al olivo el primer puesto en la lista de especies vegetales benefactoras para el ser humano. Para los pueblos germánicos, por ejemplo, el fresno *Yggdrassil* era el eje del mundo, inalterable y siempre verde, al tiempo que se convertía en un protector contra los rayos. En las sagas de las antiguas tradiciones escandinavas, estrechamente vinculadas con los ancestrales mitos germánicos, el fresno es símbolo de inmortalidad y, al mismo tiempo, nexo entre los tres planos del cosmos.

El fresno adquiere, desde los tiempos primordiales y ahondando en las más ancestrales culturas de Anatolia y Mesopotamia, la dimensión de árbol de la sabiduría, del conocimiento, identificado con el mundo del que es prolongación, al recibir los beneficios del firmamento (copa bañada por blancos vapores de agua, a través de la cual destila el rocío que fecunda de vida); también, como árbol-fuente, cuyas frescas y cristalinas aguas riegan las vegas del mundo...

Para los griegos de la época de Hesíodo (siglo VIII a.C.), además, la dureza y flexibilidad de su madera simbolizaban la fuerza, la solidez poderosa, al tiempo que contaba con una propiedad de gran importancia: la de ahuyentar a las serpientes venenosas. Según las creencias antiguas, el fresno espanta a las serpientes, al ejercer sobre ellas una especie de poder mágico. El médico griego Dioscórides (siglo I) llegó a decir que si una serpiente tuviera que elegir entre pasar sobre la rama de un fresno o por las llamas de una hoguera, optaría sin dudar por este último camino. A él le debemos también la siguiente receta: «Una tisana de hojas de fresno mezclada en el vino tiene gran eficacia contra el poder del veneno».

También para los romanos y otros muchos pueblos de la antigüedad el fresno se convirtió en el árbol sagrado al cual rendir un justo homenaje. Para los vascos, que constituyen una de las culturas más antiguas del mundo, el fresno —lizarra, en vascuence— estaba relacionado con el fuego. Se le rinde un justo homenaje en la mágica noche de San Juan, cuando este árbol se convierte en el epicentro de las tradicionales hogueras, y en las puertas de muchos de los caseríos de Euskadi se siguen colocando sus ramas para proteger a sus habitantes. Quisiera recordar, a este respecto, que la población navarra de Estella, a orillas del río Ega, es llamada en vascuence Lizarra, por la abundancia de fresnos que tuvo en los tiempos medievales.

El área de distribución del fresno es muy amplia: desde el norte de África hasta Escocia y desde Escandinavia a los Urales. En la Península Ibérica domina en la mitad septentrional, en torno a los 1500 metros de altitud. Prefiere las tierras fértiles, profundas y calcáreas, y soporta bien las temperaturas de hasta -15ºC, aunque le afectan los climas extremos; resiste bien los vientos costeros, y llega a alcanzar los 30 metros de altura, hacia los 75 años de edad, cuando detiene su crecimiento. Florece en primavera, y la poda de sus ramas se lleva a cabo cada ocho años. Su leña es de las mejores, porque arde incluso estando verde.

El consumo de hojas de este árbol por las vacas hace que estas den más leche y de mejor calidad. No es extraño, por lo tanto, que desde los tiempos antiguos, el fresno haya estado siempre muy cerca de las construcciones habitadas, para acompañar a los seres humanos, al tiempo que daba una dimensión arbórea a los lugares sagrados. Circunstancias, todas ellas, que no pasaron inadvertidas para los templarios, cuyos caballeros supieron recoger muy bien la sabiduría de las civilizaciones más pretéritas, tanto las del mundo oriental como las relacionadas con los celtas.

Por sus múltiples cualidades salutíferas y protectoras, y también por las innumerables referencias a él, tanto en las culturas de la Europa mediterránea como en las del mundo germánico, el fresno fue adoptado por los templarios como su árbol sagrado, y no dudamos en relacionarlo con san Juan Bautista. Como consecuencia de ello, su presencia en la geografía hispana es sorprendente, como se puede apreciar en infinidad de enclaves del Temple; algunos de los fresnos se ubican en lugares muy meridionales, donde fueron llevados por los caballeros.

San Miguel de los Fresnos, en el municipio de Fregenal de la Sierra (Badajoz), uno de los baluartes templarios más importantes en la Baja Extremadura, próxima a Jerez de los Caballeros, evoca constantemente este sagrado árbol. Además, se da la circunstancia de que, bajo los cimientos del conjunto monástico, ubicado en un paraje sobrecogedor de silencio y bajo una espesa bruma, discurren corrientes de agua potable, lo que nos vuelve a indicar la importancia que los ritos del agua purificadora y benefactora, procedente de las entrañas de la Tierra, tuvieron para el Temple.

En Teruel, concretamente en la comarca del Matarraña, se encuentra la población de La Fresneda —tierra de fresnos—, que fue una importante encomienda de templarios, primero, y de calatravos, después; en los sótanos del que fue El Convent, y también de algunas viviendas medievales de la población, se conserva la antigua fuente, en forma de pozo, de claras vinculaciones templarias. En Asturias está Fresnedo, cerca de Villaviciosa, que contó con un convento de templarios, próximo a San Salvador de Alesga, que conserva los restos de una pequeña fortaleza del Temple. Ambos enclaves controlaban el angosto paso del puerto de la Ventana, por donde discurre una antigua calzada romana, utilizada durante los siglos medievales por los peregrinos. De ahí la importancia de los freires, cuya misión de guardianes del camino les fue asignada por el monarca Fernando II de León (1157-1188).

Fresno de Caracena, en el corazón de las parameras sorianas, es otra de las poblaciones que evocan a este mítico árbol sagrado para los templarios. En esta villa, según el *Cantar de Mío Cid*, Rodrigo Díaz de Vivar recibió en sueños al arcángel san Gabriel.

Pero el enclave más sobrecogedor de la España mágica que está relacionado con el fresno es, sin duda, la sierra de Aralar, entre Navarra y Guipúzcoa, en cuya cima se alza la iglesia de San Miguel in Excelsis —de nuevo un santo templario—. En Aralar, tierra de dólmenes y senderos de iniciación, de muérdagos y de leyendas, el fresno se alza orgulloso como el cabeza del reino vegetal. Bajo sus ramas, el cosmos gravita y transmite una atmósfera de equilibrio que, ya en el siglo XIII, supieron muy bien concebir los templarios, cuando situaron en la cima, junto al altar sagrado de adoración a las divinidades de los pueblos de la protohistoria, una ermita de oración dedicada al arcángel san Miguel. En torno a ese templo plantaron un círculo de fresnos, de ahí que la tradición popular conozca también esta iglesia como «el santuario del fresno». El Fresno (Ávila), Fresnedoso de Ibor (Cáceres) y más de un centenar de poblaciones repartidas por toda la geografía española, tanto peninsular como insular, evocan los vínculos del fresno con el Temple en un momento determinado de su historia.

Los fresnos, dada su polivalencia como árbol protector, salutífero y, además, como especie alimenticia para el ganado, así como su gran resistencia a cualquier tipo de poda, fue utilizado también por los templarios como muros vegetales —setos— para la defensa y, al mismo tiempo, adorno vegetal de lugares sagrados. De ahí le viene el nombre científico de *Fraxinus* (del griego *phraxo*, «cercado»).

Las cualidades benefactoras de este sagrado árbol también llamaron la atención de médicos del Renacimiento, como el sabio y humanista Andrés Laguna (1499-1560), facultativo de cabecera de nuestro emperador Carlos I.

Astrológicamente, el fresno es el árbol de los nacidos bajo el signo de Libra (entre el 23 de septiembre y el 23 de octubre), al coincidir en ese período la época de maduración de sus frutos y la recogida de los mismos para la siembra.

Octógono radiante

De todas las figuras geométricas, probablemente el octógono sea la forma espacial más vinculada con la Orden del Temple. Los magos templarios supieron introducir algún elemento octogonal en sus construcciones sagradas. Recordemos la frase que legó en sus poemas el trovador templario alemán Wolfram von Eschenbach: «... y el templo del Grial simulaba la forma radiante del octógono».

Cuando en 1118 desembarcaron en Tierra Santa aquellos primeros nueve caballeros, recibidos por el rey de Jerusalén Balduino II, que les autorizó a residir en las entrañas del templo de Salomón —donde, a finales del siglo VII, se alzaría el santuario de Qubbat al-Sakhrah, conocido también como «Cúpula de la Roca»—, los templarios la convirtieron en iglesia de referencia de la Orden, y se convertiría en el edificio modelo de sus construcciones octogonales. Este santuario, alineado perfectamente con los puntos cardinales y con unas precisas medidas, marcaría los enclaves con energía telúrica en las siguientes obras basadas en el octógono.

En efecto, es fácil comprender la importancia que tuvo para los templarios el construir edificios, formas de arquitectura o elementos escultóricos relacionados con el octógono. Desde la iglesia y pórtico de Eunate (Navarra) hasta una de las ermitas del Monsacro (Asturias), levantada sobre un dolmen, pasando por el ángulo sacro del altar mayor de Villasirga (Palencia), la iglesia de San Miguel el Alto, de Toledo, la iglesia de peregrinaje de Torres del Río (Navarra)... En todos estos lugares se registra un potente vórtice energético de 24 500 unidades Bovis (UB).

En el vórtice energético de 24 500 UB las líneas Curry se estrechan y se forma un octógono muy regular de unos cuatro metros de diámetro con una radiación energética de 11 500 UB (7500 fuera del octógono); las dos líneas Hartmann y las dos líneas Curry que pasan por su centro se detectan, pero arrojan una lectura de 11 500 UB. Los templarios utilizaban esta forma geométrica como marca en alguna parte de la construcción, para que todos los conocedores de este secreto supiesen que ese templo tenía la marca del octógono por contener en su interior un «octógono radiante».

La partitura del Diablo

El trítono es conocido como la «nota del Diablo» debido a la fuerte tensión que genera en quien la escucha, al tratarse de un sonido desagradable al oído, que impacta en el equilibrio de la persona y da lugar a un miedo inmediato. Es preciso pensar que, en la Edad Media, artes como la escultura, la música o la pintura debían estar relacionadas con algo bello, divino, por lo que no tardó en considerarse que estos sonidos tan estridentes debían estar estrechamente relacionados con una invocación a la Bestia. Por tal causa, el trítono fue prohibido por la Iglesia católica. La escala sol estaba prohibida, pero aparece en el código oculto de los templarios.

La partitura del Diablo

T = tono

3 tonos
T T T
Do - Re - Mi - Fa - Sol - La - Si
Trítono natural
(no tiene alteraciones)

Esta es la forma más sencilla de entender que se trata de un intervalo de tres tonos, lo que se conoce como Cuarta aumentada (o Quinta disminuida). Recordemos que el intervalo es simplemente la distancia entre notas.

Lo que sería el intervalo de Fa y Si en la tonalidad menor es un trítono natural, al no poseer alteraciones. En la escala de Do mayor, el trítono se denomina de Cuarta aumentada, porque alteramos la cuarta nota de la escala de Do (do - re - mi - fa) un semitono para lograr un tono de distancia, o lo que es lo mismo: pasamos de Fa natural a Fa# (sostenido).

3 tonos
T T T
Do - Re - Mi - Fa# - Sol - La - Si
Cuarta aumentada
(se agrega un # a la cuarta
para abarcar una distancia de 3 tonos)

La escala de Do mayor no tiene # y de Mi a Fa hay una distancia de un semitono; al crear un tono de distancia con el sostenido se llama Cuarta amuentada.

Estos, conscientes de la fuerza y energía de cada lugar, a comienzos del siglo XIV llevaron a cabo una inusitada labor artística, decorando por ejemplo el interior de la iglesia de Bordón (Teruel) con unas pinturas que conmueven y sobrecogen el ánimo a medida que se van interpretando sus símbolos. Por sus singulares características, muchos de estos símbolos guardan unas estrechas analogías con los existentes en la capilla de Rossling (Escocia).

Tanto la mayor parte de la superficie de las paredes como el cielo de la bóveda de la iglesia de esta pequeña población del Maestrazgo turolense están decorados con extraños frescos que, observados de forma general, no llaman la atención, pero analizados individualmente parecen querer desvelar y transmitir a quien desea ver lo que podría haber sido una guía esotérica para alcanzar un tipo de trance.

Antes de nada, queremos decir que muchas personas se sorprenden de que el catolicismo sea la única religión en la que no tenía cabida ninguna variante esotérica. Los místicos que optaban por alguna de las ramas ocultas solían ser marginados del resto de la comunidad, como portadores de enfermedades contagiosas, cuando no encerrados en lóbregas galerías o perseguidos sin piedad. A pesar de todo ello, es posible que existiese en Bordón un pequeño convento de monjes donde, en secreto, se llevaran a cabo sesiones de espiritismo y se instruyera para alcanzar el trance místico. Las personas que actualmente practican este tipo de técnicas coinciden en señalar que, en determinados lugares, es más fácil alcanzar esta dimensión en estados mentales. El lugar en donde se halla el pueblo no puede ser más propicio para desarrollar estas prácticas.

¿Pero qué sonidos son los más favorables para alcanzar este estado anímico? Existen determinadas frecuencias audibles que desatan estos estados. Estas frecuencias tienen otra particularidad, y es que, aplicadas a una lámina metálica cubierta por fino polvo, forman unas figuras geométricas, llamadas «figuras de Chladni» en honor al físico alemán Ernst Chladni (1756-1827), considerado el fundador de la acústica y de la investigación moderna de los meteoritos. Chladni comprobó que los patrones geométricos formados en una fina base de arena, depositada sobre una placa de vidrio o metal y vibrando por sonidos acústicos, generan diferentes frecuencias, que pueden transmitir por una placa metálica unas figuras extrañas. Estas figuras han sido reproducidas magistralmente en la actualidad por el erudito Sergio Solsona, y las vemos representadas en numerosos lugares de paredes y bóveda de la iglesia de

Bordón. Por lo tanto, los magos del Temple ya eran conscientes de esta técnica, capaz de crear formas físicas bidimensionales.

En la zona izquierda de la bóveda de la iglesia de Bordón aparece representada una imagen que podría estar relacionada con los efectos de unas ondas sonoras, consecuencia de las vibraciones de una lámina metálica envuelta en polvo blanco. Al igual que en la capilla escocesa, una imagen nos da la pista de cómo deben interpretarse estos símbolos pictóricos. Si en Rossling es un ángel, en Bordón aparece la imagen de una santa —Santa Cecilia, patrona, inspiradora y protectora de los músicos—. Los templarios sustituyeron a las musas helénicas, de tradición pagana, por esta santa, mártir del siglo III.

Imaginemos a un grupo de monjes en el interior de la iglesia apoyados en sus reclinatorios e inmersos en un fuerte aroma de incienso en la sagrada atmósfera del templo, mientras comienzan a percibir en sus oídos las notas del órgano, cuyo sonoro instrumento transmite una nota larga y potente que envuelve a quienes allí se encuentran bajo una profunda meditación.

El poder psíquico de los órganos es, sin duda, uno de los misterios que estamos empezando a descubrir. En algunas catedrales existen tubos tan grandes que producen unos graves inaudibles (esto se produce en el rango de los sonidos graves/ultrasonidos, pero también en el rango de los agudos/infrasonidos extremos se genera algo parecido). Estos sonidos, que van más allá de las percepciones normales, activan el hipotálamo, y muchas personas reaccionan a ellos con sensaciones que rozan lo fantástico. En la iglesia parroquial de Bordón, hasta la guerra civil, existía un órgano que necesitaba de cuatro personas para hacerlo funcionar.

Ritos de iniciación

La iglesia de Bordón, por la fuerza energética que emana el lugar en donde se asienta, fue utilizada como centro iniciático. Y como todo rito iniciático, comenzaba por una peregrinación. El joven aspirante salía del castillo de Castellote y emprendía el arriesgado viaje de 23 kilómetros a pie hasta Bordón. Una vez allí, el neófito era llevado hasta la secreta cripta, donde pasaba la noche ataviado únicamente por una fina túnica blanca.

Esta cámara, al igual que sucede en San Baudelio de Berlanga (Soria), se encuentra en un nivel elevado, como suspendida en el espacio y oculta entre los muros, estrecha y lúgubre, de muy difícil y peligroso acceso. Entrar en esta capilla aérea, casi un cubículo, de espaldas y de rodillas, constituiría la experimentación de una sobrecogedora impresión, por la fuerza que transmite el lugar. Un inevitable escalofrío recorrería el cuerpo de aquel que se introducía en este pavoroso receptáculo cuando, en la mayor oscuridad y silencio, descubriese las nervaduras de aquella arca de piedra, advirtiendo en el remate y sostén central de los nervios una cruz sin cúspide (la tau), precisamente sobre el lugar en donde se instalaría el neófito o eremita que decidiera entrar en aquel ataúd de piedra en busca de su purificación, apoyada por cuatro espantosas cabezas de Baphomet. Momentos después, allí mismo, el neófito, una vez cumplido el tiempo de permanencia en el mayor aislamiento físico con el mundo, sin luz y en silencio, recibiría las armas para convertirse en un verdadero soldado del Temple.

Santos del altar templario

San Bernardo de Claraval

Nació en el año 1090, en Fontaine, cerca de Dijon, Francia, y murió en Claraval el 21 de agosto de 1153. Sus padres fueron Tescelin, señor de Fontaine, y Aleth de Montbard, pertenecientes ambos a la alta nobleza de Borgoña. Bernardo, tercero de una familia de siete hijos, seis de los cuales eran varones, fue educado con un cuidado especial porque, antes de nacer, un hombre devoto le había vaticinado un gran destino. Cuando tenía nueve años, Bernardo fue enviado a una famosa escuela en Chatillon-sur-Seine. Tenía gran inclinación a la literatura y se dedicó algún tiempo a la poesía. Ganó la admiración de sus maestros con su éxito en los estudios y no menos destacable fue su crecimiento en la virtud. El gran deseo de Bernardo era progresar en la literatura, con vistas a abordar el estudio de la Sagrada Escritura para hacerla su propia lengua, como así fue. Tenía una devoción especial a la Santísima Virgen y nadie ha hablado de manera más sublime de la Reina de los Cielos. Bernardo tenía apenas diecinueve años cuando murió su madre. Durante su juventud no le faltaron tentaciones, pero su virtud triunfó sobre ellas, muchas veces de forma heroica, y desde entonces pensó en retirarse del mundo y llevar una vida de soledad y oración.

San Roberto, abad de Molesmes, había fundado en el año 1098 el monasterio de Cîteaux, con el propósito de restaurar la regla de san Benito en todo su rigor. Bernardo pidió la admisión a la edad de 30 años. Tres años después lo enviaron al frente de un grupo de monjes para fundar una nueva comunidad en el valle de Absinthe, o Valle de la Amargura, en la Diócesis de Langres. Bernardo lo llamó Claire Vallée, de Clairvaux (Claraval), y los nombres de Bernardo y Claraval son inseparables desde entonces.

Los comienzos de Claraval fueron confusos y penosos. El régimen era tan austero que afectó la salud de Bernardo y tuvo que mitigar sus austeridades. Sin embargo, el monasterio progresó rápidamente y acudió un gran número de discípulos deseosos de ponerse bajo la dirección de Bernardo. Su padre, el anciano Tescelin, y todos sus hermanos entraron en Claraval como religiosos, quedando en el mundo solamente Humbeline, su hermana, que ingresó pronto en el convento benedictino de Jully, con el consentimiento de su marido. Claraval se quedó pronto pequeño para los religiosos que acudieron, siendo necesario enviar grupos a fundar nuevas comunidades.

En el año 1119 Bernardo asistió al primer Capítulo General de la Orden, convocado por Esteban de Cîteaux. Aunque aún no tenía treinta años, Bernardo fue escuchado con la mayor atención y respeto, especialmente cuando expuso sus pensamientos acerca de la revitalización del espíritu primitivo de orden y fervor en todas las órdenes monásticas. Este Capítulo General fue el que dio forma definitiva a las constituciones y regulaciones de la orden en la «Cédula de la Caridad».

Después Cluny estableció una reforma, y el mismo Suger, ministro de Luis el Gordo y abad de Saint Denis, se convirtió, terminando de inmediato su mundanal vida y restaurando la disciplina en su monasterio. El celo de Bernardo no acabó aquí, sino que se extendió a los obispos, al clero y a los fieles, así como obtuvo destacadas conversiones de personas profanas entre otros frutos de su labor.

A finales de 1128, Bernardo asistió al Concilio de Troyes. El propósito de este concilio era solucionar ciertas controversias de los obispos de París y regular otros asuntos de la Iglesia de Francia. Los obispos nombraron a Bernardo secretario del concilio y le encargaron la redacción de los estatutos del sínodo. El obispo de Verdún fue depuesto después del concilio. Entonces recayeron sobre Bernardo injustos reproches, siendo incluso denunciado en Roma por injerencias en asuntos que no conciernen a un monje. El cardenal Harmeric, en nombre del Papa, escribió a Bernardo una severa carta de amonestación. En este concilio, Bernardo indicó las líneas generales de la Regla de los Caballeros Templarios, que pronto se convertirían en el ideal de la nobleza francesa.

La influencia del abad de Claraval se notó pronto en los asuntos provinciales. Defendió los derechos de la Iglesia frente a las intromisiones de reyes y príncipes, y recordó sus deberes a Enrique, arzobispo de Sense, y a Esteban de Senlis, obispo de París.

A la muerte de Honorio II, que ocurrió el 14 de febrero de 1130, un cisma quebró a la Iglesia al ser elegidos dos papas, Inocencio II y Anacleto II. Inocencio, desterrado de Roma por Anacleto, se refugió en Francia. El rey Luis el Gordo convocó un concilio nacional de los obispos de Francia en Etampes, y Bernardo, emplazado allá con el beneplácito de los obispos, fue elegido para juzgar entre los dos papas rivales. Él decidió a favor de Inocencio II. Por deseo de Bernardo, el Papa fue a Lieja a consultar con el emperador sobre las mejores medidas a tomar para su regreso a Roma. Desde Lieja el Papa volvió a Francia, visitó la abadía de Saint Denis, y después la de Claraval, donde su recibimiento tuvo un carácter simple y puramente religioso. Toda la corte pontificia quedó impresionada por la santa conducta de esta comunidad de monjes. En el refectorio solo se encontraron unos cuantos peces para el Papa y, en lugar de vino, se sirvió zumo de hierbas como bebida. No se sirvió al Papa y a sus seguidores un banquete festivo, sino una fiesta de virtudes.

El mismo año, Bernardo estuvo otra vez al lado de Inocencio II, para quien era un oráculo. En 1132, Bernardo acompañó a Inocencio II a Italia y en Cluny el Papa abolió los derechos que Claraval pagaba a esa famosa abadía, acción que dio lugar a disputas durante veinte años. En el mes de mayo, el Papa entró en Roma, pero tuvo que solicitar refugio en Pisa en septiembre de 1133.

Entretanto Bernardo había vuelto a Francia en junio y continuó trabajando a favor de la paz que comenzó en 1130. A finales de 1134 hizo un segundo viaje a Aquitania, donde Guillermo X había recaído en el cisma. El abad invitó a Guillermo a la misa que celebró en la iglesia de La Couldre. En el momento de la comunión, colocando la Sagrada Forma sobre la patena, fue a la puerta de la iglesia donde estaba Guillermo y, apuntando hacia la Sagrada Forma, conjuró al Duque a no menospreciar a Dios como hacía con sus sirvientes. Guillermo cedió y el cisma terminó.

Después Bernardo marchó otra vez a Italia, donde Roger de Sicilia estaba tratando de apartar a los de Pisa de su obediencia a Inocencio y recuperó a la ciudad de Milán para la obediencia. Creyéndose al fin tranquilo en su claustro, Bernardo se dedicó, con renovado vigor, a la composición de sus piadosos y sabios trabajos, pero en 1137 fue forzado de nuevo a abandonar su soledad, por orden del Papa, para poner fin a la querella entre Lotario y Roger de Sicilia. En la conferencia de Palermo, Bernardo convenció a Roger sobre los derechos de Inocencio II y acalló a Pedro de Pisa, que apoyaba a Anacleto. Este murió apesadumbrado y decepcionado en 1138, y con él el cisma.

De nuevo en Claraval, Bernardo se ocupó de enviar comunidades de monjes desde su atestado monasterio a Alemania, Suecia, Inglaterra, Irlanda, Portugal, Suiza e Italia. Algunas de ellas, por disposición de Inocencio II, tomaron posesión de la abadía de las Tres Fuentes, cerca de SalvianWaters en Roma, de donde salió elegido el Papa Eugenio III. Por esta época, Bernardo recibió en Claraval la visita de san Malaquías y se creó entre ellos una estrecha amistad. San Malaquías hubiera tomado con alegría el hábito cisterciense, pero el Soberano Pontífice no hubiera dado su permiso. Sin embargo murió en Claraval en 1148.

En el año 1140 Bernardo se comprometió con otros asuntos que perturbaron la paz de la Iglesia. A finales del siglo XI, las escuelas de filosofía y teología, apasionadas por los debates y espíritu de independencia que las arrastraron a controversias político-religiosas, se convirtieron en una verdadera liza pública sin otro motivo más que la ambición. Esta exaltación de la razón humana y del racionalismo encontró un ardiente e influyente defensor en Abelardo, el más elocuente e instruido hombre de la época después de Bernardo. El tratado de Abelardo sobre la Trinidad había sido condenado en 1121 y él mismo había quemado su libro. Pero en 1139 propugnó nuevos errores. Bernardo, informado de ello por Guillermo de San Thierry, escribió a Abelardo, quién le contestó de una manera insultante. Bernardo lo denunció ante el Papa, lo que ocasionó la celebración de un concilio general en Sens. Abelardo pidió un debate público con Bernardo, que mostró los errores de su oponente con tal claridad y lógica que este fue incapaz de responder y obligado a jubilarse tras ser condenado.

Inocencio II murió en 1143. Sus dos sucesores, Celestino II y Lucio, reinaron poco tiempo y, a continuación, Bernardo vio a uno de sus discípulos, Bernardo de Pisa, abad de las Tres Fuentes y conocido después como Eugenio III, elevado a la Silla de san Pedro. Bernardo le envió, a petición suya, diversas instrucciones que componían el *Libro de meditación*, cuya idea predominante era que la reforma de la Iglesia debía comenzar con la santidad de su cabeza. Los asuntos temporales eran simplemente secundarios, y los principales eran la piedad, la meditación o la consideración, que debían preceder a la acción.

Por entonces llegaron alarmantes noticias del Este. Edesa había caído en manos de los turcos, y Jerusalén y Antioquía estaban amenazadas con parecido desastre. Delegaciones de los obispos de Armenia solicitaron ayuda al Papa y el rey de Francia también envió embajadores. El Papa encomendó a Bernardo predicar una nueva Cruzada y concedió para ella las mismas indulgencias que Urbano II había otorgado a la primera. Se convocó un parlamento en Vezelay, Burgundia, en 1134, y Bernardo predicó antes de la asamblea. El rey Luis el Joven, la reina Leonor y los príncipes y señores presentes se postraron a los pies del abad de Claraval para recibir la cruz. El santo se vio obligado a usar porciones de su hábito para hacer cruces con las que satisfacer el celo y ardor de la multitud, que deseaba tomar parte en la Cruzada. Bernardo se trasladó a Alemania y los milagros que se multiplicaban casi a cada paso contribuyeron indudablemente al éxito de la misión. El emperador Conrado y su nieto, Federico Barbarroja, recibieron la cruz de los peregrinos de manos de Bernardo, y el Papa Eugenio fue en persona a Francia para alentar la empresa.

Con motivo de esta visita se celebró un concilio en París, en 1147, en el que fueron examinados los errores de Gilberto de la Porée, obispo de Poitiers. Él insinuó entre otros disparates que la esencia y los atributos de Dios no son Dios, que las propiedades de las Personas de la Trinidad no son las personas mismas, en resumen que la Naturaleza Divina no se ha encarnado. La discusión se acaloró por ambas partes y la decisión se pospuso para el concilio que tuvo lugar en Reims el año siguiente y en el cual Eon de l'Etoile era uno de los jueces. Bernardo fue elegido por el concilio para redactar una profesión de fe exactamente opuesta a la de Gilberto, quien por último declaró a los Padres: «Si creéis y afirmáis algo distinto que yo, estoy dispuesto a creer y decir lo que vosotros». La consecuencia de esta declaración fue que el Papa condenó las afirmaciones de Gilberto sin denunciarlo personalmente. Después del concilio, el Papa visitó Claraval, donde celebró un Capítulo General de la orden y advirtió la prosperidad de la que Bernardo era el alma.

Los últimos años de la vida de Bernardo se vieron entristecidos por el fracaso de la Cruzada que había predicado, cuya completa responsabilidad recayó sobre él. Él había acreditado la empresa con milagros, pero no había garantizado su éxito contra el extravío y perfidia de los que participaron en ella. La falta de disciplina y presunción de las tropas alemanas, las intrigas del príncipe de Antioquía y de la reina Leonor y, finalmente, la avaricia y evidente traición de los nobles cristianos de Siria, que impidieron la toma de Damasco, fueron la causa del desastre. Bernardo consideró su deber enviar una apología al Papa. En ella explicaba como con los cruzados, al igual que con los hebreos, en cuyo favor el Señor había multiplicado sus prodigios, sus pecados fueron la causa de sus infortunios y desgracias.

La muerte de sus contemporáneos sirvió de aviso a Bernardo de su próximo fin. El primero en morir fue Suger, en 1152. Thibaud, conde de Champagne, Conrado, emperador de Alemania, y su hijo Enrique, murieron el mismo año. Desde el comienzo del año 1153, Bernardo sintió aproximarse su muerte. El tránsito del Papa Eugenio le dio el golpe fatal, al apartarlo del que consideraba su mejor amigo y consolador. Bernardo murió a los sesenta y tres años, tras pasar cuarenta en el claustro. Fundó 163 monasterios en diferentes partes de Europa y a su muerte alcanzaban los 343. Fue el primer monje cisterciense inscrito en el calendario de los santos y fue canonizado por Alejandro III el 18 de enero de 1174. El Papa Pío VIII le concedió el título de «Doctor de la Iglesia». Los cistercienses lo honran como solo se honra a los fundadores de órdenes, por la maravillosa y extensa actividad que dio a la Orden de Cîteaux.

Santa Águeda

Águeda, o Ágata, nació en la ciudad de Catania (Sicilia), el año 231, y murió martirizada a la corta edad de 20 años. Fue una mártir también admirada por los musulmanes, que la conocían como Agaitz. Son numerosos los capiteles y canecillos de los santuarios e iglesias templarios de la geografía hispana, en general, que recuerdan la forma de un panal, con sus celdas hexagonales, en justo homenaje a la miel, como fuente de vida y de espiritualidad. Esta santa encarnaba la personificación femenina; por lo tanto, durante toda esa jornada eran las mujeres, que estaban libres de sus tareas laborales, las protagonistas de una fiesta que ahonda sus raíces en las tradiciones más antiguas de las culturas protohistóricas. Los templarios alzaron altares a esta santa, por su cualidad de combatir los granizos. El monarca castellano Alfonso X el Sabio describió así a esta santa: «Santa Águeda está relacionada con una piedra preciosa, considerada milagrosa, cuya eficacia está demostrada contra las picaduras de ciertas alimañas y su poder antinflamatorio en determinadas enfermedades». Su fiesta se celebra el día 5 de febrero.

María Magalena

María Magdalena constituye uno de los más insondables misterios de la Iglesia cristiana, que intentó encubrir a su personaje para que la feligresía lo olvidara. María Magdalena se vela, y se revela, para ocultar probablemente que Jesús no se totalizó en sí mismo y en su mensaje, sino que dejó tras de él una dinastía que podría reclamar su patrimonio, acumulado a lo largo de dos mil años de silencio.

No se trata de la mujer pecadora que nos han querido vender, sino de María de Magdala, o de Bethania, que aparece en los evangelios postrada a los pies de Jesús, para lavarlos, perfumarlos y secarlos con sus propios cabellos; es la María que acompañó en sus viajes a Jesús, alojándose en su casa; la que, con la Virgen María, presencia las crueles torturas a que fue sometido el hijo de Dios, antes de morir crucificado en el Calvario; la que vela el cadáver en el sepulcro, y la que, también, es la primera en ver al Maestro nuevamente, después de su Resurrección.

María Magdalena, por todo ello, se convirtió en una de las santas más devotas para la Orden del Temple, cuyos caballeros no dudaron en alzar altares en numerosas de sus iglesias, tanto en humildes santuarios o lugares subterráneos como en grandes iglesias o en catedrales.

San Miguel Arcángel

San Miguel Arcángel no es un ser humano, sino un ángel, pero, a diferencia de los otros dos arcángeles (Gabriel y Rafael), es el encargado de hacer llegar los mensajes celestiales y divinos a las personas. De ello deriva la representación bidimensional de este santo, mitad ángel y mitad ser humano, transmitiendo con su noble aspecto una esencia sobrenatural y un semblante de relajación a quien lo contempla.

Dios, por la valentía de este ángel, no dudó en nombrarle la Justicia Mayor de los cielos, al tiempo que le encargaba la responsabilidad del pesaje con una balanza de los pecados de las almas antes de decidir el destino de las mismas. San Miguel —que en ocasiones también se representa cubierto con una coraza y con una lanza o espada, venciendo a Satanás— es, por tanto, el árbitro entre el Bien y el Mal. La Iglesia fijó dos fechas para celebrar su onomástica: el 8 de mayo y el 29 de septiembre, en primavera y otoño, respectivamente; la primera consagra la Dedicación del santo, y la segunda, su Aparición, y fue jornada de ayuno para los templarios. También vemos a san Miguel relacionado con la custodia de los agricultores, quienes fijaron su tiempo óptimo de siembra entre tales efemérides (mayo y septiembre).

El arcángel san Miguel responde a la personificación de un principio que viene de muy antiguo y que representa el orden que las altas esferas celestiales han establecido para que las cosas de este mundo funcionen por los cauces debidos. Por ello, no es una casualidad que la mayoría de los enclaves que los templarios construyeron para rendir culto a san Miguel se encuentren en espacios elevados.

San Julián

San Julián vivió en Antioquía entre finales del siglo III y comienzos del IV. Antes de su martirio, fundó un monasterio de monjes, y se sabe que su propio verdugo se convirtió al cristianismo ante la convicción del santo.

Este sincrético santo, aceptado en el altar del Temple, lleva implícitas las siguientes cuestiones iniciáticas: encarna un personaje que, por circunstancias de la vida, se ve obligado a separarse accidentalmente de su familia; tras recibir un mandato divino, deberá matar a sus padres; tiene que acatar a pies juntillas la profecía, sin dudarlo un instante; al razonar sobre el grave alcance del mal cometido, busca la redención de su alma, y es liberado del pecado, tras el cumplimiento de un autocastigo.

En la historia de san Julián —uno de los cuatro predilectos del altar templario— coinciden varias claves del esotérico simbolismo cristiano, entre las cuales debemos destacar la cacería y, sobre todo, el paso de un río, como sendero de acceso para conseguir la verdad eterna. Los caballeros del Temple no dudaron en incluir a este santo entre sus oraciones. No es una casualidad, por lo tanto, que los lugares de culto que se conocen en todo el mundo occidental estén próximos a una corriente fluvial, más o menos fuerte. Su festividad se celebra el 12 de febrero, y en dicha jornada se elevan plegarias a san Julián el Hospitalario.

San Bartolomé

San Bartolomé es el santo más relacionado con la Orden del Temple. Fue testigo del primer milagro de Jesús en las Bodas de Caná, y acompañó al maestro hasta los momentos más dramáticos de su vida, desde la Santa Cena hasta la Ascensión a los cielos. Mateo, en su Evangelio, lo cita como el sexto apóstol que sigue a Jesús.

Bartolomé predicó en la India y en Arabia y evangelizó en Armenia. Viajó a la India desde Palestina, y desde allí regresó a Persia, Mesopotamia, Arabia y Etiopía. Cuando los romanos lo apresaron, fue martirizado.

Representado como un anciano con barba y manto blanco instruyendo a un niño, se le relaciona siempre con la inmortalidad. Suele aparecer con un cuchillo, como elemento de su tortura, y rodeado de sus verdugos; y en muchas ocasiones lleva un pequeño dragón a sus pies, en estrecha vinculación con las fuerzas telúricas.

Los templarios tuvieron a san Bartolomé entre sus advocaciones. Su fiesta, el 24 de agosto, fue incluida entre las pocas en las que los caballeros tendrían que guardar ayuno, y en numerosos de los enclaves que ocuparon se le rindió culto hasta mucho tiempo después de la condena eclesial de la orden. Su festividad era una jornada de paz, y en ningún momento los templarios entraron en batalla ese día. San Bartolomé fue para los templarios un santo simbólico de la inmortalidad, como lo era la serpiente.

Vírgenes negras

Las vírgenes negras representan el renacer hermético de la tierra, pero también el estado de la materia mineral.

La veneración a María, como madre de Dios y, al mismo tiempo, reencarnación de la diosa de la antigüedad, adorada por todas las civilizaciones agrarias anteriores a la escritura, es una demostración de los cultos a las vírgenes negras. Desde Rusia a Portugal, en numerosas iglesias medievales del mundo occidental, la Virgen negra es uno de los objetos más preciados del cristianismo.

Los orígenes de las vírgenes negras son remotos; es probable que tengamos que ahondar en la génesis del cristianismo, porque algunas de estas imágenes se remontan a los primeros tiempos. Son tallas de unos 60 centímetros de altura, y que raramente superan el metro, en posición sedente en la mayoría de los casos, evocando a Isis, esposa de Osiris, la Diosa madre de la fecundidad en el Antiguo Egipto, matriz de todas las vírgenes de la cristiandad. En estas tallas el Niño Dios recuerda a Horus.

Las primeras referencias que se tienen de estas vírgenes llegadas a la Península Ibérica se remontan a los siglos altomedievales. Pero no fue hasta más tarde, en pleno período del Temple (siglos XII y XIII y comienzos del XIV), cuando estas esotéricas imágenes alcanzaron una mayor dimensión, en todos los sentidos, al pasar a formar parte de los ritos y tradiciones de los lugares más sagrados de nuestra geografía, confirmando el hecho demostrado de que la gran mayoría de estas imágenes se encuentren en zonas de marcada presencia templaria, bien dentro de los territorios de una encomienda o de un castillo controlador de influyentes pasos de peregrinos.

Pero ¿por qué negras? La explicación oficial de Roma es que esa tonalidad es fruto de un oscurecimiento progresivo a consecuencia del humo de las velas. Sin embargo, esta explicación no es coherente, porque si nos fijamos detenidamente, comprobamos que no es verdad, puesto que el resto de las partes de la imagen (ropas, corona, objetos, zapatos...) no están igualmente ensombrecidas. Entonces, si el hollín no es la razón, ¿cuál es la causa? Para algunos eruditos franceses, estas imágenes se realizaban en madera de un árbol que anteriormente había sido atacado por un rayo y, por tanto, ennegrecida. Pero los estudios más recientes coinciden en afirmar que, al menos en un gran número de estas reducidas imágenes del arte bizantino primitivo, el oscurecimiento del rostro y de las manos se debe a la interacción entre un determinado tipo de pigmento que se utilizaba en los rostros (el carmín) y un determinado barniz (el *litargirium*); esta es la razón de que en otras partes de la imagen, como las vestiduras, en las que no se utilizaba este pigmento, el color no se haya alterado. El color negro, además, conlleva una relación con la tierra fértil (el humus) fecundadora de vida; por ello, la Virgen debía ser de color negro.

Glosario

Abacus: No confundir con el ábaco, la losa plana que corona la parte superior del capitel, proporcionando una mayor superficie de apoyo, para recibir el peso del arco. Nos referimos, en este caso, al *abacus*, como método de contar; especie de tabla para efectuar cualquier cálculo matemático de multiplicación, infalible, utilizado por los templarios.

Ad nauseam: Se trata de uno de los rituales obligatorios exigidos para entrar en la Orden del Temple. Acatarlo suponía la renuncia formal de todas las creencias religiosas oficialmente establecidas.

Alquerque: Triple recinto. Se trata de la espiral que genera en curva interior tres estadios iniciáticos, que aparecen en muchos laberintos medievales. Sus raíces se encuentran en la simbología céltica, aunque ya las fortalezas aéreas hititas estaban diseñadas con el triple recinto. Y también numerosas fortalezas templarias están provistas de un triple recinto de murallas, como es el caso de Miravet.

Baphumet: Era la extraña cabeza cortada a la que los templarios al parecer le rendían pleitesía, cuyo rostro sorprendentemente era capaz de responder, basándose en un sistema binario formado por dos cifras, a preguntas cabalísticas en relación con el futuro. Los caballeros solían llevar esta cabeza en miniatura colgada del cuello, como amuleto protector. Ya en el declive del Temple, algunos caballeros, al ser torturados por la Inquisición, manifestaban que la sola contemplación de este enigmático rostro era tan insoportable que, al igual que el Grial, producía la muerte. Pero no se trata de una muerte física, sino de un fallecimiento iniciático que llevaría a un renacimiento.

Bausán: Estandarte negro y blanco de los templarios, realizado con anchas bandas verticales, horizontales o en cuadros, sobre la que destaca una cruz paté con la inscripción del lema de la orden. Los caballeros conocían su estandarte como «la bella enseña». El bausán evoca los pilares de acceso a los templos del Antiguo Egipto. El color blanco, opuesto al negro, evoca los votos pronunciados para entrar en la orden, la luz reencontrada, y el negro, el opuesto al blanco, la caída primordial. Curiosamente, Juana de Arco (la doncella de Orleans), al morir abrasada en la hoguera 117 años después de la desaparición del Temple, mostró orgullosa el estandarte templario. Hay una población en el Valle de Arán, llamada Bausén, en justo homenaje a los templarios.

Bayliato: Encomienda templaria en tierras castellanas.

Caverna: En las tradiciones iniciáticas griegas, el antro representaba el mundo, «la caverna por la cual Ceres desciende a los infiernos buscando a su hija se llama mundo». Por lo tanto, la gruta o caverna se encuentra muy relacionada con el peregrinaje, y son muchos los lugares subterráneos que atraviesa el Camino de Santiago. Algunos de ellos eran utilizados por los templarios para rendir un justo homenaje a las fuerzas subterráneas de la Tierra, especialmente cuando allí brotaba una fuente de agua milagrosa o se había producido la aparición de una virgen negra.

Círculo: Representa la unidad de la materia, la armonía universal. Por ello, los templarios utilizaron los rosetones para transmitir mensajes cabalísticos.

Encomienda: Explotación agropecuaria que abastecía a la Orden del Temple. En ella no faltaban establo, molino de aceite, tahona, porqueriza, vaquería, gallinero, colmenas de abejas y palomar, así como la celda o alcoba del comendador, los aposentos de los caballeros, capilla y cárcel. Lo sobrante se comercializaba o se donaba a los colectivos más deprimidos de la sociedad. En los siglos XII y XIII, mientras las *bailías* francesas del Temple eran simples circunscripciones administrativas y tributarias, las aragonesas y catalanas fueron verdaderos fortines, donde se coordinaban tanto las elaboraciones de los alimentos como su mejor reparto en todos y cada uno de los segmentos de la vida social de la comunidad; por ello, había que proteger estos recintos con murallas y torres almenadas y saeteras.

Fraternidades de maestros constructores: En el otoño medieval, coincidiendo con el desarrollo y esplendor de la Orden del Temple, existieron en el mundo occidental tres fraternidades de compañeros constructores que, de manera independiente, llevaron a cabo las construcciones de las grandes catedrales: los Hijos del Padre Soubise, los Hijos del Maestro Jacques y los Hijos de Salomón. Para Raoul Vergez, ser compañero no era formar parte de una misma cofradía, sino el hecho de saber utilizar el compás. Los colectivos que pertenecían a la misma compañía de trabajo formaban una comunidad, una fraternidad; sin embargo, las personas que sabían utilizar el compás eran expertas en el conocimiento de ciertas leyes geométricas de armonía que les permitían acceder a un nivel de obrero especializado. Los primeros, *Enfants du Père Soubise* (en francés), fueron creados por un monje benedictino legendario. Cerca de la ciudad de Poitiers aún se conserva un bosque incluido dentro de la propiedad de un monasterio benedictino que lleva el nombre de *Bois di Père Soubise*; a esta fraternidad de obreros le debemos la mayoría de las grandes construcciones monásticas del románico francés. La otra fraternidad de compañeros constructores es la de *Enfants de Maître Jacques*, que, con el tiempo, se convertiría en *Compagnons Passants du Devoir*. Su actividad está llena de poesía. Su fundador fue Maître Jacques, natural de Saint-Romilly; el padre, Jacquin, fue un renombrado maestro de obras, que recibió una sólida formación en sus viajes por Grecia, Egipto y Jerusalén; a él le debemos la ejecución de las dos columnas que se alzaban a la entrada del Templo de Salomón. Estos hábiles artesanos de la cofradía del *Maître* Jacques tuvieron que vivir en la clandestinidad, en tierras aquitanas; sus iglesias, adornadas con el crismón y la cruz de origen celta dentro de un disco solar, guardan esta singular característica. Y el tercer colectivo de constructores: *Enfants de Salomon*, fueron los herederos de los conocimientos más profundos del arte de construir, al saber los secretos de la geometría, y en estrecha relación con los monjes cistercienses. Fueron una confraternidad de constructores religiosos, nacida en el seno del Císter, que mantuvo una estrecha vinculación con los templarios. Es preciso recordar que, dentro del Temple coexistía una organización muy compleja, mezcla de monjes y de laicos, de caballeros de armas y de artesanos; todos ellos designados bajo el nombre de *fraters* (hermanos).

Grial: René Guénon afirma que toda la base cultural y científica del Grial arranca de la cultura celta, al establecer un nexo de unión entre el caldero utilizado por los druidas y el cáliz. Según la tradición cristiana existió un cáliz empleado en la última cena, pero también se habla de un cáliz con el que José de Arimatea recogió la sangre de Jesucristo. Y nada demuestra que se trate del mismo recipiente. Todo parece indicar que el inventor del Grial fue Chrètien de Troyes, autor de *El cuento del Grial*, en 1190; puesto que anteriormente a esa fecha no se conoce ninguna referencia al tema. Es probable que este trovador francés se inspirase en el caldero mágico que aparece en Mabinogion, para dar vida a este objeto mágico y sagrado que el caballero Perceval vio en el castillo del rey Pescador. Poco después, entre 1191 y 1212, Robert de Boron identificó el Grial con el cáliz de la Última Cena. A partir de la saga del rey Arturo, la búsqueda del Santo Grial se convierte en una obsesión y en el eje de una fantasiosa aventura que cita lugares como San Juan de la Peña, en los Pirineos de Huesca; el bosque mágico de Broceliande, en Bretaña; el castillo de Montsegur; la abadía de Montserrat, etc.

H: Letra que representa a Hiram, el gran constructor del primer Templo de Salomón, en Jerusalén. Los templarios lo recogieron y le rindieron homenaje en canecillos y capiteles de algunas de sus construcciones.

Harpía: Genios malignos, monstruos alados con cuerpo de pájaro y cabeza de mujer, de garras agudas y olor infecto, que atormentaban a las almas y las incomodaban con incesantes maldades. Suelen aparecer en grupos de tres (Aelo, Ocípete y Celeno) y son las partes diabólicas de las energías cósmicas, las proveedoras del Infierno de las muertes repentinas. Simbolizan, al mismo tiempo, las pasiones viciosas. El viento es el único que las puede expulsar, es el soplo del espíritu. En numerosos santuarios templarios vemos representaciones de harpías, en capiteles y canecillos.

Hombres verdes: Se trata de representaciones escultóricas de cabezas humanas, de tradición celta, por cuyas aperturas (nariz, boca, oídos...) brota la vegetación (ramas y hojas de plantas, la naturaleza, en una palabra), con lo que quieren transmitir unos conocimientos que van más allá de lo tangible y físico, vinculados con la esencia de la madre naturaleza. Estas extrañas esculturas, que buscan sus orígenes en los saberes ocultos de los druidas, suelen verse en edificios religiosos relacionados con el Temple, desde modestas ermitas y santuarios a grandes catedrales.

Karmatas: Especie de corporación de artesanos, seguidores de la doctrina hermética y neoplatónica. Estos, al igual que los *assasis* y los mismos magos templarios, buscaban afanosamente el equilibrio interior.

Lapis exilis: Era la piedra preciosa que, según la mitología medieval, proveía de alimento espiritual a los magos del Temple. Mediante la virtud de esta piedra, la mítica ave fénix se consume y se convierte en cenizas, para renacer de nuevo a la vida, y así sucesivamente.

Pentagrammon: Al adoptar el pentágono, la forma estrellada se convierte en un *pentagrammon* que designa la armonía universal.

Pentaklion: Es la evolución del *triskel* a estrella de cinco puntas, que los templarios acogieron para determinar los enclaves de energía relacionados con el tránsito del alma del difunto al Más Allá, y diferenciando con este singular símbolo las ventanas de las capillas de difuntos.

Pentalfa: Es la expresión del microcosmos, donde se activa un lugar de energía. También conocido como pentáculo o pentagrama. Se trata de un amuleto que funciona como un mágico talismán contra enfermedades provocadas por malas influencias astrales. La estrella de cinco puntas fue el principal símbolo grabado de la antigüedad. Rennet, obispo de Peterborough, dijo en una ocasión sobre el pentáculo: «Cuando se está delineado en el cuerpo de un hombre, señala los cinco lugares en donde el Salvador fue herido, y, por lo tanto, los demonios le temen a este». También es usado como amuleto para la buena suerte, colocado con un vértice hacia arriba, como poder del Bien; pero si se representa con dos puntas hacia arriba encarna la fuerza del Maligno.

Trisquelion: Decoración de los ventanales circulares que, en forma de cadena cíclica basada en el tres, va girando en el sentido de las agujas del reloj. Este tipo de redientes aparece muy abundantemente en las iglesias templarias, como la del santuario de Caravaca, por donde, según la leyenda, pasó el ángel portando la cruz desde Tierra Santa. Los orígenes de esta forma de concebir los redientes de los ventanales circulares ahondan en la cultura céltica, muy apreciada por los magos del Temple.

CATARISMO

De Zaratustra a Bélibaste

La Iglesia cátara, heredera de los saberes más profundos de la espiritualidad de Zaratustra, en la lejana Persia, supo anidar en el corazón de Occidente (Languedoc) una cultura sociocultural diferente a los conocimientos que preconizaba la Iglesia oficial, a pesar de ser también cristiana. Durante más de dos siglos, sus ministros —perfectos— impartieron sus enseñanzas, basadas en la libertad de la persona, el respeto a la mujer, la tolerancia intercultural, la protección a los animales y a la naturaleza en general y el sentido del trabajo, como premisas para la vida misma. Pero la formación de los perfectos y la culminación de estos para alcanzar este escalafón no era nada fácil, porque tenían que superar toda una serie de obstáculos, la mayoría de ellos en el interior de una gruta. Recordemos que fueron cuatro los perfectos que la noche anterior a la caída de Montsegur lograron evadir el tesoro cátaro, mientras que al día siguiente los 225 supervivientes de esta fortaleza —llamada «la sinagoga del Diablo» por la Inquisición—, entraban en las ardientes brasas de la hoguera, en el Camp des Cremats, entonando cánticos de júbilo, ante el asombro y estupor de los Inquisidores, verdugos y miembros de la Iglesia oficial.

Después de dos siglos de presencia en Occitania, el catarismo fue arrasado ferozmente a iniciativa de la Iglesia, entonces radicada en la ciudad de Avignon, a cuyo frente se encontraba el pontífice Inocencio III, y por los ejércitos del rey Felipe IV de Francia. Quéribus, en 1255, fue la última fortaleza cátara en caer a manos de los cruzados. Tras el horror de las masacres y el olor a sangre y el fuego de las hogueras, vino algo todavía peor: la ley impuesta por los inquisidores, basada en un método selectivo, que llevaría consigo al exterminio de pueblos enteros y miles de personas. A comienzos del siglo XIV, con la muerte en la hoguera de Guilhem Bélibaste (1280-1321), último perfecto del catarismo occitano, el balance final superaría el millón de asesinatos. Pero ¿por qué tanta crueldad? Para acercarnos a este holocausto, vamos a acceder a los entresijos del pensamiento del catarismo y los fundamentos de su religión.

El primer germen de esta filosofía fue Zaratustra («el de la luz dorada»), pensador persa, gran maestro de la ética y fundador del mazdeísmo, una corriente filosófica y religiosa basada en el concepto de la dualidad: con un Dios bueno, como principio del Bien (Ahura Mazda), y un Dios malo, como culpable del Mal (Asira-Manyú). Las torres del silencio (*dajmas*) de los templos mazdeístas mantienen siempre encendido un fuego, en constante representación del Bien, contra los espíritus del Mal; en ellas se colocan los cadáveres, sin enterrar, para que sean las alimañas las que descompongan a los allí colocados. Los musulmanes, tras la Hégira de Mahoma, relegaron a un segundo término el mazdeísmo, y los nuevos templos islámicos no tardaron en alzarse sobre los cimientos de los anteriores zoroastristas, aprovechando los centros de energía telúrica; porque lo sagrado no es el edificio, sino el enclave sobre el que se asienta.

Casi un milenio más tarde, en el siglo III, Manes, fundador de la religión maniquea y natural de Babilonia, recogió las enseñanzas de Zaratustra, aceptó además que la gnosis era la vía de salvación y pregonó la reencarnación del alma humana. La finalidad de la religión maniquea consistía en alcanzar la separación completa entre la luz espiritual y las tinieblas de lo material. Manes criticó al cristianismo, entre otras cosas, porque sus ministros, los apóstoles, no fuesen los autores directos de sus correspondientes Evangelios. San Agustín, padre de la Iglesia, se nutrió de la filosofía maniquea; para él, el Mal era sencillamente la ausencia del Bien. Y, siguiendo las doctrinas mazdeístas, también Manes respetó a los animales.

Tras un período largo, en el siglo X, en Macedonia, una nueva corriente religiosa, procedente de los Cárpatos, no tardaría en convertirse en la religión oficial de Bosnia y Hungría: el bogomilismo. Su nombre derivaba de Bogomil, versión eslava del griego «*teófilo*» (amado de Dios). Esta religión también seguía a pies juntillas la dualidad radical: un dios creador de los cielos y del Bien, y su antagónico, el espíritu de las tinieblas, o dios del Mal, creador de la Tierra. Por ello, para los bogomilos, Cristo, que falleció en la cruz por culpa de Satán, fue un enviado de Dios para enseñar a la humanidad cómo salvarse de las garras del señor de este mundo, cuyos aliados no eran otros que la Iglesia ortodoxa y las autoridades seculares. Por ello, los bogomilos no representan la cruz, ni transmiten el sufrimiento, sino que adoran a un Cristo triunfante que bendice a la humanidad. La profesión mayoritaria de los bogomilos era la de tejedores. Perseguidos sin piedad por los emperadores bizantinos, los bogomilos se dirigieron a Occidente, concretamente a la Lombardía italiana, y luego al Languedoc, al norte de los Pirineos.

El conde de Toulouse, señor admirado por su liberal forma de actuar, no dudó en acogerlos. Occitania, además, era, a finales del siglo XI, uno de los territorios más fértiles de Europa, abierto a la intelectualidad de las Cortes de Amor Cortés, impulsadas por la nobleza y las clases más cultas, siendo meta y punto de encuentro de juglares, trovadores y de los elementos más intelectuales de la vieja Europa. Del griego «*kazaros*» (puro), los bogomilos no tardarían en ser conocidos como cátaros en toda la geografía occitana, adoptando esta lengua (oc), que daría nombre a la región, como país de las ocas.

El movimiento cátaro fue víctima de un complot siniestro. Los cátaros soñaban con la Iglesia de los primeros tiempos —deseo de regreso a la Iglesia primitiva, a sus orígenes religiosos— y conforme a ella actuaban, y la secularización extrema de las jerarquías del catolicismo de la época, sumada a la ambición del rey francés, terminó con ellos.

La religión cátara

La religión cátara era puramente espiritual, desprovista tanto de culto como de templo; la naturaleza en estado puro era el marco ideal para elevar los rezos al dios de la Luz (tradición celta), y como las religiones protohistóricas, estos altares solían levantarse en lugares que antes habían sido clasificados por las civilizaciones antiguas como enclaves sagrados. Los grupos de trabajo los llevaban a cabo en viviendas (*maisons*), que servían además como albergues, hospitales y centros de enseñanza. El catarismo era una religión cristiana basada en la idea antigua del dualismo, de conocimiento y revelación, y en la búsqueda perpetua de la perfección cristiana. Los cátaros no temían la muerte, puesto que para ellos el Infierno se hallaba en este mundo (alma = bien; cuerpo = mal). En la hoguera, la muerte o la pérdida del conocimiento tenían lugar aparentemente antes del sufrimiento en muchos casos.

El ritual cátaro

Con las persecuciones lanzadas por la Inquisición, tras la caída de Queribús, las grutas subterráneas de Occitania se convirtieron en los centros de culto más seguros para los cátaros. En ellas, con el rumor de una fuente de agua cristalina, como señal de la pureza del lugar, se llevaban a cabo los ritos iniciáticos. Muchos de estos enclaves subterráneos aún se conservan —como es el caso de Badouen, en Ariège—, y en algunos de ellos permanecen grabados en sus paredes y techos rocosos símbolos como el Santo Grial, la lanza de Longinos o el ouroborus (la serpiente de los conocimientos gnósticos). En las ciudades y poblaciones más grandes estos ritos debían llevarse a cabo en el interior de *cluzels*.

El ritual cátaro estaba basado en tres principios: la transmisión de la oración dominical, el oficio (*apparelliamentum*) y el *consolamentum*. Lo esencial de los cultos cátaros era la oración del día y de la noche, y los himnos y los cantos de júbilo desempeñaban, en sentido estricto, un gran papel. Los cátaros, al celebrar la cena siguiendo los preceptos de la Iglesia primitiva (anterior a Constantino el Grande), efectuaban la división del pan y de la comida colectiva como acción de gracias, recordando el ágape, el banquete de la caridad, elementos que formaban parte de la Cena del Señor (*Coena Domini*). A continuación, un perfecto se disponía a predicar a los creyentes allí presentes, seleccionando un texto del Evangelio de san Juan.

El elegido para alcanzar el grado de perfecto debía superar unas pruebas antes de poder optar a ser admitido en la ceremonia del *consolamentum*.

Para empezar, durante un tiempo que determinaba el perfecto, el candidato lo acompañaba siempre y recibía las enseñanzas cátaras. Ese período de tiempo solía ser bastante largo. Vestían mantos oscuros y siempre viajaban en parejas, visitando hospicios para educar a los niños abandonados. También daban refugio a jóvenes necesitados.

Después, al candidato se le tapaban los ojos y era conducido a un espacio cerrado (una gruta) y allí, tumbado de espaldas en el suelo, desnudo, formando un pentagrama con las extremidades extendidas, oraba a Dios, hasta entrar en una profunda y mística reflexión. La desnudez era para que el cuerpo entrara en contacto con la tierra, sin traba alguna.

Se cree que algunos perfectos lograron, mediante la cotidianeidad de estas prácticas, poder entrar voluntariamente en trance. De ahí que en las torturas sufridas por los verdugos de la Inquisición no profirieran gemido alguno de dolor.

Los elegidos, emulando el retiro de Jesús en el desierto, también debían pasar solos largos períodos, en reflexión y oración. Y para vencer la tentación carnal eran aislados, junto a una perfecta, en lugares apartados para orar, siendo advertidos de que eran vigilados (evidentemente, la vigilancia de Dios) y de que no podían separarse de ella (o de él) bajo ningún concepto. Además, a instancias de varios perfectos, debían contestar también a las preguntas que se les hacían sin vacilar.

Si, finalmente, el Consejo admitía al candidato, este era preparado para recibir el rito del *consolamentum*.

La dualidad

El principio de la eterna lucha entre el Bien y el Mal también arranca con Zaratustra, el maestro de la ética, que hace cerca de tres mil años estableció los pilares de estas fuerzas antagónicas.

Basándonos en el concepto de que el catarismo es una religión iniciática, para los perfectos y las perfectas que seguían su propio camino espiritual en la estricta aplicación de los principios del Evangelio de san Juan (paz, justicia, caridad…), el objetivo primordial de los creyentes debía ser la liberación del alma de su prisión carnal. Como consecuencia de ello, el hombre, para acercarse a la dimensión divina, no debía esperar el descendimiento de Dios para salvarle de sus pecados, sino que, a través de su sufrimiento, correspondía al cátaro la elevación hacia el nivel celestial, por medio de una toma de conciencia profunda y una búsqueda constante de las vías de salvación.

Pero la Luz, protagonizada por el dios salvador y eterno, tenía su antagónica figura, el Mal; caer en sus tentaciones suponía de inmediato dudar de toda la bondad de Dios o de su omnipotencia. Este personaje malvado no era otro que el príncipe de las Tinieblas. Con ello, volvemos a hacer hincapié en la eterna concepción dualista del Bien y del Mal, algo que, desde la noche de los tiempos, se ha ido repitiendo en todas y cada una de las culturas, filosofías y pensamientos de Oriente y Occidente. Se trata, por tanto, de una cuestión que alcanza dimensiones cósmicas, donde los dos principios claves: el Bien y el Mal, compiten en una lucha sin piedad. Conforme a ello, Jesucristo no es un ser carnal, sino espiritual, enviado por el dios de la Luz, y cuya misión en la Tierra no es otra que transmitir al hombre el mensaje del conocimiento (gnosis). Por ello, el ser humano tomará conciencia de su papel en el mundo, a través de esa vía de ascesis, fruto de la liberación de su alma, contribuyendo, de ese modo, a la victoria final del dios de la Luz sobre la oscuridad de las Tinieblas.

Los cátaros no consideraban a ningún hombre malo, a pesar de haber pecado, porque después vendría la Gracia divina para salvarlo, o bien se redimiría a través del sufrimiento de Dios, encarnado por Jesucristo. Caer en el Mal no era otra cosa que haber dudado de la bondad de Dios; por tanto, la materia era la causa de los males que atenazaban la felicidad y la elevación al paraíso del hombre.

Los símbolos del catarismo

Cinco son los elementos que gravitan en el cosmos cátaro, y que, de alguna manera, están representados en lugares que estuvieron estrechamente relacionados con la fe cátara. Estos símbolos son la mano, la paloma, el pelícano, el pentagrama y el sol cátaro.

La mano

La mano es la parte del cuerpo humano que con mayor frecuencia aparece en el simbolismo. Desde el Paleolítico superior, como demuestran los grabados rupestres de grutas como la de Pech Merle, en Francia, hasta nuestros días, la mano —abierta o cerrada, la derecha o la izquierda— ha sido representada en numerosas ocasiones, bien en su forma total o la silueta. La mano puede tener varios significados y expresar aspectos positivos o negativos, como en el sentido de los gestos de agarrar o rechazar. Por ello aparece a menudo también en forma reducida de amuleto, como la «mano de Fátima» en el ámbito islámico.

El tocar con la mano es expresión de magia de contacto; la imposición de manos es consagración y transmisión de la propia energía al consagrado; las manos levantadas o cruzadas significan oración. En el ámbito índico, son célebres los *mudras*, con sus múltiples significados. Para los musulmanes, los cinco dedos de la mano significan: predicación de la fe, oración, peregrinación, ayuno y caridad. En la iconografía cristiana se designa a Cristo como «la mano diestra de Dios», de forma que lo diestro o derecho (derecha e izquierda) posee también predominantemente un significado positivo. Sin embargo, en el lenguaje simbólico de la magia, la mano derecha estaría vinculada con la «magia blanca», mientras que la izquierda con los poderes del diablo.

En el catarismo occitano, receptor de los valores socioculturales del bogomilismo oriental, es habitual ver en numerosos lugares la representación de manos, bien en solitario o formando parte de un tímpano, donde aparece la figura de un Cristo redentor que, lejos de transmitir tristeza y dolor, bendice a los fieles con gesto de amor y paz, exento de cruz. También hemos visto representaciones de manos en grabados rupestres medievales de la zona de los Pirineos catalanes, imágenes que tenían una misión bien concreta: marcar los senderos a seguir por los colectivos cátaros, en su desesperado éxodo de su Languedoc natal, a través de las montañas, huyendo de las llamas de las hogueras de la Inquisición.

La paloma

La paloma, además de participar del poder simbólico general de todos los animales alados —espiritualidad y poder de sublimación—, constituye, desde los tiempos de Noé, la esencia cósmica de la paz, armonía, esperanza y felicidad reencontrada entre todos los seres; valores, todos ellos, que los cátaros guardaban mucho de tener siempre bien presentes en sus *maisons*.

Este animal alado está asociado con la rama del olivo. Si la paloma es de plumaje blanco, debemos añadir otros conceptos, igualmente importantes para el equilibrio de la comunidad, como son el candor y la pureza; simbolismos que en la Biblia se elevaban hasta lo sublime, al convertir la paloma blanca en la representación simbólica del Espíritu Santo.

Otro simbolismo asociado con la paloma, igualmente extendido desde tiempos inmemoriales, es el amor: el amor puro y limpio, como recitaban los trovadores en sus cantares de gesta.

La paloma constituía, al mismo tiempo, un referente a nivel material para la sociedad occitana: servía como medio para enviar mensajes (paloma mensajera), sus excrementos fertilizaban las tierras de cultivo, y, en casos de largos asedios, su carne garantizaba la supervivencia de los habitantes de una población. Por ello, es fácil admirar todavía algunos *pigeonniers* (palomares) en pueblos de Occitania, que son construcciones levantadas sobre pilares con capiteles, para evitar el acceso de los roedores.

Oníricamente hablando, este noble animal alado tiene mucho que ver con los sentimientos amorosos. Soñar con una paloma se asocia con un estupendo augurio de bienestar y estabilidad, especialmente en el terreno sentimental.

El pelícano

La creencia de que el pelícano alimentaba a sus crías con su propia carne y sangre se mantuvo durante los siglos medievales; por ello, es fácil que se estableciera una estrecha analogía entre el comportamiento de este singular animal —cuya vida está relacionada con los cuatro elementos— y el sacrificio y resurrección de Cristo.

Los cátaros también se nutrieron de numerosos valores socioculturales de las tradiciones ocultas más ancestrales del mundo occidental. Uno de ellos fue el mito del pelícano, que vemos representado en el frontal de la puerta de la sacristía de la iglesia de Cretas, donde esta singular ave se muestra en toda su riqueza mitológica ante los constantes acosos que el Diablo —la Bestia— lleva a cabo contra su progenie. Los cátaros veían en los perfectos la materialización de los dos grandes valores que encarna la figura del pelícano: la abnegación y el sacrificio por los demás. Recordemos que este noble animal, desde la antigüedad, simboliza el amor paternal. Los perfectos cátaros llevaron ese ejemplar comportamiento, una vida del todo volcada hacia el sacrificio y pendientes siempre de los demás miembros de la comunidad. Esa vocación de amor y entrega fue, sin duda, el mejor camino de los «buenos hombres», que tan nerviosos pondrían a los miembros de la Iglesia romana, que veían que, pese a la dureza y salvajismo de sus masacres y exterminios, poco lograban para erradicar la «herejía» de las fértiles y tranquilas tierras del Languedoc. Los perfectos fueron, por tanto, verdaderos pelícanos humanos; todo un símbolo que hoy, ocho siglos después, sigue admirándonos por la ejemplar regla de comportamiento de estos puros y buenos hombres.

Estos conceptos también los tomaron los caballeros del Temple de sus contemporáneos los cátaros, para enriquecer su vasta mitología, que forma parte de un largo desarrollo cultural que se remonta a los antiguos códices, pasando por el simbolismo heterodoxo y la iconografía cristiana, para terminar en la moderna francmasonería.

El pelícano, para la iconografía cristiana, es el símbolo de Cristo, y también de la naturaleza húmeda que, según la física antigua, desaparece por efecto del calor solar y renace en invierno. Está estrechamente relacionado con la resurrección, cuando recordamos que es capaz de volver a la vida a sus hijos ya fallecidos.

El pentagrama

El pentagrama —bien en forma de pentágono o de estrella de cinco puntas de un solo trazo y diez ángulos— ha constituido uno de los símbolos más emblemáticos de la historia de las civilizaciones, tanto de Oriente como de Occidente.

Es un símbolo basado en el número 5, expresando la unión de los desiguales y configurando un microcosmos espacial que, para los pitagóricos, constituía el símbolo sagrado de la salud, la protección, la felicidad y también del conocimiento, consecuencia de la estrecha armonía entre el cuerpo y el espíritu (de ahí que, en el Renacimiento, el maestro Leonardo da Vinci, siguiendo a Pitágoras y los códices miniados medievales, representara al ser humano dentro del *pentagrammom*, como obra cumbre realizada en la naturaleza).

El pentagrama fue un signo ya utilizado desde la antigüedad para abrir las puertas de la vía al secreto de las claves de la alta ciencia. Evidentemente, no se trata de geometría pura, sino de figuras simbólicas; no es la figura la que crea el simbolismo, sino que es el simbolismo el que valoriza la figura, superponiendo a ella su proyecto imaginario preexistente, porque todo símbolo es intención. El juego de brazos y piernas, en forma de rayos, despeja la superficie del círculo y determina el universo humano de la percepción inmediata.

El pentagrama es, sin duda, el símbolo más usado en las ceremonias, porque tiene el poder de alejar a los espíritus malignos, al tiempo que preserva a quienes lo tienen de los ataques externos. También está identificado con el cuerpo de Cristo.

Manes, siguiendo los pasos de Zoroastro, incorporó a la génesis del catarismo el concepto de la luz como un nuevo elemento a los cuatro ya establecidos (agua, aire, fuego y tierra), valor que no solo mantuvieron las sectas gnósticas maniqueas, sino que transmitieron a los bogomilos, como aparecen en numerosas lápidas funerarias y en pilas bautismales de Bulgaria y los países balcánicos; y de ellos pasó a los cátaros.

El número 5 (pentagrama) se convirtió, por tanto —bien en forma de polígono o de estrella—, en el símbolo cuasi universal del equilibrio, el conocimiento y la salud para los movimientos gnósticos de los siglos medievales. El catarismo, desde luego, no fue una excepción. Además de talismán (al ser llevado perfectamente activado este pentáculo, en forma de pentagrama, colgado en el pecho por los perfectos, como elemento que aprovecha las energías positivas de todos los hombres de la Tierra), este singular amuleto era, sin duda, una garantía espiritual de todas las acciones que los sacerdotes cátaros llevaban a cabo con sus creyentes. No es una casualidad, por tanto, que Montsegur, el altar sagrado, la única fortaleza atribuida a los cátaros —elevado sobre un espacio incómodo topográficamente hablando, a 1207 metros de altitud, sobre la cresta de la cima del Pog—, fuera diseñado en planta de pentágono irregular, ni que en aquel altar celestial que constituye el templo sagrado del catarismo los perfectos crearan un microcosmos espacial capaz de albergar al hombre con los brazos extendidos, en una geometría aérea que se hace coextensiva al mundo. La misma extensión demostraron los perfectos al trazar la figura de un pentagrama geométrico en el interior de la gruta prehistórica de Belén, en Ornolac (Ariège), bajo cuyo grabado rupestre, durante esta ceremonia, el neófito era iniciado al nivel de perfecto después de superar las pruebas realizadas por los «buenos hombres».

El sol cátaro

Los cátaros, herederos de las civilizaciones orientales a través de los más profundos conceptos filosóficos, y receptores, al mismo tiempo, de las culturas del norte (celtas), rindieron culto al astro solar. Recogieron de las raíces orientales zoroástricas la analogía entre el Sol, con sus ardientes rayos, y el fuego, elementos que en la población iraní de Yazd y en otros lugares de la antigua Persia siguen siendo el centro de adoración en los templos mazdeístas.

La muerte del astro rey, al caer en las profundidades del horizonte durante el crepúsculo, en el equinoccio de primavera —que coincide con la Cuaresma, durante la cual en los pueblos del mundo occidental se imponía el ayuno—, se corresponde con una figura instituida en todas esas mismas civilizaciones anteriores al cristianismo, en las que se veneraba a un Dios solar: egipcios, persas, asirios, hititas, fenicios, etc. La ocultación del sol en el solsticio de invierno (21 de diciembre) se relaciona con san Juan Evangelista. Mientras que el momento de mayor esplendor del astro rey, que se produce el 21 de junio, coincide con la celebración de san Juan Bautista, uno de los santos predilectos de los templarios.

Todas estas apreciaciones fueron tenidas en cuenta por los cátaros occitanos, herederos directos de los cultos ancestrales de las divinidades solares que recogían las tradiciones heredadas de los credos del Mediterráneo oriental. No es una casualidad que a la fortaleza de Montsegur también se la llamara «altar solar», y que la Iglesia de Roma la calificara, despectivamente, como la «sinagoga del Diablo»; las troneras del torreón (*donjón*), alineadas en dirección a la salida del astro rey en el solsticio de verano, así lo confirman.

Glosario

Abjuración: Así llamada la renuncia solemne a una creencia calificada por la Iglesia romana como herética.

Adnáuseam: Término por el que se establece la renuncia forzada de los principios de los buenos hombres cátaros en sus creencias religiosas y sociales. Según esto, los testimonios que manifestaban eran consecuencia de las terribles sesiones de tortura por parte de la Inquisición. Este término es igualmente aplicable a los templarios que sufrieron los mismos horrores a comienzos del siglo XIV.

Agnóstico: Actitud filosófica que considera inaccesible al entendimiento humano todo conocimiento o experiencia de lo divino.

Albaneses: Así conocidos los grupos de cátaros más radicales, defensores de un ideal religioso alternativo a la Iglesia católica.

Apparelliamentum: Confesión pública de los pecados de toda la humanidad cátara en presencia de un perfecto. Esta ceremonia se celebraba una vez al mes.

Beso de la paz: También conocido como de «caridad». Señalaba el final de una ceremonia de iniciación cátara. Se intercambia entre perfectos y creyentes, como señal de comunidad de espíritu en la asamblea.

Buen cristiano: También se conocía de este modo al perfecto o perfecta (priora) de una *maison*.

Cagots: Término despectivo francés que la Iglesia dio a un grupo social marginal; de donde deriva *agostes*, en referencia al colectivo de personas que se asentó en el navarro valle del Baztán.

Cluzels: Subterráneos en los que se reunían cátaros (también utilizados por los templarios) para celebrar sus ritos, cultos paganos autóctonos dedicados a la Tierra y a las diosas madres (vírgenes negras).

Cocorezzanes (o *garantenses*): Eran los cátaros más moderados, que se asentaron en el norte de Italia. Un descendiente de ellos fue Leonardo Da Vinci.

Consolamentum: Nombre que recibía, para los cátaros, el bautismo espiritual, aplicado por imposición de las manos y del Espíritu. A través de él se accedía al conocimiento del Bien. Esta ceremonia solo podía impartirla un «buen cristiano» —perfecto— y, tras ella, el espíritu podía desprenderse del cuerpo carnal que lo aprisionaba.

Creyentes: Adeptos al catarismo que debían cierto respeto a los perfectos. Al escuchar los sermones de estos se liberaban del terror del Infierno.

Diácono: Primer grado de la jerarquía dentro de la Iglesia cátara, inferior al perfecto.

Endura: Así llamado el suicidio ritual que, según las crónicas históricas, llegaron a practicar los cátaros a iniciativa de un perfecto, cuando este consideraba que había llegado el momento propicio para el fatal desenlace colectivo. La forma de realizarse era simplemente rehusando la ingesta de alimentos hasta que le llegaba la muerte.

Faidits: Señores desposeídos de sus feudos por los cruzados por haber apoyado a colectivos cátaros. Si eran apresados de nuevo por la Inquisición, por haber vuelvo a ayudar a los «herejes», eran encerrados en una jaula de hierro colgada en un cruce de caminos, como ejemplo para que otros nobles feudales no cometieran los mismos errores.

Fundaguiaguista: Hombres y mujeres que, cargados con alforjas, evangelizaban a las poblaciones rurales diseminadas por los Balcanes. Era la versión griega de los cátaros latinos.

Gnosis: El conocimiento al que debe dirigirse el hombre para realizar la Gran Obra. Era la vía de salvación, y pregonaba la reencarnación del alma humana.

Iglesia del Amor: Así llamaban los cátaros y los creyentes a su Iglesia, que carecía de templo y culto.

Imposición de las manos: Gesto que constituye la acción litúrgica por la que se caracteriza el *consolamentum*, basado en las prácticas de la Iglesia católica primitiva. Aparece en los Hechos de los Apóstoles, en los bautismos y en las ceremonias de carácter penitencial. Este gesto desaparece, para los niveles inferiores, en el siglo V, y se mantiene únicamente en las ordenaciones de los obispos.

Magos: Así llamados por sus fieles a los miembros de la clase sacerdotal de la religión mazdeísta.

Maisons: Casas de trabajos artesanales, instaladas en las zonas rurales, que están en contacto con los oficios tradicionales. Los perfectos oficiaban en las *maisons*, abiertas a todos sin excepción, en las que impartían sus enseñanzas en forma de seminarios.

Melioramentum: Los creyentes cátaros debían mostrar respeto a todos los perfectos que encontrasen en su camino por medio del *melioramentum*, inclinando sus rodillas tres veces consecutivas hasta el suelo al tiempo que rogaban al «buen cristiano» que les concediera su bendición.

Perfecto: Es el grado superior del nivel eclesiástico del catarismo. Así llamados los hombres y mujeres creyentes que, después de superar un período de formación, y a través de una acción sacramental —el *consolamentum*—, eran iniciados en los misterios del catarismo. Vestían largas túnicas de color azul, después de haber recibido el *consolamentum*, y, tras la caída de Montsegur, vistieron de negro para expresar el luto de sus almas por estar en este mundo y como forma de pasar más desapercibidos. Tenían los cabellos largos, cubrían sus cabezas con un gorro similar a la boina vasca y llevaban sobre el pecho un rollo de cuero con el Evangelio de san Juan. A estos buenos hombres también se les llamaba tejedores, porque hicieron de la lanzadera un instrumento de trabajo y un símbolo de su creencia.

Priora: Perfecta responsable de una *maison* cátara femenina.

Servisi: Puesta en disposición al acto de contribución y de sumisión a la Iglesia cátara por parte de un buen creyente.

Tejido de Vestidura de Luz: Así llamado por los cátaros el perfeccionamiento interior del individuo. Este perfeccionamiento era la mayor preocupación del catarismo, como corriente religiosa y filosófica, puesto que constituía la vía de traslación y ascenso hacia el Espíritu. La Vestidura de Luz era, tras la celebración de la ceremonia de iniciación, de color negro; después, tras la demostración de su experiencia como perfecto, pasaba al azul.

LA IGLESIA ORTODOXA

La Iglesia Apostólica Ortodoxa es una confesión cristiana que, con su lugar de origen en la provincia romana de Judea, se remonta a la época de Jesús (siglo I), y también a sus doce apóstoles, siguiendo una sucesión ininterrumpida.

Existen, por lo tanto, dos iglesias cristianas a nivel mundial: la de Roma y la de Constantinopla (la actual Estambul). Ambas nacieron de la historia del Imperio Romano, y de su división en Occidente y Oriente. La Iglesia de Oriente tomó el nombre de ortodoxa.

La Iglesia ortodoxa es heredera de todas las comunidades cristianas de la mitad oriental del Mediterráneo, cuya doctrina teológica arranca en una serie de concilios —llamados ecuménicos—, siendo el de los Siete Concilios (siglo IV y VIII) el más trascendente. La separación de la Iglesia ortodoxa de la Iglesia católica tuvo lugar exactamente el 16 de julio de 1054, en el llamado Cisma de Oriente y Occidente, en tiempos del emperador bizantino Constantino IX Monómaco y del pontífice San León IX. Tras la caída de Constantinopla, en 1453, la Iglesia ortodoxa quedó dividida entre el Imperio Otomano y el Imperio Ruso. La proclamación de la infalibilidad pontificia, inaceptable por los ortodoxos en 1870, las revoluciones nacionales del siglo XIX y después los profundos cambios geopolíticos del XX multiplicaron el número de iglesias ortodoxas, según los países.

Se trata de la segunda Iglesia cristiana más numerosa después de la católica, con cerca de 300 millones de fieles practicantes en todo el mundo, mayoritariamente localizados en Rusia y demás países de la Europa del Este, incluida Grecia.

Los cristianos ortodoxos creen en la Santísima Trinidad, en Dios Padre Todopoderoso, en Jesucristo, su Hijo, y en el Espíritu Santo.

Las lenguas litúrgicas de los cristianos ortodoxos son el griego, el árabe, el eslavo eclesiástico y las lenguas vernáculas.

Los lugares sagrados para los ortodoxos son Jerusalén, Nazaret, Belén y el monte Athos.

La cruz de los símbolos

La cruz más difundida en la Iglesia ortodoxa es la de ocho brazos, conocida también como «crucifijo» o «cruz rusa». Sobre el eje central (vertical) se encuentran tres travesaños (dos horizontales y uno en diagonal).

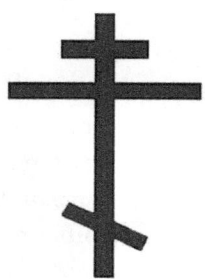

El travesaño superior y más pequeño de los dos horizontales que hay en la cruz recuerda la tablilla con la inscripción: INRI (Jesús Nazareno, Rey de los Judíos), escrita en tres lenguas: griego, latín y hebreo. Esta fue colocada sobre la cruz de Cristo por orden de Poncio Pilato; era costumbre romana grabar la culpa del reo en estas tablillas, como recordatorio al pueblo, y como una justificación de la pena recibida para sus verdugos.

El travesaño mayor, el más cercano al centro, estaba destinado a sujetar las manos de Cristo, tras la crucifixión.

En la tradición ortodoxa, los pies de Cristo no están atravesados por un solo clavo, como en la católica, sino con dos clavos: uno por cada pie. El travesaño horizontal inferior es para los pies del crucificado.

El travesaño inferior, inclinado, simboliza en su parte elevada el Paraíso, donde irá el alma del «Buen Ladrón»; mientras que la parte que desciende simboliza el Infierno, lugar de destino del alma del «Mal Ladrón», por no haberse arrepentido de sus pecados.

Muchas veces, debajo de la cruz puede verse la imagen de una calavera: es la cabeza de Adán, el cual, según la tradición, había sido sepultado en el Gólgota, bajo el lugar donde después fue crucificado Cristo. En la hendidura de la roca, bajo la Cruz, cae sobre la cabeza de Adán una gota de la sangre de Cristo. Se le devuelve así la vida a Adán: al hombre y a la humanidad.

Con frecuencia, además de la Cruz, se representa la lanza de Longinos, el legionario romano que atravesó el costado, y también la caña con la esponja empapada en vinagre que otro soldado romano le dio a Cristo, mojándole sus labios.

Así mismo, en numerosas representaciones artísticas vemos a la Virgen María acompañada por el apóstol Juan el Evangelista, el más joven, llamado el discípulo amado de la Biblia.

La Virgen del Perpetuo Socorro

En el cristianismo oriental, los iconos de la Virgen María se conforman a tipos iconográficos cuyas denominaciones se suelen dar, incluso en los textos occidentales, con palabras del idioma griego o del idioma ruso. Además de las denominaciones específicas aquí citadas, las más genéricas son las de Θεοτόκος (*Theotókos*, literalmente «la que pare a Dios», «Deípara», traducida habitualmente como «Madre de Dios») y Παναγιά (*Panagiá*, «Toda Santa», «Santísima»). En las inscripciones se utiliza como *nomen sacrum* la abreviatura MHP ΘY, también indicada en la forma MP ΘY (Μήτηρ Θεόυ, *Méter Theóy*, literalmente, «Madre de Dios»).

Nuestra Señora del Perpetuo Socorro es una advocación mariana cuya representación original procede de Creta y luego fue trasladada a Roma, a la iglesia de San Mateo, regentada por los agustinos. La datación de este icono puede remontarse al siglo X. Su festividad se celebra el día 27 de junio. La Virgen se halla de pie y está representada en medio cuerpo. Viste túnica de color con broche en el cuello y un manto azul marino que le cubre desde la cabeza; bajo el manto observamos una cofia de color verde turquesa, que recoge y oculta sus cabellos; decoran e iluminan su frente dos estrellas; tenemos que decir que las coronas de oro y pedrería de la Madre y el Niño son obsequios dados por el Capítulo Vaticano para su coronación.

La Virgen del Perpetuo Socorro es una de las imágenes más representadas en la iconografía religiosa de la Iglesia ortodoxa. Aquel icono original, de 53 centímetros de altura por 41,5 de ancho, pintado al temple sobre madera, sobre un fondo dorado, muestra a la Virgen María y el Niño ocupando todo el centro de la imagen, y en un lejano segundo plano están los arcángeles Miguel y Gabriel, que recuerdan al

Niño Dios los instrumentos de su pasión y muerte. Según costumbre oriental, cada personaje aparece identificado por una inscripción griega abreviada.

Pero no todas las representaciones que vemos sobre la Virgen del Perpetuo Socorro son iguales. Los tipos más comunes son Nikopoia, Hodegetria o Blacherniotissa. La Virgen también es una figura principal en la escena de la Δέησις (*Deesis*), donde con san Juan Bautista comparte el papel de intercesor al lado de Cristo. Menos frecuentes son la *Galaktotrophous*), que da el pecho al Niño, y la *Glykophilousa*, que recibe una caricia del Niño pero tiene un rostro triste, prefigurando el futuro dolor de la Pasión.

Glosario

Archidiácono: Se halla entre el clero monacal —protodiáconos y archidiáconos—, y utiliza un orario doble.

***Biacherniotissa*:** Representación de la Virgen María en un icono ortodoxo, en forma de figura aislada del mundo circundante, en actitud de rezo, con el Niño en un medallón que lleva sobre su pecho.

Coptos: Cristianos egipcios que aseguran que su Iglesia fue fundada en la ciudad de Alejandría por san Marcos. En realidad, pertenecen a una rama jacobita de la Iglesia ortodoxa. Los coptos llevan una vida muy austera: en sus templos no permiten la instalación de imágenes, pero sí realizan pinturas con temas religiosos. Oran siete veces al día. Y les está prohibido comer carne de cerdo y de cualquier otro animal que haya muerto por estrangulamiento.

Diácono: Se trata de un clérigo o ministro eclesiástico, en las iglesias católica, copta y ortodoxa; se refiere a aquel que ha recibido el grado inferior del sacramento del Orden Sagrado por imposición de las manos del obispo. Se viste con la dalmática y la estola.

Divina Liturgia: Es la Santa Misa por el rito bizantino. Algunos ortodoxos usan el nombre de Santa Ofrenda. En el rito bizantino hay cuatro tipos de Divina Liturgia: la Divina Liturgia de San Juan Crisóstomo, la Divina Liturgia de San Basilio Magno, la Divina Liturgia de los Presantificados y la Divina Liturgia de Santiago. Durante sus celebraciones se bendice la *koliva*.

***Ektenias*:** Se trata de una serie de peticiones llevadas a cabo por los ritos litúrgicos de la Iglesia ortodoxa oriental, en forma de letanías.

Hesychia: Término derivado de *hesicasmo*, teoría y práctica de la contemplación, que puede definirse como la búsqueda del reposo en Dios; su autor: Gregorio Palamas (1296-1359), monje de Athos y después arzobispo de Tesalónica (Grecia), quien llevó a cabo la síntesis teológica de la gran corriente espiritual del monaquismo ortodoxo.

Hierodiácono: Diácono monje.

Hodegetría: Significa «la que señala el camino», con la imagen de la Virgen de pie sosteniendo al Niño en su brazo izquierdo y señalándole con la mano derecha.

Icono: Imagen religiosa, venerada entre los cristianos orientales, pintada en tabilla de madera, plancha metálica o bien en fresco sobre pared, donde están representados Jesucristo, la Virgen, un santo, y, en muchas ocasiones, la Virgen del Perpetuo Socorro.

Koliva: Alimento sagrado, elaborado a base de semillas de trigo, miel y pasas de uva; se hierve el trigo utilizado en la liturgia de las iglesias ortodoxas del Este de Europa. Es el ritual de un alimento de origen precristiano.

Mnemosyna: Servicios religiosos ortodoxos.

Nikopoia: Palabra que vemos grabada en numerosos iconos de la Iglesia ortodoxa, que se traduce como «la que trae la victoria», en alusión a la Virgen María.

Orario: Estola.

Panijida: Se trata de un servicio litúrgico que ruega por el descanso eterno de los difuntos en la Iglesia ortodoxa oriental y también en las iglesias católicas orientales que siguen el rito bizantino.

Pope: Patriarca bogomilo. Los sacerdotes del rito bizantino en la iglesia ortodoxa de nuestros días siguen llamándose *popes*.

Protodiácono: Diácono distinguido u honrado en razón de su función más elevada, dedicado como personal al servicio del obispo diocesano.

Radonitsa: Día del Regocijo. Conmemoración de los difuntos en los ritos de la Iglesia ortodoxa oriental, observado en el segundo martes de Pascua (*Pascha*). La práctica de saludar a los muertos con la Resurrección; no se trata de un mero «bautismo» de las prácticas paganas, sino que ahonda sus raíces en la antigua Iglesia.

Salterio: Instrumento de cuerdas que recuerda a la cítara; aunque, en este sentido, se trata del libro de salmos (Libros de los Salmos de David y Libro de los Salmos de Salomón). En el siglo IX era el único libro litúrgico que podía pertenecer a un laico, representado en manuscritos iluminados; en el siglo XIV aparecieron los Libros de Horas.

5
IBEROAMÉRICA

> «Un templo piramidal maya viene a ser una escultura; contemplado a distancia puede apreciarse un predominio de las líneas verticales sobre las horizontales. Mientras que la civilización inca desarrolló un arte hierático, frío e inexpresivo; los incas desarrollaron el mundo como un universo unitario dominado por sus divinidades solares, a quienes les estaba encomendada la tarea de organizar ese universo de acuerdo con los principios heredados de la tradición andina».
>
> JOSÉ ALCINA FRANCH

MAYAS

Chichén Itzá («Boca del pozo» —*Chichén*—, y «de los brujos de agua» —*Itzá*—), fundada hacia el año 525, fue una gran ciudad y, al mismo tiempo, un importante centro ceremonial de la civilización maya. La mayor parte de las grandes construcciones que hoy extasían los ojos del visitante fueron levantadas durante el período denominado clásico tardío o postclásico temprano (800-1100). Desde el año 1988, toda la zona arqueológica de Chichén Itzá está inscrita en la lista del Patrimonio de la Humanidad por la UNESCO, y desde el 7 de julio de 2007, el templo, o pirámide escalonada de Kukulcán —conocida popularmente como «el Castillo»— está reconocido como una de las siete maravillas del mundo moderno.

Las etapas de una cultura

Sabemos, según las fuentes escritas conservadas, que el complejo arquitectónico de Chichén Itzá se remonta a finales del siglo V y comienzos del VI, y que la ciudad fue abandonada en el año 1204. Gracias a los trabajos arqueológicos realizados, sabemos que las construcciones de esta ciudad se llevaron a cabo en cuatro etapas: el período formativo o preclásico, el período clásico maya, el período maya-tolteca y el período decadente. Pero hablemos de cada uno de ellos, para comprender mucho mejor la grandeza de sus construcciones.

En cuanto al primero, el período formativo o preclásico, es probable que la existencia de varios cenotes permitiera el establecimiento de un poblado permanente de agricultores desde tiempos remotísimos. No existía entonces una verdadera arquitectura ceremonial, y los templos serían simples chozas de madera con techo de palma, como las moradas de los campesinos. Chichén Itzá no pasaría de ser un humilde poblado que no dejó ninguna huella, salvo la presencia de fragmentos de cerámica. Este período es coetáneo de las primeras manifestaciones culturales de los agricultores de México y América Central, y debió durar desde cerca de un milenio antes de nuestra era hasta los primeros siglos después de Cristo.

En cuanto al período clásico maya, Chichén Itzá sería ya un centro ceremonial de cierta importancia, a juzgar por los edificios que se le atribuyen, como el de Las Monjas, con su anexo y la iglesia, el Akabdzib, la Casa Colorada o Chichán-Chob, la Casa del Venado, la Casa de los Falos y el Templo de los Tres Dinteles. Estos edificios son muy parecidos a las construcciones que le fueron contemporáneas en Uxmal, Kabah, Sayil y Labná, siendo su estilo completamente maya sin influencias extrañas. Tales edificios se han datado entre los siglos VII y X.

En aquella época los mayas ocupaban un territorio de unos 325 000 km², correspondientes a los actuales estados mexicanos de Yucatán, Campeche, mitad de Chiapas y de Tabasco y territorio de Quintana Roo, la República de Guatemala, Belice y la parte occidental de Honduras.

Los pueblos que ocupaban un área tan extensa pertenecían al mismo tronco étnico y hablaban la misma lengua, aunque con diferentes dialectos. Su vida económica giraba en torno al cultivo del maíz. En lo político formaban provincias autónomas que se han comparado a las ciudades-estados de Grecia e Italia. Cada provincia desarrolló sus propios conceptos artísticos dentro del marco general de una misma cultura, ya que los conocimientos técnicos y científicos, las creencias religiosas y las costumbres eran sensiblemente iguales en todo el país maya.

Ya en el período maya-tolteca, hacia comienzos del siglo X, se produjeron cambios muy importantes en Chichén Itzá, según se desprende tanto de las fuentes históricas como de los testimonios arqueológicos, aunque estos y aquellas no coinciden en la significación de estos cambios. Lo que para la tradición histórica es el retorno de los Itzá después de una larga estancia en Champotón, para la arqueología es, sin lugar a dudas, la llegada de elementos culturales extraños a la civilización maya, que fueron llevados a Chichén por grupos de extranjeros que lograron imponerse como dirigentes políticos.

Por las exploraciones llevadas a cabo recientemente en la zona arqueológica de Tula, estado de Hidalgo, mencionada en las fuentes históricas mexicanas como la capital de los Toltecas, es evidente que los elementos no mayas de Chichén Itzá proceden de Tula y, por consiguiente, corresponden a la cultura tolteca. Entre estos elementos encontramos pórticos y galerías de pilares y columnas, columnas en forma de serpiente emplumada, contrafuertes en talud adosados en la base de los templos, almenas sobre los techos, esculturas humanas de tipo «atlantes», portaestandartes, *chac-mool*, serpientes entrelazadas en las alfardas de las escalinatas, representaciones de tigres y águilas comiendo corazones, seres mitológicos con elementos de serpiente, pájaro y hombre, pilares adornados con guerreros, altares decorados con serpientes emplumadas y procesiones de guerreros, plataformas de calaveras; deidades nahoas, tales como Quetzalcóatl, Tezcatlipoca, Tlachitonatiuh, Chicomecóatl y Tialoc.

Por supuesto que la vida cultural de los mayas de Chichén Itzá sufrió entonces profundas alteraciones, principalmente en el aspecto religioso, puesto que tuvieron que aceptar a los dioses de sus vencedores, entre los cuales el más importante era Quetzalcóatl, el pájaro serpiente o la serpiente emplumada, cuyo nombre quedó convertido en el de Kukulkan por los mayas. La nueva religión implicaba sacrificios humanos en un grado que nunca había conocido antes el pueblo maya. Se impuso un militarismo, agresivo no solo para dominar a la población nativa, sino para luchar contra los demás grupos que habían invadido el norte de Yucatán. Y también para conseguir cada vez más prisioneros destinados a los sacrificios.

La vida de los mayas del norte de Yucatán perdió su ritmo pacífico y se vio sacudida por violentas rivalidades. Sin embargo, durante varios siglos (del X al XIII), Chichén Itzá conoció un brillante desarrollo, convirtiéndose probablemente la ciudad sagrada más importante de Yucatán. De entonces datan los monumentos más espectaculares, como el Castillo, el Templo de los Guerreros, el conjunto de las Mil Columnas, el Juego de Pelota, o edificios de menor importancia como el Tzompantli, las plataformas de Tigres y Águilas y de Venus, el Osario, el Templo de las Mesas y multitud de otros sitios todavía inexplorados.

El último período de la historia de Chichén Itzá, el período decadente, va desde mediados del siglo XIII hasta poco menos de un siglo antes de la conquista española. La ciudad de Mayapán fue la que reinó sobre los demás centros yucatecos. Chichén Itzá había perdido su papel predominante; ya no se construían edificios ni se esculpían relieves ni esculturas. La población vegetaría oscuramente en las ruinas de los edificios. Sin embargo, el sitio seguía siendo un enclave sagrado al que llegaban peregrinaciones, principalmente para realizar ofrendas y sacrificios en el Cenote Sagrado. Esas peregrinaciones procedían de casi toda la región maya e incluso de más al sur, y se prolongaron hasta mucho tiempo después de la llegada de los españoles.

La epopeya de las excavaciones

Arqueólogos, etnólogos, antropólogos y escritores de todos los tiempos y países se han visto atraídos por el misterio de Chichén Itzá, el principal centro religioso del Yucatán precolombino, donde las culturas maya, tolteca y azteca levantaron los más singulares edificios. Alrededor se encuentra la selva virgen, donde la vegetación más abrupta, hábitat de serpientes, iguanas, escorpiones y jaguares, esconde los profundos aljibes naturales (cenotes) que aseguraban el suministro del agua potable. Y por encima de todo, el edificio conocido como del Caracol, un observatorio astronómico que controlaba los movimientos del Sol y la Luna, regidores de los ciclos agrarios.

«Solo soy un aficionado que viaja por placer». Así se expresaba Alfred Percival Mandslay (1850-1931), un diplomático y arqueólogo británico que quedó fascinado ante la grandiosidad arquitectónica de Chichén Itzá y que incluso llegó a financiar con sus propios medios hasta siete excavaciones, entre los años 1881 y 1894. Su monumental obra *Mandslay Archaelogy*, de cinco volúmenes, es aún hoy referencia obligada para conocer la civilización maya.

Mandslay llegó a Yucatán movido por las referencias de Claude-Joseph Desiré Charnay, un fotógrafo francés que, con esfuerzos sobrenaturales, fue ejemplo de perseverancia. A mediados del siglo XIX, el estoico francés fue descubriendo valientemente caminos en los que «ni aún los indios se sentían seguros». Charnay, con su primitiva cámara de grandes lentes con emulsión, colocaba el voluminoso instrumento en la selva húmeda, aunque a menudo sufría «desalientos y fallos terribles» —palabras textuales sacadas de su diario de viaje—, en su empeño por fotografiarlo todo. Pero prevaleció su confianza en hacer «fotografías que sirvieron de testimonio», llevándolo a utilizar la cámara con el cuidado de una herramienta arqueológica. Sus fotografías de Chichén Itzá, realizadas en 1858, fueron consideradas pioneras y dieron una nueva dimensión a las descripciones de las ruinas mayas.

En la fantástica aventura por desvelar los secretos de Chichén Itzá también hubo otros descubridores de leyenda: Edward Herbert Thompson (1857-1935), cónsul de los Estados Unidos en los estados mexicanos de Yucatán y Campeche, marcó un hito en las investigaciones desarrolladas en este impresionante centro religioso maya. En 1885, Thompson alternó sus investigaciones arqueológicas con sus obligaciones consulares en Mérida: buscó en lugares insospechados yacimientos no saqueados y registró, fotografío y sacó moldes de escayola de monumentos y esculturas mayas. Cuarenta hombres trabajaron con numerosas mulas durante todo aquel año. Resultado de ese esfuerzo fueron los 930 m^2 de moldes, los cuales, debidamente catalogados, fueron expuestos en la Exposición Internacional de Chicago de 1893.

El cenote sagrado de Chichén Itzá fascinó a Thompson. El inmenso pozo natural de paredes verticales por donde cae el agua turbia ha sido famoso desde los tiempos de los conquistadores españoles del siglo XVI. Un obispo español escribió: «Dentro de este pozo tenían... la costumbre de arrojar hombres vivos como sacrificio a los dioses, en tiempos de sequía. También arrojaban dentro del cenote... piedras preciosas y muchas cosas que apreciaban». Thompson encontró once metros de agua en el cenote. En 1904 montó una grúa y una tosca draga para drenar parte del fango. Al principio solo sacó barro y sedimentos del cenote, pero luego pudo recuperar bolas aromáticas de incienso, pendientes de oro y jarrones de templos. «El equipo se despidió con un último adiós, sin esperar verme otra vez», escribió Thompson. Una inmersión posterior lo dejó ligeramente sordo.

En 1940, la Institución Carnegie abandonó el proyecto de Chichén Itzá, retirando a todos sus arqueólogos y sentando de ese modo un precedente para las escrupulosas excavaciones que actualmente persisten en México. Pero con la ayuda de la National Geographic el proyecto de inmersión en el cenote sagrado del año 1961 recuperó más de cuatro mil objetos y el cráneo de un hombre joven.

A diferencia de lo que ocurrió con la mayoría de las ciudades mayas, el centro sagrado de Chichén Itzá ya era conocido en tiempos de los conquistadores españoles, y desde entonces ha sido y sigue siendo una inagotable fuente para investigadores de todo el mundo. Además de los anteriormente citados, debemos recordar a Catherwood, Cabot, Goodman, Martínez, Lothrop, Proskouriakoff, Spiden, Andrews, Parsons, Cohodas, Ball... y, más recientemente, a los etnólogos Miloslav Stingl, de Chequia, y Michel Peissel, de Francia.

Sobre una extensión de tres kilómetros de norte a sur y de dos kilómetros de este a oeste, centenares de construcciones atestiguan la importancia que alcanzó la ciudad sagrada de los Itzá. Sin embargo, apenas treinta edificios están a la vista del público, mientras que los demás se encuentran cubiertos por el bosque, formando muchas veces simples montículos o cerros que se confunden con elevaciones naturales.

En vista de que la ciudad no se planeó en una sola vez, sino que fue resultado de siglos de edificación, no se observa un conjunto urbano preconcebido sino numerosos grupos de edificios. La mayor parte de las construcciones están orientadas con una desviación de unos 17 grados hacia el este, en su eje norte-sur.

El calendario maya

Al antropólogo austríaco Franz Joseph Hochleitner le debemos el desciframiento que, en 1993, hizo del calendario maya, sin duda, uno de los mayores enigmas que escondía hasta entonces esta civilización. Hochleitner observó que los mayas fechaban los principales hechos de su cultura con dos calendarios simultáneamente. Uno era el *tzolkin*, de carácter sagrado, que contaba con 260 días (13 períodos de 20 días de cada uno); y el otro, el *tun*, de 360 días (formado por 18 períodos de 20 días). Para saber en qué día estaban, los mayas utilizaban los dos calendarios al mismo tiempo, dando un nombre a cada uno de los períodos y también un número a los días, por lo que una misma jornada se repetía cada 52 años.

INCAS

La civilización inca ha sido una de las más fascinantes que ha conocido la humanidad. Durante cerca de 1000 años dominaron un vasto territorio que tenía como columna vertebral la cadena de los Andes, en Sudamérica; levantaron ciudades, ciudadelas, puentes, puertos, pero lo más singular, sin duda, fueron las comunicaciones terrestres. Todo el imperio inca estaba atravesado por caminos que dibujan caprichosos itinerarios en zigzag, cuyos pavimentos han perdurado a lo largo de los siglos. La historia solo conoce dos redes viales de importancia: la de los romanos, con 90 000 kilómetros a través de Europa, norte de África y el Próximo Oriente, y la de los incas, con 16 000 kilómetros, que va desde Argentina hasta Colombia. Para fusionar las zonas montañosas, costeras y desérticas en un estado firme y solidario, era preciso disponer de las mejores vías de comunicación; esto lo sabían los incas y, por este motivo, crearon un sistema de caminos empedrados, de más de 30 000 kilómetros de longitud, al que Alexander von Humboldt (el científico alemán que conocía tan bien a los romanos como a los incas) calificó de la más útil y admirable de todas las obras de la humanidad. Los incas fueron, además de hábiles arquitectos e ingenieros, extraordinarios médicos y cirujanos, y amantes de todas las ciencias.

Las obras de los incas se extendieron por un terreno de una amplitud cinco veces mayor a la del reino egipcio. En Cuzco, calificada como la capital arqueológica de América y hoy una ciudad de 350 000 habitantes, confluían todos los caminos; era para los incas «el ombligo del mundo». El plano municipal de Cuzco se convirtió en modelo oficial para las restantes ciudades del imperio. Todas las calles y vías salían de la plaza principal, donde se encontraban los edificios más importantes: la pirámide truncada del Templo del Sol, rodeada por las viviendas de los sacerdotes, además de un palacio para el rey, viviendas para las vírgenes del sol y un edificio administrativo. Las ciudades incas no estaban rodeadas de murallas. En su mayor parte se encontraban al pie de una montaña coronada por un fuerte, donde los habitantes encontraban protección en caso de asedio y de guerra, y desde el cual podían defender la ciudad.

Toda una cadena de santuarios fortificados corona la cima del desfiladero de Urubamba. Se supone que habían sido construidos para proteger el imperio de los ataques de los salvajes de la jungla. Estos reductos montañeses se hallan separados entre sí por una distancia de 16 kilómetros y se comunican por caminos empedrados. El último y, al mismo tiempo, el más espléndido de todos ellos, se encuentra allí donde el río Urubamba llega a las junglas húmedas: Machu Picchu. Ni los españoles ni los incas habían hecho jamás mención a este nombre. Machu Picchu fue descubierto en 1911 por el joven explorador y arqueólogo estadounidense Hiram Bingham (1875-1956). En la actualidad, este complejo de terrazas, casas con frontispicios, templos, santuarios y viviendas, único en su género, constituye un punto de atracción para turistas y científicos de todo el mundo. Un 80% de todos los extranjeros que llegan al Perú lo hacen para visitar Machu Picchu. Este prodigio en el río Urubamba constituye un pétreo testimonio. Profanos y especialistas quedan estupefactos ante una maravilla arquitectónica que no aciertan a explicar.

Machu Picchu (del quechua sureño *machu pikchu*, «montaña vieja»), la ciudad perdida de los incas, forma parte de la lista del Patrimonio de la Humanidad de la UNESCO desde 1983, en su doble categoría: Cultural y Natural, porque además de los restos arqueológicos que en su día fueron centro de adoración incaica, Machu Picchu reúne diez zonas de vida y de formación vegetal.

Los incas no conocían la escritura, por lo que no han legado testimonio alguno que permita esclarecer los enigmas de una civilización perdida. Pero es probable que sea precisamente este aire de misterio lo que tanto fascina al visitante en Machu Picchu. Para conocer esta maravilla del arte precolombino es preciso encaramarse por el vertiginoso sendero que lleva a Huayna Picchu (la nueva montaña), experimentar el imponente silencio que allí impera y dirigir la vista hacia abajo para contemplar, a una profundidad de mil metros, el «río sagrado» abriéndose paso violentamente entre descomunales bloques de granito hasta labrar un impresionante desfiladero alrededor de esta ciudadela natural.

Esta ciudad, caprichosamente recortada e incrustada entre desnudas pendientes, ha sido durante muchas centurias la celosa centinela del valle sagrado de los incas. Una catedral de la soledad, pero, al mismo tiempo, de una libertad perpetua e independiente que aún tiene algo encima de él: los cóndores que revolotean en torno a la fortaleza. ¿Por qué y cuándo se abandonó Machu Picchu? Toda una época cultural se extinguió. Nadie hasta el momento ha podido señalar las causas de su muerte. ¿Cómo pudieron los incas llevar hasta allí bloques de piedras de hasta 20 toneladas de peso? Los indios no conocían la rueda. Utilizaban rodillos de madera, palancas, sogas e incluso, quizá, una especie de trineos. El indio no sabía más que lo imprescindible sobre dinámica y sobre los métodos para arrastrar grandes pesos. Su arte, el empleo de la piedra de las más distintas formas, era resultado de una evolución de muchos siglos. Los pueblos preincaicos, sobre todo el Tiahuanaco, eran expertos canteros (la fortaleza del mismo nombre y la «Puerta del Sol», ya en territorio boliviano, son una evidente prueba de ello). De todas formas, hasta la fecha nadie ha podido comprender cómo los maestros de obra incaicos consiguieron movilizar tan ingentes masas de piedra y unirlas entre sí.

Una de las construcciones más grandiosas del mundo es la fortaleza defensiva de Sacsayhuaman. En ella trabajaron durante setenta años equipos de 30 000 indios. Los españoles enmudecieron ante tal maravilla. «¡Ni el acueducto de Segovia, ni las columnas de Hércules, ni las obras de los romanos poseen la grandiosidad de esta fortaleza!». Los bloques de la fortaleza de Sacsayhuaman presentan numerosas desigualdades: «No fueron alisados a propósito, pues las piedras sin labrar ofrecen mejores superficies de apoyo en el momento de superponerlas. Luego se trabajaba la materia en el mismo lugar de construcción y se procedía a cortar los bloques de piedra con la mayor perfección posible». Sin embargo, esta teoría no pasa de ser una tentativa de descorrer el velo que aún envuelve las construcciones pétreas de los incas. Los bloques cuadrados de granito estaban tallados y pulidos con tanta exactitud que su encaje es perfecto. Son muchas las toneladas de pesada piedra tan perfectamente ensambladas entre sí que no podía introducirse siquiera una hoja de afeitar.

El imperio inca extendió sus confines hasta allí donde pudo llegar la llama. Este animal fue durante siglos el compañero y aliado del indio. Y todavía, en la actualidad, sigue siendo el gran medio de transporte y comunicación en la alta montaña peruana. Solo gracias a la llama pudo el indio habitar las altiplanicies. Hoy día es el animal heráldico del Perú.

Siguiendo las huellas de la simbología inca

Los descendientes directos de los incas, los indios uros, colonizaron todavía grandes territorios del altiplano andino, donde mantienen intactas unas ancestrales tradiciones de vida, heredadas del imperio que rendía culto al Sol. A orillas del lago Titicaca —el más alto del mundo, a 3812 metros de altitud, entre Bolivia y Perú— trabajan la totora, una planta tilácea que crece abundantemente en la zona, con la que construyen balsas para pescar; mientras el cóndor, el «mensajero sagrado del Sol», planea sobre los profundos ventisqueros andinos. Tres elementos, pues, simbolistas de origen incaico: barca, buitre y Sol, que se mantienen latentes en el noble espíritu de estas gentes que únicamente hablan la lengua quechua.

Al sur del Perú y al noroeste de Bolivia se mantiene intacta la tradición de construcción de balsas totalmente vegetales. Los indios uros, descendientes directos de los incas, transmitieron su técnica al mundo desde el lago Titicaca, demostrando, al mismo tiempo, que sus antepasados, subidos en estos modestos botes, fueron capaces de navegar por los mares del sur. El explorador y biólogo marino noruego Thor Heyerdahl (1914-2002), con otros cinco hombres, realizó en 1947 una travesía de 8000 kilómetros, desde Perú hasta el archipiélago Tuamotu, durante 101 días, navegando sobre una balsa construida con plantas de totora. Tanto su viaje como el del español Kitín Muñoz, al mando de la Expedición Uru, en 1988, permitieron demostrar que, en la antigüedad, pudo haber sido factible la relación entre el continente Sudamericano con las islas de la Polinesia, a base de embarcaciones de esta naturaleza.

En la bahía de Chukito, viven todavía más descendientes de los indios uro, a quienes el padre Antonio de Calancha (1584-1654) describió como «gente obscena, ruda, bárbara, cruel y, sobre todo, poco adicta a la Iglesia». Actualmente los uros se han convertido en una atracción turística, sobre todo por su forma de vivir en islas de totora, en el centro de la bahía. El padre Joseph de Acosta explicó en el siglo XVI que los indios uro salían con sus balsas a cazar patos entre los juncos. Y el jesuita Bernabé Cobo calificó la raíz de la totora como el «pan de los indios». En la obra básica de Hermann Buse sobre la historia de la navegación peruana, los uros figuran como los primeros constructores de balsas. En general, pasan por ser los más antiguos habitantes del lago, los incas los llamaban «invocadores del granizo» (*Chijnihuasiri*), porque supuestamente eran culpables de desatar granizadas con su magia. El etnólogo Weston La Barre describió a los uros como pescadores y cazadores de aves marinas, cuyo medio de subsistencia más importante era la raíz de la totora.

Según los mitos relativos al origen de los incas, Inti, el dios Sol, envío a sus hijos Manco Cápac y Mama Occlo a la tierra de la isla del Sol, al sur del lago, para civilizar a las tribus salvajes de las zonas montañosas. Un artista popular de la ciudad de Puno supo pintar con fantasía la escena en la que la pareja llegó en balsa a tierra firme, para iniciar desde allí su caminata hacia Cuzco, que habría de ser posteriormente la ciudad capital del Imperio Inca.

Interesantes analogías

Thor Heyerdahl encontró numerosas analogías entre las balsas del lago Titicaca con las que se construían en puntos muy diferentes del planeta (Cerdeña, México, Tasmania, las costas occidentales de Marruecos, Egipto…) y consideró los botes de papiro de los lagos de Baduma, Chad, Swai y Tana como restos del arte de la construcción de barcos de los egipcios, tal como puede verse en sus antiguas pinturas murales. Según él, esas balsas eran un vehículo apto para transportar numerosos elementos culturales, en ambas direcciones. Heyerdahl se apoya en el hecho de que las pinturas murales y rupestres de la isla de Pascua y de Egipto, así como los dibujos cerámicos del norte de Perú, muestran una constelación de balsas de caña, de seres con cabeza de ave y de figuras sacerdotales que deben representar al dios Sol, el cual era llamado Ra tanto en Egipto como en la isla de Pascua. Este sorprendente paralelismo, junto con otras consideraciones relativas a la transferencia cultural, constituyó el punto de partida de los dos osados viajes de Marruecos a Sudamérica en las balsas Ra I y Ra II. Para la segunda expedición Heyerdahl logró que varios pescadores bolivianos viajaran en avión del lago Titicaca a Marruecos para construir allí, con las mismas plantas acuáticas, una balsa capaz de cruzar el Atlántico. Todos sabemos que las travesías fueron un rotundo éxito. Actualmente, un modelo de Ra II constituye toda una atracción de la pequeña isla Suriki, a la que van de excursión muchos visitantes desde la ciudad de La Paz.

Funciones de las antiguas balsas

Las balsas de totora actuales, que en raras ocasiones suelen sobrepasar los cinco metros de largo, probablemente son meras derivaciones rudimentarias de los ejemplares históricos. El arqueólogo Poznansky observó todavía a comienzos del siglo XX una balsa que transportaba ganado, víveres y seis bueyes, en total una carga de aproximadamente seis toneladas. También las enormes piedras para las obras de sillería de la ciudad preincaica de Tiahuanaru, que pesan hasta cien toneladas, fueron probablemente transportadas en balsas por el lago desde el volcán Kaifa, que dista 60 kilómetros. El explorador y arqueólogo norteamericano Ephraim George Squier (1821-1888), que recorrió varias veces el lago, menciona balsas de totora que podían transportar hasta sesenta personas.

Las balsas de totora no solo servían como medio de transporte, sino que, unidas una a otra y cubiertas de esteras de totora, se convertían en puentes estables. El más conocido de estos puentes flotantes se situaba en tiempos arcaicos en la desembocadura del río Desaguadero, donde actualmente se encuentra el puente internacional entre Perú y Bolivia. Medía cincuenta metros de largo y cuatro de ancho. El cronista Guzmán Poma de Ayala informó que esos puentes de pontones eran mantenidos en buen estado por los balseros, y Garcilaso de la Vega, El

Inca, los comparó con el puente de Sevilla de aquella época (siglo XVI). Garcilaso describió con exactitud la construcción del puente, que tenía que ser renovado cada seis meses. El inca Cápac Yupanqui había mandado construir por vez primera durante su expedición en la zona de los Colla. Se tejían con totora cuatro amarras del grueso de una pierna y se colocaban sobre las balsas. Sobre ellas se tendían varias capas de totora «del grueso de un buey». Encima de estas capas se colocaban otras dos amarras y más totora, de modo que los animales arreados sobre el puente no destruyeran la calzada.

Cuando el explorador estadounidense de origen alemán Viktor von Hagen (1908-1985), a quien debemos la exploración del Camino Inca entre 1950 y 1952, siguió la ruta de los incas, hizo que este puente de pontones fuera reconstruido bajo la dirección de un viejo indígena que aún había visto con sus propios ojos el puente original. El puente coincidía exactamente con un croquis trazado por Squier en 1864. En ese tiempo existían en el área de la desembocadura del río Desaguadero incluso dos de esos puentes flotantes de balsas.

Símbolos y mitos

Solo la totora amarilla es apta, por su dureza, para la construcción de balsas. Los indios uros siguen construyendo sus cabañas con totora y las mujeres de los constructores de balsas la utilizan para hacer esteras que venden en el mercado de Puno.

A pesar de la legendaria aparición de las balsas en todo el lago Titicaca, hay pocos puntos de referencia mítico-rituales. Ni en el comercio de la construcción ni durante la «botadura» hay ceremonias religiosas o rituales como sacrificios, oraciones, bendiciones, bautizos, etc. Las balsas tampoco tienen un nombre propio. La cosmología andina, en la que el número cuatro desempeña un papel especial, conducía en otros tiempos seguramente a un determinado simbolismo, relativo a la estructura de las balsas, que se ha perdido con el paso de los siglos. La construcción del bote en cuatro partes y un alma visible, el quinto haz de totora que une toda la construcción, propicia analogías correspondientes a la cosmología. Algunos ritos, sin embargo, son todavía importantes para los balseros de nuestros días.

Existe la creencia de que en el fondo del lago vive un hada conocida como «anchancho», la cual también está considerada como la «diosa de la Totora». De ella depende que la totora crezca bien, que el lago albergue suficientes peces y también que los pescadores no sufran accidentes.

Pero se dice que también puede asustar tanto a los pescadores que los hace caer al agua, donde ella los devora. Por eso los curanderos le ofrendan, en noches de Luna llena, hojas de coca, llampu y vino. Símbolos, todos ellos, relacionados con el Más Allá.

Inmediatamente antes de empezar a cortar la totora se arrojan una vez más algunas hojas de coca al agua. Este sacrificio está dedicado al mismo tiempo a la diosa de la Tierra, Pachamama, para recompensarla por la propiedad de la que se la despoja.

Mitología solar

La forma de barca que las balsas tienen estaría predestinada, junto con su color amarillo brillante, para fungir como una mitológica barca del Sol, sobre todo considerando que, según la leyenda, el Sol habría surgido de la Isla del Sol al sur del lago Titicaca. Hasta ahora no se ha encontrado ningún indicio directo que corrobore esta suposición, pero en las fiestas aldeanas las balsas sirven como barcas profesionales que transportan una figura de san Pedro, santo patrono de los pescadores.

Sin embargo, bajo estas costumbres cristianas se esconden unas muy profundas tradiciones precolombinas, con simbolismos que enraízan con los desaparecidos cultos incaicos del astro rey.

Para los incas, al igual que para otros muchos pueblos, el simbolismo del Sol es una manifestación de la divinidad; puede ser concebido como hijo del dios supremo y hermano del arco iris. El Sol se considera también fecundador. El Sol inmortal sale cada mañana y desciende cada noche al reino de los muertos; por consiguiente, puede llevar consigo a hombres y, al ponerse, durante el crepúsculo, matarlos; pero, por otra parte, puede al mismo tiempo guiar a las almas a través de las regiones infernales y volverlas a llevar al día siguiente, con la luz de la mañana.

Una simple mirada a la puesta de Sol puede acarrear la muerte. En este sentido, ningún uro se atrevía a contemplar el ocaso; mientras que los amaneceres eran celebrados y adorados por todos los miembros de la comunidad. El simbolismo solar se opone en otro punto al simbolismo lunar; el ocaso del Sol también se percibe como un descenso del Sol a las regiones inferiores, al reino de los muertos.

Aquí, en el corazón de los bajos Andes, a orillas del lago más elevado de la Tierra, unos indios, descendientes directos de los incas, guardan los símbolos más sagrados de las tradiciones precolombinas. Estudiarlas supone desvelar algunos de los más singulares secretos, la mayoría de los cuales son desconocidos.

Glosario

Huad: Lugar sagrado donde los incas guardaban celosamente la cruz de mármol rojiblanco cuadrada, en forma de cruz griega.

Inti: El dios del Sol, para los incas; padre de Manco Cápac y de Mama Occlo.

Ohapaq Ñam: El Camino Inca, incluido en la lista del Patrimonio de la Humanidad de la UNESCO. Se desarrolla sobre un territorio de 30 000 km², en seis países: Perú, Argentina, Bolivia, Chile, Ecuador y Colombia.

Obsidiana: Mineral de origen volcánico y de naturaleza vítrea, de color negro o verde muy oscuro y estructura compacta. Fue utilizado para la elaboración de utensilios, para tallar vasos y para la estatuaria. Hubo un importante comercio con este mineral en la antigüedad.

Tumí: Cuchillo ceremonial correspondiente a las civilizaciones preincaicas (Chimu y Mochica), a comienzos del II milenio a.C. Se trata del ejemplo más refinado del instrumental quirúrgico de estas culturas del Perú prehispano. El más famoso de todos los *tumís* hallados hasta la fecha es el conocido como «cuchillo de Illimo», posiblemente utilizado por los sacerdotes mochicas en sus sacrificios cruentos, procedentes de la región de Lambayeque; es probable que represente la figura del dios Naimlap.

6
LAS FUERZAS DEL ESPÍRITU

> «Eros y Thánatos, el Amor y la Muerte, están más próximos entre sí en las profundidades de la conciencia humana. Para nadie podría ser la muerte un espanto mayor que para los amantes y, sin embargo, ella posee, en su carácter absoluto y antes que la vida en su relatividad, el poder para otorgar al amor el fulgor de la ansiada eternidad».
> FRIEDRICH NIETZSCHE

La superstición

Sería harto difícil trazar una línea de separación entre la fe y la superstición, porque el paso de una a otra es insensible.

Aunque no creamos, o manifestemos conscientemente ser crédulos sobre el tema, la superstición es algo inherente al ser humano desde los albores de la humanidad. Desde los tiempos más antiguos, hace 15 000 años, en el Paleolítico superior, cuando el hombre de Cromañón decoraba los espacios más profundos de las grutas con magníficas pinturas y grabados no estaba realizando un arte para transmitir a los demás, sino más bien una obra artística llena de espiritualidad para él mismo y el resto del clan; eran realizaciones con una gran fuerza iconográfica, fruto de una inteligencia superior, realizadas en los espacios más profundos de las grutas, a fin de que las malas influencias no se proyectasen sobre quienes allí tenían su vivienda. De ese modo, los grabados realizados actuaban a modo de escudos protectores, evitando que las malas artes externas dañasen la integridad del grupo humano que creó las obras artísticas. Las representaciones de las siluetas de manos en negativo, que vemos en cavernas prehistóricas como la de Pech Merle, en el Périgord francés, confirman esta creencia.

Aunque muchos no quieran reconocerlo, un gran número de personas somos supersticiosas. Cuando llevamos una castaña en el bolsillo, instintivamente nos estamos protegiendo contra fuerzas maléficas; igualmente cuando portamos en el cuello una cruz de Caravaca; también al evitar pasar por debajo de una escalera en la calle, o cuando vemos una urraca sola en el campo. Ante todas las adversidades que puedan presentarse, mucha gente, especialmente en las zonas rurales, sigue colocando una pata de cabra colgada en la puerta de la casa, o una flor seca de cardo, o una herradura colocada hacia arriba en los accesos a una vivienda… Todos estos objetos, que en muchos casos han pasado desapercibidos, porque se trataba de elementos cotidianos y naturales para nuestra vista, no son más que talismanes protectores —benefactores— de nuestras vidas y de nuestro entorno.

A pesar de todos los avances experimentados por el desarrollo de la humanidad, seguimos creyendo en la necesidad de unos objetos (piedras protectoras, trébol de cuatro hojas, medallas de vírgenes y santos, cruces, etc.), que, a modo de talismán, nos protegerán contra las desventuras; también solemos proteger nuestro hogar contra las amenazas externas (una herradura colgada en la puerta, un elefante con la trompa alzada mirando hacia el interior de la casa, una varilla de incienso humeante, etc.).

Tampoco debemos olvidarnos de algunas de las antiguas usanzas, como la de sembrar y regar en ciertas épocas, o bien siguiendo las fases lunares; o la creencia de que es mejor cortarse el pelo cuando la Luna está en cuarto creciente que cuando se halla en cuarto menguante. Se trata de comprobaciones obtenidas por la experiencia de la acción de fuerzas cósmicas.

Para Goethe, la superstición pertenece a la esencia del hombre, refugiándose, cuando uno desea destruirla, en los pliegues más recónditos de nuestro ser, y solo se muestra al exterior cuando se siente bastante segura. Incluso en nuestros tiempos, donde la ciencia y la técnica forman parte de la vida cotidiana, la superstición sigue viva, porque ha logrado trasladarse del mundo del pensamiento al de la vida afectiva.

También las piedras preciosas están estrechamente relacionadas con las supersticiones desde la noche de los tiempos. Aún en nuestros días, son numerosas las personas que conceden gran importancia a la piedra del mes de su nacimiento, creyendo que les reportará buena suerte, y por ello la llevan en su bolsillo. Recordemos que la gema del mes de enero es el granate, que asegura el amor y protege a su poseedor contra la infidelidad de la amada; el zafiro, la piedra del mes de febrero, transmite dulzura de carácter e impide la embriaguez; a marzo le corresponde el jaspe, piedra que proporciona ardor y fogosidad; los nacidos en abril tienen el diamante, que, además de preservar de la peste y evitar el insomnio, conserva la armonía entre los esposos; la esmeralda, la piedra del mes de mayo, protege contra los engaños y desilusiones y pone freno a las tentaciones de la carne; la piedra de junio, el ágata, da felicidad, salud y larga vida, al tiempo que es un talismán protector contra las fuerzas del Mal; el mes de julio tiene por piedra el rubí, que colgado a la altura del corazón garantiza el amor; la sardónice es la piedra de agosto, que confiere inteligencia y astucia; la crisoprasa, piedra de septiembre, llega a alejar la enfermedad y con frecuencia la muerte; el ópalo es la piedra benefactora para los nacidos en el mes de octubre; el topacio es la piedra del mes de noviembre, que protege a quien la porta enteramente; lo mismo con la turquesa, para las personas nacidas en diciembre; según la leyenda, la turquesa pierde su brillo cuando una enfermedad amenaza a su poseedor. Tal como explica el Talmud, Abrahán llevaba una piedra preciosa suspendida de una cinta alrededor del cuello; mirándola, los enfermos recobraban la salud.

Y en muchos lugares que mantienen tradiciones ancestrales, ofrecen algunos de los siguientes amuletos como elementos benefactores: en Israel es fácil encontrar en las tiendas de recuerdos la «mano de Fátima»; si vamos a Estambul, en el Gran Bazar es frecuente ver centenares de formas relacionadas con el ojo de cristal de color blanco y azul marino; lo mismo sucede en Brasil, con la mano con el puño cerrado y el dedo del corazón asomando entreabierto; en Irlanda encontramos el triple círculo celta, así como el *triskel,* y este en su triple dimensión… Todo ello nos lleva a la convicción de que la superstición sigue viva en nuestra sociedad, y por mucho que quisiésemos evitarlo, no es posible, porque se trata de una fuerza que gravita en nuestro más profundo subconsciente. Son muy pocas las personas que no llevan ningún amuleto protector, bien en sus bolsillos o colgado del pecho.

Maldición

Se conoce como maldición la expresión de un deseo maligno dirigido contra una o varias personas y que, en virtud del poder maligno del lenguaje, puede cumplirse. Gramaticalmente, se trata de oraciones con modalidad desiderativa (lo mismo que las bendiciones) con el verbo en subjuntivo. De este modo, son ejemplos de maldiciones, frases amenazantes como «Mal cáncer te coma», «Que te parta un rayo» o «Así te estrelles».

Las maldiciones tienen un papel destacado en las creencias populares de muchos pueblos (supersticiones), así como en sus mitos y leyendas. Por ejemplo, en el folclore hispánico se cree que la sirena era una muchacha hermosa a la que le gustaba mucho bañarse; un día su madre la maldijo por ello, diciendo que, ya que le gustaba tanto el agua, ojalá nunca saliera de ella, y así fue.

Según estas creencias, en ocasiones familias enteras son víctimas de una maldición, cuyas consecuencias alcanzan a todos los descendientes de la persona maldecida. De este modo, en la mitología griega, todo el linaje de Atreo y Edipo fue víctima del destino adverso de estos personajes.

El poder de la maldición se extiende en ocasiones a determinados objetos. Así, el poeta y marino griego Nikos Kavvadías (1910-1975) cuenta en uno de sus poemas más conocidos la historia de un cuchillo maldito; todos los que lo compraban acababan utilizándolo para matar a una persona querida. El vudú afroamericano afirma que es posible dañar a una persona colocando en su camino ciertos objetos malditos, que se activarán cuando la víctima camine sobre ellos.

También la creencia popular amplía el ámbito de las maldiciones a los edificios (por lo que se habla de casas encantadas, embrujadas o malditas).

Respecto a las maldiciones que nos han llegado de la antigüedad, la característica más sobresaliente entre estas es que no debían hacerse efectivas «en este mundo», sino que estaban más bien destinadas a cumplirse «en el Más Allá». Así, una forma muy habitual de ellas eran las fórmulas que se grababan en las tumbas como mensajes de advertencia a los profanadores, fórmulas que si bien cambiaban en cuanto al contenido, mantenían una misma esencia, siendo un prototipo de este género la que decía: «Que el cocodrilo en el agua y la serpiente en la tierra estén contra aquellos que hagan cualquier clase de mal contra esta tumba, porque yo no he hecho nada contra él y ellos serán juzgados por Dios».

Modelos más concretos de esta clase de mensajes serían por ejemplo el grabado en el enterramiento de un dignatario del reinado de Amenhotep III, llamado Ursu, que reza: «El que profane mi cadáver en la necrópolis y rompa mi estatua en mi tumba será un hombre odiado por Ra; no podrá recibir agua en el altar de Osiris, morirá de sed en el otro mundo, y no podrá transmitir sus bienes a sus hijos». O el de la tumba de Peteti, artesano que trabajó en la construcción de las grandes pirámides, quien hizo escribir en su morada de eternidad lo siguiente:

«Nunca hice nada malo en mi vida, por eso los dioses me aman. Si alguien toca mi tumba, se lo comerá un cocodrilo, un hipopótamo y un león», maldición con la que, por cierto, su esposa no debía estar del todo satisfecha, ya que parece ser que hizo añadir a continuación: «... y un escorpión, y una serpiente».

De todos modos, se crea o no en el influjo de las maldiciones, lo cierto es que los egipcios sí creían firmemente en su existencia. De hecho, cuando un personaje de cualquier rango traspasaba con sus actos los límites de la legalidad podía ser castigado de múltiples formas: a través de su ingreso en prisión, por medio de torturas como bastonazos, retorcimiento de tobillos y muñecas o mutilaciones o incluso con la pena de muerte. Pero si sus faltas o delitos trascendían virtualmente todo lo imaginable, su condena podía hacerse extensiva a su futura vida en el Más Allá a través de una forma de maldición que, entre otras acciones, implicaba borrar su nombre de cuanto soporte físico lo contuviese, una forma no solo de condenar al olvido eterno su paso por la vida, sino también de lograr que al no poder ser pronunciado dicho nombre, la persona en cuestión «dejase de existir».

Las maldiciones en Grecia y Roma seguían un protocolo muy formalizado: se escribían en tablillas de plomo u otros materiales. Generalmente, estos objetos invocaban la ayuda de un espíritu (una deidad, un demonio o un muerto prematuro) para cumplir con su objetivo, y eran colocadas en algún lugar considerado eficaz para su activación, como en una tumba, cementerio, pozo o manantial sagrado.

En dicho texto, el peticionario de la maldición expresaba su deseo de que el destinatario del mal sufriese daño de alguna forma específica. Era habitual especificar la falta que había cometido la persona maldita: una infidelidad, o haberle robado el amor de su vida, un robo, haberle faltado al respeto, etc. Los romanos, etruscos y griegos solían practicar este tipo de maldiciones; estos últimos contaban con unos sacerdotes destinados para tal fin, llamados *areteos* (maldecidores).

Magia y brujería

Los procesos de brujería, ampliamente documentados en la literatura etnográfica, han ejercido una fuerte fascinación en las mentes occidentales. Al igual que los fenómenos parapsicológicos, los maleficios tienen mal acomodo en la explicación racionalista de las cosas. Desde el Renacimiento, la cultura occidental ha ido asumiendo una progresiva clarificación científica de los hechos basados en la lógica de las ciencias naturales. Las figuras ascéticas de Kant o Compte son radicalmente incompatibles con el hechicero negro del bajo Congo, que clava una punta azagaya en un fetiche de madera. Y, sin embargo, los tres conviven en el mismo marco espacio temporal y participan de constantes biológicas y mentales que los hacen absolutamente semejantes.

¿Cómo es posible que un individuo muera cuando se sabe objeto de un maleficio? Los bombardeos producidos en las dos guerras mundiales produjeron un triste material de experimentación: entre las ruinas se encontraban cadáveres carentes de cualquier traumatismo. El miedo mata. El individuo sometido a maleficio se halla profundamente persuadido, por las tradiciones del grupo, de su condenación irremediable. El mismo grupo social lo aísla y llega a dedicarle funerales en vida. Sus actividades económicas y sociales se interrumpen y, siguiendo las palabras de Claude Lévi-Strauss (1908-2009), «la integridad física no resiste a la disolución de la personalidad social». Una respuesta instintiva en el sentido de que la supervivencia puede salvar al individuo, pero en los pueblos primitivos es rara. El miedo produce una intensa actividad del sistema nervioso simpático, que se desorganiza y provoca una caída de tensión sanguínea. El rechazo de alimento produce deshidratación y mayor descontrol nervioso. La permeabilidad creciente de los vasos capilares hace que el volumen de la sangre disminuya, introduciéndole en un ciclo irreversible que lo conduce a la muerte.

En 1956, un indígena australiano fue trasladado en estado agónico a un hospital de Darwin. Sometido a cuidados intensivos y alimentado artificialmente logró recuperarse. Cuando estuvo en condiciones manifestó su convencimiento de que la magia del hombre blanco era la más poderosa. Sin esta presencia cualquier intento de salvarle la vida hubiese sido inútil.

La curación chamánica es un proceso mágico para el que Lévi-Strauss, con su atractiva lucidez y su profundidad analítica, encontró una explicación coherente. El chamán mismo es, generalmente, un individuo patológico que ha accedido a su rol por medio de una experiencia traumatizante. En el momento de la curación entra en éxtasis y rememora vitalmente el acto que lo convirtió en lo que es. Este retorno al origen de la patología recibe en psicoanálisis el nombre de «abreacción». En las culturas occidentales el logro de este estadio produce la curación del enfermo, al aflorar al exterior desde el subconsciente el hecho causante de la angustia. En las sociedades primitivas, que viven en un estado de permanente inseguridad, una gran parte de las enfermedades con las que debe enfrentarse el chamán son de tipo psicosomático.

Incluso nuestra sociedad no es ajena al pensamiento mágico o patológico. Complementa al pensamiento «normal» y explica los fenómenos oscuros que rodean a los individuos. Representa una interpretación de una parte del universo, cargada de implicaciones afectivas. El chamán, actuando ante un público «normal» pero creyente, conecta un puente entre ambas constelaciones que reflejan, a su vez, la estructura interna del universo social.

¿En qué medida el chamán y el hechicero creen en sus propias técnicas? Los hechos demuestran que actúan de acuerdo a un ritual eficaz desde el punto de vista práctico, pero que recurren al engaño para producir los efectos deseados. Resulta difícil compaginar la fe y la trampa en el mismo individuo, como tampoco es satisfactorio imaginar las sociedades ciegas y manejadas por unos pocos elementos cínicos. Cierto material etnográfico recogido a comienzos del siglo XX entre los zuñi ilumina en lo posible esta cuestión. Un joven, acusado de embrujar a una adolescente, fue sometido a juicio. Al principio negó su culpa y desmintió la versión de los jueces, pero, a medida que progresaba la acción, fue aceptando, e incluso presentando, pruebas de su actuación como brujo. Esas pruebas se basaban en hechos nimios y, por tanto, imprevisibles; sin embargo, le permitían al muchacho ir adquiriendo seguridad en su papel de brujo y mostrar nuevas evidencias. Finalmente, declarado culpable, fue perdonado y calificado en adelante como brujo. La coherencia mental del grupo, el orden y cumplimiento de lo establecido reforzaron los mecanismos sociales de seguridad.

Otro ejemplo, este de chamanismo, fue recogido por Franz Boas (1858-1942), antropólogo estadounidense de origen alemán, entre los kwakiult. Quesalid, chamán que vivía en la isla de Vancouver (Canadá), comenzó a frecuentar el trato con los chamanes para descubrir sus trucos y desenmascararlos. Intentando ganar su confianza simuló él mismo serlo y se introdujo en sus prácticas. Un enfermo soñó que Quesalid lo curaba y el tratamiento fue, por lo tanto, un éxito. Esto lo llevó a pensar que algunas maniobras eran menos falsas que otras. Poco a poco su interés y prestigio personal se comprometieron en la actividad de chamán y el consenso social produjo nuevas curaciones. Con el tiempo, Quesalid fue considerado el mejor de entre ellos; algunos chamanes desprestigiados no dudaron en ir a pedirle consejo y a investigar sus técnicas, y este los despreciaba por sus trucos groseros e inútiles. La curación no se produce necesariamente por la magia, pero puede ser así en determinadas circunstancias. En nuestra sociedad este componente mágico del pensamiento se manifiesta de una forma similar: los milagros son sucesos infrecuentes, pero no imposibles.

Todo lo anterior no quiere decir que el hombre primitivo carezca de capacidad para observar la riqueza del universo que lo rodea con una mirada comparable, en muchos aspectos, a la lógica científica. Solo que los mitos y los rituales mágicos operan en sentido contrario al de la ciencia occidental, pero con la misma exigencia de orden. La «puesta en estructura» (utilizando un lenguaje antropológico) se lleva a cabo con eficacia, independientemente de los métodos en que se sustenta. Entre los pueblos primitivos, la taxonomía (el ordenamiento) se basa en valores estéticos. El concepto les es extraño y los modelos se forman a base de signos mutables que originan estructuras cambiantes. De aquí la riqueza y multiplicidad de los mitos y su capacidad de generalización. Las relaciones de un signo con los demás son, teóricamente, ilimitadas, y cualquier modificación en uno de ellos afectará automáticamente a los demás y al conjunto. El mito se forma, se deshace y origina uno nuevo.

Este ha sido, por lo tanto, el conocimiento que ha prevalecido durante miles de años. Su coherencia interna es comparable a la de la ciencia racionalista. Solo que se trata, en palabras del autor de *Antropología estructural*, de una «ciencia de lo concreto», con leyes propias. Pero los preceptos de los que parte, de oscuro origen, han dado frutos que han provocado la transformación más radical en la especie humana: la revolución neolítica. Porque nada se hubiese conseguido sin la observación curiosa de la naturaleza, alejada de sus fines de observación utilitaria, más próxima al espíritu científico de los siglos contemporáneos. La consecución de ciertas especies de plantas cultivadas a partir de las silvestres se logró por acumulación de conocimientos, y su elaboración y desarrollo por sistemas lógicos. Igualmente surgió la metalurgia, técnica que dista mucho de ser evidente. Y todo ello en un contexto de pensamiento mágico que daba explicaciones afectivas y desbordantes a la multiplicidad de aspectos del universo.

La última interpretación de la realidad

El arte, en sus formas físicas, común a todas las culturas, es la última interpretación de la realidad. Sus métodos se insertan entre el conocimiento científico y el pensamiento mágico. El objeto artístico, confeccionado por medios artesanales, permite ser aprehendido en su globalidad. El proceso de conocimiento, por su parte, sigue el camino inverso al de la ciencia moderna, porque el conocimiento del todo precede al de las partes. Toda obra de arte es, en mayor o menor medida, una copia o interpretación a escala reducida, por gigantescas que puedan ser sus proporciones. La capacidad de síntesis de la pieza auténticamente artística es indicativa de su calidad, pero siempre debe prescindir de aspectos fundamentales del modelo: sabor, tacto, olor, etc. Esto nos lleva a una limitación cualitativa que, sin embargo, permite la verdadera experiencia del observador sobre el objeto y, al igual que en el mito, lo convierte en una clase de caleidoscopio donde la imaginación y sensibilidad del observador complementa, completa, hace y deshace el camino mismo de la creación.

A lo largo del proceso de creación, el artista establece un diálogo con el modelo (acontecimiento, propio del arte occidental), con la materia (arte primitivo, religioso, de la antigüedad) o con el utilizador (parte funcional). Estos tres factores intervienen en proporciones diferentes en toda obra de arte y su dosificación conduce a la manifestación de su estructura, ya que los tres aspectos, que son accidentes (partes sustituibles, cambiantes unas por otras, superponibles en cierta medida), deben integrarse en una estructura inconsciente y propia del grupo social que genera dicho arte. Si tal integración no se ha llevado a cabo, limitándose solo al accidente, no alcanza un valor de conocimiento y, por lo tanto, no debemos considerarla arte, quedando reducida a simple icono.

La mandrágora

La utilización de la mandrágora aparece en numerosos pasajes bíblicos, como planta que actúa como filtro de amor. «Cuando Jacob volvía del campo por la tarde, salió Lea a su paso y le dijo: llegaste a mí, porque a la Verdad te he alquilado por la mandrágora de mi hijo. Y durmió con ella aquella noche». También en el Cántico de Salomón aparece esta misteriosa planta.

La mandrágora forma parte de las más ancestrales supersticiones; ha sido la planta mágica por excelencia. Sus raíces no tienen apenas tallo y de su bulbo brotan grandes hojas, que recuerdan una mata de pelo. Ha sido un amuleto contra la esterilidad de las mujeres, siendo muy eficaz en la magia negra. Homero narra que Circe encantó a los compañeros de Ulises con una raíz de mandrágora. Con las primeras cruzadas a Tierra Santa, llegó a Europa la fama de la mandrágora. Pero detrás de esta enigmática planta, hay todo un mundo oculto.

A comienzos de la era cristiana, las propiedades de la mandrágora eran bien conocidas. Discórides de Grecia, en el siglo I, Plinio el Viejo, coetáneamente y Galeno, un siglo más tarde, hicieron referencia al uso de este mismo narcótico como eficaz anestésico. Más tarde, ya en la Edad Media, la mandrágora continuó siendo la substancia soporífica predilecta; se administraba en poción o hervida en vino.

Se trata de una hierba con el tallo tan corto que se reduce a cuatro hojas; debajo y dentro del suelo crece profunda con raíz en forma de nabo. Esta planta era utilizada para efectuar los antiguos brebajes de brujería, hirviendo trozos de raíz picada, en dosis muy medidas, ya que la sobredosis de mandrágora puede ocasionar la muerte.

La verdadera y maravillosa raíz debía ser buscada bajo los cadalsos, donde crecía rociada por el semen caído al suelo en el último aliento de vida de los allí ejecutados. Para la extracción de la mandrágora es necesaria una cuerda atada a un perro que tira de ella; el brujo, alejado, para superar los horribles alaridos de la planta y del humanoide que en su raíz habita, tenía que protegerse los oídos. Para no perder sus cualidades, la mandrágora debía ser arrancada a medianoche. Según Shakespeare, el que la arrancaba debía taparse las orejas con cera, porque la mandrágora extraída del suelo donde obtenía el sustento, clamaba a gritos ensordecedores que llegaban a volver loco a quien hería la planta. Para que conservara sus propiedades, la mandrágora debía ser lavada con leche y vino todos los sábados. En agradecimiento, la planta proporcionaba felicidad a todos los miembros de la casa, protegiéndoles además contra la adversidad y facilitando los partos a las mujeres encintas.

El misterio de los números

Los números, desde la antigüedad, han jugado un papel determinante tanto en la fe como en la superstición. Los números eran sagrados o diabólicos, favorables o nefastos. Este carácter místico concierne particularmente a los números comprendidos entre el 1 y el 13.

Los números malditos

Desde los orígenes de la humanidad hasta nuestros días, la escritura en general y los números con su simbología, o su relación con lo divino, en particular han intervenido directamente en el desarrollo de las culturas. Sin embargo, algunos números, lejos de favorecer el equilibrio y el entendimiento entre las gentes, han transmitido otras sensaciones, más cerca de la desesperación que de la armonía. Por ello, para algunos pueblos, o culturas, estas cifras han sido calificadas de malditas. En este trabajo, vamos a aproximarnos a estos números —siguiendo un orden más o menos cronológico de los hechos históricos—, condenados generacionalmente por diferentes causas, o bien malinterpretados después.

No se entiende la historia de la humanidad sin la presencia de los números; sin ellos, sin las cifras, no existe nada. Los números son una ciencia sagrada que, al igual que la Cábala, resultan imprescindibles. La escritora ocultista y teósofa rusa Helena Petrovna Blavatsky (1831-1891), autora de dos obras inmortales: *Isis sin velo* y *La doctrina secreta*, no se equivocó en absoluto cuando dijo que la escala de la sabiduría tiene sus peldaños hechos de números. Pero es importante recordar que primero fueron los números y luego se hicieron las letras, y cada una de estas, a su vez, cuenta con una numerología concreta; entonces, es fácil comprender que todo está regido por los números, y que algunos de ellos son secretos, bien porque están relacionados con maldiciones o como elementos que predicen, igual que otras ciencias, el futuro.

El número de la Bestia

Posiblemente sea la cifra más citada por los ocultistas en su relación con Satanás. ¿Pero por qué el 666 es el número maldito por excelencia? A pesar de estar citado en la Biblia, o haber escuchado muchas historias sobre él, pocas personas saben el verdadero origen de esta cifra, tan negativamente citada en el libro del Apocalipsis de san Juan.

Las raíces de esta cifra hay que buscarlas en la legendaria ciudad de Babilonia, y concretamente en las prácticas religiosas de los tiempos del profeta Daniel. Era tan grande el número de dioses que los babilonios adoraban, relacionados con el Sol, la Luna y los planetas visibles del Sistema Solar y algunas estrellas relacionadas con la práctica de la astrología, que decidieron asignar a cada divinidad un número; porque consideraron que los números tenían poder sobre los dioses que adoraban en sus templos. Y llegaron a la conclusión que tenían 36 dioses; al dios asociado con el Sol, al tener supremacía sobre todos los demás, le otorgaron el número 1; al segundo el número 2 y así sucesivamente hasta llegar al dios número 36. La suma de todos los números, del 1 al 36, totalizaba la cifra de 666, que fue el número asignado finalmente al dios Sol.

Los babilonios, por temor a sus dioses, y para contar con su protección, hicieron una matriz de los números ordenada en un cuadro de 6x6, del 1 al 36. A ese tipo de matriz se lo conoce actualmente como cuadrado mágico; consiguiendo con ello un amuleto mágico protector. Estos amuletos debían ser lo más poderosos posibles, y, para aumentar su poder, ordenaron los números de tal manera que, al ser sumados en filas o columnas, siempre totalizaban 111. Por tanto, la suma de las seis columnas y las 6 filas daría la cifra de 666. El cuadrado mágico es el siguiente:

6	32	3	34	35	1	= 111
7	11	27	28	8	30	= 111
19	14	16	15	23	24	= 111
18	20	22	21	17	13	= 111
25	29	10	9	26	12	= 111
36	5	33	4	2	31	= 111
111	111	111	111	111	111	= 666

Hagamos la prueba y veremos que, si sumamos todas y cada una de estas filas o columnas, se conseguirá la cifra de 111, y lo mismo al ser sumadas diagonalmente. El resultado final nos da la cifra de 666. Los antiguos babilonios llevaban este amuleto protector, grabado en una pequeña tablilla de barro, colgado en sus cuellos.

Al ser conquistada la ciudad de Babilonia, sus sacerdotes se vieron obligados a emigrar a otros lugares de Asia, donde aceptaran a sus dioses; y fue en Pérgamo, cuna del médico Galeno, donde las 36 divinidades babilónicas se mantuvieron hasta la caída de esta ciudad en el 136 por los romanos. Las divinidades del Olimpo babilonio llegaron de este modo a la Ciudad Eterna, y Roma se llenó de sus doctrinas; por tal motivo, la capital imperial no tardaría en ser conocida como «la nueva Babilonia». Muchas de las referencias a la ciudad de los Jardines Colgantes, citadas en el Apocalipsis, son realmente un «código» para referirse a Roma. Y, de este modo sencillo, cuando se decreta el Cristianismo en la ciudad del Tíber, las prácticas y creencias de la religión babilónica fueron introducidas en ella, renombrando a sus dioses paganos como «santos» de la Iglesia. Por este motivo, no fue difícil para los romanos «convertirse» al cristianismo, aunque no se tratase de una conversión genuina. Es precisamente por esta mezcla de paganismo con cristianismo por lo que Babilonia fue condenada en el Apocalipsis.

El número de la Bestia se consigue también con combinaciones del 1, 2 y 3 (123 + 231 + 312 = 666 y 132 + 321 + 213 = 666). Esta cifra maldita es también la doble transposición del nombre de Nerón.

Ieoh Ming Pei, el arquitecto americano de origen chino creador de la pirámide de cristal que domina el patio interior del Museo del Louvre, en París, sostenida por una estructura de acero inoxidable, ensambla un total de 666 rombos y triángulos de vidrio.

Los números del juego gnóstico

La oca es un animal que simboliza la fertilidad en el amor, pero también presagia el peligro y, como ave mensajera, representa una estrecha relación entre el cielo y la tierra. Se trata de un animal benéfico, de origen profano, que, por su triple condición —aérea, terrestre y acuática—, está marcado con el número 3. Es un ave vinculada con el sol y asociada con el destino. Su símbolo está asociado a la Gran Madre y, al mismo tiempo, al descenso a los infiernos. La vinculación de este animal con los poderes y fuerzas esotéricos es muy antigua. Francia tiene una región dedicada a este animal: Occitania (tierra de ocas), que cuenta con un idioma propio, la lengua de oc, la escogida por los trovadores medievales para transmitir sus poemas y leyendas cantadas por los pueblos del Languedoc.

Pero es en España donde este animal, gracias a los templarios, recibe una más importante representación sociocultural, porque está estrechamente vinculado con el más iniciático de los itinerarios: el Camino de Santiago y sus diferentes rutas de peregrinación a Compostela, además de tener una región propia: La Rioja, con dos ríos (Oca y Oja), e innumerables poblaciones que llevan el nombre de esta esotérica ave.

Los caballeros del Temple desarrollaban un viaje de iniciación, de origen medieval, mientras ejercitaban una prueba gnóstica: el Juego de la Oca, que no es otra cosa que la derivación profana espacial y temporal del símbolo, representando los peligros y fortunas de la existencia antes del retorno al seno materno. Fulcanelli, en sus *Moradas filosofales*, supo vincular este cabalístico e iniciático juego con los saberes ocultistas: «El juego de la oca es el laberinto popular del Arte Sagrado y compendio de los principales jeroglíficos de la Gran Obra».

Este juego, como prueba de iniciación, está formado por una serie de números que van del 1 al 63 (volvemos de nuevo a la simbología del 9). De las casillas, 15 son ocas, localizadas en las casillas 1, 5, 9, 14, 18, 23, 27, 32, 36, 41, 45, 50, 54, 58 y 63, y el jugador podrá ir saltando sobre ellas, según la suerte del dado, hasta alcanzar la meta/destino final, si ha sido capaz de sortear los nueve obstáculos: el puente (6 y 12); la posada (19); el pozo (31); el laberinto (42), la cárcel (52), los dados (26 y 53) y la muerte (58).

En el tablero que apareció en la villa burgalesa de Fuentelcésped vemos una mezcla de juego de la oca y de tarot. Está formado por 18 casillas; no falta la muerte con su guadaña, el Sol y algunos de los peligros que acechan a quien emprende el viaje de iniciación.

La fuerza del infinito

El número que representa el infinito (∞) —el ocho tumbado—, es el establecimiento del 0, como inicio, y del 22, como punto final. El primero significa la fuerza vital cósmica antes de manifestarse, mientras que el 22 completa el círculo. Con ambas cifras se constituye un antiguo símbolo numérico del círculo y, por lo tanto, llegamos a la presentación del Alfa (A) y el Omega (Ω), primera y última letra del alfabeto griego; que significa la supraconciencia, es decir, dar un paso más, con lo cual se pretende indicar que nunca llegamos al límite de nuestras posibilidades. Esto nos recuerda que todos debemos dejar un legado para la humanidad. Estas letras, que lo contienen todo, están bien representadas dentro de los crismones románicos del mundo occidental.

Precisamente, el matemático francés Jules Tannery (1848-1910), experto en la teoría de conjuntos y sobre las funciones de variable real, dijo en una ocasión: «La noción de infinito (∞), que debe ser necesariamente convertido en un misterio matemático, se resume en el siguiente principio: después de cada número entero existe siempre otro». Al admirar un fresco románico, donde el Pantocrátor domina el área más sagrada de un templo, y descubrir la presencia del A y la Ω, es fácil comprender que, a través de la pintura, el Pantocrátor románico nos está recordando que Él es el principio y el final de todo.

El calendario lunar de Laspaúles

Laspaúles es una pequeña población de la provincia de Huesca, en la comarca de la Ribagorza, situada a 1441 metros de altitud, sobre la ladera norte del Turbón. Este pueblo se ha hecho célebre en los últimos años por su interesante parque temático Brujas de Laspaúles, abierto todo el año y gratuito, que recrea un episodio sobrecogedor de la historia moderna de Laspaúles, relacionado con la condena a la hoguera de un grupo de mujeres, acusadas de brujas por la Inquisición.

Pero Laspaúles ofrece otro elemento atractivo para el amante de la historia oculta, en forma de una curiosa piedra, en el interior de un jardín privado, en la esquina de la carretera que lleva al parque temático. Se trata de una piedra caliza grisácea, de unos 80 centímetros de superficie, plana y de forma irregular, en cuya parte superior vemos tallado un gran cuadro que encierra 28 pequeños cuadrados, alineados en cuatro hileras.

Las culturas de la prehistoria, después de la invención de la Agricultura, fijaron sus miradas al firmamento, interesadas por los astros, el Sol, la Luna y las estrellas. Y eligieron la Luna como referente para señalar los ciclos agrarios y pastoriles.

Esta piedra, según el erudito local Domingo Subías, a quien debemos también la iniciativa de la creación del parque temático Brujas de Laspaúles, fue encontrada fortuitamente en una majada pastoril, mientras se trabajaba con el arado. Se trata de una especie de calendario lunar, utilizado por las culturas pastoriles de los Pirineos durante muchos siglos. La piedra, como hemos dicho antes, está dividida en cuatro partes, con siete líneas cada una, una de las cuales coincide en formato doble, lo cual nos lleva a suponer que represente la Luna intermedia, cuando creciente alcanza un punto cero e inicia a menguar otra vez. Dicha piedra se encontró al lado de una cabaña de pastor y, probablemente, esto sería para ir marcando cada ciclo, cuando aparece la Luna, etc. Encima de cada cuadrado se podía poner una piedra, una marca, una señal (en forma de piña u otra fruta), para marcar qué ha sucedido, o cuándo ha llovido, por ejemplo, en la primera Luna, y así registrar todo el año.

Vista superior de la piedra de Laspaúles (Huesca). La primera línea se corresponde con la fase de Luna creciente; la segunda, continuando hacia izquierda, terminaría en la Luna llena; en la tercera línea comenzaría a menguar la Luna, hasta alcanzar el cuadro número 20, que está unido al 21 (jornadas que se corresponderían con mengua, que pastores y agricultores tenían señaladas para recordar algunas de sus actividades tradicionales); después seguiría menguando la Luna con el cuadro 22, siendo los cuatro últimos cuadros los que establecen la fase de Luna nueva, para terminar todo el recorrido y volver a empezar en el cuadro primero.

Los números y su simbología

En la Biblia los números tienen tres significados distintos: cantidad, simbolismo y mensaje.

Si nos fijamos en el primer sentido (la cantidad), los números tienen un significado parecido al que les damos nosotros. Por ejemplo, lo vemos en versículos como los siguientes: «Josías tenía ocho años cuando ascendió al trono, y reinó en Jerusalén treinta y un años. Su madre era Jedidá hija de Adaías, oriunda de Boscat» (2 Reyes 22:1); «Salomón tenía por todo Israel a doce gobernadores, cada uno de los cuales debía abastecer al rey y a su corte un mes al año» (1 Reyes 4:7), o «Betania estaba cerca de Jerusalén, como a quince estadios» (Juan 11:18). Estos números no son simbólicos ni encierran ningún mensaje oculto. Simple y llanamente se refieren a la cantidad de años, personas o distancia mencionados en el texto. En este significado no hay lugar para la confusión: lo que el número dice es lo que quería decir el autor.

El segundo significado que pueden tener los números en la Biblia es el simbólico. Un número simbólico es aquel que no indica una cantidad, sino que expresa una idea, un mensaje distinto de él, que lo supera y lo desborda.

No siempre es posible saber por qué tal número significa «tal» cosa. La asociación entre ambas realidades a veces es desconocida. Para nosotros, los occidentales, esto es difícil de entender, pero los semitas usaban los números con toda naturalidad para transmitir ideas, mensajes o claves. La Biblia no explica nunca qué simboliza cada número, pero los estudiosos han llegado a averiguar algunos de sus simbolismos y han podido aclarar muchos episodios bíblicos.

El número 1 es el símbolo más puro de unidad fundamental del mundo; simboliza a Dios, que es único. Por ello indica exclusividad, primado, excelencia. Estos son algunos de los versículos que lo reflejan: «—¿Por qué me preguntas sobre lo que es bueno? —respondió Jesús—. Solamente hay uno que es bueno. Si quieres entrar en la vida, obedece los mandamientos» (Mateo 19:17); «El Padre y yo somos uno» (Juan 10:30); «Ya no hay judío ni griego; no hay esclavo ni libre; no hay varón ni mujer; porque todos vosotros sois uno en Cristo Jesús» (Gálatas 3:28), o «Un solo Señor, una sola fe, un solo bautismo» (Efesios 4:5).

En todos estos casos, el uno simboliza el ámbito divino. «Los poetas lo llaman de muchas maneras, a lo que en realidad no es más que uno. Uno es el fuego que luce de diversos modos; uno, el sol que irradia en el espacio»; escribió un sabio hindú de la antigüedad. El judaísmo, al profetizar el reino de Dios sobre la tierra, proclama que «el Eterno es Uno, y en aquel día Uno será su nombre».

El número 2 representa al hombre, pues en él hay siempre dualidad, división interior por culpa del pecado. Lo vemos, por ejemplo, en Mateo 20:30 («Dos ciegos que estaban sentados junto al camino, al oír que pasaba Jesús, gritaron: —¡Señor, Hijo de David, ten compasión de nosotros!») o en Mateo 26:60 («Pero no la encontraron, a pesar de que se presentaron muchos falsos testigos. Por fin se presentaron dos»). El dos es el número de las antítesis: bueno y malo, hombre y mujer, positivo y negativo, día y noche, blanco y negro, etc.

El número 3 representa «totalidad», quizá porque tres son las dimensiones del tiempo: pasado, presente y futuro. Este número aparece en versículos como: «Y engendró Noé tres hijos: a Sem, a Cam y a Jafet» (Génesis 6:10) o «—Te aseguro —le contestó Jesús— que esta misma noche, antes que cante el gallo, me negarás tres veces» (Mateo 26:34).

El tres sagrado es el principal de la serie de los números místicos y en todas las religiones ocupa un lugar importante. En el catolicismo, por ejemplo, está la divina Trinidad. La triple invocación es necesaria cuando se dirige a la divinidad. El diablo, considerado como divinidad negativa, debe ser llamado tres veces. El budismo conoció la idea trinitaria: Buda, Darma (la doctrina) y Sangha (la comunidad). En el Antiguo Testamento el uso místico del número tres es frecuente: el santuario del templo de Jerusalén estaba compuesto de tres partes (el atrio, el sancta y el sanctasanctórum). Esta división la encontramos también en las iglesias románicas y góticas. En el Nuevo Testamento encontramos los tres Reyes Magos y la triple negación de san Pedro. Tres cruces signadas una después de otra simbolizan la protección contra Satán y constituyen un refuerzo del valor del simple signo de la cruz. En el dominio temporal encontramos a menudo la noción del tres: los cuerpos tienen tres estados (sólido, líquido y gaseoso), hay tres magnitudes fundamentales (longitud, masa y tiempo) y en la corriente eléctrica están tensión, intensidad y resistencia. Tres son las dimensiones del espacio; tres, los lados de la figura fundamental geométrica, y existe una ciencia que se llama trigonometría. En música, como en las artes, la noción de tres tiene un papel muy importante. Los colores fundamentales también son tres: rojo, azul y amarillo.

El número 4 es uno de los considerados mágicos de la simbología universal. Desde la antigüedad hasta nuestros días, ha sido siempre un número objeto de divinización por todas las culturas y pueblos, tanto de

Oriente como de Occidente. El cuatro se relaciona estrechamente con la figura geométrica del cuadrado y el emblema de la cruz; es, como sabemos, la expresión espacial de la cuaternidad, es decir, de la combinación y ordenación regular de los cuatro elementos. En este sentido, es preciso hacer referencia al Tetragrama (cuadratura del círculo), que constituyó una de las mayores preocupaciones de los alquimistas medievales y de los siglos modernos. En la Biblia simboliza el cosmos, el mundo, ya que son cuatro los puntos cardinales. Cuando se dice que en el Paraíso había cuatro ríos («Del Edén nacía un río que regaba el jardín, y que desde allí se dividía en cuatro ríos menores», en Génesis 2:10) significa que todo el cosmos era un Paraíso antes del pecado de Adán y Eva. O sea, no se trata de un sitio determinado, aunque algunos continúen buscando dónde estaba. También aparece el número cuatro en Ezequiel 37:9 («Entonces el Señor me dijo: "Profetiza, hijo de hombre; conjura al aliento de vida y dile: 'Esto ordena el Señor omnipotente. Ven de los cuatro vientos, y dales vida a estos huesos muertos para que revivan'"») o en Apocalipsis 4:6 («Y delante del trono había como un mar de vidrio semejante al cristal; y junto al trono, y alrededor del trono, cuatro seres vivientes llenos de ojos delante y detrás»). El cuatro pertenece al dominio de lo material: los cuatro elementos, los cuatro puntos cardinales, las cuatro estaciones, las paredes de una casa, los lados de las hojas de papel, etc.

El número 5 significa «algunos», «unos cuantos», una cantidad indefinida. Así, se dice que en la multiplicación de los panes Jesús tomó cinco panes (lo que significaría algunos panes) o que en el mercado se vendían cinco pajarillos por dos monedas (lo que significaría algunos pajarillos). El cinco se encuentra en numerosos actos místicos y simbólicos; recordemos el pentagrama, la figura geométrica estrechamente relacionada con el catarismo.

El número 6 adquiere una importancia secundaria desde el punto de vista místico, si bien el hexágono compuesto de dos triángulos superpuestos e invertidos haya tenido en ciertas épocas una significación mágica. El hexagrama, además, llegó a ser un símbolo específicamente semítico: las leyendas árabes precisan que estaba grabado en el diamante Schamir del anillo de Salomón.

El número 7, que desde la antigüedad ha interesado a todos los espíritus, tiene el simbolismo más conocido de todos. Representa la perfección. En siete días creó Dios el mundo, siete arcángeles rodean el trono de Dios, hay siete pecados capitales y siete virtudes opuestas, siete son los dolores y gozos de la santísima Virgen... Por eso Jesús dijo a Pedro que debía perdonar a su hermano hasta setenta veces siete. Este número también puede expresar la perfección del mal, o el sumo mal, como cuando Jesús enseña que si un espíritu inmundo sale de un hombre puede regresar con otros siete espíritus peores, o cuando se cuenta que el Señor expulsó siete demonios de la Magdalena.

El Apocalipsis es el libro que más lo emplea, hasta cincuenta y cuatro veces para describir simbólicamente las realidades divinas: las siete iglesias de Asia, los siete espíritus del trono de Dios, las siete trompetas, los siete candeleros, los siete cuernos, los siete cielos, etc.

La tradición cristiana continuó este simbolismo del siete, y por eso fijó en siete los sacramentos, los dones del Espíritu Santo, las virtudes. La Cuaresma dura siete semanas, y Pentecostés se sitúa siete semanas después de Pascua.

La vida transcurre en etapas de siete años: la dentición de leche se pierde a los 7 años, a los 14 sobrevive la pubertad, a los 21 se alcanza la mayoría de edad, a los 35 se produce con frecuencia el máximo de pujanza creadora, a los 49 la mujer conoce la menopausia y a los 56 años el hombre sufre modificaciones de carácter y crisis fisiológicas. Hipócrates estableció que la edad de 63 años era peligrosa para la vida y a los 70 años comenzaba la vejez.

El número 8 parece palidecer al lado del siete. Sin embargo, debemos recordar que los celtas construían sus templos en planta octogonal. Para Pitágoras, el ocho era el símbolo de la versatilidad y de la muerte. No es una casualidad que los santuarios templarios de carácter funerario (Eunate, Torres del Río...) tengan como base un octógono.

Por su parte, los números 8 y 0 repiten su trazado sin llegar nunca al final. Representan, por lo tanto, el poder divino y, al mismo tiempo, el material. Palabras claves de este número son: fuerza, voluntad y esfuerzo. Se posee la facultad de analizar nuestras energías para modificar una situación dada.

El número 9, síntesis final y la vuelta al principio de la creación, es la cifra alquímica por excelencia, y el número de la montaña del sol. Al examinar físicamente este número vemos que se trata de una espiral que nos comunica con los infiernos, y el número 6 tiene la misma espiral, que nos conectaría con los cielos. El nueve es el número de la iniciación y la cristalización de los objetivos; la imagen y la totalidad de los tres mundos, formados por tres triángulos: el Cielo, la Tierra y el Infierno. Para Dante Alighieri, el nueve es el número del Cielo y, al mismo tiempo, el símbolo del amor carnal. Para los hebreos, este número es el símbolo de la verdad, debido a la especial característica de que, multiplicando, se reproduce a sí mismo.

Los templarios recogieron de los pueblos turcos de Anatolia el concepto de la división del Cielo en nueve capas, y la creencia de los nueve hijos o servidores de Dios, que se corresponden con las nueve estrellas del firmamento. «Todo número, sea cual fuere, no es sino el número nueve o su múltiplo más un excedente, pues los signos de los números no tienen más que nueve caracteres y valores con el cero», dijo Avicena, confirmando la sabiduría islámica en el conocimiento de aritmética. Los egipcios, de cuya cultura tanto bebieron los templarios, llamaban al número nueve «la montaña del sol»; también se relaciona con la esencia de la sustancia y la vida, que está representada por el arquetipo trinitario Osiris-Isis-Horus, que constituye la evolución de los tres mundos, la triple síntesis —lo divino, lo natural y la inteligencia—, o lo que es lo mismo: lo espiritual, corporal e intelectual.

El simbolismo del nueve invade toda la cosmología templaria. Para los templarios, y también para los francmasones, el número 9 representa, en su grafismo, una germinación hacia abajo y, por tanto, material. Las siguientes cifras lo confirman: nueve fueron los caballeros fundadores de la Orden del Temple; un total de setenta y dos artículos componían la regla (72: 7 + 2 = 9); la génesis de la Orden se prolongó durante nueve años, exactamente desde 1118 a 1127; nueve fueron las provincias que los templarios establecieron en Occidente; la historia del Temple se prolongó durante 180 años (180: 1 + 8 + 0 = 9); un total de ciento diecisiete cargos condenaron finalmente a la Orden del Temple, durante el proceso (117: 1 + 1 +7 = 9); incluso su último gran maestre, Jacques Bernard de Molay, tampoco se libró de esta cifra, si recordamos que fue quemado vivo en París el día 18 de marzo de 1314 (18: 1 + 8 = 9 y 1314: 1 + 3 + 1 + 4 = 9). Asimismo, no es una casualidad que, 117 años después, Juana de Arco, la heroína de Orleans, tuviera el mismo final, precisamente en 1431 (117: 1 + 1 + 7 = 9 y 1431: 1 + 4 + 3 + 1 = 9).

Igualmente, los francmasones precisan de nueve caballeros para constituir una logia. El número nueve interviene frecuentemente en la imagen del mundo: nueve días y nueve noches son la media del tiempo que delimita el Cielo y la Tierra, y esta del Infierno, en la dimensión más inferior. El 9 define el final de la serie de cifras, al tiempo que anuncia un nuevo comienzo y la germinación, abriendo la fase de las transmutaciones y el cierre del anillo cósmico. El nueve es un número místico, ante todo en la mitología. Pero no debemos olvidarnos que este número tiene una gran importancia para la vida, pues el niño permanece nueve meses en el seno de su madre antes de nacer.

También hay otra cifra, formada por seis números desiguales (142 857), cuya propiedad es la de no variar sus números al ser multiplicada por 2, 3, 4, 5 y 6, resultando finalmente siempre un múltiplo de nueve; y si la multiplicamos por 7 nos daría: 999 999. Algunos algebristas llaman a esta cifra el «número impertinente».

El número 10, como el cuatro, es material y constituye la base de nuestro sistema de cálculo; tiene un valor que sirve para recordar. Al ser diez los dedos de las manos, resulta fácil recordar esta cifra. Por eso figuran como diez los mandamientos que Yahvé dio a Moisés (podrían haber sido más) y diez las plagas que azotaron a Egipto. También por esta razón se ponen solo diez antepasados entre Adán y Noé, y diez entre Noé y Abraham, aun cuando sabemos que existieron muchos más.

La Rueda de la Fortuna es otro símbolo que podemos ver en algunos templos cristianos, relacionado con el número diez, cifra que indica que la persona en concreto ha vivido muchas vidas y reconoce la transitoriedad de las cosas terrestres. El diez inicia un nuevo ciclo, repetición del uno, pero con la ayuda de Dios. El diez expresa la ambivalencia de la muerte y la vida, una alternancia cuya coexistencia está estrechamente ligada al dualismo. Desde el antiguo Oriente hasta san Jerónimo, a través de la escuela pitagórica, el diez ha sido considerado el número de la perfección, cuyo símbolo ha estado anclado prácticamente en todas las culturas a la tierra.

El número 11 carece de importancia. Antiguamente era considerado como el número de los pecados; en nuestros días se relaciona con amenazas que ponen en riesgo la seguridad de los pueblos, consecuencia de atentados que se han producido un día once.

El número 12 es también simbólico; significa «elección». Por eso se hablará de las doce tribus de Israel, cuando en realidad el Antiguo Testamento menciona más de doce; pero con esto se quiere decir que eran tribus «elegidas». Igualmente se agruparán en doce los profetas menores del Antiguo Testamento. También el Evangelio mencionará doce apóstoles de Jesús, que resultan ser más de doce si comparamos sus nombres; pero se los llama «Los Doce» porque son los elegidos del Señor. Asimismo Jesús asegura tener doce legiones de ángeles a su disposición (Mateo 26:53). El Apocalipsis hablará de doce estrellas que coronan a la Mujer, doce puertas de Jerusalén, doce ángeles, doce frutos del árbol de la vida. Doce eran los principales dioses asirios, griegos y romanos. Hércules cumplió doce trabajos. El año tiene doce meses...

El 13 es el número maléfico y supersticioso por excelencia, aunque para algunos conlleve felicidad. El trece es la cifra de la muerte y del nacimiento, como número del cambio y reanudación tras el final, como recuerda Eliphas Lévi en su obra *Los misterios de la Cábala*. Por eso de siempre ha sido considerada una cifra adversa. Los templarios no se libraron de este número: fue el día 13 de septiembre de 1307 cuando la escuadra templaria levaba anclas en el puerto francés de La Rochelle, en la costa atlántica, para iniciar una travesía hacia un lugar desconocido. Un mes justo después, el 13 de septiembre (viernes), el monarca francés Felipe IV *el Hermoso* ordenaba la detención masiva de los caballeros del Temple, con la aprobación del pontífice Clemente V.

No todos los números en la Biblia son simbólicos, ante cada cifra tenemos que preguntarnos ¿esta cifra indica cantidad o encierra un mensaje?

Y esto nos lleva directamente al tercer significado que pueden tener los libros en la Biblia: el mensaje, en un sentido gemátrico.

En las lenguas hebrea y griega las letras tienen un valor numérico. Así el 1 sería la A, el 2 la B, etc. El número obtenido con la combinación de letras se llama gemátrico. En cada cifra podía haber escondida una palabra. La Biblia trae varios ejemplos de estos números gemátricos.

Por ejemplo: Cuando salieron los israelitas de Egipto dicen que salieron 603 550 hombres, sin contar mujeres y niños, pero si sustituimos las letras de la frase «todos los hijos de Israel» (en hebreo: *rs kl bny ysr'l*) por sus correspondientes valores numéricos da precisamente 603 550, con lo cual lo que están diciendo es que salieron «todos los hijos de Israel».

Mateo (1:17) divide a los antepasados de Jesús en tres series de catorce generaciones cada una. Pero esto es imposible. Mateo solo pone tres nombres para cubrir los 430 años de esclavitud en Egipto. Lo que ocurrió fue que cogieron el nombre de David (D: 4 + V: 6 + D: 4 = 14) y, como se esperaba que el Mesías fuera descendiente de David, el evangelista quiso decir que Jesús es el «triple David», el Mesías total, verdadero descendiente de David.

El más conocido de estos números gemátricos es el famoso 666: «Aquí hay sabiduría. El que tiene entendimiento, cuente el número de la bestia, pues es número de hombre. Y su número es seiscientos sesenta y seis» (Apocalipsis 13:18). El mismo libro aclara que se trata de la cifra de un hombre. Ese hombre es el emperador Nerón. Si transcribimos «Nerón César» en hebreo obtenemos: N: 50 + R: 200 + W: 6 + N: 50 + Q: 100 + S: 60 + R: 200 = 666.

Esta es la valoración numérica de las letras del abecedario castellano:

1	2	3	4	5	6	7	8	9
A	B	C	D	E	F	G	H	I
J	K	L	M	N	O	P	Q	R
S	T	U	V	W	X	Y	Z	

Además de los números de los que hemos hablado hasta ahora, el número 40 tiene también valor simbólico. Representa el «cambio», de un período a otro, los años de una generación. Por eso el diluvio dura cuarenta días y cuarenta noches (pues es el cambio hacia una nueva humanidad). Los israelitas están cuarenta años en el desierto (hasta que cambia la generación infiel por otra nueva). Moisés permanece cuarenta días en el monte Sinaí, y Elías peregrina otros cuarenta días hasta allí (a partir de lo cual sus vidas cambiarán). Jesús ayunará cuarenta días (porque es el cambio de su vida privada a su vida pública).

El número 1000 significa multitud, gran cantidad, como podemos ver, por ejemplo, en Daniel 5:1 («El rey Belsasar ofreció un gran banquete a mil miembros de la nobleza, y bebió vino con ellos hasta emborracharse»); Salmos 90:4 («Mil años, para ti, son como el día de ayer, que ya pasó; son como unas cuantas horas de la noche»), o 1 Reyes 3:4 («Como en Gabaón estaba el santuario pagano más importante, Salomón acostumbraba ir allá para ofrecer sacrificios. Allí ofreció mil holocaustos»).

A veces este número puede entrar en combinación con otros. Así, el Apocalipsis dice simbólicamente que al final del mundo se salvarán 144 000 elegidos, porque es la combinación de 12 x 12 x 1000, y significan los elegidos del Antiguo Testamento (12), y los elegidos del Nuevo Testamento (12), en una gran cantidad (x 1000).

Quedan otros números simbólicos como el 70. San Lucas dice que Jesús eligió a setenta discípulos para enviarlos a todos los lugares y sitios por donde él tenía que pasar (Lucas 10:1). No está dando una cifra real, sino simbólica, ya que según el Génesis, el total de los pueblos y naciones que existían en el mundo era de setenta. Cuando Lucas dice esto, lo que quiso decir es que los mandó para que el evangelio llegara a todas las naciones del mundo.

También vemos otra cifra en Juan 21:11 («Simón Pedro subió a bordo y arrastró hasta la orilla la red, la cual estaba llena de pescados de buen tamaño. Eran ciento cincuenta y tres, pero a pesar de ser tantos la red no se rompió»). ¿Por qué tanto interés en dejar registrado el número de 153 peces? Porque en la antigüedad se creía, entre los pescadores, que este era el número de peces que existía en los mares. El mensaje es claro: Jesús vino a salvar a gente de todas las naciones, razas y pueblos del mundo.

Días felices y días nefastos

El número trece, si además cae en martes, es un día nefasto; todo el mundo lo sabe. Pero no sabemos a ciencia cierta el porqué de ello. Simplemente se piensa que en esa jornada nos sucederá algo desagradable. Es una superstición que condiciona una inquietud y temor en nuestro estado de ánimo. Pero si nos ponemos a pensar, es fácil darnos cuenta de que lo que nos ha sucedido en un martes y trece muy bien nos pudo haber pasado otro día de la semana; es más, probablemente en un martes y trece nos hayan sucedido muchos menos asuntos desagradables que en otras fechas.

Para el compositor Richard Wagner, el número trece tenía una importancia positiva. Nació en 1813 y murió el 13 de febrero. La casa del festival de Bayreuth, en esa localidad bávara, fue abierta el 13 de agosto. Escribió trece óperas, incluyendo sus obras de juventud. Su nombre se compone de trece letras; los números que componen la cifra del año de su nacimiento suman trece. Un 13 de octubre sintió el primer impulso que le lanzó a la carrera musical, al escuchar Freischütz. Tannhäuser cesó de ser tocado en París el 13 de marzo de 1845, y no fue repuesto hasta el 13 de mayo de 1895. El teatro de Riga, donde Wagner se presentó como director de orquesta, fue inaugurado el 13 de septiembre de 1857, y Tannhäuser fue terminado el 13 de abril del año 1844. Wagner permaneció trece años en el destierro. El último día que pasó en Bayreuth fue un 13 de septiembre.

La vida de los Napoleones también estuvo vinculada con la superstición de los números, pero en un sentido venturoso. Recordemos que fue el 2 de diciembre de 1804 cuando fue coronado emperador Napoleón Bonaparte. El 2 de diciembre del año siguiente ganaría la batalla de Austerlitz. Por su parte, Luis Napoleón también tuvo esa misma fecha como referente; recordemos que el 2 de diciembre de 1851, protagonizó su golpe de Estado, y ese mismo día, un año después, sería proclamado emperador.

Y el número 14 ha sido siempre un día nefasto para Prusia: el 14 de octubre de 1758 el ejército prusiano perdió la batalla de Hochkirch; el

14 de octubre de 1806, las de Jena y Auerstaedt, y el 14 de junio de 1807, la de Friedland.

Cuadrados mágicos

Desde la antigüedad, los cuadrados mágicos forman parte del mundo del pensamiento místico. ¿Qué es un cuadrado mágico? Se trata de un cuadrado dividido a su vez en sectores cuadrados donde se escriben cifras de modo que den un resultado determinado. Pero no todos los cuadrados mágicos están formados por números.

Uno de los palíndromos más famosos es el que se conoce como cuadrado de Sator. Este código secreto está formado por veinticinco letras, organizadas en cinco grupos de cinco letras, y que tienen la particularidad de poder leerse igualmente al revés.

Se han encontrado varios grabados relacionados con este palíndromo, uno de los ellos conservado en la iglesia de San Lorenzo, en la localidad francesa de Rochemaure, datado de finales del siglo XII o comienzos del XIII. Bajo el nombre de «Llave del Gran Arcano», este cuadrado pentádico figura con las mismas letras, totalmente inscrito en un hexagrama, en un capítulo de la obra *De Magicis Amuletis*, de P. A. Kircher, escrita en 1665, en cuyas páginas pone en relieve su carácter satánico. Este palíndromo lo vemos también en el manuscrito pseufáustico de los archivos ducales de Coburgo, y podemos encontrarlo, por ejemplo, en la población aragonesa de Mosqueruela (Sierra de Gúdar, Teruel).

Palíndromo conservado sobre una puerta en la población de Mosqueruela (Teruel).

El cuadrado mágico de Sator ha creado tensiones entre los eruditos y aficionados que trataron de penetrar en su significado secreto, al proporcionar interpretaciones diferentes y poco satisfactorias.

Ernest Díez, uno de los mayores investigadores de los cuadrados mágicos, en su obra *El quadrat màgic* dice: «El análisis global de todos los resultados nos hace entender el cuadrado mágico como un criptograma esotérico, una forma de mandala en el cual, bajo la apariencia del cuadrado, se ocultan la espiral, la doble espiral y el círculo, símbolos de la revolución cíclica».

Volviendo, entonces, a los palíndromos numéricos, estos tienen la misma dimensión de resolver soluciones idénticas, en todas las direcciones en que se calculen, como ocurre con los siguientes ejemplos:

6	1	8
7	5	3
2	9	4

4	3	8
9	5	1
2	7	6

En estos ejemplos nos encontramos con dos palíndromos sencillos, que contienen el código secreto formado por los números del 1 al 9, dispuestos en 3 filas de 3 dígitos, sin repetir ninguno, y que tienen la particularidad de sumar lo mismo en cualquier dirección (horizontal, vertical o en diagonal): 15.

Un ejemplo más complejo sería el siguiente:

1	14	14	4
11	7	6	9
8	10	10	5
13	2	3	15

Si nos fijamos, en todas las direcciones la suma da como resultado 33, que es la edad de Cristo, a la que se llega con 310 combinaciones diferentes y donde, como podemos ver, aparecen todos los números del 1 al 15, a excepción del 12, y se repiten dos cifras: el 10 y el 14. Este palíndromo está grabado en la fachada de la Pasión de la catedral de Notre Dame de París.

La siguiente combinación de cifras, conocida como el cuadrado de Durero, da un resultado final de 34, y en ella aparecen todos los números del 1 al 16, sin que se repita ninguno, como podemos comprobar:

16	3	2	13
5	10	11	8
9	6	7	12
4	15	14	1

En la línea inferior, si las dos cifras 15 y 14 se leen juntas, forman el año en que se creó el cuadrado de Durero (1514), el mismo año en el que falleció la madre del artista.

El *I Ching*

El *I Ching* es el libro del cambio, de la sabiduría, de la ciencia y el espíritu creativo del hombre, provisto de la doble dimensión de la vida, tanto física como psíquica, material e inmaterial.

A través de su extraordinaria riqueza simbólica, vamos a intentar desvelar algunos de sus interesantes secretos, que han permanecido ocultos para Occidente durante milenios.

En la historia china se menciona el *I Ching* o Libro de los cambios, también llamado Oráculo de las Alternancias o de la Sabiduría, en el año 3300 a.C., en relación con el emperador Fuxi. De él se refiere: «Antiguamente, cuando la regla de todo lo que hay bajo el cielo estaba en las manos de Fuxi, este, mirando las formas exhibidas en el espacio y contemplando las pautas mostradas sobre la tierra, remarcó las apariencias ornamentales en los pájaros y las bestias y sus sutiles diferencias con las del suelo. Encontró motivos a considerar sobre su propia persona y en todas las cosas».

Partiendo de todo ello, y para expresar la apariencia del espíritu en los actos inteligibles de la naturaleza y clasificar todas las cualidades de las cosas, dibujó las ocho figuras lineales de tres líneas cada una.

El libro del *I* (cambio) se escapó de las hogueras inquisitoriales que se produjeron durante la dinastía Qin, que fueron desastrosas para la casi totalidad de la antigua literatura china. El político Li Si redactó un informe en el que recomendaba que los libros viejos deberían ser arrojados a la hoguera, solo a excepción de aquellos que trataran de medicina, de adivinación y de ciencias del hogar. El *I Ching* fue considerado como un tratado de adivinación y se preservó.

El tema del *I Ching* es el avance y retirada del Dragón (el símbolo de las Fuerzas Benéficas de la Naturaleza y del Hombre Superior o Gran Hombre). La afectividad del hombre y su liberación de problemas y limitaciones se encuentra en la integración con las fuerzas de la naturaleza. El libro enseña que la vida propia y buena se consigue cuando se realiza en armonía con el flujo del yin y el yang. El Hombre Superior se esfuerza en desarrollar la vigilia consciente de ese flujo y su intuición llega a ser tan aguda que él se mueve dentro del continuo avance y retroceso de las fuerzas vitales de la naturaleza y nunca contra ellas, porque se da cuenta de que es inútil y destructivo. Es sabio y sigue el flujo de las fuerzas y, de ese modo, llega a ser como el agua, que en primavera llena el caudal seco del río.

Todo esto implica una «inteligencia progresiva» (el hombre medio madura en Hombre Superior a través de la experiencia) que puede encontrar su paralelo en el misticismo de Occidente y en la idea ocultista de la expansión de la conciencia y su movimiento hacia el Espíritu Universal. Hoy es indudable que la frontera de la conciencia del hombre sobrepasa en mucho la visión materialista de los siglos XIX y XX, cuyas secuelas de positivismo lógico en la filosofía y el comportamiento (behaviorismo) en psicología representan al hombre como un sofisticado aparato mecánico, limitado en su percepción por los cinco sentidos.

Otra realidad

Resulta difícil aceptar que otra realidad, más allá de la que los sentidos perciben, no solo existe, sino que domina el mundo. Y, sin embargo, todas las cosas, nosotros, nuestra ropa, los objetos que se encuentran en nuestras casas o el aire son de la misma sustancia y solo se distinguen porque potentes fuerzas fundamentales sostienen juntos un infinito número de átomos y partículas de una u otra manera.

Si algún concepto general ha sobrevivido desde que el hombre empezó a investigar sobre la Tierra, es el de que existe una estructura, una organización, un equilibrio de fuerzas. Y esto se hace cada vez más aparente cuanto más profundamente investigamos en la existencia. También la mente, el mismo pensamiento, está regido por una estructura, pues aunque ignoremos su mecanismo, sería infantil asumir que, entre todas las manifestaciones de la vida, sea la única que carece de esa característica.

El proceso del *I Ching* es misterioso, pero muchos creen que el pensamiento es el depósito de todo el conocimiento. Hay varias teorías que suponen la existencia de la Gran Sabiduría en el inconsciente: según Carl Gustav Jung, sería el inconsciente colectivo; según Carington, la mente colectiva; según Bergson, la mente cósmica, pero todas son la misma cosa, lo que se expresaría mediante la conexión de la conciencia individual expandida con ese depósito.

El sistema del «*I*» (cambio) se basa en el *T'ai Chi* (Gran Extremo), que produjo los dos cambios (Formas Elementales). Las dos formas son una línea completa (yang) y una línea dividida (yin). Colocadas sobre sí mismas y sobre la otra, estas líneas producen los cuatro símbolos, y vueltas a colocar sobre ellos, forman los ocho *Kua*, que combinados originan los 64 hexagramas que componen las figuras del oráculo.

Podría convenirse en identificar las dos Formas, el yin y el yang, como una energía similar en manifestación a la de los polos positivo y negativo de un magneto. Cada uno opuesto al otro y, sin embargo, coexistiendo e interdependientes dentro de una misma pieza de metal.

La vida podría ser una partícula cogida entre la atracción y repulsión de los polos. El proceso de cambio incesante que afecta a nuestro mundo y a nosotros mismos no hace más que certificar estas consideraciones.

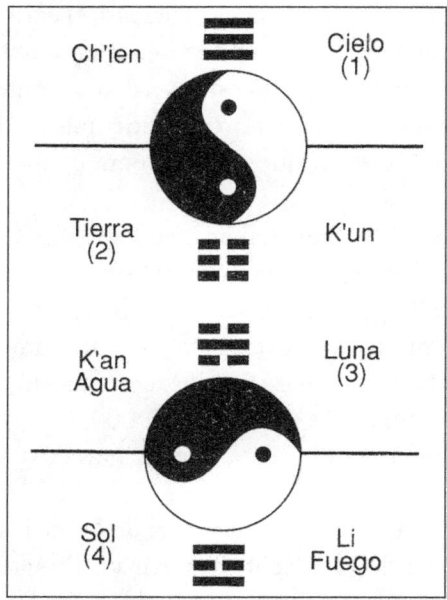

El yin-yang con sus correspondientes. 1: frío, fuerte, firme, claro; 2: calor, débil, flexible, oscuro; 3: invierno, peligroso, difícil; 4: verano, relámpago, hermoso.

Yin y yang

El yang aparece como el principio de la luz, masculino y activo, y el yin como el femenino y pasivo. Su fuente es el *T'ai Chi*, o el concepto de lo Absoluto, lo Eterno o Principio Universal. Inicialmente, el yin representó la sombra, y de ahí salió la idea del lado norte de la montaña y del lado sur del río, donde durante el día la posición del Sol crea la oscuridad sombría. Comenzando con la idea de luz y sombra, llegaron a simbolizar todos los opuestos, una polaridad que incluye la sexualidad pero sin especial énfasis. Yin, la línea rota, llegó a significar lo frío, la suavidad, la contracción, la humedad, el principio femenino de la vida; Yang, el principio masculino, llegó a significar el calor, la dureza, la expansión, la sequedad; y entre ellos existe el péndulo de la vida, alternando entre los principios opuestos. Y ya que la vida recibe su forma de lo que le da la naturaleza, se cree que su orden puede ser conocido. Por lo tanto, los miedos irracionales de la vida pueden desacreditarse y el mal ser apartado a un lado. Una vez que se conoce lo desconocido, no hay que temer nada.

La escolástica china

Los estudiosos que han conectado con la ciencia occidental disfrutan diciendo que todas las verdades de la electricidad, el calor, la luz y las otras ramas de la física europea están en los ocho trigramas. Cuando se les pregunta por qué habían ignorado estas verdades, contestan que primero tienen que aprenderlas en los libros occidentales y después, mirando en el libro de *I*, comprueban que todo ello era conocido por Confucio hace más de 2000 años.

Leibniz (1646-1716) creía haber inventado el sistema binario a finales del siglo XVII y se sorprendió mucho al conocer la sucesión de hexagramas del *I Ching*, a través del padre Joachim Bouvert, un jesuita misionero en China. Sustituyendo por 0 cada línea continua y por 1 cada línea partida, y siguiendo los hexagramas en orden, leyéndolos de abajo arriba, se obtiene la sucesión 000 000, 000 001, 000 010, 000 011..., 111 111, que no es otra cosa que los números del 0 al 63 expresados en rotación binaria.

Las matemáticas implícitas en la teoría de los ciclos alternos son conocidas en la ciencia de Occidente a partir de Pitágoras, y en algunos aspectos difieren aunque en otros concuerdan con la doctrina básica de sucesiva destrucción y reconstrucción, base del *I Ching*. Algunos creen que las teorías cosmogónicas de Einstein pueden ser interpretadas también cíclicamente. Casi sin excepción, puede encontrarse que los cambios que ocurren en los fenómenos pueden ser representados por curvas que, medidas en una base de tiempo, son recurrentes. El principio de relaciones matemáticas ocurre en la Cábala, en la astrología babilónica y egipcia y en la cosmología pitagórica. La idea del movimiento y el cambio como una fuerza alterna en el control de la respiración está en la filosofía hindú, y la idea de una polaridad psíquica es dominante en el Islam y la cristiandad medieval.

I Ching, más que un símbolo

Los creadores del *I Ching* buscaron también el ritmo del universo. Donde había solo misterio para muchos y miedo por la transitoriedad de la vida para otros, encontraron una verdad eterna para unos pocos.

Este movimiento de la vida es necesariamente última destrucción y eterno renacer; su polaridad de principios y energías dicta un modo de vida que puede, si se basa sobre la intuición y la sabiduría, identificarse con la vida del Cosmos. Jung estaba convencido de la predicción del futuro mediante el *I Ching*. Se sabe que lo utilizó para la prospección sobre la venta en los Estados Unidos de una nueva traducción inglesa de su último libro y obtuvo una respuesta optimista.

La lógica, el ordenamiento racional de la fenomenología externa, llega a convertirse en una red en la que queda atrapada la mente (consciente e inconsciente). La lógica llega a ser un muro que separa al hombre común de las fuentes de inspiración y sabiduría que existen en su propia profundidad y en la de su grupo.

Al actuar en estas condiciones, el hombre queda obligado necesariamente a tomar decisiones que fallan en durabilidad o significación universal. Estos actos tienden a producir efectos a corto plazo e inmediata gratificación egoística. Esto se refuerza por la ilusión de que uno se satisface con las recompensas inmediatas y se continúa decidiendo sobre los mismos supuestos, lo que hace que la situación se perpetúe.

La universalidad del *I Ching* y su representación simbólica de todas y cada una de las motivaciones nacidas del deseo y pensamiento humano altera esas condiciones y permite al hombre perplejo encontrar descanso y significado en lo que ocurre a su alrededor.

GLOSARIO GENERAL DE TÉRMINOS

Abraxas: Para los gnósticos, término cargado de símbolos, que expresaba el conjunto de las 365 manifestaciones sucesivas atribuidas a Dios. Talismán en forma de medalla, donde estaban grabados los signos cabalísticos y esotéricos de esta palabra.

Acrópolis: Ciudad alta. Lugar donde se estableció el núcleo primitivo de una población cuyas edificaciones se extendieron posteriormente por las laderas, dedicándose la cumbre a los templos y a la ciudadela. En los castros celtas, el druida residía en la acrópolis, y su vivienda disponía de manantial de agua, para llevar a cabo sus ritos y ceremonias de curación.

Acupuntura: La acupuntura se basa en una técnica que produce microtraumatismos en la piel, mediante la introducción de agujas largas y finas en determinados puntos del cuerpo, que ejercen una acción a distancia sobre distintos órganos. Se han descrito hasta 365 puntos. Esta ciencia médica apareció en Asia central durante el Neolítico, época en la que se utilizaban como instrumentos las puntas de piedra. Parece ser que llegó a China por el Este. El primer objetivo de la acupuntura fue restablecer el equilibrio entre el yin y el yang, y favorecer el paso del soplo vital a través de los canículos. También se utilizó para eliminar la opacidad del cristalino y como tratamiento para las cataratas. En nuestros días, la acupuntura se usa en todo el mundo, siguiendo las normas establecidas por los médicos orientales, para sanar la mayoría de enfermedades, tanto físicas como mentales.

Adobe: Ladrillo sin cocer. En los lugares de clima seco, donde el combustible es, en muchos casos, exiguo, los ladrillos fueron (y son todavía) secados al sol. Las antiguas ciudades de Mesopotamia fueron construidas en adobe, y en numerosos centros sagrados del Nuevo Mundo se utilizaron adobes para la construcción de los templos y de las sólidas y enormes plataformas con perfil de pirámide truncada.

Agger: Terraplén de una fortificación. También el que se construía para afianzar el firme de una calzada romana cuando esta tenía que cruzar un terreno húmedo, para prever el drenaje.

Alfolí: Granero o depósito; almacén de sal.

Alfombra: La elaboración de alfombras orientales ha sido un arte heredado y transmitido de padres a hijos durante decenas de siglos. Coetáneamente al nacimiento del imperio persa (III milenio a.C.), nace el desarrollo de la confección de la alfombra. En un principio fue obra de artistas nómadas que dirigían lo más exquisito de su producción para decorar los suelos de los palacios reales y, en ocasiones, también las paredes. Es un arte enteramente popular que nació para atender las necesidades de uso propias y creció al amparo de las clases aristocráticas y reales, para satisfacer la abundante demanda que, en exclusiva, hacían de ellas. Los modelos de captación son muy diversos: aves de atractivo plumaje, plantas acuáticas, toda clase de composiciones geométricas, así como entrelazos y dibujos dentro de la más correcta geometría y equilibrio. No habiendo un esquema o modelo clasificado de trabajo, la destreza del artista provoca en cada obra un verdadero original. Es el reflejo del color, lo que hace cambiar con la luz los tonos del tejido. En su realización, intervienen generalmente dos personas, que tienen —ante todo— que amoldarse a la labor en equipo, aunque siguiendo los impulsos de su propia inspiración. La materia prima utilizada en la confección de la alfombra es la lana, obtenida de ovejas de montaña (las extremas y difíciles condiciones climatológicas daban lugar a la característica resistencia de los tejidos). El grosor de las alfombras es, por otra parte, uno de los aspectos más importantes; de él depende la larga duración del tejido realizado.

Ámbar: resina de pino fosilizada, con propiedades eléctricas, empleada por los celtas para realizar objetos de adorno (placas de colgantes, perlas de collar, etc.). Fue muy apreciada en la antigüedad, no solo por su belleza, sino también por sus supuestas virtudes mágicas (atrae pequeñas partículas cuando se calienta frotándolo). Los principales yacimientos se hallan a orillas del mar Báltico y la distribución de los hallazgos confirma que hubo un activo tráfico de ámbar que siguió vías determinadas desde las bocas del Elba y del Vístula, a través del alto Danubio, descendiendo hacia el Mar Negro y, también, por el paso del Brennero al Adriático; un comercio floreciente que se potenció, en los siglos medievales, a través de la liga Hanseática y la protección de los caballeros teutónicos.

Ancara: Festividad de San Juan Bautista, para los musulmanes.

Androcéfalo: Representaciones animales con cabeza humana (cuerpo de animal con rostro viril).

Anginum: Símbolos del universo. Huevos de cristal negro que, supuestamente, habían sido amasados con saliva de serpiente, atrapados al vuelo con un trapo blanco. Se trataba de amuletos, tradicionales de la cultura gallega, de carácter lunar, utilizados para ganar pleitos. En algunos casos, según las crónicas populares, salvaron a personas en el momento previo a su ejecución.

Anoll: En el trayecto jacobeo de Jaca a Berdún, hay una zona conocida como «la cuesta de Paco Mondano», denominación resultante de una singular derivación fonética de su primitivo término: el opaco del Monte de Annol. *Paco* equivalía a «opaco» (umbría), mientras que *Mondano* es la contracción de «Monte Annoll». La palabra *anoll* aparece grabada en numerosos lugares de la iglesia de Santiago de Agüero (Huesca).

Apotropaico: «Que aparta». Son llamados así los objetos e imágenes que tienen la virtud protectora de talismán para quien los usa.

Arqueomagnetismo: Cuando un óxido magnético de hierro se calienta por encima de una temperatura determinada, su magnetismo queda eliminado. Al enfriarse, la fuerza y orientación quedan determinadas por el campo magnético de la tierra en la que está embebido. Este óxido se encuentra en estado natural en casi todas las arcillas. Y cuando estas sufren una cocción, queda fosilizado el campo magnético de la tierra en el instante de su último enfriamiento, siendo este su arqueomagnetismo. Si la muestra no ha sido movida (como sucede en un horno o en un hogar) se pueden determinar los tres factores del campo magnético: declinación (el ángulo delimitado por el Norte magnético y el Norte real); inclinación (el ángulo señalado por la dirección del campo magnético y la horizontal), e intensidad. Tres factores que varían con el tiempo, pero cualquier muestra puede ser fechada con una aproximación de cincuenta años.

Arrabio: Hierro bruto. Es el material resultante de la fundición de una ganga de hierro. Sabemos que para obtener hierro debe ser martilleado al rojo vivo para expeler las partes minerales no férricas y añadirle al mismo tiempo una proporción de carbono al metal.

Arte moviliar: Las manifestaciones artísticas realizadas por el hombre de la civilización del Paleolítico Superior. Desde pequeños objetos (estatuillas, huesos, marfiles, piedras grabadas, relieves, armas decoradas, útiles, adornos…), hasta las representaciones pictóricas y grabados rupestres en el interior de las cuevas.

Arte rupestre: Pinturas y grabados en las paredes de las cavernas. Desde el Paleolítico Superior hasta el Neolítico, el artista prehistórico fue capaz de desarrollar un arte que representa animales (grandes herbívoros: mamut, caballo, reno, toro, ciervo, cabra…), que eran las especies más abundantes en el Pleistoceno, y pocas figuras humanas, aunque sí manos en negativo. Para ello se utilizaron diversas gamas de colores (rojos, negros, amarillos, castaños, derivados del ocre y otros pigmentos que podrían conseguir en estado natural). Los fines de estas sublimes creaciones son objeto de diferentes interpretaciones; lo que no podemos es considerarlos únicamente fruto de un interés decorativo por parte del artista, porque la mayor parte de las realizaciones se encuentra en las zonas más profundas e inaccesibles de las cavernas, lejos de los espacios de entrada donde vivía el clan familiar, lo que obligaba a sus realizadores a una gran memoria; para unos, era la magia de la caza la clave de la interpretación, porque representar el animal ayudaría al cazador a matarlo.

Arte rupestre levantino: Estilo artístico del este de España, realizado en las paredes de los abrigos rocosos, pertenecientes al período neolítico. Los temas representados son, en su mayoría, escenas de la vida diaria, guerreros, cazadores, danzantes y animales; las figuras son más pequeñas que las del Paleolítico Superior, realizadas con tintas planas, estilizadas y sin ningún intento de reproducir el claroscuro. Llama la atención la presencia humana y el movimiento. Tuvo su continuación en el arte esquemático de la Edad del Bronce. El arte rupestre del arco mediterráneo hispano forma parte del Patrimonio de la Humanidad desde el año 1998.

Astarté (Asherah, Ashtoreth): Diosa madre de la fertilidad de los cananeos y luego de los fenicios; equiparada a la Isis egipcia, la Ishtar babilónica, la Tanit cartaginesa y las griegas Afrodita, Cibeles y Hera.

Azabache: Piedra negra blanda, relacionada con el lignito, empleada para fines decorativos (cuentas de collar, botones, etc.). Muy conocida por los peregrinos a Compostela, que la adquirían como recuerdo y aún siguen haciéndolo. Por ello, los mejores artesanos de azabache se encuentran en la ciudad de Santiago de Compostela. La cantera principal de este mineral vítreo y brillante se halla en Asturias.

Baal: Dios de un grupo de deidades semíticas consideradas como protectoras de la fertilidad. Se trataba del dios más importante de los cananeos, cuya figura es la de un joven guerrero armado y tocado con un yelmo adornado con cuernos de toro. Su culto llegó a todos los rincones del mundo mediterráneo, llevado por los fenicios —en fenicio, Baal se traduce como «señor»—. En Cartago aparece como *Baal Hamon*.

Basílica: Edificio destinado por los romanos antiguos para tribunal y lugar de reunión y contratación. En los tiempos medievales, en el arte románico, iglesia considerada como la primera de la cristiandad en categoría y que goza de algunos privilegios. También se llama así el templo de tres naves.

Bastida: En la Edad Media se denominaron así las ciudades de nuevo cuño, levantadas mayoritariamente en el suroeste de Francia (donde hay contabilizadas un total 364 ciudades), sobre espacios fértiles y húmedos, concebidas fundamentalmente para la explotación agrícola del suelo o la defensa de nuevos territorios.

Bastón de mando: Objeto de uso desconocido encontrado en yacimientos del Paleolítico superior a partir del período Auriñaciense, consistente en una sección de cuerno con un agujero que atraviesa la parte más gruesa de su extremo superior. Los ejemplares más llamativos son los correspondientes a la época Magdaleniense, realizados por la civilización de Cromañón.

Bestiario: Colección de fábulas de animales, especialmente abundantes en la literatura medieval.

Bodega: Lugar cerrado donde reposan el vino y las provisiones. En el sentido místico, designa la cámara del tesoro y también la cámara secreta donde el alma debe penetrar a fin de recogerse, cobrando conciencia de las gracias recibidas. En numerosas iglesias templarias vemos reproducciones de barricas en los canecillos.

Cabazo: Secadero y almacén elevado destinado a la conservación del maíz (la mazorca). El *cabazo* asturiano, de origen celta, es una mezcla del *cabazo* gallego y del hórreo asturiano.

Chamán: Persona que obtiene sus poderes supranormales en el transcurso de trances extáticos y de viajes al otro mundo. Es lógico pensar que en las distintas tribus de los pueblos de la antigüedad debió aparecer alguien más decidido que los demás, que se enfrentó a la enfermedad. Si el jefe es capaz de dirigirlos en el combate, quizá él mismo tendrá la fuerza suficiente para enfrentarse a la enfermedad y el poder de curarla. Como también puede que ese poder se desdoble y la fuerza de curar surja en otra persona del grupo con características especiales fuera de lo natural. Aparece de este modo el chamán, el hombre capaz de enfrentarse a las fuerzas sobrenaturales, de vencerlas, dominarlas o también desencadenarlas. El chamán plantea cara al problema con dos actitudes: una mágica y otra religiosa, derivada de la primera. De una u otra forma, la medicina primitiva en la tribu cumple varias funciones. Primero una función social, equivalente a la que hoy se atribuye a nuestros sacerdotes, jueces o soldados. El sometimiento a las reglas tribales es un seguro de enfermedad para el hombre primitivo. Segundo una función cooperativa, debida a la idea de que la ofensa hecha a la divinidad, o la transgresión de un tabú por uno de los componentes de la tribu, afecta no solo al propio individuo o a su familia, sino también a todo el conjunto; y, por lo tanto, no solo ha de purificarse el enfermo, sino todos los familiares o la tribu entera.

Cisne: Símbolo de la blancura. Esta palmípeda, según representaciones de la antigüedad, tiene carne negra y sangre roja, además de la blancura, lo que conlleva los colores fundamentales de la alquimia y del Temple.

Corripas: Cercas de piedra realizadas por los campesinos asturianos en el interior de los bosques o en las orillas de los ríos y arroyos, de origen celta, para guardar las castañas durante las recolecciones otoñales.

Cortín: Recinto de piedra (circular u oval), con una puerta de acceso cerrada, destinado a proteger las colmenas de las abejas contra el ataque de los golosos osos.

Cosmogramas: Reproducciones espirituales del orden del mundo utilizadas por los templarios para transmitir mensajes cabalísticos a través de mandalas o rosetones.
Cruceiros: Los actuales *cruceiros* y humilladeros derivan de la cristianización de piedras paganas grabadas; son, en consecuencia, cultos megalíticos transformados.
Dagaz: La estrella diurna.
Defixio: Amuleto o talismán utilizado como escudo protector. En las excavaciones de Ampurias los arqueólogos hallaron una pequeña placa de plomo representando una bruja como ser maléfico.
Dexiosis: Apretones de manos.
Dextrógiro: Corriente energética que asciende de la Tierra al firmamento, girando de izquierda a derecha, llamada vulgarmente energía positiva.
Dídimos: Hermanos gemelos. Jesús y Tomás, hijos de María y José, lo fueron.
Energías telúricas: El término «telúrico», procede del latín *tellus*, que significa «tierra»; por tanto, las energías telúricas son el conjunto de radiaciones que emanan de la tierra. En algunos lugares son nocivas para nuestra salud, siendo considerados estos puntos como zonas geopatógenas. Y en cuanto a las redes telúricas, se trata de las redes o mallas que circundan el planeta y sirven para que este se descargue de parte de la energía que genera en su interior, de la que le llega del cosmos y de la contaminación electromagnética artificial que acaba penetrando en la tierra. Todas llevan el nombre de su descubridor, y podemos considerar como nocivas solo las dos más importantes: la red Hartmann y la red Curry.
Ensalmadores: Personas que tienen la propiedad de curar enfermedades por métodos sobrenaturales (curanderos), en las ancestrales tradiciones asturianas.
Entramado: Armazón de madera que se rellena con fábrica o tablazón. Técnica empleada para reforzar un muro o un baluarte de piedra o tierra mediante una estructura de troncos; sistema muy empleado por los celtas, como narra Julio César en sus crónicas de la guerra de las Galias.
Eolitos: Así llamados los que se consideraron los primeros útiles humanos.
Epopeya: Conjunto de poemas, o hechos memorables, que forman la tradición épica de un pueblo.
Ergotismo: Fuego de san Antón, fuego sacro, culebrilla.
Escombrera: Lugar en donde se echan los escombros (vasos y útiles fragmentados, así como cenizas, residuos de alimentos, etc.). Se encuentran en zonas donde existió una ocupación antigua.
Escoria: Material residual, procedente de diferentes procesos industriales (fundición de hierro, fabricación del vidrio, cocción de la cerámica…), consecuencia de las temperaturas alcanzadas.

Estatuilla: Pequeño modelo de una figura humana o animal, con destino religioso, utilizada como ofrenda a un dios o para ser adorado.

Estela: Columna de piedra o losa en posición vertical, decorada a menudo con relieves e inscripciones. En la Edad Media se realizaron multitud de estelas discoidales para rendir un último homenaje a los difuntos, que recordaban el disco solar en su parte superior.

Esvástica: Cruz gamada. Cruz con sus extremos acodados en la misma dirección. Figura ampliamente representada como motivo decorativo, como símbolo solar.

Etruscos: Misterioso pueblo que habitó la zona central de la península italiana, desde el siglo VIII a.C. hasta la romanización. A pesar de su extinción política, la influencia de los etruscos en la civilización romana fue notable. Su escritura imitaba un poco el alfabeto griego; aunque se conoce poco de su lengua indoeuropea. Herodoto consideró que los etruscos eran descendientes de los hititas y que, tras la caída de Hattusas, emigraron en barco hacia Italia. Los objetos que han llegado a nosotros de los etruscos son procedentes de la excavación en tumbas, en cuyas necrópolis se pone de manifiesto un rápido incremento de riqueza y lujo; al tiempo que evidencian los ritos de inhumación que reemplazaron al de la incineración.

Exvotos: Ofrenda a Dios, a la Virgen o a los santos en recuerdo de un beneficio recibido.

Fayenza: Loza fina (sinónimo de mayólica). Forma de cerámica muy antigua, caracterizada exteriormente por el acabado vítreo de las piezas. Tradicional del Antiguo Egipto. Esta cerámica se obtenía a partir de pasta elaborada con arena y cuarzo granulado, mezclado previamente con natrón, como aglutinante de tipo alcalino; después, la pasta se calentaba en un horno a alta temperatura y el calor de la cocción facilitaba la mezcla con el componente sódico, alcanzándose una pieza con un delicado y vítreo acabado superficial.

Feng shui: Nombre que recibe en Oriente la ciencia que estudia las energías de la Tierra y el modo en que, según las modernas escuelas, se puede uno beneficiar de ellas, o bien contrarrestarlas, en el caso de que sean perjudiciales. Los templarios, en los siglos medievales, conocían muy bien esta ciencia, aprendida en sus intercambios con los pueblos de Palestina.

Fenicios: Civilización descendiente de los cananeos que ocuparon la costa actual del Líbano y parte de Siria, durante el primer milenio antes de Cristo. Sus principales ciudades eran Tiro, Sidón y Biblos. Sus barcos llevaron un intenso tráfico comercial por todo el Mediterráneo, incluso después de incorporarse al imperio babilónico (574 a.C.). En Cartago (Túnez) levantaron su más poderosa colonia. Comercializaron con materias primas y con mercancías manufacturadas, estableciendo factorías o colonias; fueron los grandes marinos de su época, exploradores de nuevos territorios en la búsqueda de nuevos mercados y materias primas de primera necesidad. La mayor aportación que hizo este pueblo a la cultura de la humanidad fue, sin duda, la difusión del alfabeto. Se cree que su nombre deriva del de la púrpura que extraían del *Murex* (caracol marino mediterráneo que proporcionó el tinte que hizo famosos a los fenicios).

Fetiche: Divinidad secundaria destinada a defender contra los seres maléficos.

Fíbula: Aguja imperdibles utilizada por los pueblos de la antigüedad para sujetar mantos; elaborada con la ayuda de una *trefiladera*.

***Feiticeiras*:** Magas gallegas que tenían la propiedad de hacer hechizos.

G: Se corresponde con la *iod*, la G aspirada hebrea, que tiene como símbolo el 10, la década, y también con la enigmática G del pentagrama o estrella flamígera de los masones.

***Gematría*:** Arte cabalístico de la especulación entre números y letras. Recordemos que tanto las letras griegas como las hebreas poseen valor numérico.

***Geocronología*:** Término general en el que se comprenden todos los sistemas de datación que dependen de los campos físicos de la Tierra (arqueomagnetismo, dendrocronología, datación de la obsidiana, datación por el potasio-argón, radiocarbono, termoluminiscencia, etc.).

Goliardos: Clérigos y estudiantes que recorrían los caminos elogiando la vida, el amor, el sexo, el vino y la diversión. Era un movimiento cultural en el otoño medieval, tipo carnavalesco, de alegría y de rechazo de unas creencias o normas que, poco a poco, iban imponiéndose desde los poderes fácticos. En España, los goliardos eran conocidos como «sopistas» (los de la sopa boba), y de ellos deriva la costumbre de organizar tunas en las universidades.

Grafito (*grafittis*): Inscripción realizada sobre una superficie; los hay en la roca, sobre muros, cerámica, madera, etc. De origen medieval abundan en numerosas construcciones militares y representan caballeros a punto para entrar en combate.

Hattusas: Antiguo nombre de Boghaz Koy, en el centro-norte de la península de Anatolia (Turquía), capital del imperio hitita.

Hexágono: Es la superposición de dos triángulos equiláteros, para formar la estrella de seis puntas. El triángulo con el vértice hacia abajo es, desde las primeras imágenes prehistóricas, símbolo de lo femenino y de la Diosa madre. Por el contrario, el triángulo con el vértice hacia arriba representa lo masculino. En la superposición y entrelazamiento de estos dos triángulos se contiene la unión ideal de los dos principios; la boda que el rey sabio celebraba en su fascinante *Cantar de los cantares*, la esencia mística de la sabiduría de Salomón.

Hierogamia: Mezcla de los colores que constituyen la extremidad de la gama cromática: blanco y negro; resultando el gris medio que, en la esfera cromática, representa al hombre, el centro del universo.

Hipogeo: Sepulcro subterráneo de los antiguos. Edificio subterráneo en general; cámara subterránea, cubierta de bóveda o simplemente excavada en el subsuelo, de posible utilización religiosa o sepulcral.

Hogar: Lugar donde se enciende la lumbre en una casa o habitación; localizado en las excavaciones arqueológicas por el cambio de color del suelo, las cenizas y los restos de carbón.

Holoceno: Período de tiempo prehistórico comprendido entre el final del Pleistoceno (hacia 8300 a.C.) y el momento actual.

Homínidos: Familia que incluye las formas humanas extinguidas y las actuales.

Hüyük: *Tell*, en turco; montaña artificial.

Incensario: Vaso en miniatura que aparece en algunas tumbas formando parte del ajuar del difunto, en las urnas funerarias y túmulos. Se desconoce la función de estos recipientes, que tienen en común los agujeros que atraviesan sus paredes. El botafumeiro de la catedral de Santiago de Compostela es un incensario, cuya misión era la de disipar el cargado ambiente de sudor y suciedad propiciado por los cansados peregrinos con los néctares de los aromas emanados de este recipiente metálico.

Índice cefálico (índice craneal): El perfil del cráneo se expresa como un porcentaje, según la proporción entre la máxima anchura y la máxima longitud. Si nos da una cifra inferior a 75 se denomina «cabeza alargada», o *dolicocefalia*; entre 75 y 80, *mesocéfala*, y por encima de 80, *braquicéfala* o de cabeza ancha.

Indoeuropeo: Ario. De una vasta familia de pueblos de raza blanca que hablan lenguas de flexión procedentes de un tronco común. Se atribuye su origen a la región de las estepas, difundiéndose rápidamente a partir del segundo milenio a.C. con los movimientos de pueblos. Casi todos los idiomas europeos modernos, así como el sánscrito en la India, se relacionan por su origen indoeuropeo.

Inhumación: Acción de inhumar (enterrar un cadáver), depositándolo en una fosa, cavidad natural o en una cámara construida exprofeso. Según el modo de llevarlo a cabo, tenemos: extendido (con el espinazo y los huesos de las piernas en la misma dirección; pueden ser: supinos o dorsales; sobre la espalda, y pronos o ventrales, sobre la parte anterior, y laterales); flexionado (con los huesos de las piernas doblados a menos de noventa grados) o encogido (cuando los huesos de las extremidades inferiores y de las caderas se doblan más de noventa grados).

Isopsifia **(*Thémourath*):** Principio esotérico que lleva a la concepción de que los nombres con iguales valores literales-numéricos se relacionan entre sí.

Por ejemplo *Abraxas-Meithras*, o por su parte los arcángeles Gabriel, Rafael y Miguel (este último, uno de los cuatro santos del altar templario), tienen igual valor numérico.

Jinas: Son los espíritus de la Tierra —seres elementales que se manifiestan como personificación de potencias y de energías procedentes de la naturaleza— de los arcanos de las más ancestrales tradiciones de las diferentes culturas de toda la cuenca mediterránea. Estos seres fueron apartados por las religiones institucionalizadas; sin embargo, sus cultos se mantuvieron por encima del tiempo y del espacio, en la memoria colectiva de los pueblos y gentes.

Kerb: Muro de contención que rodea y protege el borde de un túmulo.

Kilims: El kilim es anterior a la alfombra; su origen se pierde en el tiempo. Se le ha tenido un tanto olvidado, pero ahora, debido al interés que ha despertado su creación, no solo en los pueblos del área mediterránea y occidental, sino en los de la Europa oriental, ha vuelto al primer plano de la actualidad con el estudio del arte del diseño textil. Los kilims más característicos y originales son de Persia y Turquía. La materia prima que interviene en su realización es también la lana. El kilim es un tejido horizontal, sin nudo, cuya decoración geométrica (hexágonos, pentágonos, octógonos, cuadrados, rectángulos y rombos), resulta agradable a la vista. La diferencia esencial que hay entre el kilim original y artesano y el kilim realizado industrialmente radica en los espacios vacíos que existen entre cada tonalidad. Son únicamente los auténticos —persas y turcos—, los que tienen dichos espacios; los otros, los realizados a máquina, siguen la continuidad con todos los tonos, sin separar los distintos bloques de cromatismos empleados.

Lauburo: Palabra vasca compuesta de «*lau*» (cuatro) y «*buru*» (cabeza), símbolo de los pueblos vascos por excelencia.

Leviatán: Monstruo marino al que se refiere la Biblia en el Libro de Job.

Levógiro: Corriente energética que desciende del cosmos a la Tierra, girando de derecha a izquierda, llamada vulgarmente energía negativa.

Lucerna: Objeto destinado a contener aceite o grasa para alimentar una llama y obtener luz. Desde el Paleolítico superior se emplearon simples cuencos de piedra o esteatita para este fin, siendo sustituidos por la cerámica, y más tarde también por recipientes metálicos.

Lúnula: Placa de oro en forma de creciente lunar de unos veinte centímetros de ancho, probablemente para llevar colgada del cuello como adorno. Está formada por dos arcos de circunferencia que tienen sus extremos comunes y la convexidad hacia el mismo lado.

Magdaleniense: Última cultura del Paleolítico superior, que se extendió por gran parte de la Europa occidental. Su nombre deriva de La Madeleine, yacimiento francés del Périgord. Los magdalenienses supieron adaptarse a los fríos de la última glaciación (*Würm*); el reno fue la principal fuente de alimento, floreció entre el 15000-10000 a.C. Al hombre de Cromañón le ocupó la autoría de las grandes realizaciones artísticas del período magdaleniense, desde el arte rupestre (Altamira, Lascaux...), hasta los hermosos objetos de marfil y madera.

Malebolge: Fosas malditas.

Marabuto: Eremitorio donde se recoge el morabito encargado de cuidar la mezquita de oración de los arrabales de la ciudad, o bien oratorio islámico de los cruces de caminos.

Meigallo: El hombre brujo, según las antiguas tradiciones galaicas, cuya acción sobre la sociedad solía ser nefasta.

Meigas: Brujas, mujeres con poderes sobrenaturales, según las creencias de los mitos gallegos. Existen varias clases de meigas, según la especialidad, pero no todas eran maléficas, porque algunas, por su condición de curanderas, sanaban enfermedades; otras debían anular el funesto embrujo del *meigallo*. Como dice el refrán: «Las meigas no existen, pero haberlas haylas...».

Mesolítico: Período prehistórico comprendido entre el Paleolítico y el Neolítico, con pervivencia del modo de vida paleolítico de la alimentación basada en la caza y recolección, pero dentro de un nuevo ambiente creado por la retirada de la capa de hielo del Pleistoceno (alrededor del año 8300 a.C.).

Mesta: Lugar por donde transcurre tradicionalmente el ganado; espacio de descanso del ganado en trashumancia.

Microlitos: Utensilios usados por el hombre prehistórico durante el período Mesolítico, de reducido tamaño, hechos a partir de una hoja o lasca, que, por su corta longitud (2,5 centímetros como máximo) pocos debieron de haber sido utilizados sin enmangar; también, por su forma en triángulo o trapecio, fueron utilizados como puntas de flecha.

Misoginia: Aversión a las mujeres. La figura de la bruja tiene mucho que ver con la misoginia. Tradicionalmente las mujeres sabían de hierbas, atendían los partos como comadronas y se ocupaban de mantener las tradiciones, en el castillo o en el *call*. Demasiado poder para el sexo sin alma.

Molino de mano: Piedra para moler grano. En su forma primitiva el molino de mano consistía en un bloque de piedra con su superficie superior ligeramente cóncava, sobre la que se molía el grano con otra piedra de menor tamaño. Eran muy buscadas las piedras de granito, lava y otras de origen volcánico, por ello fue objeto de un amplio comercio. Este reducido molino fue empleado desde los recolectores del Mesolítico tardío hasta los romanos, creadores de los molinos de rotación, en los que una piedra gira sobre otra.

Mosaico: Obra taraceada con piedras, vidrios, etc., de varios colores. Se trata de una técnica decorativa, llevada a cabo principalmente en los suelos o en los muros, en los que se incrustan pequeños fragmentos de vidrio o piedra coloreados, llamados teselas, mediante un soporte de cemento.

Mota: Eminencia pequeña y aislada. Colina artificial creada por la acumulación de tierra o piedras, sobre la cual se alza una ciudadela, o bien un templo o un sencillo enterramiento.

Mouros: Duendes gallegos, pertenecientes a una raza mitológica a la que se le achacaba todo lo inexplicable y mágico que sucede en esa región del noroeste hispano, atribuyéndoseles toda clase de fuerzas y misterios sobrenaturales.

Nawar: Gitanos orientales.

Nimbo: Especie de círculo o disco luminoso que rodea la cabeza de algunas imágenes, y se remonta a tiempos neolíticos. En numerosas pinturas rupestres el nimbo aparece representado con rayos que salen de su círculo para dar más sensación de esplendor. Para los cristianos, este círculo es reflejo de la gloria celeste. El propio Buda de Borobudur, en Java, tiene su nimbo; y también la divinidad solar de Palmira, en los relieves de piedra de esta legendaria ciudad siria que datan del siglo I. A la representación del nimbo no tenemos, por lo tanto, que darle un origen cristiano. El nimbo en los ángeles no comenzó a pintarse hasta el siglo V, y más tarde en los evangelistas y santos.

Nosocomios: Hospital-enfermería de pobres.

Nubeiro: Así conocida —en Asturias y Galicia— la persona calificada de nigromante o tronador, con poderes que controlan la furia de las tormentas, consiguiendo que se produzcan, o bien que las precipitaciones se desvíen hacia otro lugar.

Olivo: Árbol oleáceo de hojas enteras, persistentes, verdes y lustrosas por el haz y blanquecinas por el envés, flores blancas en racimos axilares y fruto en drupa ovoide, verde, con el hueso grande y duro. De sus frutos se extrae el aceite, importante para la alimentación y pilar esencial de la dieta mediterránea. Se atribuye su origen en Anatolia o Afganistán, y es común en todos los países mediterráneos. Los ejemplares más antiguos en España son de la variedad Farga, plantados antes de la romanización.

Ondina (y sirena): Una vieja leyenda habla de una ondina que fue capturada cierto día y que antes de ser arrojada de nuevo al agua predijo el porvenir. Otra leyenda similar se ha mantenido en Islandia, en la cual hace referencia a un enano marino, de gran cabeza y largas manos, pero que a partir de de la cintura parecía una foca. En cuanto a la sirena, mujer con cola de pez, su leyenda es familiar en la tradición popular. La mayoría de las referencias legadas por marinos y aventureros que decían haberlas visto coinciden en señalar que son monstruos del mar, caracterizados por sus grandes voces y cantos, que dejan inmovilizados a los marineros que las escuchan, alcanzando un estado de somnolencia a causa de la extremada dulzura de tales cánticos, ocasionando a la embarcación el naufragio y otros peligros mortales para la tripulación. Andersen la ha inmortalizado, y la estatua de la Pequeña Sirena acoge al viajero en el puerto de Copenhague. En la iconografía del arte medieval —capiteles románicos— vemos numerosas representaciones de sirenas; en estos casos, se trata de escenas relacionadas con la lujuria, el amor carnal.

Opus Spicatum: Disposición de los materiales en un muro en forma inclinada a derecha e izquierda, que recuerda la espina de pez.

Paleobotánica: Estudio de los restos de vegetales antiguos. La mayor parte del equipo material del hombre procedía y procede todavía de materias vegetales: alimento, combustible, fibras, material para la construcción y herramientas, casas, vehículos, etc.

Paleolítico: Período de la prehistoria que se inicia con la aparición del hombre y con la fabricación de los útiles más antiguos (hace 2,5 o 3 millones de años), y se extiende durante la mayor parte de la época glacial, hasta la fundición de los hielos, hacia el 8300 a.C. Se divide en tres largos períodos: Paleolítico inferior (con las primeras formas del hombre: *Australopithecus* y *Homo erectus*, y el predominio de los útiles tallados en un núcleo de sílex); el Paleolítico medio (vinculado con la civilización del Hombre de Neandertal, con predominio de las industrias de lascas; Musteriense), y Paleolítico superior (que empieza hacia el 38000 a.C., con el *Homo sapiens*, que trabaja las industrias de hojas y buriles y el arte rupestre).

Paleontología: Ciencia que trata de los seres orgánicos cuyos restos se encuentran fósiles. La paleontología humana es el estudio de los orígenes del hombre.

Paneras: Así llamados los hórreos más grandes —de 6 o 8 pies— en el Principado de Asturias.

Peirón: La palabra *peirón* en su etimología más próxima se relaciona con la occitana *pèira* y significa «piedra», de igual significado que en su etimología latina. En el sur de Aragón toma la forma de *pairón*. Es pues, una piedra cuyo referente más remoto es el menhir. Basándonos en este principio general podemos decir que el *peirón* es una piedra-mojón. Se trata de un pequeño monumento típicamente aragonés, con una base de piedras en forma de prisma cuadrangular regular con una hornacina en la parte superior rematada por un tejadillo sobre el que suele colocarse una cruz. Los materiales para su construcción son de lo más diverso y se adaptan a las necesidades del lugar, piedra sillar, ladrillo, cal y canto, etc. Se trata de una piedra con la que el hombre señala un lugar específico por alguna circunstancia determinada. También existen *peirones* con forma de cruz a imitación de los conocidos como *cruceiros* gallegos.

***Pithecanthropus*:** *Homo erectus*. Forma de hombre extinguida que habitó en la Tierra hace medio millón de años, durante el Pleistoceno medio, entre el *Australopithecus* y el Hombre de Neandertal. Hacía un metro y medio de altura, andaba erguido, tenía la frente huidiza, arcos superciliares prominentes, carecía de mentón y el tamaño de su cerebro estaba entre 800-1200 cc.
Pleistoceno: Primer período de la era cuaternaria, se corresponde con la última glaciación, consecuencia de un aumento del clima frío; las fechas serían entre 3,5 y 1,3 millones de años.
Plenilunio: Luna llena. Fase lunar en la que el satélite de la Tierra se muestra pleno; circunstancia que motivó durante la Protohistoria la celebración de legendarias fiestas astrales. En nuestros días, en estas noches de gran fuerza y luz lunar, se suelen «limpiar» las piedras con propiedades.
Puntos de meditación: En realidad son vórtices de menor emisión energética. Tienen un nivel vibracional algo más bajo que sus hermanos mayores, lo cual nos permite unos tiempos más largos de permanencia. Estos puntos emergen igualmente de una línea Curry. Actúan sobre nuestra energía, y nos proporcionan paz y tranquilidad. Resultan ideales para hacer meditación sobre ellos, para relajarnos o simplemente para dormir una siesta reparadora.
Radiocarbono (C14): Isótopo radiactivo de C12, producido por el nitrógeno en la atmósfera por radiación cósmica. Las proporciones de carbón radiactivo e inerte son idénticas tanto en la atmósfera como en la biosfera (los reinos vegetal y animal). Cuando la materia orgánica muere, finaliza su proceso de cambio del carbono, como dióxido de carbono, con la atmósfera. Fue el investigador W. F. Libby quien, en 1946, introdujo este sistema de datación para comprobar la antigüedad de los objetos de origen animal. Gracias a él la ciencia arqueológica dio un paso importante en sus investigaciones.
Rueda: Máquina elemental, en forma circular y de poco grueso respecto a su radio, que puede girar sobre su eje. Se trata de una de las más simples pero importantes de las invenciones humanas. En Mesopotamia se encuentra la primera de sus representaciones, concretamente en las pictografías de la ciudad de Uruk (hacia 3400 a.C.). Este descubrimiento científico se transmitiría a otras formas de invención no menos trascendentales, como el torno del alfarero, los carros de guerra, la rueda de las norias, etc.
***Sanandresiños*:** Reliquias del santo (san Andrés), en la cultura esotérica gallega.
Sarcófago: Sepulcro. Caja de piedra o de barro cocido, destinado a contener el cuerpo de un difunto.
Sasánida: Dinastía que, tras derrotar a los partos, en el año 224, estuvo al frente de los destinos de Persia hasta la conquista islámica en 651.

Sello: Utensilio para estampar las armas, divisas o cifras en él grabadas. Pequeño objeto hecho de cualquier sustancia dura, ostentando un emblema grabado que puede ser reproducido si se imprime sobre arcilla blanda o cera. Hay dos tipos principales de sellos: el plano y el cilíndrico.

Semitas: Descendientes de Sem. Individuos de una familia etnográfica y lingüística que comprende los diversos pueblos que hablan o hablaron lenguas de flexión de caracteres indoeuropeos: arameo, siríaco, caldeo, asirio, hebreo, árabe, etc.

Sepultura: Acción de sepultar. Colocación de un cuerpo en el suelo, en una cámara natural o artificial o en una urna. En las sepulturas colectivas una sola cámara puede contener más de un cuerpo. El término se emplea generalmente tanto para la inhumación como para la incineración.

Solutrense: Período del Paleolítico superior, anterior al Magdaleniense, cuyo nombre deriva del yacimiento de Solutre, en Maçon (Saône-et-Loire. Francia), caracterizado por la elaboración de puntas de flecha y de lanza, trabajadas por una de sus caras. La fecha, según el radiocarbono, se sitúa de 19000 a 18000 a.C.

Tanit: Se corresponde con Astarté, la máxima divinidad femenina del panteón fenicio, en su versión cartaginesa, representada en forma de triángulo equilátero, con los brazos extendidos y cabeza circular (disco solar). Un aspecto peculiar de su culto fue un recinto llamado *tophet*, donde se enterraban jarras que contenían las cenizas de los niños sacrificados a esta diosa. Kerkouane, cerca del Cabo Bon (Túnez), fue la ciudad más importante del Mediterráneo dedicada a la diosa Tanit.

Tartesios: Se considera el pueblo autóctono más antiguo de España, famoso por un activo comercio con las potencias de su época (fenicios, griegos…), estableciendo un estrecho intercambio con las islas de Cerdeña, Sicília, Chipre, el archipiélago británico, Bretaña, etc. Su riqueza fue tal que sus ciudades no precisaban de murallas. Alcanzó su esplendor entre los años 700 y 500 a.C. Con las tribus celtas de Iberia mantuvieron muy buenas relaciones comerciales y socioculturales. Su lugar de influencia: la zona occidental de Andalucía y el sur de Extremadura.

Terracota: Barro cocido. Arcilla modelada y endurecida al horno. Material utilizado en la construcción desde tiempos neolíticos, así como para la elaboración de estatuillas, aunque también para hacer otros objetos más funcionales (fusayolas, pesas de telar, aparejos para la pesca, tablillas de arcilla con escritura, etc.).

Tesela: Pieza cúbica, de barro cocido, piedra o vidrio, utilizada para formar los pavimentos de mosaico.

Trepanación: Operación quirúrgica que consiste en recortar un disco de hueso del cráneo de una persona viva. Era una práctica muy común en el

Neolítico francés y también en el Perú precolombino. La cicatrización del hueso demuestra que muchas veces el paciente sobrevivió al tratamiento.

Unicornio: Se trata de un ser mitológico, de carácter indomable, con forma de caballo, pero con patas y pezuñas de un ciervo. Su poderosa arma es el cuerno que tiene en medio de la frente. Durante mucho tiempo, este cuerno fue considerado como algo sumamente valioso por sus extraordinarias propiedades, entre las cuales se encontraban la de levantar la libido y mantener firme el órgano sexual masculino, que se conseguía —según la tradición— bebiendo el polvo del cuerno triturado en un vaso de agua. Estas supuestas virtudes dieron lugar a la organización de verdaderas expediciones al continente africano para cazar unicornios —en su defecto, rinocerontes—, para resolver los problemas de impotencia de estos soberanos. Calcúlese el precio del trono de los antiguos reyes de Dinamarca, cuyo dosel estaba realizado con cuernos de unicornios. El cuerno del unicornio, ornado con una corona áurea, figura en el blasón de los reyes de Inglaterra. A comienzos del siglo XVII, un inglés escribía: «Desde hace doscientos años no se ha visto ningún unicornio». Sin embargo, para algunos dudar de la existencia de los unicornios era comparable a un acto de ateísmo.

Urna: Vaso de cerámica de tamaño mediano, generalmente profundo y sin asas, destinado a almacenar alimentos, o bien usado como urna cineraria, para contener las cenizas de un difunto.

Vidrio: Substancia transparente o translúcida, dura y frágil a la temperatura ordinaria, que se obtiene fundiendo una mezcla de sílice con potasa o sosa y pequeñas cantidades de otras bases, y a la cual pueden darse distintas coloraciones mediante la adición de óxidos metálicos. El vidrio aparece en la humanidad prehistórica a partir de las primeras cerámicas vidriadas del Próximo Oriente (hacia el 2000 a.C.).

Vórtices energéticos: Desde la noche de los tiempos, el ser humano ha necesitado creer, tener un Dios al que adorar, rezar, respetar y pedir, para ello ha construido altares, templos e imágenes en su honor. Para la ubicación de todo ello ha buscado el lugar idóneo, uno escogido entre los demás, un lugar donde la energía que fluye de la Madre Tierra fuese especial, un lugar sagrado que contase al menos con un vórtice energético, ese punto de unión entre el cielo y la tierra, es decir, el lugar ideal para comunicar con sus dioses. Y en ese lugar construyeron sus centros de culto. Primero fueron simples megalitos de piedra, luego les siguieron dólmenes y menhires, que después fueron templos en las civilizaciones precristianas, hasta llegar a las iglesias y catedrales del medioevo. Dentro de la red Curry, se encuentran, sin seguir aparentemente ninguna posición lógica, los que se conocen como Vórtices Energéticos o Puntos de Poder. En realidad son «columnas» de energía de sesenta centímetros de diámetro que entran y salen de la Tierra a través de la red Curry.

Estos vórtices actúan positivamente sobre nuestros niveles bioenergéticos y, dependiendo de su nivel de radiación, influyen sobre el plano vital o físico, sobre el plano mental, sobre el plano emocional y sobre el plano espiritual. En los vórtices se registra un nivel vibracional superior al del cuerpo humano. Son unos puntos bioenergéticos con unos niveles que oscilan entre las 13 500 a las 33 000 UB.

Estos vórtices los podemos encontrar emergiendo de las líneas y en los cruces Curry. Son bastante abundantes, al menos los de 13 500 UB. Los que encontramos aislados, dentro de una línea Curry, actúan sobre la energía vital. De hecho sería bueno pasar sobre ellos al menos treinta minutos diarios; eso nos ayudaría a desintoxicarnos un poco de nuestro paso diario por las distintas geopatías. Si tenemos una chacra cerrado, para desbloquearlo solo necesitaríamos tumbarnos boca abajo, dos minutos sobre uno de estos puntos, haciendo coincidir el chacra con el Vórtice Energético y pedir mentalmente que la energía generada por el vórtice arrastre ese bloqueo.

Destacamos a continuación diferentes clases de vórtices:

Vórtices de energía vital. Los de 13 500 UB se localizan sobre una línea Curry; los vórtices energéticos de 19 500 UB se dan sobre una línea Curry superpuesta con un cruce Hartmann (o 19 000 UB cuando en el cruce Hartman una de las líneas es de primer orden); los de 24 500 UB están en un cruce Curry sobre línea Hartmann (o 24 000 UB cuando la línea Hartmann es de primer orden). Todos ellos actúan sobre el plano energético vital o físico.

Vórtices de energía mental. El de 15 000 UB se localiza en el cruce de una línea Curry y línea Hartmann de primer orden, y el de 19 500 UB en el cruce de una línea Curry y una línea Hartmann. Este sería el lugar ideal para conectar con nuestro inconsciente.

Vórtices de energía espiritual. Los de 13 500 UB siempre se localizan sobre una línea Curry (y excepcionalmente los podemos encontrar sobre un cruce Curry en un Ángulo Sacro). Los de 19 500 y 24 500 UB los podemos encontrar en lo que sería un Punto Estrella (cruce Hartmann sobre cruce Curry) y vena de agua subterránea (o 19 000 y 24 000 UB cuando hubo pero ya no hay vena de agua). Existe otro vórtice, de 21 000 UB, que se da en un cruce Curry sobre línea Hartmann y vena de agua subterránea, que también es de energía espiritual, pero que actúa sobre el campo emocional.

Vórtices energéticos de 33 000 UB. Este vórtice es el de mayor rango y tiene un diámetro de sesenta centímetros, como el resto. Es un vórtice de una alta emisión espiritual. Se encuentra sobre un Punto Estrella con vena de agua subterránea.

Voynich: Manuscrito datado de comienzos del siglo XV, adquirido en 1912 por el anticuario polaco Wilfrid M. Voynich —de ahí el epónimo— y que actualmente se conserva en la Biblioteca Beinecke, de la universidad de Yale (Estados Unidos). Este esotérico tratado consta de 240 páginas de pergamino escritas con pluma de ave, en las que se intercalan textos intraducibles e ilustrados sobre herboristería, astronomía, biología, farmacia y un recetario alquímico. Toda la obra está escrita siguiendo la Ley de Zipf (la longitud de las palabras es inversamente proporcional a su frecuencia de aparición). En cuanto a su autoría, se barajan nombres como los de John Dee, Roger Bacon, etc.

Xenodoquia: Hospital para peregrinos.

BIBLIOGRAFÍA

Capítulo 1

Barrow, J. D. *La trama oculta del universo*. Crítica. Barcelona, 1996.
Bastero, J. J. *Astronomía sin dejar la Tierra*. Octaedro. Barcelona, 2000.
Durkheim, Émile. *Las formas elementales de la vida*. París, 1912.
Eliade, Mircea. *Tratado de la historia de las religiones*. Ediciones Cristiandad. Madrid, 1981.
E. O., James. *Historia de las religiones*. Alianza Editorial. Madrid, 1981.
Langaney, J. *La historia más bella del hombre*. Anagrama. Barcelona, 1999.
Mosterín, Jesús. *Tratado de la escritura*. Icaria. Barcelona, 1993.
Prades, José A. *Lo sagrado (Del mundo arcaico a la modernidad)*. Península. Barcelona, 1998.
VV. AA. *La aventura de la arqueología*. National Geographic/Plaza & Janes Editores. Barcelona, 1985.
Warwick Bray y David Trump. *Diccionario de arqueología*. Editorial Labor. Barcelona, 1976.

Capítulo 2

Ávila Granados, Jesús. *Mitología céltica*. Dédalo. Barcelona, 2014.
Beni, Luisa. *La magia del Tarot*. Editorial de Vecchi. Barcelona, 1996.
Biedermann, Hans. *Diccionario de símbolos*. Paidós. Barcelona, 1993.
Büscher, Gustav. *El libro de las maravillas*. Editorial Mateu. Barcelona, 1961.
Cardinal, Marie. *Les mots pour le dire*. Grasset Éd. 1976.
Chevalier, Jean y Alain Gheerbrant. *Diccionario de los símbolos*. Herder. Barcelona, 1986.
Diel, Paul. *El simbolismo en la mitología griega*. Editorial Labor. Barcelona, 1991.
Estrada Laza, Fernando. *Los obreros de la muerte*. Planeta. Barcelona, 2001.
Frankfort, Henry. *Arte y arquitectura del Oriente Antiguo*. Manuales Arte Cátedra, Cátedra. Madrid, 1982.
Ghyka, Matila C. *El número de oro (I, los ritmos, y II, los ritos)*. Editorial Poseidón. Barcelona, 1984.

Grimal, Pierre. *Diccionario de mitología griega y romana*. Paidós. Barcelona, 1982.

Lurker, Manfred. *Diccionario de dioses y símbolos del Egipto Antiguo*. Índigo. Barcelona, 1991.

Montanyà Maluquer, Ramón. «Higiene y urbanismo en el mundo romano», en la revista *Minutos Menarini*, número 109. Badalona, 1979.

Morales y Martín, José Luis. *Diccionario de términos artísticos*. Unali. Zaragoza, 1982.

Perinetti, F. *Introducción a la arqueología*. Nueva Colección Labor. Barcelona, 1975.

Posener, G. *Dictionnaire de la civilisation ègytienne*. París, 1959.

Rebullida Conesa, Amador. *Astronomía y religión en el Neolítico-Bronce*. Editorial Ègara. Terrassa, 1988.

Urdiz, Gebu. *La magia de las runas*. Martínez Roca. Barcelona, 1982.

Yarza Luaces, Joaquín. *Arte Medieval II*. Gustavo Gili. Barcelona, 1982.

Capítulo 3

García-Ormaechea, Carmen. *Las claves del arte oriental*. Ariel. Barcelona, 1988.

Grigorieff, Vladimir. *El gran libro de las religiones del mundo*. Robin Book. Barcelona, 1995.

Hervás, Bernat. «Arte Tailandés», en la revista *Minutos Menarini*, números 90 y 91. Badalona, 1977.

Shlain, Leonard. *El alfabeto contra la diosa*. Debate. Madrid, 2000.

Thurman, Robert A. F. *El budismo tibetano esencial*. Robin Book. Barcelona, 1998.

Capítulo 4

Álvarez Valdés, Ariel. *¿Qué sabemos de la Biblia. Antiguo Testamento?* Ed. San Pablo.

Ávila Granados, Jesús. *Templarios en las Tierras del Ebro*. Traza Ed. Valls, 2009.

Ávila Granados, Jesús. *La herejía cátara*. Akásico Libros. Madrid, 2012.

Ávila Granados, Jesús. *La mitología templaria*. Diversa Ediciones. Tarragona, 2014.

Ávila Granados, Jesús. *La confesión. El médico templario*. Octaedro/Mágina Ed. Granada, 2016.

Beretta, Roberto. *El pequeño eclesial ilustrado*.

Blaschke, Jorge. *Los grandes enigmas del Cristianismo*. Ediciones Robin Book. Barcelona, 2000.
Cirlot, Victoria. *Grial poética y mito*. Siruela. Madrid, 2014.
De Champeaux, Gérard y Dom Sébastien Sterckx, O.S.B. *Introducción a los símbolos*. Ediciones Encuentro; Madrid, 1984.
Demurger, Alain. *Vie et mort de l'ordre du Temple (1120-1314)*. Éditions du Seuil. París, 1984.
Duby, Georges. *El Año Mil*. Gedisa. Barcelona, 1988.
Eliade, Mircea. *Herreros y alquimistas*. Ed. Taurus. Madrid, 1959.
Enrique, Antonio. *Tratado de la Alhambra hermética*. Ed. Port-Royal. Granada, 2005.
García Atienza, Juan. *Santoral Diabólico*. Martínez Roca. Barcelona, 1988.
García Atienza, Juan. *Los saberes alquímicos*. Temas de Hoy. Madrid, 1995.
García Atienza, Juan. *Los enclaves templarios*. Martínez Roca. Barcelona, 1995.
Gebelein, Helmut. *Alquimia*; Hermética. Barcelona, 2001.
Gerard de Sede. *Los templarios están aquí*. Bruguera. Barcelona, 1963.
Hutin, Serge. *La vida cotidiana de los alquimistas en la Edad Media*. Temas de Hoy. Madrid, 1989.
Mathieu-Rosay, Jean. *Los papas, desde san Pedro a Juan Pablo II*. Ed. Rialp. Madrid, 1990.
Pérez Regordán, Manuel. *Historias y Leyendas de Arcos*. Excmo. Ayuntamiento de Arcos de la Frontera. Cádiz, 1994.
Wittkower, Rudolf. *La alegoría y la migración de los símbolos*. Ed. Siruela. Madrid, 2006.

Capítulo 5

Carrillo de Albornoz, José Miguel. *Diario de un viaje iniciático por los misterios de México*. Edaf. Madrid, 2001.
Kubler, George. *Arte y arquitectura en la América precolonial*. Ediciones Cátedra. Madrid, 1986.
Larco Hoyle, Rafael. *Perú (Archaeologia Mvndi)*. Editorial Juventud. Barcelona, 1984.
Schobinger, Juan. *Prehistoria de Sudamérica. Culturas precerámicas*. Alianza Editorial. Madrid, 1988.
Stingl, Miroslav. *El secreto de las pirámides mayas*. Editorial Juventud. Barcelona, 1981
VV. AA. *Historia de Iberoamérica. Tomo I: Prehistoria e Historia Antigua*. Ediciones Cátedra. Madrid, 1987.

Capítulo 6

Lévi-Strauss, Claude. *Antropología estructural*. Paidós Ibérica. Barcelona, 1995.

Lorie, Peter. *El gran libro de las supersticiones*. Ediciones Robin Book. Barcelona, 1992.

Pérez-Ruiz, Mario M. *El manuscrito Voynich y la búsqueda de los mundos subyacentes*. Océano/Ámbar. Barcelona, 2002.

AGRADECIMIENTOS

Alcañiz Rubio, Epifanio; investigador de las energías telúricas.
Álvarez Valdés, Ariel; escritor, investigador de la simbología del cristianismo.
Arboleda Ballén, Eduardo; antropólogo.
Barrés, Josep Maria; antropólogo del Museo de las Minas de Can Tintorer, en Gavá.
Calaf Aledo, Joan; escritor, investigador y divulgador de las claves ocultas de las civilizaciones.
Celma i Girón, Francesc; profesor de técnicas de relajación y control mental.
Corominas Esteve, Joaquín; caballero templario y presidente de la Unión Monástica Española.
Folch Molins, Liberto; erudito de la simbología medieval.
García y Jiménez, Jesús; *in memoriam*, presidente del Glorioso Mester de la P.V.
Gelis, Jean-Paul; caballero templario francés, erudito en la simbología medieval.
Giribets Martínez, Miguel; historiador, erudito de la simbología de la historia.
Gutiérrez, Carlos y Olga Canals; editores de Diversa Ediciones, por creer en este proyecto literario.
Hernández, Gaspar, y Sara Cañete; periodistas de Catalunya Ràdio.
Martínez Martí, A.; especialista en psicoanálisis.
Pamies Mariné, Josep; erudito de las culturas antiguas y medievales.
Pérez Regordán, Manuel; historiador y escritor.
Romero, Jordi-Xavier; guía del monasterio de Sant Pau del Camp.
Serret Guardià, Octavio; propietario de la librería Serret, de Valderrobres, Teruel.
Solsona Palma, Sergio; erudito de la historia oculta del Maestrazgo de Teruel.
Subías, Domingo; erudito, creador del parque temático de las Brujas de Laspaúles, Huesca.
Troncoso Durán, Álvaro; historiador y escritor.

www.ingramcontent.com/pod-product-compliance
Lightning Source LLC
Chambersburg PA
CBHW020730160426
43192CB00006B/178